Conservé la couverture

PAUL DE KOCK

LES

COMPAGNONS DE LA TRUFFE

ÉDITION ILLUSTRÉE DE 23 VIGNETTES SUR BOIS

PRIX : 4 FR. 30 CENT.

PARIS

LIBRAIRIE CHARLIEU FRÈRES ET HUILLERY, RUE GIT-LE-COEUR, 40

HUILLERY SUCCESSEUR

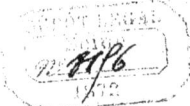

LES COMPAGNONS DE LA TRUFFE

I. — DIX-NEUF ANS ET DEMI

Un jeune homme de dix-neuf ans et demi, mais qui en paraissait à peine seize, tant il avait l'air candide et inexpérimenté; tant il y avait encore d'innocence dans son regard pudique et dans toutes ses manières, choses on ne peut plus rares chez nos jeunes gens d'aujourd'hui, qui fument à douze ans, qui ont abusé de la vie à vingt ans, qui sont usés et blasés à vingt-cinq et vieux à trente... J'aime à croire qu'il y a des exceptions! mais convenez que l'on mène maintenant l'existence un peu trop vite... on fait aller sa jeunesse à la vapeur... incessamment ce sera à l'électricité!... c'est à qui arrive le plus tôt au but... et pourtant celui où l'on arrive n'est pas toujours celui qu'on espérait... il n'y en a qu'un seul où nous sommes tous certains d'arriver.

Notre jeune homme de dix-neuf ans, qui en paraissait seize, avait une fort jolie figure; son teint rose possédait encore ce duvet de la pêche qui annonce la fraîcheur et la santé. Ses yeux bleus étaient grands et doux, frangés par de superbes cils plus bruns que ses cheveux, et dont on pouvait facilement admirer la longueur, celui auquel ils appartenaient tenant fort souvent ses yeux baissés; un nez moyen, qui n'avait rien du bec d'oiseau, une bouche petite, des lèvres un peu grosses, des dents blanches bien rangées, un menton rond, un front haut, des sourcils gracieusement arqués, enfin des cheveux châtains d'une fort jolie nuance, voilà quel était le physique d'Anatole Desforgeray.

Sa taille n'était pas élevée, mais elle était bien prise. Son pied était cambré et mignon comme celui d'une femme; sa main répondait à son pied. Vous voyez que tout cela faisait un fort joli cavalier, mais ce cavalier-là n'avait l'air que d'un écolier, tant il était naïf et timide, tant sa voix était douce et légère. Pourtant Anatole se désolait de n'avoir que cinq pieds!... mais sa grand'mère lui disait souvent : « Tu grandiras encore, mon enfant, tu n'as que dix-neuf ans et demi, on grandit jusqu'à vingt et un ans, quelquefois même jusqu'à vingt-cinq!... Ta mère avait une jolie taille... ton père était un fort bel homme! pourquoi resterais-tu petit? il n'y a aucune raison pour cela!... Tu grandiras, j'en suis persuadée!... »

Mais en dépit des prédictions de la grand'maman, depuis l'âge de dix-sept ans, la croissance de son petit-fils s'était arrêtée et n'avait fait aucun progrès.

Cependant, comme il y a dans le monde beaucoup d'hommes qui n'ont pas plus de cinq pieds, et qui n'en font pas moins pour cela leur chemin dans la société et près des belles, le jeune Anatole tâchait de prendre son parti, ce qui ne l'empêchait pas de porter des talons très-hauts.

Nous vous avons fait connaître tous les avantages dont la nature avait doué le jeune Anatole, nous devons aussi vous mettre au fait de ce qui balançait ces avantages. D'abord l'expression de sa physionomie n'était pas très-spirituelle; son sourire avait même quelque chose de niais.

Ce jeune homme était-il en effet dépourvu d'esprit? c'est ce que la suite nous apprendra. Elevé comme une jeune fille, près d'une grand'maman qui ne le quittait presque pas; ayant perdu de bonne heure son père et sa mère, Anatole était devenu l'idole de cette vieille parente, à laquelle il tenait lieu de tout, et qui avait reporté sur son petit-fils toute la tendresse qu'elle avait eue pour ses enfants.

Mais il a bien raison le proverbe qui dit : *L'excès en tout est un défaut!* La vieille madame Desforgeray, à force de veiller sur son petit-fils, de prendre soin de sa santé, de l'accabler de petits soins, de le mettre enfin dans du coton, en avait fait une fille; il ne dormait pas s'il n'y avait point de lumière dans sa chambre; il n'osait pas sortir seul; il se tenait assis dans un coin du salon, et ne levait pas les yeux s'il y avait du monde; et son éducation se serait probablement bornée à savoir découper du feston, dévider de la soie et taper sur les touches d'un piano, si un beau-frère de sa grand'mère, ancien capitaine de frégate, homme d'un caractère sévère et énergique, ne s'était un jour occupé de son petit neveu.

— Mille tempêtes! Berthe, avait dit l'ancien marin, qui était allé rendre visite à sa belle-sœur, en contemplant le petit Anatole, alors âgé de neuf ans, et qui, dans un coin de la chambre, jouait avec un polichinelle; voilà donc ce que vous faites de mon neveu... Sapredié! je ne vous en fais pas mon compliment!... Voilà un gaillard qui a neuf ans au moins... et qui joue avec une poupée comme une petite fille!...

— Ce n'est pas une poupée, mon frère, répondit la bonne dame Berthe, c'est un polichinelle...

— Va pour un polichinelle, ce n'est pas moins honteux de voir un garçon de cet âge s'amuser comme un moutard de deux ans!

— Et à quoi donc voudriez-vous qu'il jouât, capitaine?

— A courir... aux barres... au cheval fondu... que sais-je, moi! des jeux de garçon enfin!

— Oui, des jeux dans lesquels on tombe, on se blesse, on se fait des bosses à la tête!

— Belle misère, vraiment! Ne faut-il pas qu'un garçon apprenne à faire usage de ses bras et de ses jambes, qu'il fasse de la gymnastique?... Voilà ce qui est bon pour les enfants, ce qui les fortifie et les fait grandir... Voyez ce petit... il est tout chétif... tout pâlot! Je parie que le premier petit paysan venu le renverserait en lui donnant un coup de poing.

— J'espère bien, mon cher beau-frère, que mon joli Anatole, que le fils de mon pauvre Charles et de cette bonne Adrienne ne se battra jamais à coups de poing avec des paysans!

— Eh! madame, pouvez-vous deviner les événements... prévoir dans quelle position se trouvera un jour votre enfant? Ce qu'il y a de certain, c'est qu'il faut qu'un homme sache se défendre si on l'attaque, et protéger un jour sa femme si un insolent l'outrageait. Enfin il faut qu'un homme soit brave... J'aime à croire qu'Anatole le sera, car c'est le sang des Desforgeray qui coule dans ses veines!... mais il ne suffit pas toujours d'avoir la volonté, il faut tâcher d'avoir la force. Je vous répète que cela me fait pitié de voir un garçon de neuf ans jouer avec un polichinelle... Je préférerais cent fois le voir grimper sur des arbres, courir sur des ânes, ou même jouer aux billes et à la toupie avec des gamins de son âge!...

— Ah! mon beau-frère! pour qu'il apprenne avec eux de vilains mots, de vilaines choses!

— Voyons, Anatole, viens ici que je t'interroge et que je sache un peu ce dont tu es capable... Allons, laisse là ton polichinelle et avance!

Le petit garçon ne s'était décidé qu'avec peine à se rendre aux ordres de son vieil oncle, dont le ton dur et le regard sévère formaient un contraste bien grand avec la douceur et la bonté de sa grand'mère. Enfin il s'était approché du redoutable capitaine, et se tenait devant lui les yeux baissés. Celui-ci commença par lui relever le menton en lui disant : — Relève la tête... relève donc la tête, corbleu! A présent lève tes yeux... Est-ce que tu as juré de ne regarder que le bout de tes souliers?... Un homme doit regarder en face celui avec qui il cause, sous peine de passer pour un sournois... Est-ce que tu es sournois, toi?

— Oh! non, mon oncle!

— A la bonne heure... tu parles... j'ai cru que tu n'avais pas de langue... Approche donc encore... On dirait que tu trembles...

— Mon Dieu, mon frère, quand il tremblerait, qu'est-ce qu'il y aurait là d'étonnant? vous lui faites peur, à cet enfant, avec votre grosse voix... votre air sévère!... Il n'est pas habitué à ce qu'on lui parle ainsi.

— Tant pis, ma sœur; je vous ai déjà dit qu'un homme ne devait avoir peur de rien. Réponds-moi, Anatole, qu'est-ce que tu sais?...

— Mais, mon frère, vous l'intimidez... il ne saura pas vous répondre.

— Ah! ma sœur, par grâce, ne répondez pas pour lui... Voyons, Anatole.. veux-tu bien me regarder... sacrebleu!... qu'est-ce que tu sais?

Le petit garçon, après avoir longtemps hésité, avait répondu : — Je ne sais pas, mon oncle le capitaine!

— Ah! si tu ne sais pas ce que tu sais!... c'est que probablement tu ne sais pas grand'chose! Tu écris, j'espère ?

— Je fais des bâtons, mon oncle...

— Des bâtons... à neuf ans? Tu ne sais donc pas encore lire?

— J'apprends à connaître mes lettres...

— De mieux en mieux!... T'apprend-on des histoires, au moins?

— Oh! oui, je sais le Petit Chaperon rouge, le Petit Poucet, la Belle au Bois dormant...

— Tu appelles cela des histoires! ce sont des contes pour les tout petits enfants!... Enfin, apprends-tu à monter à cheval, à nager, à tirer le pistolet ?

— Non, mon oncle le capitaine, mais je sais découper des images et du feston, dévider un écheveau de soie... faire des petits bonshommes avec de la mie de pain...

L'ancien marin avait quitté sa place avec colère, puis, s'approchant de sa belle-sœur, lui avait dit : — Berthe, votre conduite n'a pas le sens commun!... si cela continue, ce petit garçon sera un âne, et un âne poltron, encore... A neuf ans il ne sait rien, il est d'une ignorance crasse !... il devrait être au collège depuis longtemps... c'est en vivant avec d'autres enfants qu'il apprendra à devenir un homme...

Près de vous il végète, il s'abrutit... vous le gâtez, vous le dorlotez... vous ne lui donnez pas l'éducation qu'un Desforgeray doit recevoir. Songez donc que celui-ci est le dernier de notre famille, le seul appelé à perpétuer notre nom... et vous ne faites rien pour qu'il le porte avec honneur!... Tenez, ma sœur, croyez-moi, confiez-moi cet enfant: je saurai mieux l'élever que vous... Votre mari était mon frère... il me semble que j'ai bien aussi des droits sur le fils de son fils.

Mais, en entendant ces mots, la sœur du capitaine avait pris Anatole dans ses bras, et regardant son beau-frère d'un air de défi, lui avait répondu : — Moi, vous confier mon petit-fils! Jamais, monsieur, jamais... c'est à moi que mon fils et sa femme Adrienne ont recommandé leur cher enfant, parce qu'ils savaient bien que je veillerais sans cesse sur lui, que je n'aurais qu'un seul désir, celui de le voir heureux. Et vous voudriez me prendre cet enfant, vous?... il vous sied bien de donner des leçons aux autres!... après avoir été si cruel pour l'enfant que vous aviez...

Ces mots avaient sur-le-champ transformé le vieux capitaine; sa colère, son emportement avaient fait place à un accablement profond; sa tête s'était abaissée sur sa poitrine, un profond soupir s'était échappé de son sein; sa main s'était même portée sur ses yeux comme pour y cacher une larme, puis il avait pris son chapeau et il était parti sans prononcer un seul mot.

Sa belle-sœur l'avait regardé d'un air affligé et comme regrettant les paroles qu'elle venait de prononcer; elle avait essayé de retenir le capitaine, mais celui-ci ne l'avait pas écoutée.

Cependant ce que l'ancien marin avait dit à sa belle-sœur au sujet du petit Anatole n'avait pas été sans résultat. La vieille dame avait senti qu'il fallait que son petit-fils sût autre chose que découper du feston, et, ne pouvant se résoudre à se séparer de lui en le mettant dans une pension, elle se décida à faire venir des maîtres chez elle. Le petit Anatole eut un professeur d'écriture, d'histoire, de géographie, de calcul; un professeur de langues mortes, un maître d'anglais et d'allemand, un maître de musique, un maître de danse; plus tard on lui apprit même à nager; le cheval, seul, fut défendu comme exercice trop dangereux, et qui d'ailleurs pouvait donner au jeune Anatole le goût des excursions lointaines. Il s'ensuivit de là qu'à dix-huit ans le petit-fils savait une foule de choses superficiellement, mais au fond n'était fort sur rien. Tel est presque toujours le résultat des éducations particulières. Mais, après tout, on ne s'instruit vraiment que lorsqu'on en a le désir et que l'on sent tout le prix de l'instruction : alors il est facile, à celui qui le veut bien, de réparer le temps perdu. Tel est ignorant à vingt ans, qui peut être fort instruit à vingt-quatre, s'il a eu la ferme volonté de le devenir.

Revenons au jeune Anatole, qui a maintenant dix-neuf ans et demi, et qui probablement allait agir d'une façon ou de l'autre lorsque nous avons jugé à propos de vous faire son portrait.

II. — LA FAMILLE DESFORGERAY.

D'abord il est bon de vous dire que nous sommes à Montpellier... Connaissez-vous la ville de Montpellier? Je vais faire comme si vous ne la connaissiez pas.

Cette ville est située sur un mamelon auquel on ne saurait donner le nom de montagne; elle ressemble à Toulouse par ses rues étroites et peu éclairées, par leur irrégularité, par l'obscurité de ses maisons, et surtout par son pavé qui est inégal et fort douloureux pour le piéton; mais on y respire un air pur, un air embaumé; le ciel y est toujours beau, la température toujours douce, tiède; et partout des eaux salutaires coulent avec profusion. Les environs sont charmants. Quelles campagnes! quelle nature riche et féconde! Montpellier possède aussi une promenade ravissante, appelée le Peyrou. Là est un magnifique Château-d'Eau. Du haut du Peyrou, on découvre les Alpes, les Pyrénées, la plaine d'Aiguemortes et l'étang de Maguelone; puis la mer et ces verdoyantes campagnes couvertes d'oliviers et de vignes, qui font de ces lieux un pays enchanté.

Aussi Montpellier s'appelait-il, dit-on, autrefois, Mons Puellarum! Voilà un joli nom et qui ne pouvait assurément appartenir qu'à un pays privilégié.

C'est donc à Montpellier que le jeune Anatole est né. Son père, Charles Desforgeray, avocat déjà célèbre, était mort ainsi que sa femme Adrienne, laissant leur fils aux soins de leur vieille mère. Nous avons vu comment celle-ci s'était acquittée de la mission qu'on lui avait confiée. Les Desforgeray étaient fort estimés, fort considérés à Montpellier; c'était une ancienne famille qui tenait le premier rang dans le pays. La parole d'un Desforgeray avait toujours été sacrée, on la savait incapable d'y manquer; l'honneur était leur première loi, et comme jamais aucun membre de leur maison n'y avait failli, il leur était permis d'avoir quelque fierté de leur nom.

Le mari de la grand'maman, Arnold Desforgeray, avait été un des premiers magistrats de Montpellier, où son souvenir était en grande vénération. Contrairement aux habitudes de sa famille, son frère avait préféré l'épée à la robe, il s'était fait militaire; mais, abandonnant la terre ferme, il avait choisi un autre élément pour théâtre de ses exploits. Celui-là était devenu capitaine de frégate; mais à la suite d'une grave blessure, obligé de renoncer à son métier favori, il était revenu à Montpellier, s'y était marié, avait eu de son mariage une fille dont chacun vantait la beauté; puis était devenu veuf après dix ans de ménage.

De son côté, l'épouse du magistrat avait perdu son mari, dont elle avait eu seulement un fils, le père du jeune Anatole qui nous occupe en ce moment. Vous voilà, je pense, assez bien renseignés sur cette famille Desforgeray. Ces détails d'aïeux, d'enfants et de descendants ne m'ayant jamais paru fort amusants à faire, je vous les abrége autant que possible; mais il était cependant indispensable de vous faire bien connaître la famille du jeune Anatole.

Pendant que j'y suis, je dois vous apprendre aussi que le vieil oncle, l'ancien capitaine de frégate, est mort à peu près une année après la visite qu'il avait faite à sa belle-sœur et dans laquelle il avait témoigné tant de mécontentement en voyant son petit-neveu, alors âgé de neuf ans, jouer encore avec un polichinelle. Voilà donc cette famille qui diminue considérablement et n'a plus pour porter le nom honorable de Desforgeray que ce petit bonhomme de dix-neuf ans et demi qui en paraît seize.

— Pardon, allez-vous me dire, mais vous ne nous parlez plus de la fille que le capitaine de frégate a eue de son mariage? Pourquoi donc gardez-vous le silence sur celle-là : elle est aussi de la famille des Desforgeray?

Ah! c'est juste; mais si je ne vous en ai rien dit, c'est qu'en ce moment je n'en sais pas plus sur son compte que tous les habitants de Montpellier, et, entre nous, je ne crois pas que ce soit l'exacte vérité; n'importe, je vais vous faire part du bruit que l'on a répandu à son sujet :

Angélina Desforgeray était à dix-huit ans remarquable par sa beauté; aucune fille de Montpellier n'avait les cheveux plus noirs et plus longs, les yeux d'un bleu aussi pur, la taille aussi élégante, la tournure aussi gracieuse. Il n'était bruit dans la ville que des charmes de la fille du capitaine de frégate. Beaucoup de jeunes gens soupiraient pour elle; chacun d'eux cherchait à obtenir un regard, un sourire de la belle Angélina; mais il n'était pas facile de lui faire la cour, car le capitaine n'était pas un père complaisant. Son regard sévère imposait aux amoureux et faisait peur aux galants; il ne menait pas souvent sa fille dans le monde, et la rencontrer dans un bal était chose rare; on disait au capitaine, qui allait parfois dans les soirées sans sa fille : — Pourquoi nous priver de la présence de la belle Angélina? Et il répondait : — Quand ma fille sera mariée, elle ira dans le monde tant qu'elle voudra... mais une demoiselle ne doit pas quitter si souvent la maison.

Une fois, cette absence fut plus longue. Trois mois s'écoulèrent, Angélina n'avait paru dans aucune réunion; le capitaine lui-même semblait fuir la société, et refusait toutes les invitations qui lui étaient faites. Enfin on le revit un jour dans un café où, auparavant, il se rendait assez fréquemment. Mais il était considérablement changé; en trois mois, il paraissait avoir vieilli de dix ans ; son air était sombre, abattu, ses yeux sans cesse tournés vers la terre. Mais on comprit bientôt la cause de son changement et sa tristesse, car lorsqu'on lui demanda des nouvelles de sa fille, il répondit d'une voix sourde : — Ma fille est morte... Angélina n'existe plus... Je l'avais emmenée avec moi à Paris, où j'avais des emplettes à faire... à peine arrivée, elle est tombée malade... une fièvre cérébrale s'est déclarée... les meilleurs médecins sont venus la soigner... mais le mal a été le plus fort, et en peu de jours il a fallu renoncer à tout espoir.

Cette triste nouvelle fut bientôt connue de toute la ville; la douleur y fut générale, les regrets sincères, car Angélina était aussi aimable, aussi bonne que belle. Quelques personnes essayèrent de donner des consolations au malheureux père; mais celui-ci semblait les fuir; il cessa tout à fait d'aller dans le monde, et lorsque, par hasard, on le rencontrait dans la ville et qu'on croyait compatir à sa peine en lui parlant de sa fille, de la fatalité qui l'en avait privé si promptement, le capitaine, sans répondre un seul mot, s'éloignait des personnes qui lui tenaient ces discours; si bien qu'on finit par ne plus lui parler de sa fille, puisque cela semblait lui causer un chagrin qu'il ne pouvait supporter.

Nous voilà enfin revenus à Anatole, qui, bien que constamment sous les yeux de sa bonne maman, et peut-être à cause de cela, commençait à trouver insipide la vie qu'il menait à Montpellier. Madame Desforgeray jouissait de six mille francs de rente; avec cela on peut, en province, avoir un assez grand train de maison; elle gérait aussi la fortune de son petit-fils, qui avait, par héritage de son père et de sa mère, près de sept mille francs de revenu, qu'il lui aurait été difficile de dépenser en jouant au whist à deux sous la fiche ou au loto à cinq centimes le carton; car c'était là les plus fréquentes récréations du jeune Anatole.

Quelquefois, cependant, lorsqu'il se donnait un bal dans la belle société de la ville, la vieille douairière y conduisait son petit-fils, et elle était la première à l'engager à danser, en lui disant : — Tu as appris à danser, Anatole, voilà le moment de faire voir que tu as profité des leçons de ton maître... Invite une de ces demoiselles... et surtout rappelle-toi bien les figures, car il n'y a rien de sot comme un cavalier qui ne sait pas conduire sa danseuse.

Mais Anatole était si timide, qu'il faisait justement ce que sa grand'maman lui avait recommandé d'éviter : rouge comme une cerise quand il allait se placer à un quadrille, se tenant bien raide au-

près de sa danseuse, à laquelle il ne se serait pas permis de dire un mot, et tenant constamment ses regards baissés, il ne voyait jamais quand c'était à lui de partir. Il fallait que sa danseuse le poussât en lui disant : — Mais c'est à vous, monsieur!

Alors Anatole s'élançait au hasard ; il faisait la queue du chat quand il fallait faire la chaîne anglaise; le galop quand c'était une pastourelle; enfin il se mettait à balancer avec le cavalier qui était en face de lui; si bien qu'il embrouillait le quadrille, qu'on se moquait de lui et que les demoiselles du bal disaient entre elles : — Ah! pourvu que ce petit Desforgeray ne vienne pas m'inviter à danser! Quel petit serin!... ne pas savoir les figures, à son âge!... Il embrouille tout; quand il est d'un quadrille, on peut être certain que cela ira de travers.

Le petit jeune homme s'apercevait bien de son peu de succès; il revenait tout honteux près de sa grand'mère, qui lui disait : — Décidément, ton maître de danse est un âne; il ne t'a pas montré le plus essentiel!

Et Anatole répondait : — Je ne veux plus danser... cela m'ennuie... on se moque de moi!... ou ces demoiselles me font la moue... j'aime encore mieux jouer au loto... quoique ce ne soit pas amusant non plus.

Mais plus il prenait de l'âge, et plus le descendant des Desforgeray paraissait s'ennuyer de la vie qu'il menait à Montpellier; cependant il commençait à mieux danser et à ne plus embrouiller les figures... Plus d'une fois la vieille douairière lui avait dit en soupirant : — Il faudra cependant que tu ailles à Paris, Anatole; c'est indispensable. Cela te fera du bien, parce qu'un jeune homme qui a de la fortune, qui est appelé à tenir un rang dans le monde doit connaître Paris, afin de pouvoir parler de ses théâtres, de ses monuments, de ses promenades.

Alors le petit jeune homme s'écriait : — Oh! oui, bonne maman, je ne demande pas mieux... je serais très-heureux d'aller à Paris... Quand voulez-vous que je parte?

— Un peu plus tard, mon ami; tu es encore trop jeune pour que je t'envoie dans cette grande ville, où la jeunesse est exposée à mille périls, à mille tentations dangereuses... Tu es trop jeune aussi pour la mission que tu auras à remplir à Paris...

— Quelle mission, grand'maman?

— Je te dirai cela, mon ami, quand tu seras sur le point de partir...

— Pourquoi ne me le dites-vous pas tout de suite?... cela vous éviterait la peine de me le dire plus tard...

— Non, Anatole, non... il s'agit d'un secret de famille que tu sauras toujours assez tôt, et quand tu seras assez raisonnable pour en comprendre toute l'importance.

— Je ne suis donc pas raisonnable, bonne maman?

— Tu es raisonnable pour ton âge, certainement tu fais un fort gentil sujet, et je n'ai pas le moins du monde à me plaindre de toi... si ce n'est que tu bâilles quelquefois en jouant au whist, et ce n'est pas poli de bâiller en société et avec des personnes dont on fait la partie.

— Bonne maman, ce n'est pas ma faute, mais le whist me donne tout de suite envie de bâiller.

— Alors joue au loto, mon ami.

— Le loto, c'est encore plus fort, il m'endort tout à fait.

— Le jeu t'endort, tu n'aimes pas la danse, la lecture t'ennuie... que te faut-il donc pour te récréer?...

— Ah! bonne maman, la lecture ne m'ennuierait pas si j'avais des livres amusants!... mais toujours Télémaque et les Voyages du jeune Anacharsis!... Je suis tout celà par cœur...

— Ne voudriez-vous pas lire des romans!... Fi!... ce serait joli... une lecture qui pervertit l'esprit, qui fausse le jugement, qui corrompt le cœur...

— Ah! bonne maman, mon maître de danse m'a dit qu'il y avait des romans de mœurs qui peignaient fidèlement les usages, les habitudes, les caractères, les ridicules de la société... Il m'a dit : Ne vous troublez pas l'imagination avec des histoires de crimes, de meurtres, d'empoisonnements, de pendaisons! et toutes ces horreurs bonnes pour les gens qui, pour s'émouvoir, ont besoin de compulser les annales du crime; comme ces personnes dont l'estomac est totalement blasé, et qui ne peuvent avaler aucun aliment sans y mettre du poivre, du gingembre, du piment; ils iraient même jusqu'à la poudre à canon, s'ils ne craignaient de se faire sauter... Lisez ce qui est vrai, ce qui est la peinture de ce qui se passe autour de vous; ne prenez jamais du pathos pour du style et la prétention pour de l'esprit; rappelez-vous ce qu'a écrit M. Thiers, un homme d'un grand esprit et d'un grand talent, de notre temps : Le meilleur style est celui qui n'est jamais ni aperçu ni senti. Enfin, défiez-vous de ces gens qui tournent en ridicule ce qui est naturel; ce sont toujours les renards de la fable; pour eux les raisins sont trop verts !...

— Votre maître de danse, au lieu de vous dire tout cela, ferait bien mieux de vous apprendre les figures.

Cependant le dernier des Desforgeray approchait de ses vingt ans, et, dans la maison de sa grand'maman, il éprouvait parfois des impatiences, des ennuis qu'il lui devenait de plus en plus difficile de cacher.

Il bâillait plus que jamais en faisant le quatrième à une table de whist, il se sauvait quand on parlait de jouer au loto; il restait boudeur en société, parce qu'il ne trouvait aucun plaisir à s'entretenir avec des gens raisonnables et qu'il n'osait pas aller causer avec les jeunes personnes, surtout en présence de leurs parents, qui l'intimidaient.

Souvent le jeune homme disparaissait au moment où sa grand'-mère le cherchait pour lui donner le bras, ou faire sa partie; elle s'écriait : — Décidément, mon petit-fils a maintenant des inquiétudes dans les jambes!... il ne peut plus rester en place.

Mais quelques personnes lui répondaient en souriant : — Votre petit-fils a bientôt vingt ans; à cet âge un jeune homme cherche des distractions qu'il ne saurait trouver dans la compagnie de sa grand'-maman, il rêve des plaisirs nouveaux; il ne sait peut-être pas encore bien positivement ce qui lui plairait, mais il sait très-bien ce qui ne lui plaît pas. Ce garçon-là aurait besoin de voyager un peu, cela lui ferait du bien.

La bonne maman soupirait et se disait : — C'est vrai... je crois que le moment est venu de l'envoyer à Paris... D'ailleurs, il faut toujours qu'il y aille, et j'ai peut-être trop tardé... à faire exécuter les dernières volontés, les derniers désirs de mon beau-frère le capitaine.... bien que je commence à croire que les démarches que l'on fera n'aboutiront à rien. Pourtant je ne puis pas envoyer Anatole seul à Paris, je veux qu'il ait un compagnon de voyage... un compagnon raisonnable, quelqu'un qui puisse veiller sur lui et lui servir de Mentor. C'est fort difficile; j'avais pensé à lui donner pour compagnon son maître de langues; mais je me suis aperçue qu'il buvait parfois outre mesure... Son maître de musique a des élèves ici qu'il ne veut pas quitter. Quant au maître de danse, fi donc! un homme qui lui conseille de lire des romans... il perdrait mon petit-fils!... C'est bien embarrassant. Je ne puis cependant laisser Anatole aller tout seul à Paris!...

Mais un voisin de madame Desforgeray vint un matin lui annoncer qu'il comptait incessamment partir pour Paris, et lui demander si elle avait quelques commissions pour la grande ville.

— Vous partez pour Paris, monsieur Mitonneau? s'écria la vieille dame avec une expression de surprise et de joie. Et comptez-vous y rester quelque temps?

— Mais, oui, madame, selon que je m'y plairai. C'est un voyage d'agrément... Je connais Paris, j'y suis allé il y a une douzaine d'années... Mais comme depuis ce temps-là on y a fait beaucoup de changements, beaucoup d'embellissements, je suis bien aise de voir tout cela... On m'a parlé, entre autres choses, d'une rue de Rivoli dont la longueur et la magnificence surpassent toutes les plus belles rues des capitales de l'Europe, et d'un nouveau boulevard qui a près d'une lieue de long, tout cela est orné de boutiques, de magasins, qui rivalisent d'élégance; vous concevez qu'il faut un peu de temps pour voir cela. D'ailleurs, rien ne me presse, moi; je suis retiré du commerce, j'ai quitté les avoines, les fourrages, dans lesquels je me suis fait six mille francs de revenus, je suis garçon, c'est assez pour bien vivre... Je ne suis pas ambitieux, mais enfin, j'ai beaucoup travaillé; j'ai quarante-quatre ans, il est bien juste que je pense à me donner un peu de bon temps.

— Oui, monsieur Mitonneau, c'est fort juste, vous en avez le droit. Mais je voudrais savoir à présent si vous voudriez me rendre un service... Oh! un grand service pour lequel je vous aurais une éternelle reconnaissance...

— Si cela dépend de moi, je suis à votre disposition. Vous désirez peut-être que j'achète pour vous quelques-unes de ces nouvelles jupes à entonnoir que portent maintenant les dames, qui font sont, je crois, à cerceaux en acier ou en crinoline?... C'est une bien vilaine mode! mais enfin, c'est la mode.

— Non, mon cher monsieur Mitonneau, il ne s'agit point de jupes bouffantes... Est-ce que vous allez d'ailleurs d'un âge à m'occuper encore de modes?...

— Pourquoi pas? voilà madame Champgrillé, qui est certainement plus âgée que vous, à la dernière soirée du préfet, elle avait une robe avec laquelle elle ne pouvait pas entrer dans le petit salon de jeu... La porte n'était pas assez large... elle a dû, à cause de sa jupe, renoncer à faire son whist pour ce soir-là.

— Que madame Champgrillé s'habille comme bon lui semble, cela ne me regarde pas. Il y a des femmes qui sont coquettes toute leur vie et que l'âge ne saurait rendre raisonnables. Revenons à ce que je voulais vous dire. Il faut que mon petit-fils Anatole aille à Paris, cela lui fera du bien, cela lui donnera plus d'aisance, plus d'aplomb en société, car rien ne forme comme les voyages. Ensuite, il aura quelques affaires à régler pour moi à Paris. Il y a déjà quelque temps que je l'aurais laissé partir, si je lui avais trouvé un compagnon de voyage... Anatole est si jeune, il a si peu d'expérience!... je pourrais dire même qu'il n'en a aucune. A Paris, un garçon de son âge peut être exposé à tant de dangers!... Pour ne point tomber dans tous les pièges que l'on tendra à son innocence, il faudrait qu'il eût près de lui quelqu'un de raisonnable, de sage, d'adroit, qui, sans avoir l'air de vouloir s'opposer à ses volontés, aurait assez d'esprit, de finesse pour le détourner des mauvais chemins, l'empêcher surtout de faire de mauvaises connaissances... Eh bien, voisin, devinez-vous maintenant ce que j'attends de vous... et quel service vous pouvez me rendre?

— Parfaitement, ma chère madame Desforgeray, parfaitement; vous désirez que je sois le compagnon de votre petit-fils... que je sois ce Mentor raisonnable, adroit et fin qui veille sur lui... J'accepte, chère dame, j'accepte de grand cœur... Je serai tout cela... et cela m'arrange... J'aime les jeunes gens, moi... D'ailleurs, moi-même, je suis dans la force de l'âge... J'ai quarante-quatre ans... j'ai encore le droit de m'amuser. Je serai le compagnon de plaisirs de ce gentil petit Anatole, mais, vous comprenez, de plaisirs décents... approuvés par les mœurs... Oh! je vous réponds qu'avec moi il ne se trouvera jamais dans aucune affaire périlleuse...

— Ah! mon cher monsieur Mitonneau, combien je vous remercie, et quel service vous me rendez!... Je pourrai donc savoir mon petit-fils à Paris, sans craindre chaque jour qu'il ne lui arrive quelque aventure dangereuse... quelque querelle... quelque duel... car, malgré sa timidité, Anatole est brave; je suis certaine qu'il ne se laisserait point marcher sur le pied!

— Soyez tranquille, s'il avait un duel, ce ne serait pas ma faute. D'abord j'exècre les duels! je les ai en horreur... Je ne comprends pas les gens qui se battent... Fi!... tuer son semblable... c'est indigne! Si j'étais roi, je ferais pendre tous les duellistes... Et pourtant j'ai à Paris un ami... un nommé Canardière, qui était bien mauvaise tête autrefois; j'aime à croire qu'il s'est corrigé.

— Ainsi, c'est une chose arrangée, convenue, vous partez pour Paris avec mon petit-fils?

— Oui, chère dame, c'est convenu. Mais je me suis mis en mesure de partir après-demain, et, pour rien au monde, je ne reculerais mon départ.

— Il suffit, Anatole sera prêt ce jour-là à vous accompagner.

Avant de partir avec les deux voyageurs, faisons plus ample connaissance avec le compagnon que la vieille grand'mère vient de donner à son petit-fils.

III. — LE VOISIN MITONNEAU. — LA TOUR DE NESLE.

Et d'abord, bien que ce monsieur répète à chaque instant qu'il a quarante-quatre ans, il en a maintenant quarante-neuf sonnés. Mais le chiffre de quarante-quatre lui paraissant moins grave, il paraît qu'il s'est promis de ne jamais aller au delà; il fait comme au jeu de vingt-et-un, il s'y tient. Seulement il a tort de parler si souvent de son âge, il s'expose à ce qu'on lui réponde : — Il y a plusieurs années que vous savons que vous avez cet âge-là.

M. Mitonneau est d'une taille moyenne, mais en arrivant à ses quarante-quatre ans, il a pris de l'embonpoint et son abdomen s'est dessiné en pointe, ce qui le fait paraître plus petit; du reste, il n'est pas mal fait, sa jambe est assez bien prise, et les mollets ne lui font point défaut.

M. Mitonneau est blond, il a conservé tous ses cheveux, sa figure est ronde, son teint coloré, ses yeux bleu-faïence et à fleur de tête sont toujours ouverts comme s'il découvrait une mine d'or; son nez est gros et pas mal retroussé du bout, quelque chose presque immanquable d'une grande confiance dans son mérite; si vous trouvez jamais un nez retroussé modeste, regardez-le comme un phénix, ou tout au moins comme un merle blanc. Enfin, sa bouche assez petite, qu'il pince souvent pour la faire en cœur... car c'est, je crois, le nom que l'on donne à ces bouches bêtes qui veulent toujours vous sourire et vous être agréable. Le ciel vous préserve de faire connaissance avec les dames qui font leur bouche en cœur!

Vous connaissez le physique, passons au moral.

M. Mitonneau est né avec un tempérament ardent, il est très-porté vers le beau sexe, mais chez lui cette tendance à l'amour est considérablement balancée par un défaut qui met souvent obstacle aux succès que ce monsieur aurait pu obtenir près des dames; il est excessivement poltron, un regard de travers lui fait peur; un air de mauvaise humeur le fait trembler, une parole dite avec colère le fait fuir; il n'a jamais monté à cheval, il ne veut pas aller sur l'eau, il n'est pas tranquille en voiture, il a même peur de champignons.

Vous me direz que, pour aller de Montpellier à Paris, il fallait cependant bien prendre un véhicule quelconque, et qu'un homme aussi poltron devait nécessairement craindre d'aller en chemin de fer; en effet, M. Mitonneau frémissait à l'idée de monter en wagon, et c'est cela qui était cause que depuis huit ou neuf ans il disait sans cesse : — Je vais aller à Paris, et cependant ne se décidait point à partir.

Avec un caractère aussi peureux, on doit bien penser que le voisin Mitonneau ne se permettait pas de faire la cour à une femme mariée; il aurait cru sans cesse avoir devant lui le mari armé d'une paire de pistolets; l'époux le plus bénin, le plus indifférent sur la conduite de sa femme, ne l'aurait pas déterminé à être plus entreprenant; aussi, de crainte de tomber en tentation, lorsqu'il se trouvait dans la société d'une jolie femme mariée, il n'osait même pas la regarder; d'abord, afin de ne pas en devenir amoureux, ensuite de peur que le mari ne lui supposât des intentions criminelles; car, ayant la plus haute idée de son mérite, ne doutant point que son physique et son esprit ne dussent soumettre toutes les belles, il se disait : — Si je regarde cette dame, elle deviendra amoureuse de moi... Les femmes sont très-imprudentes quand elles aiment... le mari s'apercevra de la passion que j'inspire à son épouse! Donc, il est plus sage de ne point regarder cette dame.

Près d'une demoiselle, Mitonneau redoutait le père, il redoutait le frère, il redoutait jusqu'aux cousins. S'il n'y avait rien de tout cela, il redoutait un rival.

Que restait-il donc à ce monsieur pour avoir une bonne fortune? des veuves? Mais, quand les veuves sont jolies, elles ne manquent pas de soupirants, et Mitonneau craignait encore d'être appelé en duel par un rival. Les amours du marchand de fourrage avaient donc été réduites à la sphère des servantes, des commères de moyen âge, et des veuves laides près desquelles il n'y avait pas le moindre rival à redouter. Et encore notre poltron avait-il toujours tenu ses intrigues galantes si secrètes, que personne ne les avait devinées.

En se conduisant ainsi, M. Mitonneau devait naturellement passer pour l'homme le plus sage, le plus froid, le plus réservé de tout Montpellier, et telle était en effet sa réputation dans le monde. Les mamans se disaient : — Voilà un homme à qui l'on peut confier sa fille! Les maris ajoutaient : — Il viendrait tous les jours tenir compagnie à ma femme que je n'en serais pas jaloux. Et les veuves s'écriaient : — Il n'est pas aimable du tout avec les dames, on voit qu'il ne les aime pas.

Et tout ce monde-là se trompait; mais c'est assez l'ordinaire lorsqu'on juge sur les apparences. Les fripons parlent sans cesse de leur probité, les cœurs secs de leur sensibilité, les sots de leur finesse, les imbéciles de leur mérite, les lâches de leur valeur, les femmes de leur constance, les fats de leurs conquêtes, et tous ces gens-là mentent avec un aplomb superbe et trouvent encore des niais qui les croient.

Une aventure arrivée à M. Mitonneau quelque temps avant sa visite à la grand'maman d'Anatole Desforgeray donnera une idée de sa valeur et de son caractère.

Une dame étrangère était venue depuis peu de temps se fixer à Montpellier. C'était une femme de trente-six ans environ, ayant de beaux yeux noirs qu'elle faisait rouler d'une façon assez expressive, le teint très-brun, mais la bouche bien garnie, et portant avec grâce des formes un peu massives peut-être, mais qui se présentaient d'une façon très-provocante. Cette femme, qui se disait veuve, avait pris sur-le-champ un train de maison qui annonçait de la fortune. Cependant elle recevait peu de monde et vivait seule avec ses domestiques dans une belle maison qu'elle avait louée à peu de distance du Peyrou.

Mitonneau rencontra au spectacle la belle étrangère. Elle était seule, et le hasard l'ayant placé près d'elle, il se sentit enflammé par la vivacité des beaux yeux noirs que l'on tournait souvent de son côté. Mais, avec sa prudence ordinaire, il commença par sortir et aller demander à l'ouvreuse si cette dame était venue seule.

— Oui, monsieur, cette dame est venue toute seule, dit l'ouvreuse.

— Et elle ne vous a pas dit de lui garder une place pour une personne qu'elle attend?

— Non, monsieur, mais elle a dit : Mon domestique viendra me chercher à la fin du spectacle, j'ai prié à la porte qu'on le laisse entrer.

— Ah! fort bien; ceci annonce que cette dame a un domestique... Vous n'en savez pas plus sur son compte?

— Non, monsieur.

Mitonneau allait retourner à sa place, très-incertain sur la conduite qu'il devait tenir, mais alors une autre ouvreuse, qui avait entendu le dialogue précédent, s'avance en disant :

— Oh! moi, j'en sais davantage!... je la connais cette dame qui est là... je loge à deux pas de chez elle, je me rencontre souvent chez la fruitière avec sa cuisinière, et vous comprenez qu'on jase un brin... C'est madame Alfiéri.

— Ah! diable! et qu'est-ce que c'est que madame Alfiéri? Elle a un mari sans doute?

— Non, elle n'en a plus; c'est une veuve... une Italienne...

— Ah! cette dame est Italienne... Elles ont les passions vives... ces femmes-là!

— Oui, c'est une Italienne de Grenoble.

— Une Italienne de Grenoble? Je ne comprends pas bien...

— C'est-à-dire que c'est son mari qui était Italien, mais cette dame est née à Grenoble.

— Ah! j'aime mieux ces Italiennes-là. Et on vous a bien assuré que le mari de cette veuve était mort?

— Dame! monsieur, s'il n'était pas mort, cette dame ne serait pas veuve alors.

— Votre remarque est fort juste, mais parfois on peut se tromper et dire une chose pour une autre. Et cette dame Alfiéri a-t-elle avec elle quelque parent... un père, des frères, des cousins?

— Non, monsieur, cette dame est seule dans sa maison avec un domestique qui sert de jardinier, une cuisinière et une femme de chambre.

— Peste! trois domestiques! Cela annonce une personne fort à son aise! Madame Alfiéri doit recevoir beaucoup de monde; c'est une jolie femme, de nombreux galants doivent venir lui faire la cour?

— Non, monsieur, on ne lui en connaît aucun, et à coup sûr, si elle en avait, sa femme de chambre le saurait.

— Votre réflexion est encore fort judicieuse, car, s'il n'y a point de

héros pour son valet de chambre, il ne doit point y avoir de chaste Suzanne pour sa camériste. Et vous n'en savez pas davantage sur cette dame?

— Non, monsieur... Ah! c'est-à-dire que cette dame a beaucoup voyagé, à ce qu'il paraît; elle a habité dans différents pays depuis qu'elle est veuve, mais on croit qu'elle a envie de se fixer à Montpellier.

Mitonneau remercie l'ouvreuse, à laquelle il donne une pièce de dix sous pour son bavardage, ce qui était de sa part une largesse extraordinaire, la générosité n'étant pas sa vertu favorite; il retourne à sa place se livrant aux plus douces espérances : une jolie femme sans mari, sans parents, sans amants, sans personne autour d'elle qui pût prendre ombrage de ses assiduités... c'était une précieuse trouvaille, c'était une conquête qui n'offrait pas le moindre danger, pas le plus léger péril à courir, c'était enfin ce qu'il rêvait toujours et ce qu'il rencontrait si rarement.

C'est d'abord par un feu roulant d'œillades que Mitonneau commence son attaque; l'ennemi supporte fort bien ce début; si notre amateur était poltron, vous savez qu'il n'était pas timide. Persuadé de son mérite, il tournait facilement une conversation sur le ton de la galanterie. De son côté, madame Alfiéri ne paraissait pas très-sauvage, et la bouche en cœur de Mitonneau ne semblait nullement lui déplaire; il y a des gens qui aiment ces bouches-là. L'entretien suivant s'établit entre eux :

— Madame, je crois, depuis peu dans notre ville, car voilà la première fois que j'ai le plaisir d'apercevoir madame au théâtre...

— En effet, monsieur, je n'habite Montpellier que depuis quelques semaines... Mais j'aurais pu venir au spectacle sans être remarquée par vous.

— Oh! non, madame, non, ce n'était pas possible. D'abord nous n'avons qu'un théâtre... La salle est assez jolie, comme vous voyez... Je suis abonné, je ne manque pas une représentation... Donc je vous aurais vue. Une jolie femme se remarque toujours, et madame ne saurait passer inaperçue nulle part...

Ce compliment est accueilli par un sourire fort encourageant, aussi Mitonneau se hâte-t-il pas tomber la conversation :

— Madame ne sera peut-être pas bien satisfaite de nos chanteurs, il est si difficile de se procurer une bonne troupe pour l'opéra!

— Je le sais, mais je suis indulgente parce que j'aime beaucoup la musique. Je sais qu'à Montpellier on l'aime beaucoup aussi; je ne serais pas venue habiter cette ville si je n'avais pas été certaine qu'à votre théâtre on jouait de préférence le grand opéra et l'opéra-comique.

— Serait-ce une cantatrice? se dit Mitonneau; soyons adroit! et il reprend :

— Madame a peut-être été en Italie, et là on entend de si bonne musique!...

— Vous y avez été, monsieur?

— Non, madame, non... C'est un de mes amis qui m'a vanté les virtuoses de ce pays-là.

— Moi, monsieur, j'y ai passé dix ans... Mon mari était Italien, et, si je ne l'avais pas perdu, il est probable que je serais encore à Naples.

— Quoi! madame serait déjà veuve? répond Mitonneau en feignant un air surpris, parce qu'il ne veut pas que l'on sache qu'il a interrogé les ouvreuses.

— Déjà! balbutie la dame en minaudant. Mais il n'est pas bien rare, je crois, de voir des veuves plus jeunes que moi!

— Mais, en tous cas, on ne saurait en voir de plus séduisantes.

Nouveau sourire de cette dame; Mitonneau, qui est très-curieux et qui tient beaucoup à savoir à qui il a affaire, désirerait fort être instruit de la position que le mari de cette dame occupait à Naples : d'après ce qu'on lui a dit déjà sur l'aisance avec laquelle vit madame Alfiéri, sur le nombre de ses domestiques, il se flatte d'avoir fait la conquête d'une personne d'un rang élevé, il se dit : — Ce sera une comtesse, si même ce n'est point une marquise! et il fait plus que jamais sa bouche en cœur, en reprenant : — Nous serons bien heureux si notre climat de Montpellier convient à madame...

— Mais oui, monsieur, j'avais trop chaud en Italie, je n'y restais qu'à cause de mon mari...

— Qui peut-être y était retenu par les hautes fonctions qu'il occupait à la cour...

Madame Alfiéri sourit légèrement en répondant : — Nous fournissions, en effet, la cour et la ville... Mon mari était fabricant de pâtes, il était très-renommé pour son macaroni, on venait lui en acheter de fort loin.

Notre séducteur dégringole de plusieurs étages en apprenant qu'il n'a affaire qu'à la veuve d'un marchand de macaroni; mais, comme après lui tout cette dame n'est pas moins jolie, il se dit : — Je n'aurai pas besoin de faire tant de façons pour lui déclarer ma flamme et je n'arriverai que plus vite au but.

Pendant tout le temps que dure le spectacle, Mitonneau cause avec cette dame, il ne manque pas de lui demander la permission d'aller lui présenter ses hommages, ce qu'il obtient sans trop de difficultés. Le spectacle fini, il offre son bras pour ramener cette dame jusqu'à sa demeure; on accepte, bien qu'un grand laquais, haut de cinq pieds six pouces et bâti en porteur d'eau soit venu chercher sa maîtresse. Mais madame Alfiéri se contente de lui dire : — Spalatro, marchez derrière.

Puis elle prend le bras de Mitonneau, qui lui dit : — Votre domestique est Italien?

— Oui, c'est un ancien lazzarone que mon mari avait pris à son service. Il n'est pas très-instruit pour le jardinage, mais il est fort comme plusieurs Turcs! il enlève un homme d'une main et le jette à quinze pas comme il ferait d'un ballon en caoutchouc! il est bon pour une femme qui n'a plus de mari, d'avoir près d'elle un homme qui vaut à lui seul tout un corps de garde.

— Diable! pense Mitonneau; j'aurai soin d'être toujours très-gracieux avec M. Spalatro.

L'ancien marchand de fourrage a reconduit jusqu'à sa porte madame Alfiéri, suivi par Spalatro, qui se tient toujours à dix pas de distance, mais que Mitonneau croit avoir sur ses talons, tant les pas du lazzarone sont lourds et retentissants.

Dès le lendemain, Mitonneau soigne sa toilette pour se rendre chez madame Alfiéri, en se disant : — Je brusque l'aventure, mais, ma foi, avec une marchande de macaroni, je n'ai pas besoin de filer le parfait amour. D'ailleurs, je crois avoir affaire à une gaillarde qui ne tient pas aux soupirs trop prolongés.

Madame Alfiéri habitait une fort jolie maison qui était située au bout d'un jardin assez grand. Mitonneau sonne à une grille, c'est le Napolitain Spalatro qui vient lui ouvrir et le reçoit avec un sourire dans lequel il y a un peu de tout. Les Italiens ont de ces sourires-là.

Mitonneau est introduit dans la maison. Il trouve la jolie veuve dans un boudoir fort artistement décoré, et dans un négligé galant qui rehausse encore ses attraits. Madame Alfiéri se montre très-aimable avec sa nouvelle connaissance; cependant, lorsque ce monsieur veut devenir trop entreprenant, on prend un maintien plus sévère, et on lui fait entendre que l'on ne donne pas ainsi son amour sans savoir si on en est digne.

Mitonneau s'empresse de donner tous les renseignements possibles sur sa position, il appuie sur ses six mille francs de revenu et son état de garçon qui le laisse entièrement maître de sa conduite. Madame Alfiéri sourit en lui disant : — Vous n'avez jamais eu envie de vous marier?

— Ma foi, non, répond Mitonneau. Je n'ai jamais rencontré un caractère qui correspondit parfaitement au mien... ce doit être fort difficile... il faut de la sympathie entre époux... sans cela, je doute que l'hymen soit un lien charmant, quoiqu'il y ait une chanson qui dise cela.

— Vous avez raison, répond la jolie veuve. Quant à moi, j'ai eu un mari, mais c'est bien assez! et je vous certifie que je n'ai pas envie d'en prendre un second.

— Tant mieux! se dit en lui-même l'amoureux, car je ne me soucie pas de me lier non plus, mais il reprend au bout d'un moment : — Est-ce que le signor Alfiéri n'était pas tous les jours aimable?

— D'abord, je ne crois pas qu'il y ait des maris qui soient tous les jours aimables avec leurs femmes, mais ensuite *il signor* Alfiéri était passablement jaloux, il ne voulait pas me laisser sortir toutes les fois que j'en avais l'envie, et moi, j'aime ma liberté, je veux faire mes volontés.

— Alors, cela devait bien vous contrarier?

— Oh! je sortais malgré lui!

— Mais, au retour, c'étaient des querelles?

— Oh! cela ne m'effrayait pas! Je recommençais le lendemain.

— Je crois, se dit Mitonneau en lui-même, que *il signor* Alfiéri a tout aussi bien fait de trépasser, et que sa veuve n'aurait pu imité celle du Malabar. Cette femme-là est décidément une gaillarde. Je ne voudrais pas devenir son mari, mais je serais fort flatté d'être son amant... car elle est fort séduisante. J'y arriverai, oh! bien certainement j'y arriverai.

Il y a une demi-heure que Mitonneau fait sa cour à madame Alfiéri, lorsque tout à coup celle-ci appelle Spalatro. Le colossal domestique paraît et se met à sourire en montrant une double rangée de dents qui ont l'air d'appartenir à un cheval, tout en disant dans un langage moitié français, moitié italien : — La padrona m'a appelé?

— Spalatro, je voudrais savoir où est Monaco, je ne l'ai pas aperçu ce matin.

— Monaco, signora, il joue dans le jardin...

— Ayez bien l'œil sur lui, prenez garde qu'il ne se blesse...

— Si, signora, Monaco est trop adroit pour se blesser... il grimpe sur les arbres comme un petit chat.

— Enfin, Spalatro, ne le perdez pas de vue, je vous en prie, car s'il lui arrivait quelque fâcheux accident, j'en serais inconsolable!

— Diable! quel peut être ce Monaco qui occupe ainsi ma belle veuve? se dit Mitonneau; probablement un enfant, puisqu'elle tient tant à ce qu'on veille sur lui... Aurait-elle eu un enfant de son mari? Ce serait tout naturel; mais cependant l'ouvreuse de loge a dit qu'elle était seule... Et la veuve ne m'en a pas soufflé un mot! Pourquoi me le cacherait-elle?

Spalatro est reparti en gratifiant encore notre amoureux d'un sourire qui lui donne le frisson. Celui-ci n'ose pas se permettre d'interroger madame Alfiéri au sujet de Monaco, et il la quitte bientôt, après avoir obtenu d'elle la permission d'aller la voir souvent.

Mitonneau revient chez lui fort satisfait et ne doutant pas que la jolie veuve ne lui cède bientôt. Parfois pourtant il se dit : — Cette femme-là me paraît avoir un caractère bien résolu, bien altier... Je m'expose peut-être en cherchant à obtenir ses faveurs... Quoique ce ne soit qu'une Italienne de Grenoble, je crains qu'elle n'ait un peu les habitudes des Napolitaines... Elle ne regrette pas du tout son mari... Ce n'est pas en cela qu'elle se singularise, mais elle parle avec peu de respect de ce pauvre fabricant de macaroni, qui cependant lui a laissé, à ce qu'il paraît, une assez jolie fortune; et puis, qu'est-ce que ce peut être que ce Monaco auquel elle s'intéresse... et qui demeure chez elle?... Je n'aime pas non plus ce lazzarone qui est à son service... Il y a dans le sourire de ce Spalatro quelque chose d'indécis... On ne sait pas au juste s'il veut avoir l'air aimable ou s'il veut faire la grimace.

Ces réflexions n'empêchent point Mitonneau de se rendre le lendemain chez madame Alfiéri. On était en automne, les feuilles commençaient à tomber. Cependant le jardin de la jolie veuve était encore fort agréable; les rosiers de différentes espèces étaient couverts de fleurs, les oliviers et leur feuillage un peu maigre résistaient au déclin de la saison, et de grands orangers en caisse, dont plusieurs avaient des fruits venus à maturité, répandaient un parfum délicieux dans les allées et les bosquets.

Madame Alfiéri se promenait dans son jardin; elle fait signe à Mitonneau de venir s'asseoir à côté d'elle, sur un banc de verdure placé sous un platane. Notre amoureux ne se fait point répéter cette invitation. Il court se mettre tout près de cette dame, et recommence son cours de galanterie; il était en train de répéter pour la vingtième fois à cette dame qu'elle aurait en lui un amant aussi tendre que discret, et il voyait avec joie que ses protestations n'étaient pas mal reçues, lorsque tout à coup quelque chose d'assez pesant lui tombe sur les épaules, et il sent en même temps qu'on lui étreint le cou assez fortement.

Notre galant pousse un grand cri et devient d'une pâleur effrayante, puis il balbutie d'une voix éteinte par la frayeur : — Ah! mon Dieu!... Au secours!... A la garde!...

Cependant, au lieu de prendre part à la peine de Mitonneau, madame Alfiéri s'est mise à rire aux éclats. Cette gaîté rassure un peu l'amoureux, et presque au même instant on lui lâche le cou, on quitte ses épaules, et il voit en un tout petit singe se placer sur les genoux de la veuve, qui lui crie en riant en disant : — Comment, monsieur... vous aviez peur?... peur d'un singe!...

— Permettez, belle dame; d'abord, je ne pouvais pas deviner que c'était un singe qui me tombait sur les épaules... C'est encore assez lourd, mais je n'avais pas peur!...

— Dieu me pardonne, vous appeliez la garde!...

— La garde?... Oh! non... J'ai pu dire : Prenez donc garde!... Dans le premier moment, on ne sait pas trop ce qu'on dit... Ce singe me serrait le cou très-fort!...

— C'est Monaco, un ouistiti qu'on m'a envoyé dernièrement de Marseille.

— C'est là Monaco?... Il est fort gentil, ce ouistiti!

— Ah! ah! ah! Vous êtes devenu tout pâle!

— Je vous certifie que ce quadrumane me serrait le cou d'une façon fort désagréable... Mais pour avoir eu peur... Oh! non!... jamais de ma vie je n'ai tremblé... J'ai été saisi, surpris, voilà tout!..

— A la bonne heure! car je ne puis comprendre qu'un homme soit poltron... Fi!... Il faut laisser ce défaut aux enfants et aux jeunes filles...

— Je le laisse entièrement aux jeunes filles... Il est très-drôle, ce petit singe... il a l'air très-intelligent.

Tout en disant cela, Mitonneau retirait sa main que M. Monaco portait à son derrière et dont il se servait pour se gratter, pantomime qui faisait beaucoup rire la jolie veuve. Mais tout à coup ce singe s'éloigne pour aller grimper sur un oranger, et notre amoureux se félicite d'être débarrassé du ouistiti.

Cependant cet incident a refroidi la conversation; madame Alfiéri regarde son singe, qui fait des cabrioles sur les branches d'un oranger et n'écoute plus aussi bien Mitonneau, qui prend congé, très-vexé de l'impression défavorable que sa frayeur a produite sur cette dame. Il faut à Mitonneau plusieurs jours d'assiduité et de tendre langage pour reconquérir le cœur de la jolie veuve, mais il a soin de changer l'heure de ses visites et de faire en sorte de ne point trouver madame Alfiéri dans son jardin, afin que son singe ne vienne plus se mettre en tiers dans leur entretien. Enfin ses serments, ses soupirs, ses regards brûlants arrivent au cœur de la jolie veuve, qui laisse entendre à Mitonneau qu'elle couronnera sa flamme et lui permet de venir la trouver le soir à onze heures dans son boudoir; elle lui donne une petite clef de sa grille, afin qu'il n'ait pas besoin de sonner et que les domestiques n'ueent que leur maîtresse reçoit des visites aussi tard.

Cette fois, Mitonneau est enchanté; son triomphe est certain. Il revient chez lui, et jusqu'au soir passe son temps à songer à madame, à se friser, à se parfumer, à penser aux attraits de la veuve, à ceux qu'il connaît, et surtout à ceux avec lesquels il brûle de faire connaissance. De temps en temps il se dit bien : — Je crains qu'elle ne soit jalouse!... Mais il réfléchit qu'il ne lui donnera point de sujet de jalousie et que par conséquent il n'a rien à redouter de sa colère.

A dix heures, ne résistant plus à son impatience, Mitonneau se met en route. Il arrive bientôt à la demeure de madame Alfieri; grâce à la clef qu'on lui a donnée, il ouvre la grille et arrive dans le jardin, d'où il compte gagner la maison sans être vu de personne. Mais il n'avait pas fait vingt pas dans une allée qu'il entend parler. Il se hâte de se cacher dans le fond d'un bosquet en se disant : — C'est ma faute, je suis venu trop tôt, les domestiques ne sont pas encore couchés. Attendons.

Les personnes qui parlaient arrivent devant le bosquet, mais au lieu de passer leur chemin, elles s'arrêtent tout justement là, tout en continuant la conversation, comme cela arrive souvent aux personnes qui se promènent.

Mitonneau a reconnu la voix de la femme de chambre qui jase avec la cuisinière; il ne bouge pas afin que les deux domestiques ne se doutent point de sa présence, mais il se trouve placé de façon à ne point perdre un mot de la conversation.

— Et ma chère Marianne, dit la femme de chambre, c'est comme j'ai l'honneur de vous le dire... Oh! je connais bien ma maîtresse, je ne suis pas d'hier avec elle...

— Comment, mamzelle Ursule, il serait possible... Madame est capricieuse à ce point-là!...

— Je vous dis qu'il n'y a pas de femme qui ait les goûts plus changeants... et que ce sera de sa nouvelle passion comme ç'a été des autres...

— Cependant il est gentil... il a l'air spirituel... Madame a l'air de l'aimer...

— Elles parlent de moi, se dit Mitonneau, ces domestiques voient tout... elles ont vu que leur maîtresse m'adore!

— Oui, oui, répond la camériste, je crois bien aussi que madame l'aime en ce moment, mais je vous répète qu'il en sera de cette passion-là comme des autres... Dieu, merci, elle ne s'en fait pas faute... A Venise, à Marseille, à Francfort elle en avait... Mais je vous dis, quand on ne lui plaît plus, c'est bientôt fini...

Mitonneau sent une sueur froide mouiller son front; ces mots : c'est bientôt fini, retentissent à son oreille, mais il ne remue pas pour entendre jusqu'au bout.

— Eh bien, dit à son tour la cuisinière, il faut que madame ait le cœur bien dur tout de même... Moi, ça me ferait de la peine... Et c'est ce grand Spalatro qu'elle charge de cette besogne?

— Pardi!... les Italiens!... ils font cela en riant, ça les amuse... Avec ça que Spalatro n'a pas plus de sensibilité qu'une puce! Sur un mot de sa maîtresse, il met la victime sur son dos, il l'emporte et va la jeter à l'eau.

Mitonneau sent ses genoux fléchir sous lui; il s'accroche à une branche pour ne pas tomber.

— Ah! gredin de Spalatro! s'écrie la cuisinière, je ne l'aimais déjà pas, mais à présent je sens que je le prends en grippe plus que jamais. Voyez-vous, mamzelle Ursule, tout ça ne me va pas... Je suis sensible, moi, je ne ferais pas de mal à un hanneton! Aussi, je crois que je ne resterai pas longtemps ici.

— Bah! Marianne, on a des ennuis partout avec les maîtres... Mais il se fait tard, allons nous coucher... Bonsoir.

— Bonsoir, mamzelle Ursule.

— Et nous, se dit Mitonneau dès que les deux domestiques se sont éloignées, hâtons-nous de fuir cette maison... cette caverne plutôt!... Ah! belle veuve, vous faites jeter vos amants à l'eau quand ils ne vous plaisent plus... Je ne m'étonne pas si vous avez pris pour valet un athlète, un gaillard taillé en hercule... Oh! mais il me m'emportera pas sur son dos, moi... Et, pour que cela n'arrive pas... sauvons-nous bien vite.

Et notre amoureux, qui ne l'est plus du tout depuis un moment, retourne à la hâte vers la grille, l'ouvre et se met à courir comme si on le poursuivait... Il lui semble avoir Spalatro sur ses talons.

IV. — LE DÉPART.

Mitonneau est revenu chez lui tout essoufflé. Il s'y enferme, il s'y barricade. Pendant huit jours, il n'ouvre pas sa porte sans qu'on se soit nommé; pendant six semaines, il ne met pas les pieds hors de chez lui, tant il a peur de rencontrer Spalatro ou madame Alfieri; car il craint que cette dernière, furieuse de ce qu'il a manqué au rendez-vous qu'elle lui avait accordé, ne veuille se venger de cet affront fait à son amour-propre et à ses charmes.

Enfin, au bout de six semaines, Mitonneau se hasarde à mettre le pied dans la rue, mais il a bien soin de porter ses pas d'un côté opposé au quartier habité par la belle veuve, qu'il appelle maintenant : la Tour de Nesle.

Un jour, il aperçoit cette dame qui vient devant lui; pour l'éviter, il se jette dans une boutique d'épicier, fait tomber sur son derrière une vieille femme qui venait d'acheter du raisiné et qui, en voulant se retenir, s'accroche à un tonneau de mélasse qu'elle renverse, et dont le contenu ne tarde pas à la couvrir entièrement. La vieille femme jette les hauts cris, sous cette lave de mélasse qui lui donne l'aspect d'une conserve au caramel. Mitonneau est obligé de payer la mélasse et le débarbouillage de la vieille, mais il n'a pas été aperçu par la

Tour de Nesle, et cela le console de la perte d'argent causée par ces incidents.

Une autre fois, après avoir traversé un carrefour, il entend des pas lourds, pesants, qui viennent derrière lui, et à chaque instant semblent se rapprocher; il n'ose pas se retourner, ne doutant pas que ce soit Spalatro qui le suit; mais il cherche comment il pourra lui échapper. Enfin, il aperçoit un café, se jette dans la porte, dont il brise un superbe carreau, et se laisse aller sur une chaise en balbutiant : — Garçon! un verre d'eau!

Il jette alors un regard sur la rue, en se disant : — Ce lazzarone ne me poursuivra pas jusqu'ici! et voit passer un âne qu'une laitière suivait en le frappant d'une houssine; c'était cet animal que Mitonneau avait pris pour Spalatro.

Mais un jour, cependant, en tournant le coin d'une rue, notre poltron se trouve en face du complice de la Tour de Nesle; cette fois, il n'y a pas moyen de l'éviter, et c'est bien le lazzarone qui est devant lui, qui le regarde et lui fait son affreux sourire, en s'écriant : — Eh! per Dio, ecce il patto!

Et l'Italien, s'est arrêté devant Mitonneau; il a porté sa main gauche sous sa large veste, comme pour y chercher quelque chose; alors Mitonneau se sauve comme s'il avait aux talons les ailes de Mercure; il se jette dans les passants, saute par-dessus les étalages des petits marchands, passe sous des chevaux et arrive enfin chez lui en disant : — Il voulait m'assassiner, j'en suis certain, la Tour de Nesle lui en aura donné l'ordre; il a porté la main sous sa veste pour y prendre son poignard!... je lui ai échappé cette fois, mais serai-je toujours aussi heureux?... Non. Ma vie s'écoule maintenant dans des transes continuelles; je ne sors plus qu'en tremblant... la vengeance de cette femme humiliée dans son orgueil et trompée dans son amour... car elle était fort amoureuse de moi... cette vengeance m'atteindra au moment où je m'y attendrai le moins... bien que je m'y attende toujours... Il n'y a plus moyen de vivre ainsi avec cette épée de Damoclès suspendue sur ma tête... Je ne vois qu'un parti à prendre pour recouvrer ma tranquillité, c'est de quitter Montpellier... pour quelque temps du moins... Cette dame Alfieri n'y restera pas toujours, puisqu'elle aime tant à voyager, puisqu'elle est si volage dans ses goûts... Sa femme de chambre l'a dit, et elle doit la connaître... Allons à Paris... passons-y quelque temps... Les chemins de fer sont moins à redouter que la colère de la Tour de Nesle; au moins, on est vite arrivé, et une fois à Paris, je redeviens heureux, tranquille; je m'amuse, je jouis de ma fortune et de ma position de garçon. D'ailleurs, j'y trouverai des connaissances; j'irai voir Canardière, mon ami de collège... le brave Canardière qui est allé s'y fixer et qui s'est marié il y a deux ans, à ce qu'il m'a écrit... En voilà un gaillard qui n'a peur de rien... qui se battrait avec le Minotaure aussi bien que feu Thésée, qui tire l'épée, qui tire le pistolet, le fusil; il tire tout ce qu'on veut... Bigre, il ne faut pas lui marcher sur le pied à celui-là... c'est un terrible duelliste, mais comme je suis son ami, je n'aurai jamais de querelle avec lui. Voilà qui est bien décidé, je pars pour Paris.

C'était après avoir pris cette détermination, que le voisin Mitonneau était allé rendre visite à madame Desforgeray.

On ne doit pas s'étonner de voir la vieille douairière Desforgeray confier son petit-fils à ce monsieur, puisque celui-ci avait dans le monde une grande réputation de sagesse, puisqu'on ne lui connaissait aucune intrigue galante, car son aventure avec la veuve Alfieri n'était pas connue; cette dame, nouvelle dans la ville, n'avait encore dans aucune réunion. La grand'maman d'Anatole est enchantée de savoir que celui-ci sera à Paris sous les yeux d'un homme sage, réservé, prudent; d'un homme enfin qui ne pense pas aux femmes! La bonne dame, malgré son âge, jugeait sur les apparences... Oh! les apparences! ne vous y fiez donc jamais... C'est un rideau sous lequel on peut tout faire, mais qu'il est indispensable de tirer, a dit quelqu'un dont le nom m'échappe; ce quelqu'un-là avait, ma foi! grandement raison.

Quant au jeune Anatole, en apprenant qu'il aura M. Mitonneau pour compagnon de voyage, il est aussi fort satisfait, car ce monsieur sourit toujours, il n'a l'air ni sévère ni sérieux; il est donc présumable qu'il sera volontiers disposé à s'amuser. Le petit Anatole jugeait mieux que sa grand'maman.

Le jour du départ est arrivé; c'est à trois heures de l'après-midi que les voyageurs doivent prendre le chemin de fer, où déjà ils ont fait porter leurs bagages. Anatole ne tient pas en place, il est dans le ravissement. Aller à Paris lui semble le plus grand des bonheurs qu'un mortel puisse goûter. A chaque instant il regarde sa montre et s'écrie : — Comment, il n'est que cela!... Oh! ce n'est pas possible, ma montre doit être arrêtée.

— Ah! cher petit! tu es bien pressé de me quitter! murmure la bonne grand'mère; et son petit-fils l'embrasse en lui répondant :

— Mais non, bonne-maman, je ne suis pas pressé de te quitter... mais je suis pressé d'aller voir Paris... on n'y joue pas au loto, n'est-ce pas, bonne maman?

— Ah! mon ami, je crois que l'on y joue à tous les jeux, même à ceux auxquels il est défendu. Mais enfin, M. Mitonneau sera là... près de toi, et certainement, il te donnera de bons conseils, il ne te fera jamais de sottises!... car c'est un homme modèle!... un homme qui, dans la société, n'a jamais dit à personne un mot plus haut que l'autre. Tu l'écouteras, n'est-ce pas, Anatole?

CH. GAILDRAU   T.REVAUCHET SC.

Ah! mon Dieu! au secours! à la garde! (Page 6.)

— Oui, grand'mère.

— Tiens, voici une lettre de recommandation pour M. Bouquinard. C'est un ancien libraire de ce pays, qui est allé s'établir à Paris il y a déjà plusieurs années; un homme de bon conseil, très-fin, très-instruit. Je ne sais pas s'il continue à Paris son commerce de livres... il avait déjà une jolie fortune; je crois qu'il est retiré et ne fait plus rien... Tu iras le voir, il te dira ce qu'il y a de bon à lire à Paris. C'est un homme fort instruit, sa société ne peut que t'être agréable. Cependant, il y a un point... une affaire... dans laquelle tu devras agir seul et sans conseils... Mais j'aime à croire qu'alors ta raison te guidera.

— Quelle affaire, grand'maman?

— C'est un secret de famille... qu'il faudra garder... parce que telle a été la volonté de feu mon beau-frère, et d'ailleurs l'honneur des Desforgeray y est intéressé.

— Ah! c'est cette mission que vous voulez me confier, et dont vous me parlez toujours sans me dire ce que c'est!

— Le moment est venu, mon ami, de te dévoiler ce mystère, puisque, lorsque tu seras à Paris, tu devras agir en conséquence.

— Eh bien! parlez, bonne maman, je vous écoute...

— Viens dans ma chambre, mon ami, ici les domestiques passent, vont et viennent... ils pourraient saisir quelques mots... Chez moi, il n'y aura pas de danger.

Anatole suit sa vieille grand'mère en se disant : — Mon Dieu! quel peut donc être ce secret pour lequel il faut prendre tant de précautions!

Il y a près d'une heure que le petit-fils est enfermé avec sa grand'-maman, lorsque le voisin Mitonneau vient chercher son compagnon de route. Ce monsieur est pâle et troublé, parce qu'au coin d'une rue il lui a semblé apercevoir Spalatro en observation; aussi est-il pressé de partir.

— Eh bien!... où donc est mon compagnon de voyage, le jeune Anatole? s'écrie Mitonneau en entrant chez madame Desforgeray. Ne serait-il pas prêt? Mais voilà bientôt l'heure du départ, et le chemin de fer n'attend pas, lui.

— M. Anatole est avec madame sa bonne maman, dit un vieux domestique de la maison.

— Eh bien! allez lui dire que je l'attends, que je viens le chercher.

— Madame a bien défendu qu'on la dérangeât pendant l'entretien qu'elle a avec M. son petit-fils.

— Ah! bravo!... voilà qui est charmant. Je gage qu'elle est en train de recommander à notre jeune homme de ne pas se coucher trop tard quand il sera à Paris; de toujours se vêtir bien chaudement afin de ne point s'enrhumer, et d'avoir constamment du sucre d'orge dans sa poche!... Et c'est pour lui dire tout cela qu'elle ne veut pas qu'on la dérange... En vérité les vieilles femmes sont d'un ridicule!...

Si Madame Desforgeray avait entendu ces mots, il est probable que le voisin Mitonneau aurait beaucoup perdu dans son estime; mais celui-ci n'avait lâché ces paroles que lorsqu'il n'y avait plus personne près de lui. Il était sous l'empire de sa terreur, il se disait : — Si ce Spalatro me voit aller à l'embarcadère, il saura que je me rends à Paris, et qui sait si la Tour de Nesle ne lui ordonnera pas d'aller m'y chercher.

L'arrivée de la grand'maman et de son petit-fils calme l'impatience du voyageur. Anatole fait des yeux étonnés comme quelqu'un qui vient d'apprendre quelque chose de surprenant ou quelque chose qu'il n'a pas compris. Mais en apercevant Mitonneau, il ne songe plus qu'à son départ, et il court prendre la main du voisin en lui disant : — Me voilà, vous m'attendiez... il est l'heure, n'est-ce pas... nous allons partir...

— Mais oui, il faut nous en aller, parce qu'il nous faut encore aller trouver le chemin de fer.

— Je suis prêt... partons!...

— Il dit qu'il est prêt... et il n'a pas seulement pris son pardessus... Quel étourdi... et par le temps qu'il fait! car il neige, messieurs!

— Quand nous serons en chemin de fer, cela nous sera parfaitement indifférent, ma chère dame...

— Ah! je suis bien fâchée que vous alliez à Paris en hiver... Je n'ai pas réfléchi à cela.

— Mais au contraire, bonne maman, c'est l'époque du carnaval, des masques, des bals à l'Opéra!

— Qu'est-ce à dire, Anatole! j'espère bien que vous n'irez pas au bal masqué... n'est-ce pas, monsieur Mitonneau, que vous ne souffrirez pas cela?

— Soyez tranquille, chère dame, nous regarderons passer les masques en nous mettant à une fenêtre; voilà tout ce que nous nous permettrons en carnaval.

— A la bonne heure comme cela.

— Partons, monsieur Mitonneau, partons...

— Anatole, embrasse-moi... Tu m'écriras souvent...

— Oui, bonne maman.

— Et quand tu auras découvert quelque chose relativement à ce que je t'ai dit, fais-moi le savoir tout de suite.

La vieille femme jette les hauts cris. (Page 7.)

— Oui, bonne maman!

— Prends garde d'avoir froid... mets ton cache-nez...

— Oui, bonne maman!

— J'ai mis de la pâte de guimauve dans la poche de ton paletot... Monsieur Mitonneau, veillez bien sur mon petit-fils, vous m'en répondez... Ah! Anatole, n'oublie pas d'aller voir M. Bouquinard...

Mais déjà les deux voyageurs étaient trop loin pour répondre, et Mitonneau faisait marcher si vite son jeune compagnon, que pour le suivre celui-ci était obligé de prendre le pas gymnastique. Mais aussi ils sont arrivés au chemin de fer sans avoir rencontré Spalatro.

V. — EN WAGON.

— Enfin nous y sommes! dit Mitonneau lorsqu'il est établi avec son compagnon dans un wagon de seconde classe. J'ai cru que nous n'arriverions jamais!

— Nous avons cependant été assez vite, répond Anatole, j'en perdais presque la respiration. C'est étonnant comme vous marchez lestement pour votre âge!

Le « pour votre âge » ne plaît pas du tout à M. Mitonneau, qui se hâte de répliquer :

— Mon cher ami, j'ai quarante-quatre ans : à cet âge-là un homme est tout aussi leste qu'à dix-neuf. Ensuite, je vous engage, pour l'avenir, à ne jamais parler d'âge dans la conversation : c'est mauvais genre; à Paris, ça ne se fait pas.

— C'est drôle! à la maison, bonne maman m'en parlait souvent; elle me disait : Je suis bien vieille, mais, toi, tu es bien jeune... Tâche d'avoir de la raison comme si tu avais trente ans... comme un homme mûr... comme M. Mitonneau...

— Assez, de grâce, assez! Nous n'avons pas quitté Montpellier pour nous occuper continuellement de votre grand'mère... Examinons d'abord nos compagnons de wagon.

Mitonneau s'était emparé d'un coin, et Anatole était assis à côté de lui. Après le jeune Desforgeray était un vieux monsieur, portant des besicles vertes, ayant une mise soignée, mais une figure sèche, revêche, l'œil hautain, impertinent, et toussant à chaque instant d'une façon désagréable pour ses voisins. Après ce monsieur était une dame entre deux âges, couverte de fourrures de façon à ce qu'on voyait à peine le bout de son nez. Sur ses épaules était un manteau bordé de renard; par-dessus ce manteau elle avait une palatine en poil blanc moucheté de noir; sur sa tête un chapeau de velours bordé de cygne; enfin, ses mains étaient cachées dans un énorme manchon et ses pieds dans une chancelière. Malgré tous ces remparts de fourrures, cette dame s'écriait à tout moment: — Dieu! qu'il fait froid!... Quel ennui d'être obligée de voyager l'hiver... Fermez bien partout, messieurs, je vous en prie; ne laissez pas le vent pénétrer dans notre wagon!... Cela nous enrhumerait, et je le suis déjà.

La cinquième personne, qui occupait le coin opposé à Mitonneau, était une espèce de fermière, qui ronflait deux minutes après avoir pris sa place.

La banquette d'en face était complète aussi. Devant Mitonneau était un grand dadais porteur d'une figure assez insignifiante, et dans laquelle prédominait un nez qui avait l'air d'être faux tant il était long. Auprès de cet immense nez était une jeune femme assez gentille, à la mine vive, éveillée, qui riait très-facilement, et dont la mise était fort simple.

A côté de cette jeune dame venait un personnage qu'il était impossible de ne pas reconnaître sur-le-champ pour un artiste dramatique nomade, à sa mise excentrique, à ses manières, à son langage, et surtout à l'assurance avec laquelle il s'emparait de la conversation qu'il laissait rarement tomber, et qui, du reste, grâce à lui, était presque toujours amusante et gaie. C'était un homme grand, un peu maigre, mais assez joli garçon. Ce personnage, tout au rebours de la dame fourrée qui était presque devant lui, ne portait qu'un petit paletot fort sec et si court, qu'on pouvait le prendre pour une veste de chasse, mais qu'à la vérité il avait boutonné jusqu'à son col noir; pour pantalon il avait une de ces étoffes en cotonnade et à petits carreaux noirs et blancs, que l'on porte au printemps, quelquefois en été par les journées pluvieuses; là-dessous il avait des galoches vernies et des bas rouges. Le bas rouge était là pour jouer le haut des bottes vernies, dont les tiges sont ordinairement en cuir rouge; sur sa tête, ce monsieur avait un de ces petits chapeaux tout plats, à forme ronde et basse, qui ne craignent ni les cahots ni les renfoncements, qui se ploient, se roulent comme une serviette, et auxquels on peut donner à son gré toutes les formes possibles, même celle d'un chapeau d'arlequin. Si l'on ne comprenait pas que la dame vis-à-vis pût supporter sans étouffer toutes les fourrures dont elle était couverte, en revanche on avait presque froid en regardant ce monsieur.

Après l'artiste venait un individu qui portait toute sa barbe ainsi que d'énormes moustaches et d'épais favoris, tout cela très-noirs, très-touffus. Comme il était avec cela coiffé d'une casquette, à oreillettes et visière longue, très-enfoncée sous son front, on n'apercevait de son visage que ses yeux et le bout de son nez : les yeux étaient pers, le nez était rouge

Enfin dans le dernier coin se tenait une dame assez bien mise et de taille moyenne, mais il eût été difficile de dire son âge et de juger ses traits, car elle avait sur la tête un chapeau dont la forme n'était pas celle d'un *bibi*, mais celle d'une coiffure d'amazone, rappelant un peu les dames qui montaient à cheval sous Louis XIV; les bords de ce chapeau étaient fort grands, et sans être rabattus n'auraient point caché les traits de celle qui le portait, si elle n'avait pas jeté par-dessus un grand voile noir surchargé de broderie, lequel voile retombait autour du chapeau, auquel il donnait une grande ressemblance avec ces ombrelles à garniture pendante que les dames portent quelquefois. Au reste, ce chapeau, fort incommode en voiture, obligeait cette dame à se tenir droite sans jamais s'appuyer en arrière, et paraissait aussi être assez désagréable à son voisin le monsieur barbu, qui fort souvent recevait sur sa casquette des coups de chapeau de sa voisine.

Pendant les premiers moments qui suivent un départ en chemin de fer, les personnes rassemblées dans le même wagon s'examinent, se passent en revue en silence. On cherche à deviner à peu près avec qui on se trouve.

Anatole, tout neuf comme voyageur, était plus occupé de jeter les yeux sur le pays, qui semblait fuir, sur les arbres, les maisons, qui disparaissaient à ses regards comme des tableaux de lanterne magique, que sur ses compagnons de wagon. Cependant il avait vu bien vite que son vis-à-vis était une jeune femme fort gentille; que cette jeune femme, qui riait tout en parlant bas avec le monsieur au long nez, souriait aussi en le regardant; et qu'alors sa bouche laissait voir des dents très-blanches, qu'il se formait dans ses joues deux petites fossettes très-gracieuses, et que ses yeux brillaient comme de vrais diamants. Il avait aussi trouvé que son voisin de droite toussait d'une manière bien fâcheuse pour ses voisins, parce qu'en toussant il éternuait, et en éternuant il envoyait autour de lui une pluie fort désagréable à recevoir.

Mitonneau, après avoir assez sournoisement examiné ses compagnons de voyage, avait éprouvé un secret effroi en considérant la dame au chapeau en parapluie et dont un voile épais cachait les traits; il s'était dit : — Serait-ce madame Alfieri qui m'aurait fait épier et veut me suivre à Paris?

Cependant, la taille assez svelte de la voyageuse n'ayant aucune ressemblance avec les formes rondelettes de la veuve, le ci-devant marchand de fourrage se rassure en réfléchissant que la Tour de Nesle n'a pas eu le temps de maigrir assez pour être devenue élancée.

Tout en regardant en dessous, Mitonneau a remarqué la gentillesse, les yeux éveillés de la jeune femme placée presque devant lui; mais elle est avec un homme; cette circonstance suffit pour que notre amateur du beau sexe ne la regarde pas trop fréquemment; et, comme son jeune compagnon lui dit à l'oreille : — Elle a l'air très-aimable, cette dame qui est devant moi!... Mitonneau lui répond :
— Oui, elle est fort gentille! Mais ne la regardez pas trop.
— Pourquoi cela, monsieur?
— Parce qu'elle a un homme avec elle. Cela peut être son mari, son frère, son cousin ou son ami intime!...
— Eh bien!... Qu'est-ce que cela ferait dans ces cas-là?
— Cela ferait que les parents, amis, frères ou mari se fâchent quelquefois quand on regarde trop souvent la jolie femme qui est avec eux... Et vous savez qu'il faut éviter les querelles.
— Ah! je suis trop content pour me quereller avec personne... Quel plaisir d'aller à Paris!...

En disant cela, Anatole sautait de joie sur la banquette. Le monsieur enrhumé, placé à côté de lui, s'écrie : — Est-ce que vous n'allez pas rester tranquille, monsieur; est-ce que vous allez remuer ainsi pendant tout le voyage?... Si vous avez besoin de descendre, il ne fallait pas monter.

Le jeune voyageur demeure tout interdit et Mitonneau lui dit tout bas : — Vous voyez bien que vous n'êtes pas sage... Vous vous attirez déjà des querelles... Quand on est en wagon avec des étrangers, on ne remue pas...
— Par exemple!... ne pas bouger!... Ce serait amusant... Il est ridicule, ce monsieur...
— C'est possible; mais dans le monde il y a une foule de gens ridicules... Il faut vous y habituer.
— Est-ce qu'il y en a à Paris aussi?
— Bien plus encore qu'ailleurs; mais c'est ce qui fait qu'on les remarque moins. Faites-moi le plaisir de ne point sautiller sur votre banquette; si ce n'est pas pour ce monsieur, que ce soit pour moi.

Anatole reste plus tranquille, mais il remarque que son charmant vis-à-vis se met aussi à sautiller sur la banquette, en disant : — Je crois que j'ai des fourmis dans les jambes; j'ai aussi besoin de me remuer, moi!

Le monsieur au long nez lui répond : — Ce sera gentil si tu as des fourmis comme ça jusqu'à Paris!
— Oh! mon bon ami, tu sais que cela m'est parfaitement égal si ça te déplaît! Un homme qui prend le coin dans sa voiture au lieu de le donner à sa femme... n'est-ce pas bien aimable!... Ton nez devrait en rougir...
— Est-ce que tu vas déjà commencer à m'ennuyer avec mon nez?... Si j'ai pris le coin dans le wagon, tu sais bien que c'est parce que j'ai

une douleur dans le bras droit... mon rhumatisme, et je veux que mon bras soit à l'abri des voisins, qui pourraient me cogner sans le faire exprès!
— Oh! connu l'histoire de ton bras!... Tu as pris le coin pour être plus à ton aise, voilà tout... Et quand nous allons en voiture avec une troisième personne, il te faut toujours une place du fond. Est-ce aussi pour ton bras!
— Non, mais c'est parce que cela me fait mal au cœur d'aller à reculons!
— Ah! mon pauvre ami, tu me fais de la peine... Quand tu seras vieux il faudra te porter, probablement!...
— Dame! si j'avais mal aux jambes...
— Sois tranquille, j'achèterai une brouette, et je te ferai rouler dedans par un petit Savoyard... Invalide à trente ans!... Tu aurais dû au moins me prévenir avant de m'épouser!... Mais non, au fait, tu as été plus malin, car si tu m'avais avertie que tu avais des douleurs, des rhumatismes, et que tu portais de la flanelle de la tête aux pieds, je n'aurais pas voulu de toi!...
— Adèle, as-tu fini!... Tu me fais mal aux nerfs!
— Pince-toi le nez, et cela se passera!

Cette conversation conjugale avait lieu à demi-voix, mais comme le couple se trouvait devant Mitonneau, il en saisissait des fragments et savait que ses vis-à-vis étaient mari et femme.

C'est l'artiste qui le premier prend la parole, en s'adressant à tout le monde : — Eh bien! on dira ce qu'on voudra, mais c'est une fort jolie ville que Montpellier... Son Peyrou est une promenade ravissante, d'où l'on découvre des sites admirables... des ruines, la mer même, quand il n'y a point de brouillard. C'est extraordinaire tout ce que j'ai découvert en me promenant près des aqueducs et du château-d'eau!...
— Il aurait bien dû tâcher d'y découvrir un bon paletot pour mettre par-dessus sa veste de chasse!... murmure le grand jeune homme qui a des douleurs, en regardant sa femme, qui regarde Anatole, qui regarde la route.
— Mais quant à son théâtre!... Franchement, je n'en suis pas content!... La salle est assez jolie... mais la troupe est incomplète... L'orchestre des musiciens n'est pas assez nombreux... Ah! bigre! nous avions mieux que cela à Toulouse.
— Monsieur, dit la dame aux fourrures, si je ne me trompe pas, il me semble vous avoir vu jouer à Pézenas?
— Oui, madame, oui, en effet, j'ai bien voulu y donner quelques représentations... au profit des indigents...
— Ah! monsieur, c'est là que votre troupe était incomplète!... Vous mettiez cinq noms d'actrices sur votre affiche, mais en réalité nous n'en aviez que deux... une fort laide, et l'autre d'un âge mûr... Ces dames faisaient à la vérité chacune deux rôles différents, mais c'était toujours la même actrice... Le premier jour cela a passé, on croyait se tromper; mais la seconde fois que vous avez joué, le public n'a plus été la dupe de votre affiche; vous avez voulu rappeler qu'il a demandé à grands cris les cinq dames qui étaient affichées.
— C'est vrai; eh! je me le rappelle fort bien... puisque c'est moi qui ai dû faire l'annonce. J'ai dit au public que trois de nos camarades s'étant trouvées indisposées, les deux autres dames de la troupe avaient bien voulu se charger de plusieurs rôles... et que pareille chose se faisait à Paris, où le public ne fait pas semblant de s'en apercevoir. Mon annonce a eu le plus grand succès... J'ai reçu mille bravos...
— Il m'avait semblé que vous aviez reçu aussi quelques trognons de pommes...
— Oh! jamais... c'étaient des oranges!
— Cependant, après cette représentation, vous avez bien vite quitté la ville vous et toute la troupe!
— Ce n'est pas à cause de cette affaire... Nous avions eu beaucoup de succès, énormément de succès!... On était au contraire enchanté de nous posséder à Pézenas!
— Cependant, quand le théâtre jouait, il n'y avait personne?
— C'est vrai!... Mais nous avons su d'où cela provenait... Figurez-vous que le théâtre de Pézenas a un écho... oh! mais un écho prodigieux qui se trouve justement sur la scène et s'entend au dehors... Ainsi, par exemple, quand je chantais, moi qui ai une superbe voix de baryton, dans *la Favorite* mon air :

Pour tant d'amour ne soyez pas ingrate!...

eh bien, dans la salle on ne m'entendait presque pas, tandis que les personnes qui se promenaient derrière le théâtre m'entendaient parfaitement; c'était le maudit écho qui portait tout ma voix au dehors. Si bien que, quand nous jouions l'opéra, nous n'avions personne dans la salle, mais tout le monde se promenait derrière le théâtre; il y avait foule pour nous écouter... Cependant, comme ce monde-là ne payait pas, nous avons dû partir pour chercher une salle qui n'eût point d'écho.
— Est-ce que vous ne faites plus partie de cette troupe-là, monsieur?
— Non, madame, j'ai dû la quitter; je suis appelé à Paris par ordre supérieur... Je vais y débuter dans l'emploi des *Duprez*, des *Barroilhet*, des *Levasseur*...

— Il me semblait, monsieur, que ces trois artistes que vous venez de citer étaient : l'un ténor, l'autre baryton, et le dernier basse-taille...

— Oui, madame... en effet, mais cela ne me fait rien !... J'ai un registre de voix qui passe très-facilement d'une partie dans une autre, je chante tout ce qu'on veut, même le vaudeville au besoin.

— Et vous allez au Grand-Opéra de Paris, monsieur?

— Oui, madame... Oh! certainement, je finirai par l'Opéra; mais, pour ne point faire trop de jaloux, je débuterai d'abord au théâtre de *Déjazet*... De là au Grand-Opéra il n'y a qu'un pas !

L'artiste est interrompu par le monsieur barbu qui s'écrie : — Il fait trop chaud ici... il faut donner de l'air... Dix personnes renfermées dans un si petit espace, c'est fort malsain... il faut ouvrir une portière...

— Par exemple! mais vous voulez donc nous faire geler, monsieur? dit la dame aux fourrures... Ouvrir une portière par le froid qu'il fait !...

— Madame, j'aime mieux avoir froid que d'être dans une atmosphère viciée!...

— Et pourquoi serions-nous dans un air vicié, monsieur?

— Madame, je vous répète que dix personnes dans une voiture ont chacune leur odeur...

— Qu'est-ce à dire, monsieur? Je n'ai point d'odeur, moi, je vous prie de croire que je ne sens rien du tout !...

— Vous vous le figurez ! mais on tient toujours quelque chose. Si vous ne voulez pas que qu'on ouvre par ici, ces messieurs ouvriront de leur côté...

— Oui, oui, très-volontiers! dit Mitonneau, empressé d'être agréable au personnage qui a un faux air de sapeur. Et aussitôt il baisse la glace de la portière qui est contre lui.

— Ah! c'est affreux ! nous allons tous être malades... N'est-ce pas, monsieur, que vous avez froid? Oh! vous devez avoir bien froid !

Cette question est adressée à l'artiste, mais celui-ci, qui en veut à cette dame parce qu'elle lui a dit qu'à Pézenas il avait reçu des trognons de pomme, s'empresse de répondre d'un air tout guilleret : — Moi... avoir froid... oh! vous vous trompez, madame, je n'ai jamais froid, moi... J'ai toujours trop chaud, au contraire, c'est pour cela que je me couvre légèrement... Pardieu! il ne tenait qu'à moi de mettre un manteau, un pardessus... J'en ai quatre dans une de mes malles. Mais je me serais bien gardé d'en prendre un en wagon, je me suis dit : Cela me tiendrait trop chaud, et cela gênerait mes voisins ou voisines... J'ai bien fait, n'est-ce pas... gentille dame?

L'artiste a fini sa phrase sur l'air de la *Dame blanche* et en s'adressant à sa voisine de côté, qui répond : — Monsieur, en voyage, il faut se mettre à son aise, comme cela plaît, et ne se gêner pour personne, voilà mon avis, à moi.

Cependant, le monsieur en lunettes vertes veut profiter de ce que la glace est baissée pour cracher après avoir toussé. Mais comme il est au milieu de la banquette, ce qu'il envoie dehors s'éparpille toujours en route.

Cela passe d'abord sans qu'on ose rien dire; pourtant Anatole, qui est tout à côté de ce monsieur, commence à murmurer : — Est-ce que cela ne va pas finir?... Est-ce qu'il va longtemps cracher comme cela, ce monsieur?

Et Mitonneau pousse son jeune compagnon en lui disant : — Silence, Anatole; en voyage il y a mille petites contrariétés qu'il faut savoir supporter...

— Cela vous est bien facile à dire, vous qui êtes garanti par moi. Ah! quel vilain voisin, il se plaignait parce que je sautais sur ma banquette! Mais ce n'est pas sale, cela !...

Cependant Anatole se contentait de se retirer en arrière lorsqu'il voyait que son voisin allait cracher, mais tout à coup c'est le mari de la jeune femme qui s'écrie en colère : — Sapristi, monsieur, en voilà, assez, et je vous prie de finir... C'est insupportable, cela !

— Qu'est-ce que vous avez donc à brailler, monsieur?

— Ce que j'ai... c'est que vous m'avez craché sur le nez... et je ne veux pas que vous recommenciez...

— Eh! mon Dieu!... quand on a un nez aussi long que le vôtre, monsieur, on lui met un clef afin qu'il ne risque aucun danger...

— Vraiment!... Ah! monsieur fait le plaisant! Mais je vous apprendrai à le respecter, mon nez, ou sinon vous aurez affaire à moi.

— Oh! déjà des menaces... Cela ne m'atteint pas, monsieur!

— Mais vous m'atteignez trop bien, vous, monsieur!

— Si vous battez avec votre nez, vous avez trop d'avantage sur moi!

— Non, monsieur, ce n'est pas avec mon nez que je me bats... je n'ai pas envie de vous sentir, d'ailleurs !

Le grand monsieur allait riposter, il semblait fort en colère, et la dispute menaçait de devenir sérieuse, lorsque le convoi s'arrête; on était à Avignon.

VI. — LE BUFFET D'AVIGNON.

Toutes les personnes qui ont suivi cette voie ferrée se rappellent, je pense, avec plaisir cette station. Car le buffet d'Avignon est un des mieux servis, des plus approvisionnés, des plus variés et même des plus friands que l'on rencontre lorsqu'on voyage en chemin de fer. Comme on s'arrête quelque temps à Avignon, les voyageurs ont le temps de descendre et d'aller faire une agréable visite au buffet. Il y en a peut-être qui préfèrent aller sur le pont, pour voir si on y danse tous en rond, mais je ne pense pas que ce soit la majorité.

Toutes les personnes qui occupaient le même wagon que nos deux voyageurs sont descendues à la station d'Avignon, et toutes se dirigent vers le buffet. La paysanne même s'est réveillée et quitte son coin en disant : — Ah! on peut manger ici... c'est pas malheureux! Je vais joliment me régaler de saucisson d'Arles!...

— Elle va se régaler de saucisson! dit l'artiste en haussant les épaules : Pauvre villageoise!... elle appelle cela se régaler... Le saucisson d'Arles est très-estimable, je n'en disconviens pas... mais quand il y a tant de bonnes choses à choisir, on ne dîne pas avec du saucisson!... et je sais ce qui est le meilleur ici.

Anatole, qui a très-faim, songe, dans la matinée, le plaisir qu'il ressentait au moment de partir pour Paris l'a empêché de bien déjeuner, dit à ce monsieur, habillé si légèrement et qui est entré avec lui au buffet : — Monsieur, puisque vous savez ce qu'il y a de meilleur ici, vous seriez bien aimable de nous le dire... Car j'ai bon appétit et je vais au pas envie de ne manger que du saucisson... N'est-ce pas, monsieur Mitonneau, qu'il faut bien nous restaurer?

— Oui, assurément, d'autant plus que de longtemps nous ne ferons pas de longues pauses.

— Messieurs, répond l'artiste en saluant les deux voyageurs comme s'il jouait un rôle de marquis, je ferai plus que de vous indiquer ce qui est bon, j'en mangerai avec vous. Si cela ne vous est pas désagréable, nous mangerons à la même table, de cette façon nous serons mieux servis et je puis vous promettre de ne demander que des meilleurs comestibles.

— Oh! avec plaisir, monsieur, cela nous sera très-agréable, au contraire... n'est-ce pas, monsieur Mitonneau?

Le compagnon d'Anatole était alors très-occupé à regarder la dame au chapeau en ombrelle, qu'il avait cru descendue derrière lui; il n'était pas encore bien persuadé que ce n'était pas la Tour de Nesle, mais enfin cette dame vient de relever son voile et découvre alors une véritable figure de Cosaque du Don : nez épaté, grosses lèvres, énorme bouche, petits yeux roux, rien n'y manque. On comprend pourquoi cette dame conserve habituellement son voile baissé.

Notre poltron se sent soulagé et revient tout joyeux vers Anatole, qui est attablé avec le baryton-ténor-basse, lequel a déjà demandé au garçon de la terrine de Nérac, de la volaille truffée, du homard en mayonnaise et du château-margot.

— Venez donc vous asseoir là, mon cher monsieur Mitonneau! s'écrie l'artiste, qui a sur-le-champ retenu le nom qu'il a entendu répéter à Anatole, et qui agit avec les deux voyageurs comme s'il les connaissait d'ancienne date.

— Nous vous attendons pour jouer de la fourchette, mais il ne faut pas perdre de temps quand on voyage en chemin de fer, chaque minute vous est comptée.

Mitonneau se place près de ce monsieur, qui en effet ne perd pas de temps, car il est déjà retourné deux fois à la terrine de Nérac, et se verse coup sur coup plusieurs verres de bordeaux qu'il ingurgite en disant : — C'est du vin qui ne grise jamais, cela s'avale comme du petit-lait.

— Monsieur veut bien manger avec nous, dit Anatole, pour nous faire prendre ce qu'il y a de meilleur ici.

— C'est bien aimable de la part de monsieur... Pardon... si monsieur avait l'obligeance de nous dire son nom...

— Comment, je ne vous l'ai pas encore dit?

— Je ne crois pas!

— En tout cas, la renommée a dû vous l'apprendre... mon nom est célèbre dans toutes les villes où l'on chante, où l'on aime le théâtre et les belles voix... je suis Blondel!... le fameux Blondel!

Mitonneau n'ose pas répondre qu'il n'a jamais entendu parler du fameux Blondel. Mais Anatole qui a encore toute la candeur d'un novice, s'écrie :

— Ah! mais je me souviens bien, parce que, j'ai du avoir vu un Blondel dans *Richard Cœur-de-Lion* qu'on joue à Montpellier. Est-ce que c'est un de vos parents?

— Je ne sais pas... je ne l'affirmerais pas, cependant il n'y aurait rien de surprenant que je descendisse de cet illustre troubadour!... Ah! si vous m'entendiez chanter : *Une fièvre brûlante!* cela vous donnerait le frisson...

— Merci... je ne veux pas l'entendre alors...

— C'est une façon de parler... je veux dire que vous seriez ravis, enchantés, transportés! Mais j'espère bien que vous viendrez me voir jouer à Paris...

— Oh! oui... avec plaisir! N'est-ce pas, monsieur Mitonneau, que nous irons voir jouer monsieur?

Mitonneau, qui cherche en vain de la volaille truffée, l'artiste n'en ayant pas laissé sur le plat, prend alors de la terrine de Nérac et répond : — Oui, certainement, nous irons voir jouer M. Blondel!... A quel théâtre?

— Décidément, je crois que je débuterai tout de suite à l'Opéra. Il ne s'agit pas de faire de la fausse modestie! ma place est marquée là par la renommée, pourquoi n'irais-je pas tout de suite la prendre!...

— Si vous avez une place marquée, certainement il faut la prendre.

— Buvons, messieurs; comment trouvez-vous ce vin?

— Fort bon.

— Prenons de ce gâteau aux amandes, de cette gelée au rhum. Tout cela est fort bien apprêté, n'est-ce pas?

— Tout cela est délicieux! répond Anatole en goûtant au gâteau.

— Voyez-vous, avec un guide comme moi, vous ne risquez jamais de faire un mauvais repas, et en voyage, quand on ne sait pas se faire bien servir, on est souvent attrapé, parce que le traiteur, quand il a affaire à des novices, tâche toujours de passer ce qu'il y a de vieux et de mauvais... avec Blondel il n'y a pas de danger qu'on vous attrape... je suis si connu partout.

— Vous voyagez souvent, monsieur?

— Je ne fais que cela!... Comment voulez-vous que je résiste? je ne suis pas plutôt en représentations dans une ville que... pan! le télégraphe joue pour annoncer mes pièces!... et sur-le-champ on me demande ailleurs... des offres magnifiques! On me fait des ponts d'or, il n'y a pas moyen de refuser.

Mitonneau, qui est vexé de n'avoir pas mangé de volaille, et qui d'ailleurs a moins de confiance que son jeune compagnon dans les paroles de l'artiste et trouve que pour un homme à qui l'on fait des ponts d'or, il a un paletot qui n'est guère de saison, lui dit : — Vous n'avez jamais joué à Montpellier; il me semble cependant, monsieur Blondel, que c'est une des villes du Midi où l'on apprécie le plus les belles voix.

— Eh! mon Dieu, mon cher Mitonneau... buvons donc... à votre santé!... je devais y jouer... mais je n'ai pas eu le temps de m'y arrêter. au moment où j'allais débuter, le télégraphe a joué avec cette maudite phrase invariable : « On attend Blondel à Paris... » il a fallu se mettre en route et je suis parti... Allons, buvons, jeune Anatole... c'est votre nom, n'est-ce pas, jeune ami?

— Oui, monsieur, Anatole Desforgeray.

— Moi, vous voyez que je suis tout de suite sans façon... les grands talents ne connaissent pas ces puérilités... Un peu de roquefort pour mieux apprécier le vin... Si nous risquions une bouteille de champagne... il est délicieux, ici... cela va-t-il, cher Mitonneau?

Le ci-devant marchand de fourrage, tout étourdi du ton familier du célèbre Blondel, hésite à répondre, mais déjà Anatole s'écrie : — Oh! oui, buvons du champagne... c'est ma grand'maman, je n'en buvais jamais, parce qu'elle prétendait que ce vin-là faisait toujours faire des sottises... et pourtant c'est bien bon... j'en ai goûté quelquefois quand nous dînions en ville...

— Il est ravissant avec sa grand'maman, ce cher Anatole. Garçon, du champagne... du meilleur... dépêchons!

— Nous n'aurons jamais le temps de boire la bouteille entière, dit Mitonneau en regardant sa montre, nous n'avons plus que cinq minutes.

— Oh! oh! il est charmant, lui!... Mon bon Mitonneau, je le trouve ravissant... pas le temps de boire à nous trois une bouteille de champagne en cinq minutes!... mais j'en boirais trois, à moi seul, en moins de temps que cela... j'en fais la gageure, si l'on veut!

— Non, non, c'est inutile, je vous crois... Au fait, si vous avalez le champagne aussi vite que la volaille...

— Ah! ah! bien plus vite encore... Mes enfants, puisque nous nous entendons si bien, puisque ma société vous est à la fois utile et agréable... désormais à chaque station à buffet nous mangerons ensemble, c'est convenu, n'est-ce pas?

— Oh! je le veux bien, monsieur Blondel...

— Fi donc! est-ce qu'on se dit monsieur, entre amis! on répond : Oui; Blondel, je suis de ton avis...

— Ah! monsieur... je n'oserai jamais me permettre de vous parler ainsi...

— Et moi, mon petit Anatole, je te dis que je l'exige ainsi... Sablons le champagne; à ta santé... Eh bien, voilà la bouteille vide... et l'autre qui disait que nous n'aurions pas le temps de la boire... hein... tu es collé, ma vieille !...

En disant cela, le célèbre Blondel tape sur l'épaule de Mitonneau et quitte la table, parce qu'il voit que le moment de payer est arrivé.

— Ce monsieur me tutoie! dit Anatole à son compagnon, est-ce que c'est l'usage... est-ce qu'à Paris on se tutoie tout de suite dès qu'on cause ensemble?

— Je ne crois pas!... et je trouve que ce monsieur a un ton singulier... il m'a appelé ma vieille! je ne trouve pas cela poli... Dire ma vieille à un homme de quarante-quatre ans! c'est stupide...

— Le garçon apporte la carte à payer; elle se monte à vingt-neuf francs cinquante.

— Avec le pourboire du garçon, c'est dix francs par tête, dit Mitonneau. Fichtre! il ne faudrait pas aller longtemps de ce train-là... la bonne maman nous gronderait. Voyez-vous, mon cher Anatole, il ne faut pas comme cela se laisser aller aux conseils du premier venu...

— Messieurs, dépêchez-vous, on remonte en voiture...

— Eh bien! où est donc M. Blondel pour payer sa part... je ne le vois plus... Garçon, appelez donc le célèbre Blondel... vous devez le connaître...

— Pas du tout, monsieur... payez vite, on prend ses places ..

— Monsieur Mitonneau, payez pour ce monsieur, il vous rendra cela plus tard... vite! vite!...

Mitonneau est forcé de payer tout le déjeuner, ce qu'il ne fait qu'à contre-cœur et en se disant : — Si ce doit être comme cela à chaque station à buffet, je me priverai volontiers de la compagnie du célèbre Blondel.

VII. — MON PIED DE BŒUF. — DÉSAGRÉMENT DU VOYAGE EN CHEMIN DE FER.

En arrivant au wagon, Mitonneau trouve sa place prise par le monsieur à lunettes vertes; mais celui-ci en le voyant ne se dérange nullement pour lui rendre son coin.

— Monsieur, je vous demande mille pardons, mais j'étais dans ce coin..., dit Mitonneau du ton le plus humble et en ôtant son chapeau.

Le vieux cracheur le regarde d'un air dogue et sans bouger de place, en répondant : — Eh bien! qu'est-ce que cela me fait... vous étiez là tout à l'heure, et moi j'y suis à présent... voilà tout...

Anatole, que le vin de Champagne a rendu très-gaillard et qui voit que son compagnon s'assoit à la place qu'occupait auparavant le monsieur à bésicles, sans rien ajouter de plus, dit à celui-ci : — Monsieur, vous avez pris la place de mon compagnon, vous devez la lui rendre... vous savez bien qu'il était dans le coin et vous au milieu...

— Qu'est-ce que c'est? J'ai pris cette place parce qu'il n'y avait personne... il fallait y laisser quelque chose pour faire voir qu'elle était gardée... je reste où je suis... laissez-moi tranquille...

— Mon bon! dit Blondel à Mitonneau, veux-tu que je jette cette vieille ganache par la portière... ce sera bien vite fait!...

— Non! non! Je vous en prie, messieurs, point de disputes à cause de moi... une place ou une autre... cela m'est assez indifférent... je me trouve même mieux ici... je n'ai pas un petit vent qui s'échappait de la portière...

— Oh! si on me prenait ma place, à moi! murmure Anatole en sautillant sur sa banquette, je saurais bien me la faire rendre!...

Et pour contrarier le monsieur qu'il a maintenant à sa gauche au lieu de l'avoir à sa droite, Anatole, toujours animé par le champagne, continue de faire des bonds, des sauts sur sa banquette. La jeune femme qui est en face de lui, sourit encore en le regardant et murmure même à demi-voix : — Vous faites bien!

Alors, le vieux se remet à tousser et à cracher, mais comme maintenant il est placé contre la portière, dont la glace est baissée, il peut cracher sans qu'il y ait péril pour ses voisins.

Depuis que l'illustre Blondel a offert à Mitonneau de jeter par la portière le monsieur qui a pris sa place, l'ancien marchand de fourrage se sent un profond respect pour l'artiste, et il ne juge pas nécessaire de lui parler en ce moment de la carte du déjeuner.

La dame aux fourrures ne cesse de dire qu'elle a froid et que c'est affreux de garder une glace baissée en plein hiver. Mais elle est seule de cet avis.

— C'est bien heureux que je m'arrête à Valence! s'écrie cette dame, sans cela je gagnerais ici une fluxion de poitrine, et vous, monsieur, vous, chanteur d'opéra, cela vous est indifférent d'être comme cela exposé à vous enrhumer?

Ces paroles s'adressent à l'artiste, qui répond : — Madame, j'ai remarqué que la grande chaleur était bien plus fatale aux belles voix qu'un peu de fraîcheur...

— Ah! c'est sans doute pour cela, monsieur, que vous êtes vêtu si légèrement!

— Justement, madame, car si j'avais sur moi toutes les peaux de chat que vous portez, demain je ne pourrais plus parler.

— Il paraît, monsieur, qu'à Pézenas vous étiez toujours trop couvert, car vous n'étiez jamais en voix!...

Le célèbre Blondel se mord les lèvres tout en murmurant : — J'ai dans l'idée, madame, que vos oreilles vous font quelquefois défaut... Quand on est attaqué de surdité, on ne devrait jamais aller au spectacle que pour voir des pantomimes.

— Non, monsieur, je ne suis pas sourde!... répond la dame avec colère. Mais j'aurais voulu l'être quand je vous ai entendu chanter... Ah! grand Dieu! c'était à faire sauver des porteurs d'eau!...

Ces mots font sauter l'artiste sur sa banquette, au point que la jolie dame sa voisine fait un mouvement de frayeur. Mais le célèbre Blondel s'efforce de se modérer en répondant : — Si tout autre qu'une personne de votre sexe m'avait tenu ce langage, il aurait déjà vécu!... mais je respecte votre âge et vos infirmités!...

— Mon âge!... mon âge! Impertinent!... mon âge!...

Et la dame fourrée murmure encore entre ses dents : — Histrion!... cabotin!... acrobate!... Ah! qu'une femme est malheureuse de voyager seule... Il ose dire que je porte des peaux de chat... il voudrait bien en avoir de ces peaux-là... il s'en ferait une tunique!...

Enfin, on s'arrête à Valence et cette dame quitte le wagon en murmurant force imprécations contre tous les voyageurs.

— Dieu merci! nous en voilà débarrassés! dit l'artiste nomade, vieille buse! vieille sotte! vieille mégère!... Vous avez vu, messieurs et dames, comme elle s'acharnait après moi!... car depuis Montpellier elle n'a pas cessé de m'adresser des mots piquants... des méchancetés... Eh bien! savez-vous d'où venait sa colère, et pourquoi elle a osé attaquer mon invulnérable talent?

Personne n'ayant répondu, Blondel continue :

— Eh bien, mesdames et messieurs, c'est tout bonnement parce que je n'ai pas répondu aux avances qu'elle m'avait faites... C'est comme j'ai l'honneur de vous le dire... Cette vieille antiquaille se croit probablement encore susceptible de faire des conquêtes... à peine étions-nous en wagon, et vous avez vu que cette dame était en face de moi, qu'elle se mit à me faire de l'œil! Moi, d'abord, je n'y fis pas attention... Voyant que ses œillades n'étaient point remarquées, voilà cette vieille fourrure qui s'est mise à jouer des pieds... puis des genoux avec une ardeur... Je suis sûr que j'en ai des bleus aux genoux... Comme tout cela m'ennuyait, j'ai fini par lui flanquer un coup de pied qui l'a bien forcée à se tenir tranquille. Mais elle a été furieuse et de là ses mensonges, ses injures à mon talent... Dieu merci, cela ne saurait m'atteindre... Mon petit Anatole, que ceci te serve de leçon; tu es jeune, tu es gentil, ainsi que moi tu es appelé à faire de nombreuses conquêtes!... les femmes veulent bien nous résister quelquefois, mais elles n'entendent pas que jamais on soit insensible à leurs avances; ceux qui ont cette audace ne sont plus à leurs yeux que des sots, des imbéciles, des crétins, incapables de rien faire de bien, mais capables de tout ce qui est mal. Voilà à quoi on s'expose quand on imite Joseph avec madame Putiphar... Ce cher Mitonneau ne dit rien, mais je suis sûr qu'il est de mon avis.

Depuis quelques instants, Mitonneau ne levait plus les yeux, parce qu'il avait cru remarquer que le personnage à grande barbe attachait souvent ses regards sur lui. Cependant il répond sans remuer la tête : — Oui... assurément... les femmes... Oh! c'est très-dangereux... et quand elles ont une vengeance à exercer, elles sont capables de vous poursuivre jusqu'à Paris!...

La petite dame gentille, qui entend tout cela, se met à rire en regardant Anatole, elle semble vouloir lui dire : — On cherche à vous donner bien mauvaise opinion des femmes... mais n'en croyez pas ces messieurs, aimez-les, et elles vous aimeront aussi, parce que vous en valez la peine.

C'était du moins ainsi que notre jeune voyageur traduisait les regards que la jolie femme attachait d'autant plus volontiers sur lui, que son mari venait de s'endormir.

La nuit est venue, le départ de la dame aux fourrures avait laissé plus de place aux voyageurs qui se trouvaient sur cette banquette. Mitonneau s'est rapproché de la paysanne, Anatole s'est éloigné du vieux charbonnier, dont le voisinage a une foule d'inconvénients bien désagréables en voiture. Quoiqu'il y ait un espace assez grand entre les deux banquettes pour que les voyageurs ne soient point gênés, Anatole rencontre bientôt un pied, puis une jambe qui se trouve entre les siennes; d'abord il se recule pour ne point gêner la personne qui est devant lui, mais bientôt se rappelant que ce genou qui est contre les siens ne peut être que celui de la jeune femme qui lui sourit d'une façon si gentille, il éprouve un doux frémissement, une sensation très-agréable, et il ne retire plus son genou, qui touche celui que l'on a avancé de manière à rencontrer le sien.

C'est quelque chose de bien enivrant, surtout à dix-neuf ans et demi, que ce bonheur que l'on éprouve la première fois que l'on est en contact avec une femme qui nous plaît. Ne toucherait-on que le bout de son pied, il semble que le fluide électrique se communique en une seconde dans tout votre être, et du bout de ce pied qui touche le vôtre, une sensation voluptueuse vous arrive bien vite au cœur. Comme il y a moins de chemin à faire quand on se touche le genou, le ravissement devait arriver plus vite pour Anatole; aussi n'ose-t-il plus bouger, plus souffler, de peur que l'épouse du monsieur au grand nez ne retire sa jambe. Mais on n'en fait rien, et comme les désirs augmentent en raison du plaisir que l'on éprouve, bientôt le jeune homme dit : — Si je mettais ma main sur mon genou... ma main rencontrerait bientôt le genou de cette dame... Oh! c'est cela qui serait charmant!... toucher son genou avec ma main!... C'est peut-être bien hardi ce que je vais faire là... Oh! ma foi tant pis!... d'abord je voyage pour mon instruction... pour me former, et si je n'ose jamais rien tenter, je ne me formerai pas!

Le jeune Anatole était encore sous l'influence du champagne; joignez à cela le genou d'une jeune et jolie femme qui touchait le sien, et vous comprendrez que le timide agneau soit devenu un bélier. Il regarde à sa droite; Mitonneau semblait sommeiller; toutes les autres personnes du wagon avaient les yeux fermes, même son charmant vis-à-vis, mais, malgré cela, la petite femme n'avait pas l'air endormi, car tout en ayant les paupières baissées, sa bouche laissait errer un sourire qui devait encourager les plus timides. Anatole n'hésite plus, il avance sa main jusqu'à son genou; puis, de là, il appuie légèrement sur le genou de la jeune femme; on ne laisse faire, on ne se recule pas; ce succès encourage l'adolescent, il presse tendrement ce genou rond et potelé qui est sous ses doigts; on le laisse encore faire; puis une main douce et mignonne saisit la sienne; cette

main est celle de la petite femme et elle presse tendrement celle du voyageur. Jamais notre adolescent ne s'était trouvé à pareille fête... presser sa main, n'est-ce pas lui faire une déclaration d'amour; dans son ivresse, oubliant qu'il est en wagon, Anatole se dispose à couvrir de baisers cette main qu'on lui abandonne... lorsqu'une autre main tombe sur les deux qui se tenaient, et celle-là est loin d'être mignonne; elle empoigne vigoureusement les mains entrelacées, cependant la petite femme trouve le moyen de retirer lestement la sienne, mais le jeune Desforgeray ne peut en faire autant, et sa main est rudement retenue, tandis qu'une voix s'écrie : — Je tiens mon pied de bœuf!...

A ce cri, la plupart des voyageurs rouvrent les yeux.

— Qu'est-ce qui tient son pied de bœuf? demande Mitonneau d'une voix altérée, est-ce qu'un bœuf est entré dans le wagon...

— C'est moi, monsieur, répond l'individu au grand nez, car c'était le mari de la petite femme se gaie, lequel probablement ne dormait que d'un œil, et de l'autre surveillait les faits et gestes de sa moitié, qui venait de saisir la main d'Anatole.

— Comment! on joue donc à la main chaude ici? dit l'artiste en se frottant les yeux.

— Oui, c'est ma femme qui entamait une partie de main chaude avec son vis-à-vis... Je m'en suis douté... en voyage, elle n'en fait pas d'autres!...

— Romuald, vous êtes un imbécile, et je vous prie de vous taire... ne voilà-t-il pas une affaire, parce qu'en dormant ma main a rencontré celle du jeune homme, et aviez-vous besoin de réveiller tout le monde pour cela.

— En dormant!... Oh! laisse-moi donc, je ne donne pas là-dedans, Adèle; tu ne dormais pas du tout... Mais c'est, à ce qu'il paraît, un besoin irrésistible pour toi de jouer à la main chaude avec tes voisins de wagon... quand il sont jeunes...

— Romuald, si vous ne vous taisez pas, je vais vous donner une claque...

— Ne t'en avise pas, je t'en rendrais une douzaine...

— Allons, allons, jeunes époux... point de querelles... les claques sont une fort bonne chose au théâtre, mais pas ailleurs...

— Monsieur, lâchez donc ma main, vous me la serrez trop!

— Quant à vous, petit jouvenceau... tâchez de vous tenir tranquille à votre place, et de ne plus jouer à pigeon-vole ou à toute autre chose avec mon épouse... sinon... c'est moi qui vous donnerai les gages, et je vous ferai faire une vilaine pénitence...

— Mais, monsieur... je ne savais pas... je... je dormais aussi...

— Monsieur, s'écrie Mitonneau. mon jeune compagnon est un enfant... il ne sait pas ce qu'il fait, je puis vous assurer qu'il a agi sans discernement..,

— Laissez-nous donc tranquille! il ne sait pas ce qu'il fait...et depuis une heure il prenait le genou de mon épouse!... Peste! des enfants comme celui-là font du chemin en peu de temps... Mais, corbleu! qu'il ne recommence pas!...

— Monsieur, pour que vous soyez certain qu'il ne recommencera pas, il va prendre ma place et me donner la sienne... de cette façon, il ne sera plus vis-à-vis de madame votre épouse et ne pourra plus rencontrer ses pieds... Allons, Anatole, changeons de place...

— Mais, monsieur Mitonneau, j'aime mieux rester où je suis...

— Mais vous voyez bien que vous incommodez madame avec vos jambes...

— Non, monsieur, votre jeune compagnon ne m'incommode pas du tout!... Si vous écoutez ce que dit mon mari, vous avez bien tort... la jalousie lui fait voir tout de travers...

— Adèle, vous me poussez à bout!...

Et le monsieur au long nez fait un geste très-menaçant sans doute, car sa femme jette un cri en sautant sur les genoux du célèbre Blondel, son vieux voisin qui lui fait un juron épouvantable suivi d'un énorme crachat.

Cet incident a décidé le jeune Anatole à donner sa place à Mitonneau. Alors le calme se rétablit et l'on arrive à Lyon sans autre événement.

A Lyon, le mari et la femme quittent le wagon, le mari en murmurant : — Dieu merci, nous sommes arrivés à notre destination!

Et la petite femme en jetant sur Anatole un regard qui devait en dire bien long...

— Ici, dit l'artiste, nous avons le temps de manger quelques ronds de saucisson, en buvant un verre de thorins ou du vieux beaune... Qu'en dis-tu, ma vieille?

Et notre virtuose achève sa phrase en frappant sur le ventre de Mitonneau, qui répond avec humeur : — Je n'ai pas faim... A propos, monsieur Blondel, j'ai payé pour vingt francs!... c'était dix francs.

— Eh pardieu! dix francs, vingt francs! je m'en moque pas mal... vous allez encore payer ici, et nous réglerons nos comptes en arrivant à Paris. Cela ne tout seul... voyons, venez-vous?...

— J'ai déjà eu l'honneur de vous dire que je n'éprouvais aucun besoin...

— Comment! vous passeriez à Lyon sans y manger de la charcuterie? Mais c'est une malhonnêteté que vous vous feriez à vous-même...

— M. Blondel a raison... d'ailleurs, moi, j'ai faim et soif.

En disant cela, Anatole quitte le wagon avec le chanteur, et Mitonneau se dit : — J'ai peur qu'avec son air de n'y pas toucher, ce petit bonhomme ne me donne du fil à retordre... Il n'y a pas cinq heures qu'il a quitté sa grand'maman, et il s'émancipe déjà comme un petit cheval entier... Après tout, s'il va trop loin, je le lâcherai... tant pis. Je n'ai pas envie pour lui de me faire de mauvaises affaires. Quant à ce M. Blondel qui m'appelle « ma vieille !... » je lui trouve des manières peu distinguées... Après cela, au théâtre, je sais qu'il est d'usage de se tutoyer... Enfin, puisqu'ils sont allés prendre quelque chose, je crois que je ferai aussi bien de faire comme eux.

Le jeune Anatole espérait revoir la jolie petite dame au buffet, mais c'est en vain qu'il la cherche des yeux. Pendant qu'il passe en revue les dames qui ont quitté leur wagon, le célèbre Blondel fait disparaître des ronds de saucissons avec une telle promptitude qu'on est tenté de croire qu'il en fourre autant dans sa poche que dans sa bouche.

Mitonneau est venu rejoindre ses compagnons de voyage et se décide à manger aussi pour faire comme tout le monde. Mais bientôt la cloche se fait entendre, il faut remonter en voiture. Le vieux monsieur à lunettes, qui était en train de manger du saucisson, emporte sous son bras un gros morceau avec un petit pain et se hâte d'aller reprendre son coin. Mitonneau, qui a encore payé la dépense, ne conçoit pas que ses deux compagnons aient pu avaler la quantité de saucisson qu'on lui a réclamée. Mais en chemin de fer, on n'a jamais le temps d'éclaircir les comptes et de se faire rendre. « On « part, messieurs !... » Tel est le cri auquel il faut avant tout obéir. Le wagon de nos voyageurs se trouve beaucoup moins garni; car le monsieur au grand nez et sa femme sont restés à Lyon.

— Bravo! s'écrie l'artiste en se couchant à demi sur la banquette. Nous voici à notre aise, et les dames sont parties, nous pouvons rire et dire des gaudrioles!...

— Mais nous en avons encore une avec nous, répond Mitonneau en désignant la paysanne qui s'est déjà rendormie dans son coin.

— Oh! celle-là ne compte pas!... c'est une masse inerte, et qui n'est propre qu'à ronfler. Eh! oh! la petite dame qui était à côté de moi me fait l'effet d'une gaillarde qui donnera de la tablature à son mari... Mon petit Anatole avait fait sa conquête!...

— Vous croyez, monsieur Blondel?

— Si je le crois! pardieu, c'était assez visible... Mon cher, est-ce que tu crois que je ne l'ai pas vue avancer son pied de son côté... et sa main chercher la tienne... Après cela, je l'excuse parce que son mari a véritablement le nez trop long!...

— Ah! quel dommage qu'elle ait quitté le wagon!... dit Anatole avec un grand soupir.

— Voyez-vous!... le petit s'enflammait aussi... Console-toi, mon bon, à Paris, tu feras bien d'autres passions!...

— Vraiment!... vous croyez que je ferai des conquêtes à Paris... Ce n'est pas pour vous moquer de moi que vous me dites cela?

— Je te répète que tu n'auras qu'à jeter le mouchoir... J'en suis sûr, comme je gagerais que monsieur se donnera une indigestion de saucisson!...

Ces mots s'adressaient au vieux à lunettes, qui continuait de manger et répondit d'un ton aigre : — Comment!... de quoi?... je me donnerai une indigestion?... Est-ce que je n'ai pas le droit de manger du saucisson... si cela me plaît?

— Vous en avez parfaitement le droit, c'est un avis que je vous donnais dans votre intérêt. Cela peut vous faire du mal.

— Mêlez-vous donc de vos affaires... si je me fais du mal, cela me regarde!...

— Cela pourrait bien nous regarder aussi... parce que... en chemin de fer... suffit, je m'entends!... Mais, bigre! il fait pas chaud! et maintenant que nous sommes moins de monde, je crois que pour la nuit nous ferons bien de fermer cette portière... L'air de la nuit est mauvais pour la voix.

Le chanteur ferme la glace sans que personne s'y oppose. Bientôt tout le monde dort ou a l'air de dormir.

Il y avait plus de trois heures que l'on avait quitté Lyon, il pouvait être une heure du matin, et le plus parfait silence aurait régné dans le wagon, si de temps à autre le vieux monsieur à lunettes ne l'avait interrompu en poussant des gémissements et en murmurant : — Ah! sapredieu... Ah! cré coquin!... est-ce que ça ne va point se passer?... Bon... voilà que cela me torille... Il n'est pas possible... leur saucisson était donc empoisonné... Je ne pourrai jamais aller comme cela jusqu'à Paris.

— Bon! j'en étais sûr! dit le célèbre Blondel, que les gémissements du vieux monsieur ont réveillé. Voilà le saucisson qui fait des siennes... Je vous avais averti, vous n'avez pas voulu me croire, en chemin de fer, on digère mal... Dormez, ça se passera.

— Ah! oui, se passera! le plus souvent... Ah! fichtre!... quelle colique! il n'y a pas moyen... non... il n'y a pas moyen d'y tenir!...

Quelques minutes s'écoulent, on n'entendait plus rien, lorsque tout à coup, après avoir poussé une plainte plus aiguë que les précédentes, le vieux monsieur baisse la glace qui est auprès de lui, puis se lève et pose son centre de gravité en dehors de la portière.

— C'est joli ce que vous faites là! vieux malpropre! dit l'artiste en portant son mouchoir sur son nez.

— Que se passe-t-il donc? dit Mitonneau en ouvrant les yeux.

— Messieurs, j'en suis bien fâché! répond le monsieur à lunettes sans quitter sa position; mais nécessité n'a point de loi.

Et la paysanne qui vient de s'éveiller s'écrie : — Tiens! nous sommes déjà à Pantin?...

VIII. — PARIS CHANGÉ.

A la dernière station que l'on fait avant d'arriver à Paris, le célèbre Blondel quitte le wagon en annonçant qu'il ne sera absent que deux minutes. Mais, ce temps écoulé, l'artiste ne revient pas, et bientôt le train se remet en route, au grand regret d'Anatole, qui s'écrie : — Comment! on n'attend pas notre ami Blondel... c'est bien désagréable, cela... Mais il va être désolé en voyant qu'on est parti sans lui... où donc le retrouverons-nous maintenant?... Ah! les chemins de fer, c'est bien peu complaisant, cela n'attend personne.

— Mon cher ami, dit Mitonneau, notre ci-devant compagnon, qui a l'habitude des voyages, savait parfaitement qu'on ne l'attendrait pas. Je ne sais pas si nous retrouverons ce monsieur, mais quant à lui, je doute qu'il nous cherche : j'ai payé pour lui tout le long du chemin... il nous forçait même à prendre quelque chose quand nous n'avions pas faim, je crois qu'il n'est pas pressé de s'acquitter, j'ai très-peur de ne point rentrer dans mes fonds.

— Quoi! vous penseriez qu'il ne vous rembourserait pas?... Ah! par exemple! un grand talent que l'on demande partout avec le télégraphe... auquel on fait des ponts d'or...

— Ah! ah!... vous donnez là-dedans, vous, mon jeune ami, mais vous apprendrez plus tard à vous méfier de tous ces faiseurs d'embarras... ce sont presque toujours des blagueurs qui ne cherchent qu'à faire des dupes. Le vrai mérite est ordinairement modeste, il ne se met pas en avant, et il bavarde fort peu. Souvenez-vous de cela quand vous serez à Paris, car vous y rencontrerez beaucoup de gens qui voudront vous jeter de la poudre aux yeux!

— Et les femmes, monsieur Mitonneau? les femmes... est-il vrai que je ferai leur conquête?... qu'elles me marcheront sur les pieds et me presseront la main comme celle qui était en face de moi?...

— Mais non!... ne croyez donc pas tout cela... les femmes se moqueront encore plus de vous que les hommes! Elles auront l'air de vous adorer... c'est possible, mais elles ne vous adoreront pas du tout... ou du moins pas longtemps...

— Ah! quel dommage!...Comment! toutes les femmes trompent les hommes?...

— Je ne dis pas absolument toutes... il y a des exceptions... mais vous savez que l'exception prouve la règle...

— Ce doit être si gentil d'aimer une femme... et d'en être aimé!...

— Assurément, l'amour est un sentiment fort agréable, surtout quand il n'offre pas de dangers... mais ne vous exposez jamais au courroux d'un père, à la colère d'un frère, à la vengeance d'un mari... et encore moins à la jalousie d'une femme vindicative... toutes choses fort à craindre... je vous dis cela avec connaissance de cause...

— Est-ce que l'amour vous a fait courir des dangers, monsieur Mitonneau?

— Oui vraiment!... plus d'une fois... et encore maintenant je suis menacé de la vengeance d'une espèce d'Italienne de Grenoble, mais qui a pour serviteur un lazzarone, véritable bandit.

— Ah! contez-moi donc cela... ce doit être intéressant!

— C'est fort intéressant, mais je ne vous le raconterai pas, parce que votre grand'maman ne m'a pas prié de vous accompagner pour vous raconter des histoires d'amour; ensuite, vous êtes fort jeune... il pourrait vous échapper quelques paroles indiscrètes qui me compromettraient!...

— Je suis beaucoup plus discret que vous ne le croyez... car vous voyez bien que, moi, je ne vous ai pas parlé du secret que bonne maman m'a confié... avant notre départ...

— Ah! votre grand'mère vous a confié un secret... voilà ce que j'ignorais...

— Oh! je le crois bien, elle n'en a parlé qu'à moi... c'est très-important... l'honneur de notre famille y est attaché...

— L'honneur de votre famille!... En effet, il faut que ce soit quelque chose de fort grave...

— Moi, cela ne m'a pas semblé si grave!... mais il paraît que je ne comprends pas encore bien ces choses-là!...

— Si vous les comprenez pas bien, pourquoi madame Desfurgeray vous les a-t-elle confiées?

— Il fallait bien me les confier pour que je fisse les démarches nécessaires quand je serai à Paris.

— Ah! le secret que l'on vous a appris vous obligera à faire des démarches... dans quel genre?...

Anatole réfléchit quelques instants, puis répond : — Je ne sais pas!...

— Vous ne savez pas ce que vous aurez à faire pour remplir les intentions de votre bonne maman!... Diable!... mais alors c'est le hasard qui vous guidera?...

Le jeune homme réfléchit de nouveau et répond encore : — Je ne sais pas!...

— Oh! oh! mon jeune ami, décidément vous êtes plus mystérieux que je ne l'aurais cru, et je vois que l'on peut vous confier un secret... mais nous voici à Paris. Il est dix heures du matin, nous arrivons au bon moment.

Au débarcadère, bien que tout étourdi par le mouvement qui se fait autour de lui, par la quantité de personnes qui vont, viennent et se croisent en tous sens, par le bruit des voitures, les cris des marchands ambulants, et les offres des commissionnaires, Anatole pense encore à leur compagnon de voyage, il dit à Mitonneau : — Il faut bien qu'il soit ici pour réclamer ses effets, ses malles, comme vous le faites, vous?

— Et vous croyez qu'il faut nous amuser à l'attendre... je vois dis, moi, que nous avons été attrapés par un farceur qui s'est moqué de nous... Qui est-ce qui vous prouve qu'il a la moindre valise à réclamer, ce monsieur?... Mais nous avons nos effets... ce commissionnaire va nous les porter jusqu'à un fiacre qui nous conduira à l'hôtel où nous allons loger.

— Où logerons-nous, monsieur?

— Ma foi, j'étais fort bien la dernière fois que je suis venu à Paris... Je pense que nous y serons bien encore, c'était hôtel de la Paix, rue Froidmanteau, place du Palais-Royal.

On a bien vite trouvé une voiture dans laquelle les voyageurs font mettre leurs effets. Puis Mitonneau dit au cocher : — Rue Froidmanteau, hôtel de la Paix.

Le cocher secoue la tête en disant : — Il n'y a plus de rue Froidmanteau à Paris, monsieur.

— Comment, il n'y a plus de rue Froidmanteau!... et qu'est-ce qu'on en a donc fait?

— On l'a démolie, monsieur.

— Démolie entièrement?

— Oui, monsieur...

— Il n'en reste pas un petit bout avec un hôtel dedans?

— Non, monsieur, il n'en reste rien.

— Ah! voilà qui est contrariant!...

— Eh bien! mon ami Mitonneau, est-ce que nous ne pouvons pas nous loger ailleurs?

— Si fait... pardieu, à Paris les hôtels ne manquent pas... mais quand on connaît une maison, c'est plus agréable... Alors... voyons... Ah! je me souviens que j'ai été voir un de mes amis à son hôtel... il y avait une table d'hôte et on y était fort bien... c'était... oui, c'était près de la place du Carrousel... il y avait un théâtre dans cette rue-là... le théâtre du Vaudeville, c'est cela!... Cocher, vous ne connaissez que cela, rue de Chartres?

Le cocher regarde Mitonneau et fait un léger mouvement d'épaules en répondant : — Pas plus de rue de Chartres que de rue Froidmanteau... rasée, supprimée!

— Quoi! la rue de Chartres aussi n'existe plus?

— Non, monsieur.

— Et le théâtre du Vaudeville?

— Il est maintenant sur la place de la Bourse. Il y a donc longtemps que vous n'êtes venu à Paris, bourgeois?

— Ma foi, il y a douze ou treize ans, peut-être quatorze!...

— Alors vous ne le reconnaîtrez plus... Enfin, où faut-il vous mener?

— Ah! je me rappelle... Fauquinet, un de mes amis, venait souvent à Paris et logeait dans un hôtel dont il se louait beaucoup... allons où logeait Fauquinet... dans le quartier des étudiants... rue... attendez donc... j'ai le nom sur le bout de la langue... rue des Maçons-Sorbonne...

— Il n'y en a plus, monsieur, disparue avec les autres!...

— Comment! la rue des Maçons-Sorbonne est aussi supprimée?...

— Oui, monsieur.

— Ah ça! mais, qu'est-ce que cela veut dire? Il n'y a donc plus de rues à Paris?...

— Oh! pardonnez-moi, bourgeois, il n'en manque pas, seulement il n'y en a plus autant d'étroites, de malpropres, de sombres!...

— Avec tout cela, c'est fort embarrassant... je ne sais plus où aller, moi... je me trouve tout désorienté... Ah! voyons que je cherche dans ma mémoire... Ah! oui, du côté de l'Hôtel de Ville, il y avait une rue dont le nom seul me séduisait, j'ai été y voir un de mes clients quand j'étais dans les fourrages... Il habitait un hôtel modeste rue du Mouton... Cocher, menez-nous rue du Mouton... je reconnaîtrai encore l'hôtel...

Le cocher se met à rire en répondant : — Pardi, monsieur, vous avez du guignon, tous les endroits où vous avez été n'existent plus... la rue du Mouton comme les autres, il y a même déjà assez longtemps que celle-ci a été entièrement rasée.

— Quoi!... la rue du Mouton aussi?... Ah! saperlotte, c'est trop fort... Eh bien! alors, cocher, conduisez-nous... où vous voudrez... mais dans un hôtel honnête, bien tenu et pas trop cher.

— Et dans un joli quartier, dit Anatole, au centre des spectacles, des promenades, des marchands...

— Soyez tranquille, bourgeois, j'ai votre affaire.

Le cocher mène les voyageurs boulevard Sébastopol, et les arrête

devant un hôtel fort élégant, auprès de la rue de Rivoli. Anatole n'a pas assez de ses yeux pour regarder, pour admirer ce qui l'entoure. Mitonneau demande pour lui et son compagnon deux chambres dans les étages élevés, car il trouve que les logements sont devenus excessivement chers, et que les prix ne sont plus les mêmes que lorsqu'il est venu à Paris quatorze ans auparavant.

Nos voyageurs ont à peine pris possession de leurs chambres, qui sont sur le même palier, mais entièrement séparées, et ont chacune leur entrée particulière, qu'ils songent à déjeuner.

— Allons au café! s'écrie Anatole, le garçon m'a dit qu'à Paris on ne faisait point vingt pas dans une rue ou sur un boulevard sans apercevoir un café, et que, dans tous, on déjeunait fort bien.

— Soit, allons au café. Je me suis aussi informé, il n'y a pas de table d'hôte dans l'hôtel, il nous faudra aller dîner chez le traiteur.

— Tant mieux, ce sera plus amusant... nous irons chaque jour chez un nouveau, cela nous fera connaître Paris!...

— Ça nous fera du moins connaître ses traiteurs... mais il y en a de fort chers!

— Qu'est-ce que cela fait?... nous avons de l'argent... bonne maman m'a donné un petit portefeuille avec trois billets de banque de mille francs chaque... avec cela on peut s'amuser, et elle m'a dit : « Si par hasard tu avais encore besoin d'argent, écris-le-moi, et je t'en enverrai tout de suite. »

— C'est très-bien, vous êtes à votre aise, vous, jeune Anatole, vous avez au moins sept mille francs de revenu, sans compter ce que votre grand'maman vous laissera... mais moi je n'en possède que six, et je ne veux pas entamer mon capital... D'ailleurs vos trois mille francs mêmes ne vous mèneraient pas loin, si vous satisfaisiez ici tous vos caprices.

— Vous croyez, monsieur Mitonneau? Oh! cependant... mille écus! on peut se donner tant de plaisirs avec cela...

— Vous ignorez qu'à Paris il y a des plaisirs que l'on paye extrêmement cher.

— De quel genre sont-ils, ceux-là?

— Oh! mon cher ami, ce serait trop long à vous détailler... allons déjeuner.

Les voyageurs entrent dans le premier café qu'ils aperçoivent sur le boulevard.

— Qu'avez-vous à nous donner pour déjeuner? demande Mitonneau au garçon qui vient à eux.

— Tout ce que ces messieurs désireront.

— Tout!... diable... c'est donc aussi un traiteur, ici?

— Oui, monsieur, c'est un café-restaurant, cela revient au même.

— Ah! si notre ami Blondel était là, il nous dirait ce qu'il faut demander... ce qu'on prend à Paris pour déjeuner.

— Je vous conseille de regretter ce monsieur qui nous a fait payer pour lui... Non cher Anatole, on mange à Paris comme ailleurs, c'est-à-dire qu'on prend ce que l'on aime. Garçon, des côtelettes, des rognons et du café... cela vous va-t-il, jeune homme?

— Oh! parfaitement... tout me va... je suis si content d'être à Paris!...

Et Anatole se met à sautiller sur sa chaise avec tant de gaieté que son compagnon est obligé de lui rappeler que ce qui était inconvenant en wagon l'est bien plus dans un café de Paris, où vous vous faites remarquer dès que vous livrez à des mouvements trop excentriques.

Après avoir déjeuné, ces messieurs entrent dans la rue de Rivoli. Anatole demeure en admiration à l'aspect de cette rue si belle, si large, si riche en boutiques, en magasins, et dont son œil ne peut mesurer la longueur. Mitonneau lui-même s'écrie : — J'avais vu la rue de Rivoli jadis, j'avoue qu'elle est tellement embellie, augmentée, allongée, que je ne l'aurais pas reconnue. Si tout Paris est changé dans ce genre-là, je ne m'étonne pas que l'on ait supprimé la rue du Mouton et la rue Froidmanteau : elles auraient juré près de celle-ci.

IX. — UNE ALLUMETTE QUI PREND FEU.

Anatole s'arrête à chaque instant pour contempler une boutique, regarder une enseigne, et quelquefois pour suivre des yeux une femme dont les jolis traits, la mise élégante et la tournure gracieuse le jettent dans l'admiration.

Son compagnon lorgne aussi les jolies femmes, et comme il en passe de temps à autre qui n'ont pas l'air sévère, et semblent, dès qu'on les regarde, s'empresser de faire voir le bas de leur jambe, et, souvent même, une partie de leur mollet, notre amateur se dit : — Saprisiti! si je n'avais pas ce petit jeune homme avec moi, je pourrais, quand le désir m'en viendrait, suivre une femme charmante et tâcher de faire sa connaissance... car enfin, je suis venu à Paris pour m'amuser, moi, et s'il faut que je me borne à promener le jeune Desforgeray, à veiller sur lui, cela ne sera pas amusant du tout... Je me suis chargé là d'une très-ennuyeuse besogne... il faudra que je tâche de m'en débarrasser quelquefois.

Et, tout en se promenant, Mitonneau dit à Anatole : — Madame votre grand'mère ne vous a-t-elle pas donné une lettre de recommandation pour quelqu'un?

— Ah! oui, pour M. Bouquinard, un ancien libraire...

Je tiens mon pied de bœuf. (Page 18.)

— Je l'ai connu à Montpellier; c'est un homme qui s'entend fort bien aux affaires... C'est un fin matois... Il a fait sa fortune assez rapidement, tout en se plaignant toujours de ce que le commerce n'allait pas bien... en maugréant contre les auteurs, qui ne font plus rien de bon, et les livres, qui ne se vendent guère... Il paraît, cependant, qu'il en a vendu quelques-uns, puisqu'il a pu se retirer d'assez bonne heure et avec au moins quinze mille livres de rentes, à ce qu'on dit!... Mais tous les libraires sont ainsi faits; je n'en ai pas rencontré un seul qui ne se plaignît de son commerce et ne déclarât que la librairie était à peu près ruinée.

— Comme je n'ai pas l'intention de me faire libraire, je ne vois pas à quoi me servira la connaissance de M. Bouquinard?

— D'abord, ce monsieur ne l'est plus, du moins ostensiblement, car j'ai bien dans l'idée qu'il est encore intéressé dans la publication de quelques ouvrages qu'il achète à de jeunes auteurs qui commencent ou à ces grands génies dont on n'a jamais entendu parler, et qui passent leur vie à être méconnus! Mais ceci ne nous regarde pas. Si madame votre grand'maman vous a spécialement recommandé d'aller voir M. Bouquinard... et c'est ce qu'elle a fait devant moi, c'est que probablement elle pense que la connaissance de ce monsieur doit vous être utile à Paris, et il me semble que vous devez vous conformer à ses instructions...

— Certainement; mais ce n'est pas pressé!... Je n'ai pas besoin de courir chez ce monsieur en arrivant à Paris...

— De mon côté, il faudra que j'aille voir Canardière, un ancien ami à moi, qui s'est marié depuis trois ans... Je ne connais pas encore sa femme.

— Est-ce un jeune homme, M. Canardière?

— Mais, oui; c'est un jeune homme, dans mon genre... Oh! c'est-à-dire, il est beaucoup plus âgé que moi, qui n'ai que quarante-quatre ans... Canardière doit en avoir cinquante bien sonnés...

— Ah! monsieur Mitonneau, regardez donc...

— Où cela?

— Dans cette boutique de pâtisserie, au comptoir... cette jeune blonde... quelle ravissante figure..

— C'est vrai... Je ne sais pas si c'est la pâtissière, mais elle est charmante!...

— Oh! je vous en prie... entrons manger des petits gâteaux...

— Mais nous venons de déjeuner... je n'ai pas faim du tout...

— Oh! pour quelques petits gâteaux... Moi, j'ai encore faim, d'ailleurs... Venez...

Et Anatole entre dans la boutique, où son compagnon se décide à le suivre en se disant : — On a toujours assez de place pour un nougat ou des meringues.

La demoiselle qui est au comptoir est en effet jolie et des plus aimables, avenante avec les pratiques; elle sourit très-agréablement à ces messieurs, leur indique ce qu'il y a de meilleur, de plus tendre dans sa boutique, et quand elle a dit, en désignant un petit gâteau : « Oh! monsieur, voilà qui est excellent; croyez-moi, mangez de celui-là!... » Anatole s'empresse de manger ce que la jolie pâtissière lui a recommandé, et il en avale comme cela une demi-douzaine. Mitonneau se contente de croquer du nougat, en lançant de brûlantes œillades à la demoiselle.

L'entrée de plusieurs dames qui viennent faire des commandes, oblige Anatole à s'éloigner du comptoir, et son compagnon parvient à lui faire quitter la boutique, en lui disant : — Sapristi! jeune Anatole, il est heureux qu'il soit venu du monde chez la pâtissière, sans quoi je crois qu'elle vous aurait fait avaler toute sa boutique.

— Ah! cette jeune femme est si engageante... Est-ce une femme ou une demoiselle?

— Vous me faites des questions auxquelles il m'est impossible de vous répondre... Comment voulez-vous que j'en sache plus que vous à cet égard?

— J'aurais cru... que vous vous y connaissiez, vous... un homme mûr...

— Encore une fois, mon ami, je ne suis pas mûr... et à Paris, il est souvent fort difficile de distinguer une femme d'une demoiselle... d'autant plus qu'il y en a qui sont l'un et l'autre... Comment vous trouvez-vous?... Vous devez étouffer?...

— Oh! non, pas du tout...

— Alors, vous avez un bon estomac... Allons, voilà qu'il s'arrête encore... Ah! il regarde les bonbons...

— Oh! non, monsieur Mitonneau, c'est une belle brune que je regarde... Voyez donc...

— En effet, voilà une brune assez piquante...

— Oh! elle m'a souri... Entrons acheter des bonbons... j'adore les bonbons...

— Votre grand'maman a mis du sucre d'orge dans votre poche...

— J'aime mieux autre chose...

— Mais, en vérité, jeune Anatole, vous êtes donc comme une allumette chimique? au moindre regard d'une jolie femme vous vous enflammez, vous prenez feu!... Certainement j'aime le beau sexe... je lui rends hommage quand l'occasion se présente... Mais ce n'est pas

Vous voyez en moi la célèbre Mogador de Palestine. (Page 19.)

une raison pour... Ah! bon, il ne m'écoute pas. Il est entré dans la boutique!... Après tout, s'il a envie de bonbons!...

Anatole était entré chez le confiseur, et là, arrêté devant le comptoir, il balbutie : — Je voudrais... je désirerais...

— Des marrons glacés, monsieur?

— Oui, madame, oui, des marrons.

— Combien en voulez-vous, monsieur?

— Ce que vous voudrez, madame...

— Mais encore... Une livre? deux livres?...

— Oui, madame... deux livres.

On fait pour le jeune homme un gros sac de marrons glacés, puis, comme on voit qu'on a affaire à un provincial, on lui montre des bonbons en chocolat, en lui disant : — Prenez donc de ces croquignoles au chocolat et à la crème... vous en serez très-satisfait! elles sont aussi à la vanille... Tenez, goûtez-les, monsieur.

Anatole croque les bonbons que la belle brune lui présente, et s'écrie : — Oh! c'est délicieux!... donnez-m'en deux livres aussi...

— J'espère que vous allez vous en tenir là? dit Mitonneau, qui est entré dans la boutique.

— Vous ne vous doutez pas comme c'est bon... Goûtez-en...

— C'est fort bon; mais vous en avez trop acheté... Que diable voulez-vous faire de tout cela?...

— On en mange en se promenant, dit la confiseuse; vous en verrez bientôt la fin... Monsieur, j'espère que nous aurons le plaisir de vous revoir...

— Oh! madame, certainement, je reviendrai... très-souvent...

— Nous avons des fruits confits de toutes sortes...

Mitonneau tire le jeune homme par le bras, en lui disant : — Vous êtes assez chargé comme cela... vous reviendrez...

Anatole se décide à quitter la boutique, en tenant ses deux sacs. Lorsqu'il a marché quelque temps avec, il fourre sa main dans celui qui contenait les marrons glacés et en met dans sa bouche en disant : — Ça ne paraît pas, mais c'est lourd... mangez-en donc, monsieur Mitonneau...

— Je savais bien que ces sacs vous embarrasseraient; je veux bien en manger un peu... mais pour vous faire plaisir je ne veux pas m'étouffer...

— Mangez donc aussi des croquignoles au chocolat...

— Oh! ma foi, non... Il n'y a pas moyen... Le chocolat est très-nourrissant, je m'étonne que vous puissiez manger tant de choses...

— Il faut bien que je fasse diminuer mes deux sacs...

— Quand je vous disais que vous en achetiez trop, vous n'avez pas voulu m'écouter...

— Ah! monsieur Mitonneau... voyez donc sous cet auvent... cette petite marchaude en fichu sur la tète... quel air gai... elle rit en regardant les passants !... Qu'est-ce qu'elle vend donc dans une poêle ?

— Des pommes de terre frites... J'aime à croire que vous n'allez pas en acheter!...

— Oh! non... C'est dommage, pourtant...

— Mon cher ami, ce sont les commissionnaires, les hommes de peine, les ouvriers qui achètent de cela, et non pas les gens qui se respectent...

— Je comprends, et puis cela gâterait mes gants.

Ces messieurs sont sortis de la rue de Rivoli, ils sont arrivés sur les boulevards; Anatole continue de se bourrer de marrons glacés. Bientôt une jeune fille assez drôlette s'arrête devant lui avec un éventaire garni d'oranges, en lui disant : — Monsieur, achetez-moi du Portugal, du vrai Portugal; étrennez-moi, monsieur; vous me porterez bonheur, je n'ai pas encore vendu aujourd'hui...

— Si cela peut vous porter bonheur, répond Anatole, je ne veux pas vous refuser... Combien vos oranges ?

— Ce serait six sous pour un autre, mais pour vous qui êtes si gentil, ce ne sera que cinq sous, et vous avez le choix.

Le jeune Desforgeray rougit de plaisir, parce que la marchande lui a dit qu'il était gentil; il s'empresse d'acheter trois oranges; il en met deux dans ses poches et épluche l'autre en disant : — Ça me rafraîchira; ces bonbons m'emportent la bouche... Je ne suis pas fâché de manger une orange...

Mitonneau, qui était en avant, se retourne et s'écrie : — Ah! mon Dieu! le voilà qui achète encore quelque chose... Voilà bien ce que c'est que ces jeunes gens qui n'ont jamais quitté leurs parents, jamais fait leur volonté!... Dès qu'ils sont maîtres de leurs actions, ils jettent l'argent par les fenêtres, ils ne savent que faire pour le dépenser... heureusement, cette fois, ce ne sont que des oranges...

Anatole rejoint son compagnon, tenant à la main son orange épluchée, et lui dit : — En voulez-vous?

— Mais non, je n'en veux pas... Je ne sais pas comment vous faites pour engloutir tout cela...

— Ah! monsieur, je ne pouvais pas refuser cette petite marchande... elle m'a dit que je lui porterais bonheur...

— Si vous croyez ce qu'elles vous disent...

— Et puis... vous ne savez pas... elle m'a dit encore que j'étais très-gentil, et à cause de cela elle ne m'a vendu ses oranges que cinq sous...

— Et vous donnez là-dedans... Voulez-vous parier qu'elle ne me les vend que quatre sous à moi, ses oranges... et en me disant que c'est parce que je suis bel homme ?...

— Ah! ah! par exemple !...

— Je vous en fais la gageure.

— Ce n'est pas la peine... Ces sacs me gênent beaucoup.

— C'est bien fait; cela vous apprendra à m'écouter...

— Est-ce que vous ne pourriez pas en mettre un dans votre poche ?...

— C'est que je n'aime pas beaucoup à avoir de grosses poches... mais enfin, pour vous obliger...

Mitonneau met dans une de ses poches les bonbons au chocolat; au bout de quelques instants, son compagnon lui dit : — J'ai terriblement soif... c'est étonnant comme les bonbons m'ont altéré.

— Les bonbons et les gâteaux... eh bien! entrons dans un café... nous n'avons que l'embarras du choix.

— Oh! mon ami, en voilà dans lequel il y a des dames; entrons-y...

— Allons, voilà encore l'allumette qui prend feu!... soit, va pour le café où il y a des dames; du reste, à Paris, les dames entrent dans presque tous les cafés.

— Excepté ceux où l'on fume, sans doute?

— Ma foi, ce n'est pas sûr; il y a aussi des femmes qui fument à Paris.

Deux dames étaient assises à une table du café, où elles prennent des bavaroises avec du beurre et des petits pains, des flûtes et des croquets. L'une de ces dames pouvait avoir quarante-cinq ans; l'autre, de vingt à vingt-deux ans.

La plus âgée, qui avait dû être fort bien et était encore belle femme, avait malheureusement le teint couperosé, la figure toujours rouge et le nez légèrement violet; était-ce la suite d'une exubérance de santé ou d'un usage trop immodéré de boisson, c'est ce qu'on ne pouvait savoir qu'en fréquentant cette dame. Sa mise était assez élégante, mais de mauvais goût; si elle ne portait pas autant de fourrure que la dame du wagon, en revanche, elle avait sur son chapeau des fleurs, des plumes, des nœuds de rubans et une voilette. Sa robe était de soie, à larges raies de couleurs bien tranchées; un grand châle couvrait ses épaules, mais laissait voir sur sa poitrine une grosse chaîne en or, ou qui, du moins, en avait la mine; puis, pour agrafe, un grand médaillon avec un camée antique entouré de pierres qui ne brillaient pas du tout. Un binocle était suspendu à la chaîne. Par-dessus sa robe, cette dame portait à chaque bras un bracelet; sur l'un, on voyait un portrait d'homme revêtu d'un uniforme; sur l'autre, il y avait des cheveux travaillés et formant un cœur. Enfin, les deux mains de cette dame étaient surchargées de bagues; il y en avait de toutes les grosseurs et de toutes les couleurs; n'oublions pas des boucles d'oreilles avec des petits paquets de corail pour pendants, qui descendaient presque jusqu'à l'épaule.

La jeune dame était assez jolie; c'était une blonde très-pâle, dont les yeux assez beaux semblaient avoir toujours envie de céder au sommeil; sa bouche était moyenne, son nez régulier, mais tous ses traits avaient peu d'expression et n'exprimaient que la fatigue et la nonchalance. Cette jeune femme avait continuellement l'air d'avoir passé la nuit sans dormir. Sa mise était plus simple, mais de meilleur goût que celle de sa compagne, et elle ne portait sur elle aucun bijou.

En voyant nos deux provinciaux venir se placer à une table près d'elle, la dame ornée de bijoux les enveloppe d'un regard et semble les passer à l'inspection, comme un sous-officier auquel on amène des conscrits. La jeune femme, au contraire, ne jette sur eux qu'un œil indifférent, et ne s'occupe plus qu'à mettre du beurre sur son petit pain.

Mitonneau a supporté gaillardement les regards de la dame couperosée; tandis qu'Anatole a baissé les yeux en rougissant, ce qui fait légèrement sourire cette dame, qui crie d'une voix très-mâle : — Garçon! la Gazette des Tribunaux !

— Que voulez-vous prendre? demande Mitonneau à son compagnon. Si vous avez soif, je crois que la bière est ce qu'il y a de mieux.

— Non, je n'aime pas la bière... Si nous prenions... comme ces dames.

— Y pensez-vous? des bavaroises au chocolat quand vous ne pouvez pas avaler vos bonbons... Ah! bigre! je crois que je me suis assis dessus...

— Alors une carafe d'orgeat.

— Vous feriez mieux de prendre de l'eau sucrée, après tout ce que vous avez mangé!

— Non, j'aime mieux l'orgeat.

— Soit, moi, je prendrai de la bière.

Pendant que l'on sert ces messieurs, la grande dame dit à sa compagne, et de façon à être entendue de ses voisins : — Aménophise, est-ce que tu veux encore des flûtes?...

— Oh! oui... tiens, je n'ai encore mangé que mon petit pain... c'est toi qui as avalé toutes les flûtes... tu ne m'en as pas laissé une...

— Avalé... ne dirait-on pas!... Il n'y en avait que quatre. Demandes-en au garçon.

— Garçon, des flûtes au beurre... Donnez-m'en beaucoup...

— Aménophise, ne te bourre pas trop! tu sais que nous avons à travailler dans la journée!...

— Ah! bien! je ne m'en moque pas mal... Si tu crois que cela va me gêner... faudrait-il pas pour cela se priver de manger?... Tu bien que cela n'y fait ni chaud ni froid !...

— Ni chaud ni froid !... c'est-à-dire que quand tu as beaucoup dîné, c'est le diable pour te faire travailler... Nous sommes attendues ce matin chez madame la comtesse de Craquinouski : il faut se présenter dignement !...

Mitonneau, qui écoutait de toutes ses oreilles, se disait à lui-même : — A quoi peuvent donc travailler des dames si élégantes... des dames... dont l'une est farcie de bijoux?... Elles sont attendues chez une comtesse... seraient-ce des couturières?... Peut-être que maintenant à Paris les couturières ont changé d'aspect comme la rue de Rivoli...

Anatole ne disait rien; il avait un poids sur la poitrine et buvait beaucoup d'orgeat, ce qui ne le soulageait pas du tout. Il regardait souvent sa voisine jeune, qui ne s'occupait que de ses tartines et de ses flûtes; quant à l'autre, c'était elle qui le lorgnait beaucoup, en lui faisant des mines fort aimables.

— Dis donc, madame Mogador! s'écrie la jeune femme dans un entr'acte de flûtes, avec tout cela, nous voilà en plein carnaval, et je ne me suis pas encore amusée... Tu sais que je t'ai dit que je voulais aller au bal cette année... Oh! mais, c'est que j'y tiens... je ne veux pas que ça se passe en compliments...

— Eh bien! c'est bon, mon Dieu! on t'y mènera, au bal... folle que tu es... Cela ne pense qu'à la danse... à la mazurke... à la schottiche! enfant que tu es!...

Ces mots étaient si directement adressés à Mitonneau, que celui-ci, enchanté d'entrer en conversation, s'empresse de répondre : — Ah! la danse... a quelque chose de fort séduisant... la danse a toujours été le faible des dames... elles y déploient leurs grâces, leur légèreté... et alors naturellement elles aiment à danser...

La grande dame, que la jeune avait appelée Mogador, répond à Mitonneau, tout en souriant à Anatole : — les femmes ne sont pas seules à aimer la danse... Est-ce que monsieur votre fils n'en raffole pas aussi?...

Mitonneau devient cerise, son nez se pince, et il répond avec aigreur : — Monsieur n'est pas mon fils.

— Ah! ce jeune homme n'est pas votre fils... mais il pourrait l'être, car je le crois jeune encore?...

La figure de Mitonneau se radoucit, et il répond : — Oui, sans doute à la rigueur il pourrait être mon fils; mais quel âge lui donnez-vous?

— De quinze à seize !

— J'en ai bientôt vingt! répond Anatole en relevant la tête, et se redressant pour se grandir.

— Vingt ans... eh bien! en vérité, on ne vous les donnerait pas... N'est-ce pas, Aménophise, que monsieur ne paraît pas plus de seize ans?

Aménophise, au lieu de répondre à cette question, dit : — Moi, je veux aller au bal du Casino; on m'a dit que c'était celui qui avait le plus de chic!

Anatole pousse son compagnon en lui disant à l'oreille : — Le plus de chic!... Qu'est-ce que cela veut dire?... je ne connais pas ce mot-là...

— Chic!... attendez... c'est un nouveau mot, mais qui est très-employé maintenant à Paris... Je crois que cela veut dire beau monde.

— Ah! bon... il faudra que je m'en souvienne, afin de savoir employer le langage à la mode...

X. — DEUX ILLUSTRATIONS.

— Aménophise, tu n'as pas répondu à ma question, reprend madame Mogador. Je t'ai demandé quel âge paraît avoir ce jeune homme qui est doué d'une si jolie figure, et qui, en vérité, a l'air d'une jeune fille habillée en garçon... Je crois voir Déjazet dans Gentil Bernard...

Anatole devient pourpre de plaisir; Mitonneau se repince le nez. La personne appelée Aménophise jette sur ce jeune voisin un regard languissant, mais qui bientôt semble s'animer et elle répond : — Ah! c'est vrai qu'il a l'air d'une femme... il est encore timide... Il n'ose pas nous regarder en face... Ah! mon Dieu! le voilà qui change de couleur... qu pâlit...

— En effet, seriez-vous malade, monsieur?

— Ce n'est rien, madame... C'est que j'étouffe un peu, voilà tout...

— Comment! vous étouffez?

— C'est sa faute, madame, dit Mitonneau, mon jeune ami n'est pas raisonnable. Nous sommes arrivés à Paris ce matin, et à peine avons-nous déjeuné qu'il entre chez un pâtissier... puis chez un confiseur... Il se bourre de gâteaux, de marrons glacés, de bonbons au chocolat... Oh! vous avez beau me cogner le genou, mon ami, je dis ce qui est... Si vous êtes malade, je veux qu'on sache qu'il n'y a pas de ma faute... Je vous avais averti. Tenez, madame, voilà encore le sac et les marrons glacés..... Le sac était deux fois plus gros... et les chocolats... J'en ai encore une bonne partie.

— Mon Dieu! c'est bien excusable d'être gourmand! s'écrie madame Mogador en prenant le sac aux marrons glacés, dans lequel elle regarde en disant : — Il y en a encore pas mal!

— Si vous les aimez, mesdames, je serais heureux de vous en offrir...

— Ma foi oui, je les aime beaucoup, je vais y goûter.

— Mogador, j'espère que tu vas m'en donner... Je te connais, tu es capable de manger tout!

— Ah! que cette petite est terrible... Jeune homme, si ce que vous avez sur l'estomac ne passe point, ce n'est pas de l'orgeat, c'est de l'eau-de-vie, du cognac, qu'il faut boire. Croyez-moi, cela vous fera du bien.

— Madame a raison, dit Mitonneau. Garçon, un petit verre d'eau-de-vie.

— Garçon! plusieurs petits verres, dit madame Mogador. Je tiendrai compagnie à ce jeune homme, j'ai aussi des étouffements.

Le garçon apporte un carafon d'eau-de-vie. Madame Mogador en verse à Anatole, puis en ingurgite lestement un petit verre, ce qui fait faire un mouvement de surprise au jeune voyageur, qui n'avait pas encore vu boire une dame de cette façon.

— Elle est assez *chouette!* dit la belle femme en se versant un second petit verre. Et Anatole se promet bien de demander ce que signifie le mot *chouette* transformé en adjectif. — Comment, messieurs, vous n'êtes à Paris que depuis ce matin! reprend bientôt madame Mogador; mais alors vous ne nous connaissez pas... vous ne vous doutez pas que vous causez avec deux des plus grandes illustrations de la capitale?

Mitonneau se lève ainsi que son compagnon, et tous deux saluent respectueusement leurs voisines en murmurant : — Excusez-nous, mesdames, nous ne savions pas que nous avions cet honneur.

— Messieurs, nous voyez en moi la célèbre Mogador de Palestine et mon élève, Aménophise de Saint-Jean d'Acre. Vous avez au moins entendu parler de nous?

— Ma foi non, mesdames, jamais.

— Ah! bon Dieu! dans quel trou vivez-vous donc?... Nous qui sommes connues de tout l'univers!... et des cinq parties du monde..... car maintenant il y en a cinq.

— Mesdames, nous arrivons de Montpellier, ce n'est point un trou, c'est une ville très-agréable!

— Où probablement on ne sait guère ce qui fait fureur à Paris; car mon élève et moi, telles que vous nous voyez, nous faisons fureur..... nous ne pouvons pas suffire au monde qui vient nous consulter ni aux personnes qui nous font demander chez elles. Ce matin, nous sommes attendues chez la comtesse de Craquinousky!...

— Pardon, belle dame, mais pour quoi faire?...

— Ah! c'est juste... il ne sait pas ce que nous sommes... Tenez, voilà de nos adresses.... lisez et croyez.

La grande dame sort de son sac plusieurs adresses qu'elle jette sur la table de ses voisins : ceux-ci lisent :

La célèbre Mogador de Palestine, magnétiseuse de première classe, est revenue en France avec son élève, mademoiselle Aménophise de Saint-Jean d'Acre, jeune somnambule lucide qui s'endort à toute heure, sous la direction de madame Mogador. Les faits les plus surprenants, les plus extraordinaires, les secrets les plus cachés ont été découverts par cette étonnante somnambule, à qui rien n'échappe et qui, si vous êtes malade, vous dira sur-le-champ quel est votre mal et quels remèdes vous devez employer pour guérir. Séances tous les soirs de huit à dix heures. Séances particulières. On va en ville sur demande. Passage du Jeu-de-Boules, maison du boulanger.

— Tiens! mademoiselle est somnambule! s'écrie Anatole après avoir lu, mais je l'ai été aussi étant petit... c'est-à-dire de neuf à dix ans; je me levais, je me promenais dans la chambre; mais on m'a administré le fouet plusieurs fois, cela s'est passé.

Mademoiselle Aménophise se met à rire en disant : — Ah! qu'il est drôle! il se croit somnambule parce qu'on l'a fouetté.

— Jeune homme, dit madame Mogador en prenant un air grave, après toutefois avoir avalé un second petit verre, il ne s'agit pas ici de se lever en dormant, ce qui arrive à beaucoup de monde, mais de voir en dormant, de lire dans le passé, dans l'espace, de voir ce qui se passe dans votre estomac et à cent lieues de vous, comme si on y était. Enfin, par le concours du magnétisme, avoir le sommeil lucide... Voilà comment je te rends Aménophise quand je l'ai magnétisée..... Comprenez-vous?

— Ma foi non, madame!

— En vérité, votre éducation me semble bien incomplète! Qu'est-ce qu'on vous a donc appris à Montpellier?...

— Beaucoup de choses; je jouais au loto, au vingt-et-un.

Les deux illustrations éclatent de rire. Ce qui vexe Anatole, qui pense qu'on se moque de lui. Mitonneau rit avec les dames. Comme on a eu l'air de lorgner son compagnon plus que lui, il n'est pas fâché qu'on le trouve bête, et se caresse le menton en disant : — Il faut l'excuser, mesdames; il a été élevé par sa grand'maman, qui ne le quittait presque pas... mais à Paris il se formera.

— Ne pas savoir ce que c'est que le magnétisme!... la plus belle découverte que l'on ait faite avant les chemins de fer... Venez nous voir, jeune homme... Tiens! il n'y a plus de marrons glacés... Venez assister à nos séances, et vous serez émerveillé, étonné, épaté... voilà le vrai mot, et vous apprendrez à connaître la puissance du magnétisme.

— C'est égal, dit Aménophise, toujours dormir, ça finit par être embêtant!

Anatole ne répondait plus rien; il se sentait fort mal à son aise; le cœur lui tournait, mais il n'osait pas le dire.

Tout à coup le temps devient noir et la pluie tombe par torrents.

— Bon! voilà qu'il pleut à verse maintenant! dit madame Mogador, et nous sommes sorties sans parapluie et nous sommes en toilette; car enfin, pour aller chez une comtesse, il faut bien se *requinquer* un peu...

— Ça ne sera rien... C'est dommage que tu aies mangé tous les marrons glacés... Vous n'en avez pas d'autres, monsieur?

Cette question était adressée à Anatole par la jeune somnambule.

Le jeune homme s'empresse de dire à son compagnon : — Vous avez dans votre poche le sac aux bonbons de chocolat, donnez-le-moi donc!

— Je trouve ces dames un peu sans gêne, se dit Mitonneau, mais enfin les illustrations doivent se permettre bien des choses que des gens comme tout le monde ne feraient pas.

Et Mitonneau présente son sac, dans lequel presque tous les bonbons sont écrasés, ce qui n'empêche pas les deux dames d'y puiser à pleine main en disant : — Ça se mange tout de même!

— Encore un petit verre, jeune adulte, dit la célèbre magnétiseuse à Anatole, après s'en être versé un troisième à elle-même. Cela vous remettra tout à fait.

— Non, madame, je vous remercie, je trouve que cela ne me remet pas... au contraire, et je crois que je ferai bien de retourner à notre hôtel...

— Nous ne pouvons pas nous en aller par le temps qu'il fait! dit Mitonneau, voyez donc... la pluie redouble...

— Mais je suis très-mal à mon aise, moi!... je veux rentrer me coucher...

— Ah! que c'est gentil!... Voilà un joli début à Paris... voilà où mène la gourmandise... Si vous m'aviez écouté...

— Voyons, mon cher monsieur, ne grondez pas votre jeune élève... car ce doit être votre élève... Je gage que vous êtes professeur de langues mortes?

— Eh! non, madame, je ne professe rien du tout, répond Mitonneau avec humeur; mais plus les langues mortes que les vivantes. Je suis venu à Paris pour mon agrément, et M. Anatole Desforgeray, que voilà, y est venu en même temps que moi, voilà tout...

— Anatole Desforgeray! dit tout bas la magnétiseuse à l'oreille de sa somnambule, retiens bien ce nom-là pour t'en souvenir quand tu dormiras et que je t'interrogerai.

— La grand'maman de ce jeune homme me l'a recommandé... c'est très-bien; mais du moment qu'il ne m'écoute pas, je ne réponds plus de rien.

— Mon cher monsieur Mitonneau, je n'ai pas besoin de vous pour rentrer à l'hôtel... allez vous promener, si cela vous est agréable... moi je suis malade, et je vais prendre une voiture pour me faire reconduire où nous logeons.

— Vous allez prendre une voiture! dit madame Mogador. Mais alors vous serez bien aimable de nous jeter chez la comtesse, Aménophise et moi; car on nous attend et nous ne pouvons pas y aller à pied.

— Je crois bien, s'écrie mademoiselle Aménophise, à moins d'être des grenouilles... Aller à pied de ce temps-là... nous serions trop fraîches en arrivant!...

— Madame, je vous jetterai où cela vous fera plaisir... Où sommes-nous ici?... quel est ce boulevard?

— Le boulevard des Italiens.

— Notre hôtel est sur le boulevard Sébastopol, tout près de la rue de Rivoli... et vous allez, madame?

— La comtesse demeure rue du Bac, près de la rue de Sèvres... c'est votre chemin... vous faites un petit coude et voilà tout!

— Quand même ne serait pas mon chemin, madame, je suis trop heureux... Ah! que j'ai mal au cœur...

— Il faut tout de suite être au garçon de vous avoir une voiture...

Le garçon est appelé. Les dames payent leurs bavaroises; les hommes ce qu'ils ont pris, et, de plus, les petits verres ingurgités par madame Mogador. Après cinq minutes on parvient à se procurer une voiture, ce qui est fort difficile, à Paris, quand il pleut. Les dames se précipitent dedans; Anatole y monte ensuite, puis Mitonneau s'y place également, parce qu'il s'est dit : — Il ne serait pas convenable que j'abandonne ce jeune homme, maintenant qu'il est malade; d'ailleurs le temps est affreux, et je ne pourrais pas me promener par la pluie.

Les deux illustrations se sont naturellement assises dans le fond de la voiture. Anatole se trouve placé en face de madame Mogador, et Mitonneau devant la jeune somnambule qu'il lorgne en faisant sa bouche en cœur; mais ses efforts pour plaire ne sont pas remarqués par la nonchalante Aménophise, qui préfère reposer ses regards sur Anatole et lui sourit en murmurant : — Vous viendrez nous voir, n'est-ce pas, monsieur, vous viendrez assister à nos séances?... Vous avez notre adresse?

— Oui, mademoiselle... Oh! je ne la perdrai pas...

— Et si par hasard vous perdiez quelque chose, jeune homme, dit madame Mogador, ou si on vous volait... ce qui arrive souvent dans les grandes villes, accourez nous trouver... j'endormirai Aménophise, et elle découvrira tout de suite votre voleur...

— Quoi!... en dormant, vous auriez ce pouvoir-là?

— Eh! mon cher ami, c'est l'enfance de l'art!... Je donnerais quelque chose pour que vous fussiez volé, vous... ou votre respectable tuteur, et vous connaîtriez alors toute la puissance du magnétisme... animal.

— J'aime tout autant que nous ne soyons pas volés! répond Mitonneau, vexé de ce que cette dame vient de l'appeler « respectable tuteur », et plus encore de ce que son jeune vis-à-vis, au lieu de remarquer les airs gracieux qu'il se donne pour plaire, regarde sans cesse Anatole.

Cependant, au bout de quelques minutes, le mouvement de la voiture augmente considérablement le malaise du jeune provincial; il change de couleur, il a des nausées fréquentes.

— Ah! mon Dieu!... mais il va se trouver mal! dit Aménophise, effrayée de la pâleur d'Anatole.

— Qu'est-ce que vous avez donc, jeune homme? s'écrie la dame couperosée; vous tournez de l'œil comme un lapin dans une cage.

— Madame... c'est que j'ai... j'ai... l'eau-de-vie qui me remonte... j'ai eu tort d'en boire!...

— Comment! pour un petit verre? Mais vous n'êtes donc pas un homme? Il faut secouer ça, mon jeune ami...

— Ah! madame, la voiture me secoue bien assez... beaucoup trop même... et... et...

Anatole ne peut pas achever sa phrase, quelque chose qu'il ne peut pas retenir lui échappe avec la violence d'une fusée; il s'est avancé vers la portière, dans l'espoir d'y lancer son renard, mais il n'a pu y arriver assez vite et l'illustre magnétiseuse reçoit sur sa robe une grande partie de la fusée.

Madame Mogador pousse de grands cris en disant : — Ah! quelle horreur... je suis abîmée... je suis inondée... voilà une robe perdue... ma plus belle... de la soie cuite... Qu'est-ce que nous allons devenir?... et tu ris toi, Aménophise... tu ris de ça... sans cœur!... tu trouves drôle que je sois dans cet état?...

— Mon Dieu! ce n'est pas ma faute... Ah! ah! ah! tu as bien manqué de tout recevoir dans la figure...

Anatole, qui se sent beaucoup mieux depuis l'événement qui vient de lui arriver, se confond en excuses, et Mitonneau lui dit : — C'est du joli... c'est du propre... vous débutez bien à Paris!... on vous mènera en société, avec des dames, pour que vous les arrangiez comme cela !...

— Ce n'est pas tout ça! reprend madame Mogador, mais je ne puis plus aller chez la comtesse, abîmée comme je le suis... et je n'ai pas envie de perdre une robe magnifique par la faute de monsieur...

— Madame je réparerai le tort que je vous ai fait... je payerai le dégât.

— Mais je l'espère bien, jeune homme... c'est une robe du même prix qu'il faut me payer... Tenez, voyez... j'ai beau m'essuyer, cela tachera...

— Madame, dites-moi ce que je vous dois?...

— Cette robe-là me coûtait quatre cents francs... comme je l'avais mise un peu, je vous la passerai à cent écus... c'est donc trois cents francs que vous me devez...

Aménophise pousse du coude sa compagne comme pour lui reprocher d'abuser de l'innocence du jeune provincial; mais celle-ci lui lance un regard avec lequel elle semble vouloir la magnétiser. Anatole a tiré son portefeuille de sa poche, il y prend trois petits billets de cent francs et les présente à son vis-à-vis, qui les fourre sur-le-champ dans une espèce de ridicule en cuir et à ressort en acier, qui lui sert en même temps de cabas et de coffre-fort.

— Maintenant, dit madame Mogador, nous allons descendre chez le premier teinturier que j'apercevrai; je m'y ferai nettoyer et désinfecter, car tout cela ne sent pas bon... Ah! j'en aperçois un justement... Cocher! arrêtez là... devant cette boutique.

La voiture s'arrête; les deux dames en descendent.

— Faut-il vous attendre? demande Anatole d'un air confus.

— Non, non, c'est inutile... on sera peut-être très-longtemps à me nettoyer, rentrez vous soigner, jeune homme...

— Et venez nous voir bientôt! dit la jeune somnambule.

Les dames sont entrées chez le teinturier. Le fiacre repart, et Mitonneau dit à son compagnon : — J'espère que vous n'irez pas les voir... ces soi-disant illustrations... qui me font l'effet de pas grand'chose, et vous font payer trois cents francs une robe qui en valait tout au plus quarante!... Mon cher ami, si vous continuez comme aujourd'hui, croyez-vous que les mille écus de votre grand'maman vous mèneront loin?

Anatole soupire en répondant : — Dame... c'est un accident! cela ne m'arrivera plus... Je ne veux plus manger ni gâteaux, ni bonbons, ni marrons!... Ah! j'ai encore mal au cœur...

— Dieu merci, nous voici à l'hôtel. Prenez du thé et ne mangez plus d'ici à demain.

Après avoir recommandé son jeune compagnon aux soins des maîtres de l'hôtel, Mitonneau, s'apercevant que la pluie a cessé, se remet en route en se disant : — Je préfère me promener sans cet imberbe : on me prend pour son père, pour son tuteur, pour son professeur... on finira par me prendre pour son cornac!... merci, j'en ai assez... quand il est auprès de moi, on ne fait pas attention aux

charmes de ma physionomie... ses vingt ans sont un repoussoir qui me met trop à l'ombre. Chacun pour soi!... je suis venu à Paris pour m'amuser, que Télémaque s'y perde, tant pis! moi, je ne veux plus être Mentor.

XI. — MONSIEUR BOUQUINARD ET SON FILS.

En apprenant que son compagnon est sorti, Anatole éprouve un sentiment de satisfaction, car si l'homme mûr ne voulait pas continuer son rôle de Mentor, de son côté le jeune homme ne se souciait pas d'avoir sans cesse près de lui quelqu'un qui lui faisait des remontrances, et pouvait l'empêcher de se livrer à tous ses caprices. Enfin chacun de ces messieurs désirait faire, si cela lui plaisait, des folies, sans avoir un témoin de toutes ses actions.

Chez le jeune homme ce désir était tout naturel; chez l'homme fait, il l'était moins : mais, on fait des folies à tout âge, et, après tout, ceux qui n'en font jamais sont peut-être les moins raisonnables.

Tout en buvant son thé et en soignant son indigestion, Anatole se dit : — M. Mitonneau est beaucoup moins aimable que je ne le croyais : il me défend tout... il a peur de tout... il m'a fait changer de place dans le wagon parce que mes genoux touchaient ceux de cette jolie petite dame qui était devant moi... il trouve mauvais que je veuille entrer dans une boutique où je vois une charmante personne au comptoir... s'il n'avait pas été avec moi, j'aurais causé davantage avec la pâtissière et je me serais moins bourré de gâteaux... il dit du mal de ces deux dames que nous avons trouvées au café... la jeune souriait toujours en me regardant... j'ai abîmé la robe de l'autre, il fallait bien payer ma sottise... Je ne sais pas si trois cents francs c'est trop cher pour une robe de soie, mais je sais que si je suis riche, que grand'maman m'a dit : « Quand tu auras besoin d'argent, écris-le-moi, mon ami, et je t'en enverrai tout de suite! » Par conséquent, il eût été très-ridicule de marchander la robe de cette dame. Et puis M. Mitonneau me dit : « Ne faites jamais la cour aux femmes mariées : les maris vous tueraient! ne lorgnez pas les demoiselles de famille : les pères ou les frères vous assommeraient! ne vous adressez pas aux femmes qui ont un amant : celui-ci vous extermineraient... » Mais alors à qui donc pourrai-je offrir mon hommage?... Et pourtant je veux absolument l'offrir à quelqu'un... Oh! les femmes!... elles sont charmantes à Paris... des tournures... des regards... des sourires! elles me plaisent toutes!

Anatole a passé la soirée à son hôtel. Il s'est fait acheter tous les journaux; il parcourt avidement les articles qui traitent des spectacles; il lit avec soin toutes les réclames, et comme il est tout neuf dans cette partie, il croit à tout ce qu'il lit et s'écrie : — Oh! que de choses à voir! que j'ai bien fait de venir à Paris maintenant!... tous les théâtres ont de grands succès... la foule est partout!... Toutes les pièces sont, à ce qu'il paraît, des chefs-d'œuvre!... et les bals... voyons : « L'Opéra est toujours le rendez-vous du beau monde; là, sous le masque, les dames de la plus haute société ne craignent pas de venir un moment se distraire et intriguer quelqu'un... Le Casino est assailli par la foule, les danses les plus nouvelles y sont exécutées dans la perfection, les jolies femmes y abondent!... » Oh! j'irai au Casino! Voyons ensuite : « Valentino a un orchestre délicieux, on y joue les quadrilles les plus à la mode... je bal conserve son ancienne vogue... » J'irai à Valentino... Je veux entendre les quadrilles à la mode... continuons : « Salle Barthélemy, emplacement magnifique... on exécutera le quadrille des Folichons et Folichonnettes!... » Oh! ce doit être bien gentil cela... à Montpellier je n'ai jamais entendu parler de Folichonnettes. « Porte-Saint-Martin... grande tombola, pluie de bonbons! quadrille dansé par les premiers artistes du corps de ballet... » Oh! je verrai danser les artistes... je pourrai peut-être danser avec ces dames... Oh! j'irai là... j'irai partout! partout!!

Et Anatole s'endort bercé par les réclames des journaux.

Le lendemain, à son réveil, le jeune provincial apprend que son compagnon est déjà sorti. Anatole se hâte de se lever et de s'habiller, en disant : — Sortons aussi avant qu'il ne rentre, de cette façon nous ne nous rencontrerons pas.

Et bientôt le jeune homme a terminé sa toilette. Il va déjeuner dans un autre café que celui où il a déjeuné la veille, toujours de peur de rencontrer Mitonneau et, tout en déjeunant, se dit : — Puisque je ne sais comment employer ma journée, débarrassons-nous de ma visite à M. Bouquinard, ce sera autant de fait. Quant à l'autre commission dont grand'maman m'a chargé... c'est si difficile, que je ne sais pas du tout comment je m'en acquitterai... mais pour celle-là... rien ne presse.

Comme Anatole ne connaît pas Paris, il prend un cabriolet et se fait conduire à l'adresse que porte sa lettre pour M. Bouquinard.

L'ancien libraire demeurait dans le faubourg Saint-Germain, dans une vieille maison de la rue de Tournon.

Anatole passe sous une vaste porte cochère, traverse une grande cour dans laquelle l'herbe se permet de pousser comme dans les rues de Versailles, puis il trouve un vieux concierge qui lui indique un escalier au fond de la cour en lui disant : — A l'entre-sol, la porte à droite; M. Bouquinard est chez lui.

Anatole arrive à l'entre-sol, trouve une porte qui s'ouvre en tournant un bouton, et entre dans une vaste pièce où, pour tout meuble, on voit deux chaises et des livres rangés sur des tablettes et qui garnissent les murailles depuis le bas jusqu'en haut.

— Si ce monsieur n'est plus libraire, se dit Anatole, il paraît qu'il n'a pas pour cela renoncé au plaisir de posséder des livres... Voilà une belle bibliothèque... il y a là-dedans de quoi lire pendant plusieurs années. Mais je ne vois personne ici...

Lorsque le jeune homme va se décider à ouvrir une autre porte, dans l'espoir de trouver du monde dans une seconde pièce, les sons de deux voix arrivent à ses oreilles, et, comme on y parle très-haut, il ne perd pas un mot.

Anatole s'arrête involontairement, craignant d'être importun en troublant une conversation qui s'anime fort animée; mais il ne peut s'empêcher d'entendre : — Je vous répète que vous êtes un niais!... Et notez bien que je n'entends pas dire par là que vous êtes une bête... non... mais mieux vaudrait que vous fussiez une bête, parce que celles-là s'entendent quelquefois fort bien à gagner de l'argent. Tandis que vous, vous n'êtes bon qu'à en dépenser... Je vous ai mis dans la librairie, cela ne vous plaisait pas!... Je sais bien que c'est une profession fort difficile à présent, et que tous ces maudits petits journaux à un sou... et avec des illustrations, font le plus grand tort aux livres... mais enfin tout cela n'aura qu'un temps... Les personnes qui aiment véritablement les livres et qui ont des bibliothèques n'y fourreront jamais ces publications qui abîment les yeux de leurs lecteurs et leur salissent les mains parce que l'impression vous reste sous les doigts. Mais voilà bien une autre chose!... vous voulez être auteur à présent!... Vous voulez faire des livres!... Joli métier... bien lucratif!...

— Ah! cependant, permettez, mon père...

— Et le plus joli de l'affaire c'est que vous voulez que je vous les achète... D'abord vous savez bien que je ne publie plus de romans...

— Cela ne fait rien, mon père, vous pouvez m'acheter mon roman et le revendre à un autre... Vous gagnerez dessus... ça m'est égal, je ne demande pas mieux.

— Je gagnerai dessus, malheureux!... je gagnerai dessus! Mais je me ruinerai dessus, veux-tu dire...

— Vous ne pouvez pas vous ruiner en me donnant cent écus de mon manuscrit... Ah! convenez-en... trois cents francs pour un roman en quatre volumes!... c'est pour rien.

— Pour rien... pour rien... trois cents francs... On voit bien que tu ne connais pas le prix de l'argent... On paye toujours trop cher quelque chose qui ne se vend pas... Au prix d'acquisition ne faut-il pas joindre le prix du papier, de l'impression, du brochage?...

— Tout cela n'est pas ce pour vous le dites... Ce n'est pas moi que vous tromperez là-dessus... j'ai été dans la partie...

— Ah! je croyais que tu n'en avais rien retenu!... Va porter ton roman à l'un de mes anciens confrères... fais-leur ce cadeau-là, et ne donne pas la préférence à ton père...

— Vous savez bien comment ils sont tous... ils me refusent mon manuscrit parce que je ne suis pas connu... parce que je n'ai pas un nom.

— Et tu veux que je sois plus bête qu'eux, moi! Je te remercie de la bonne opinion que tu as de moi.

— On sait bien que vous n'êtes pas bête!... que vous avez beaucoup d'esprit au contraire! C'est pour cela que vous ne devez pas répéter le même refrain que les autres, vous qui faites le progrès...

— Ah! le gredin... le voilà qui me flatte pour m'attendrir!... mais tu n'y parviendras pas, mon roman ferait le pendant de celui que j'ai là sur mes rayons... J'avais eu le malheur d'en faire tirer cinq cents exemplaires... À quoi pensais-je! je n'en sais rien... J'en ai vendu vingt-deux... cela fait quatre cent soixante-dix-huit exemplaires qui me restent; total : deux mille trois cent quatre-vingt-dix volumes qui sont là et qui attendent l'épicier, chez lequel ils ne peuvent pas manquer de terminer leur carrière... Hein! crois-tu que ce soit du profit, cela?...

Anatole ne peut s'empêcher alors de jeter un coup d'œil sur le titre des livres qui l'entourent et voit avec surprise que c'est partout le même.

M. Bouquinard père reprend : — J'avais cependant un titre bien ronflant... un titre qui aurait dû faire enlever l'édition en huit jours... *le Cadavre animé, ou les Compagnons de l'arsenic!* Hein! en voilà un titre !

— Mon père, je vous assure que l'on est las de toutes ces horreurs-là; les fantômes étaient bons du temps d'*Anne Radcliff*, qui du moins savait les employer avec discernement; mais depuis on vous en a saturé! Pourquoi donc voulez-vous que les lecteurs soient toujours aussi bêtes que les enfants qui écoutent les récits effrayants de leur nourrice?

— Moi, je ne le veux pas... mais quand ils sont comme cela, il faut bien les servir selon leur goût.

— Je vous assure que le goût de l'horrible est passé...

— Et comment se nomme ton roman, à toi ?

— *Adolphine.*

— Quoi?... *Adolphine...* et voilà tout !

— Mais il me semble que c'est assez...

— Un nom... un simple nom de femme... Tu veux que cela pique la curiosité... Mais il n'y a rien de plus commun, de plus ordinaire qu'un nom... de plus vulgaire... ce sont des carottes dans le pot-au-feu.

— Si les carottes sont bonnes on ne s'en plaint jamais...

— Va te promener avec ton roman... *Adolphine...* Et faire quatre volumes sur un nom!... S'il n'y avait qu'un volume encore!...

— Vous m'avez dit autrefois : Les romans en un volume ne se vendent pas; d'ailleurs mon sujet comportait quatre volumes...

— C'est ta tante qui t'aura fourré dans la tête d'écrire des romans!... Vieille folle... qui n'a jamais su se conduire.

— Mon père, je respecte ma tante, qui me donne à dîner tous les jours si je veux... Il est vrai qu'on y mange souvent de la poule au riz, et ce n'est pas amusant... mais cela vaut mieux que rien.

— Moi, je ne peux pas te donner à dîner, je ne tiens plus de maison.

— Ça vous est plus commode...

— D'ailleurs à ton âge... tu as vingt-sept ans... on doit se suffire à soi-même...

— Je me suffis très-bien quand j'ai de l'argent... Voyons, achetez-moi mon manuscrit, vous n'en serez pas fâché... Et qui sait? grâce à vous, votre fils deviendra peut-être un auteur illustre; vous savez bien qu'il n'y a que le premier pas qui coûte... Donnez-moi deux cent cinquante francs... J'y adhère.

— Un roman qui s'appelle tout bêtement *Adolphine...* Jamais...

— Alors vous auriez dit à madame de Staël : Je ne veux pas d'un roman qui s'appelle tout bêtement *Corinne !*

— Madame de Staël avait déjà fait autre chose, elle avait déjà un nom quand elle a écrit *Corinne...*

— Mais enfin Walter Scott n'avait pas encore publié d'autres romans avant son premier, qui est, je crois, *Waverley;* il faut bien commencer.

— Walter Scott n'avait pas d'abord mis son nom à son premier roman.

— Voulez-vous que je ne mette pas le mien? ça m'est égal ! Je mettrai Mathieu Laensberg si vous voulez... Donnez-moi deux cents francs et que ça finisse...

— Je ne puis encombrer mon logement de livres de rebut... Je n'a plus de place.

— Au lieu de cinq cents exemplaires, n'en faites tirer que trois cents : ce sera bien vite épuisé !

— Oui, comme mes *Compagnons de l'arsenic.*

— Mais en vérité, mon père, ce titre seul m'aurait fait repousser le livre... J'aurais eu peur d'être empoisonné en le lisant. Voyons, entre nous, là, convenez que c'est diablement mauvais, ce roman-là... C'est d'un stupide !

— C'est vrai... J'avoue que ce n'est pas bon...

— Comment avez-vous pu faire imprimer cela ?

— Je ne l'avais pas lu... Le titre m'avait paru piquant... Et puis je l'ai eu pour rien...

— Ah! voilà le grand mot lâché... Pour rien !...

— C'est d'un vieux monsieur qui commence et qui veut se faire connaître...

— On aura vite assez de sa connaissance...

— Sur les vingt-deux exemplaires que j'ai vendus, je suis sûr qu'il en a fait acheter quinze.

— Alors il travaille pour son agrément. Moi, je m'engage pas à vous acheter des exemplaires, mais après tout vous n'êtes pas obligé d'imprimer vous-même mon roman... Vous le revendrez avec bénéf... Tenez, j'ai besoin d'argent pour mon carnaval... donnez-moi cent cinquante francs !...

— Ton carnaval !... C'est cela, dépenser ton argent avec des coureuses de bal et des mauvais sujets de ton espèce !... au lieu de mettre de côté, d'économiser.

— Pour mettre de côté, il faut d'abord avoir quelque chose... Et vous, mon cher père, vous qui me blâmez de courir les bals, vous êtes très-assidu aux bals masqués de l'Opéra !

— J'y ai mes entrées, cela ne me coûte rien... Je vais là passer ma soirée...

— C'est votre nuit que vous voulez dire... Et vous causez avec les dominos !

— On m'intrigue, je ne peux pas empêcher cela.

— On vous a vu vous promener avec un joli domino sous le bras... Vous paraissiez avoir une conversation fort intéressante.

— La recherche de l'inconnu! c'est toujours amusant !

— Oh! amusez-vous! je suis loin de vous en blâmer, moi! Voyons, vous me prenez mon manuscrit?...

— Tu fais de moi ce que tu veux !... Je vais te donner cent francs, mais ce sont bien cent francs de jetés à l'eau !... Vingt-cinq francs par volume... Ah! vous avez raison, ce serait un triste métier !... Enfin, donnez-moi cent francs... Mais au moins promettez-moi qu'à la seconde édition vous m'en donnerez le double.

— La seconde édition !... Ah! il est charmant !... me fait rire !... Si on vend le tiers de la première, ce sera bien heureux !

La conversation ayant cessé alors, Anatole pense qu'il peut se présenter; il ouvre la porte et se trouve devant MM. Bouquinard père et fils.

M. Bouquinard père est un homme qui a passé la cinquantaine, mais qui déguise ses années sous une perruque châtain clair qui descend très-bas sur son front et pas assez par derrière; il porte sa barbe tout entière. Il est petit de taille, mais sa tournure n'est pas commune. Sa figure est fine, spirituelle, et son sourire tant soit peu railleur; enfin, il s'exprime fort bien, et ses manières sont celles d'un homme de la bonne société.

Le fils, Armand Bouquinard, a la tenue d'un jeune homme à la mode, mais quelque peu négligée; il est de taille moyenne, assez laid de visage, mais un front haut, bien fait, de petits yeux noirs où brille une expression railleuse font oublier la laideur de son visage, parce que l'expression d'une physionomie finit toujours par l'emporter sur la régularité des traits.

Ces messieurs regardent avec surprise le personnage qui vient tout à coup de se trouver devant eux. Le plus jeune semble retenir à peine une envie de rire que lui donne l'air gauche et un peu novice d'Anatole. M. Bouquinard paraît chercher à deviner sur sa physionomie ce qu'il vient faire chez lui.

XII. — UN MAUVAIS LIVRE ET DE BONS CONSEILS.

— Pardon, messieurs, si je vous dérange, murmure Anatole en cherchant sa lettre dans sa poche, mais j'ai une lettre de recommandation pour M. Bouquinard père.

— C'est moi, monsieur, répond l'ancien libraire, qui a froncé le sourcil. Une lettre de qui, s'il vous plaît, monsieur?

— De ma grand'maman...

— De votre grand'maman... Et comment se nomme-t-elle?

— Madame Desforgeray... de Montpellier.

— Ah! très-bien!... Madame Desforgeray... une dame fort respectable... Elle se porte bien?

— Oui, monsieur.

La figure de M. Bouquinard s'est éclaircie, parce qu'il se rappelle que madame Desforgeray est une personne riche et qu'il pense qu'elle ne peut réclamer de lui aucun service d'argent. Il prend la lettre et la lit, tandis que son fils dit à Anatole? — Est-ce que vous arrivez seulement à Paris, monsieur?

— Oui, monsieur; je n'y suis que depuis hier.

— Et vous n'y étiez pas encore venu?

— Jamais, monsieur.

— Alors vous en aurez pour longtemps à vous mettre au courant de tous les plaisirs, de tous les agréments qu'offre cette ville. C'est un séjour vraiment enchanté pour les personnes qui ont de l'argent à dépenser...

— Oh! grâce au ciel, ce n'est pas l'argent qui me manque!

— Diable! vous êtes bien heureux!... A propos d'argent, mon père, faites-moi le plaisir de me donner mes cent francs et de me renvoyer... J'ai plusieurs visites à faire ce matin...

— Tes cent francs... que je ne te les ai pas donnés?...

— Vous savez bien que non...

— Alors je vais te les compter.

M. Bouquinard, se tournant vers Anatole, lui dit : — Mon cher monsieur, votre respectable grand'mère, madame Desforgeray, vous recommande à moi pour que je vous donne de bons conseils, si vous vous trouviez à Paris dans quelque circonstance épineuse... Certainement, pour des conseils, soyez persuadé que je ne vous en refuserai jamais... Je ne puis guère vous offrir autre chose... Je ne vous engage pas à dîner avec moi... Je suis veuf et ne tiens pas de maison. Mon fils même ne mange pas chez moi...

— Ma grand'maman m'a dit aussi que vous pourriez m'indiquer ou me procurer ce qu'il y a de bon à lire en ce moment...

— Oh! oui... certainement... quant à cela, comptez sur moi... Et tenez, j'ai là un ouvrage nouveau qui est très-couru... c'est un des grands succès du jour... c'est un roman de haute portée, tout le monde veut le lire.

Et M. Bouquinard va vivement dans la pièce d'entrée, où il prend sur ses rayons un exemplaire du *Cadavre animé, ou les Compagnons de l'arsenic*, puis il apporte les cinq volumes, qu'il présente au jeune Desforgeray en lui disant : — Prenez cela... vous en serez content... c'est d'un homme très en vogue... et qui mérite sa réputation.

Anatole fait une drôle de mine en recevant le roman dont il a si bien entendu parler par le père et le fils; mais il n'ose pas le refuser. Armand Bouquinard, qui a été obligé de se retourner pour rire, tâche de reprendre son sérieux en disant à son père :

— Donne-moi donc mon argent...

— Ah! c'est juste!...

Et M. Bouquinard va s'asseoir devant son secrétaire, il ouvre un tiroir à caisse, y prend de l'argent et se met à compter cent francs qu'il pose sur son bureau, puis il les remporte encore dans sa main.

— Monsieur, dit Anatole, combien coûte ce livre que vous me donnez?

— Ce nouveau roman... Pour d'autres ce serait vingt-cinq francs... mais comme vous m'êtes recommandé, ce ne sera que vingt-deux francs cinquante pour vous.

Pendant que le jeune Anatole cherche son porte-monnaie, Armand Bouquinard lève les yeux au ciel de commisération, et M. Bouquinard remet dans sa caisse les cent francs qu'il avait comptés et repris dans sa main.

— Monsieur, voilà vingt-deux francs cinquante... dit Anatole. Voudriez-vous bien me faire maintenant savoir quelles sont les pièces de théâtre que je dois aller voir de préférence?...

— Mon père, renvoie-moi donc, tu sais que j'attends mes cent francs... Tu auras ensuite tout le temps de causer avec monsieur...

— Tes cent francs... mais je viens de te les compter...

— C'est-à-dire que tu les a comptés, placés sur ton bureau, puis remis dans ta caisse sans me les donner...

— En vérité... c'est possible... je suis si distrait... Allons... puisque tu ne les a pas reçus... J'aurais juré te les avoir donnés!...

— Demande plutôt à monsieur... C'est-à-dire que c'est toi qui as reçu vingt-deux francs cinquante... sur lesquels tu ne comptais pas, à coup sûr!...

M. Bouquinard fait signe à son fils de se taire; puis il ouvre de nouveau le tiroir de sa caisse, y reprend l'argent, se remet à compter et à recompter une seconde fois cent francs, et les donne enfin à son fils en les accompagnant d'un soupir et de ces mots : — J'espère que tu les as maintenant?

— Oui, mais je ne les avais pas tout à l'heure! Maintenant je vous laisse... Ah! on m'enverra les épreuves, n'est-ce pas? je les corrigerai avec soin.

— C'est bon! c'est bon! nous n'en sommes pas encore là!...

— Monsieur, je vous présente mes salutations.

Le jeune Bouquinard est parti après avoir fait à Anatole un salut gracieux. Quand il est sorti, l'ancien libraire dit à ce dernier : — Si j'ai d'abord un conseil à vous donner, c'est de ne point vous lier avec ce garçon-là... Il n'est pas méchant, il n'est pas sot, mais il n'est bon qu'à dépenser de l'argent et à en faire dépenser aux autres... Il est lié avec un tas de mauvais sujets qui ne savent que fumer, boire et courir après les lorettes, et même les grisettes... car il y a toujours des grisettes à Paris, bien que certains écrivains prétendent qu'elles ont disparu en même temps que les vieilles... C'est une erreur, seulement il y a maintenant, en plus, les lorettes, une variété de femmes entretenues qui a pris beaucoup d'extension... Pour en revenir à Armand, ne s'est-il pas fourré dans la tête d'écrire... de faire des romans... Parce qu'il a écrit deux ou trois articles dans de petits journaux, c'est fini... il se croit homme de lettres! Tout le monde veut l'être à présent... N'ayez pas ce travers, jeune homme!... *Soyez plutôt maçon si c'est votre talent.*

— Oh! monsieur, je n'aurai jamais le talent d'écrire... mais je ne serai point maçon pour cela...

— C'est une citation que je vous fais... Vous devez avoir lu Boileau?... vous devez savoir son *Art poétique* par cœur?

— Monsieur, je crois bien que je l'ai lu, mais je ne m'en souviens pas.

— Vous me demandez quelle pièce de théâtre vous devez aller voir... Mon cher monsieur, pour nos pièces nouvelles, je serais embarrassé de vous conseiller; celles qui attirent le plus de monde sont souvent les plus mauvaises. Mais allez aux Français et au Gymnase, vous serez certain au moins que les pièces seront bien jouées... et de bons acteurs font souvent applaudir un médiocre ouvrage... Du reste, je ne puis guère vous renseigner... je ne suis pas beaucoup les spectacles... Ah! dites-moi, si madame votre grand'mère vous adressait quelques lettres de change sur Paris, je pourrais vous les escompter... pour vous obliger... Avec le nom de Desforgeray, on est parfaitement tranquille... mais il faudrait qu'il fût sur de l'endos!

— L'endos!... Qu'est-ce que c'est que cela, monsieur, l'endos?...

— Allons, je vois que vous n'êtes pas bien au courant des affaires... L'endos, c'est ce qui est écrit au dos d'une lettre de change, d'un billet à ordre... Quand les signatures de l'endos sont bonnes, retenez bien cela, jeune homme, c'est très-important, et que je vous dis là!... quand vous vous êtes assuré que les endosseurs sont solvables, vous pouvez escompter un effet en payement...

— Mais, monsieur, je ne fais point de commerce, moi, je n'ai pas besoin qu'on me fasse des billets!

Qu'on savez-vous?... Si par hasard vous veniez à prêter de l'argent à l'un de vos amis, ne faudrait-il pas qu'il vous fît son billet?

— Pourquoi faire? Je me contenterais de sa parole.

— Vous auriez tort, jeune homme, grand tort! Ne sommes-nous pas tous mortels, jeunes comme vieux ! et si votre débiteur vient à mourir et que vous n'ayez aucun titre, de quel droit demanderiez-vous votre argent à ses héritiers... hein?... Madame votre grand'maman vous a dit que je vous donnerais de bons conseils, je vous en donne... tâchez seulement de les retenir et d'en profiter... Adieu, mon cher monsieur, je ne vous retiens pas plus longtemps, parce que j'ai plusieurs comptes à régler et que le temps est une chose bien précieuse, et qu'il faut autant que possible ne pas perdre inutilement; c'est pourtant ce que font beaucoup de gens!... Revenez me voir quand vous aurez besoin de conseils, ou bien encore, je vous le répète, dans le cas où vous vous trouveriez porteur de quelques billets à ordre, dont vous désireriez avoir de suite le montant... sauf escompte, bien entendu, car enfin il faut que l'argent rapporte... c'est son devoir...

— Mais ma bonne maman m'a dit que vous étiez riche, monsieur, et retiré des affaires...

— Riche! riche!... Est-ce qu'on est jamais riche!... Le plus difficile n'est pas toujours de gagner de l'argent, mais quand on en a, c'est de savoir le conserver... tout en le faisant rapporter... Adieu, monsieur Desforgeray, ou plutôt, au plaisir de vous revoir.

Anatole est parti de chez M. Bouquinard, tenant sous son bras les cinq volumes du *Cadavre animé*. En sortant de la porte cochère, il aperçoit Armand Bouquinard qui était arrêté dans la rue; celui-ci vient à lui en souriant, et lui dit : — Je vous attendais, je me doutais bien que vous ne resteriez pas longtemps chez mon père... Gageons une chose.

— Laquelle, monsieur?

— Qu'il vous a conseillé de ne pas me fréquenter...

— Mais, monsieur...

— Répondez donc franchement... oh! ça ne me vexera pas du tout!

— Eh bien! en effet, monsieur votre père m'a dit... que vous me feriez faire de mauvaises connaissances...

— Je reconnais là la tendresse paternelle! mais lui, il ne craint pas de vous vendre de mauvais livres...

— Que vous me feriez dépenser mon argent à tort et à travers...

— Et il n'a pas eu honte, lui, de vous faire dépenser vingt-deux francs cinquante centimes pour cet affreux ours! dont vous me direz des nouvelles... mais vous n'aurez jamais le courage de le lire jusqu'au bout... j'aime à croire que votre intelligence se révoltera... Enfin cela vous fera toujours du papier pour allumer votre feu.

— Pourquoi donc alors monsieur votre père, qui m'a donné des conseils si sages, m'a-t-il fait acheter ce roman qui ne vaut rien?

— Parce qu'on est négociant avant d'être conseiller... parce que les conseils ne coûtent ni papier ni impression, mais que c'est lui qui a édité ce livre, et comme il n'a pas fait ses frais, il s'est dit : « Voilà un jobard!... » non, pardon! je veux dire : « Voilà un jeune provincial qui n'est pas au fait de ce qui est bon ou mauvais en roman, je vais lui coller un exemplaire de celui-ci... »

— Coller?

— Oui, autrement dit *entortiller, empêtrer!*... enfin, mon cher monsieur... j'ai oublié votre nom!

— Anatole Desforgeray.

— Eh bien, mon cher monsieur Anatole, vous agirez comme bon vous semblera, mais si par hasard il vous prenait l'envie de faire connaissance avec de joyeux compagnons qui ne demandent qu'à rire, s'amuser, en courtisant Vénus, Bacchus et les Muses, venez, moi et mes amis... Pour le moment, nous logeons trois dans le même appartement, système économique commandé par la cherté des loyers... Venez, et je crois que vous ne vous ennuierez pas dans notre société.

En disant cela, Armand Bouquinard donne sa carte à Anatole et le quitte en lui faisant un gracieux salut.

XIII. — UN CIGARE A TROIS.

Dans une chambre située au sixième étage d'une des nouvelles maisons situées sur le boulevard Beaumarchais, trois jeunes gens étaient rassemblés.

Disons d'abord un mot de la chambre : elle était assez vaste et jouissait d'un fort beau jour, d'autant plus qu'il n'y avait pas le plus léger rideau aux deux fenêtres qui donnaient sur la cour. Le papier était frais et gai, mais c'était presque le seul ornement de cette pièce qui avait pour tout meuble un lit toujours sans rideaux, une petite table entièrement recouverte de taches d'encre, trois méchantes chaises de paille en forme de calorifère. Dans le mur on avait planté plusieurs gros clous à crochet, auxquels pendaient divers vêtements d'homme. Il y avait aussi une cheminée dans cette pièce, et dessus on voyait un chandelier en cuivre et quelques allumettes chimiques. Cette chambre avait en face de la porte d'entrée une seconde porte, presque toujours ouverte, et laissant voir un assez grand cabinet dans lequel il y avait un lit de sangle, un pot de grès pour mettre de l'eau, un petit corps de bibliothèque suspendu à la muraille et renfermant quelques livres, des pièces de théâtre et des manuscrits, puis enfin une malle, qui probablement servait de siège à celui qui habitait le cabinet.

Les jeunes gens, qui paraissaient avoir de vingt-trois à vingt-cinq ans, sont dans un négligé qui n'est pas élégant. L'un d'eux, qui est très-grand, très-maigre, très-pâle, et dont les cheveux sont un peu roux, a pour tout vêtement un large pantalon à pied, en drap gris, dont en plusieurs endroits on voit la trame, et une veste en flanelle qui semble avoir tout autant servi que le pantalon. Sur sa tête il a roulé un fichu de nuit en forme de turban. Les traits de ce jeune homme n'étaient pas désagréables, ses yeux, bleu faïence, étaient bien fendus et frangés de longs cils qui, malheureusement, étaient un peu de la couleur de ses cheveux; son nez était légèrement aquilin, et sa bouche ne manquait pas de finesse. Mais il avait surtout la physionomie extrêmement mobile, on y voyait de tout : de la douceur, de la méchanceté, de la gaieté, de la tristesse, mais le plus ordinairement quelque chose de moqueur que l'on cachait sous un air de bonhomie.

En face de ce grand jeune homme était un fort joli garçon aux yeux bruns, aux cheveux noirs bien luisants, le teint un peu africain, ce qui ne l'empêchait pas d'avoir une belle figure, de ces têtes italiennes telles que Léopold Robert nous en a montré dans son admirable tableau

des *Moissonneurs*; mais sa toilette n'était pas plus confortable que celle de son vis-à-vis. Il avait un méchant pantalon en étoffe d'été, de larges pantoufles qui ne lui tenaient plus aux pieds, un gilet de soie noire tout effiloqué, et un petit paletot extrêmement court, dans lequel il faisait son possible pour s'entortiller.

Le troisième personnage était Armand Bouquinard, que vous connaissez déjà. Celui-là était un peu mieux couvert que les autres. Il avait une grande robe de chambre bleue, doublée de rouge, qui n'était plus ni neuve ni propre, mais dans laquelle il s'enveloppait avec une certaine fierté; sa tête était recouverte d'une toque en velours, jadis noire, mais qui était passée au rouge; enfin ses pieds étaient dans de larges chaussons de lisière, qu'il regardait aussi avec complaisance, surtout lorsqu'il les comparait aux pantoufles de ses compagnons.

On était alors au mois de février, il y avait dix degrés au-dessous de zéro, et dans la pièce où se tenaient nos trois jeunes gens, il n'y avait pas apparence de feu ni dans la cheminée, ni dans le calorifère. Et cependant, soit un effet de l'habitude, soit dans l'espoir de se faire illusion, Armand Bouquinard était assis devant la cheminée dans laquelle il allongeait ses pieds, et les deux autres se tenaient autour du calorifère sur lequel ils posaient leurs mains.

Le plus grand des jeunes gens, se tournant vers Armand, lui dit tout à coup : — Prends garde, tu allonges trop tes pieds dans la cheminée, tu vas brûler tes chaussons...

— C'est bien! c'est bien, messieurs, je ne suis pas plus bête que vous qui entourez de vos mains ce calorifère...

— Dis donc, Hippolyte, si nous brûlions la malle... elle est en bon bois... solide! ça nous chaufferait longtemps.

Le joli garçon qui répond au nom d'Hippolyte, s'écrie : — Brûler ma malle! non, de par tous les diables! jamais je n'y consentirai... elle me sert de commode, de secrétaire, de chaise même!... Et où donc mettrais-je ma garde-robe... mes effets... mon linge... si je ne l'avais plus?

— Fait-il de l'embarras avec ses effets... Tu les pendrais comme nous aux porte-manteaux.

— C'est-à-dire aux clous qui les remplacent... car nous avons brûlé les véritables porte-manteaux... Mais on ne pend pas des chemises aux porte-manteaux!

— Ce serait une innovation! Sapristi! qu'il fait froid aujourd'hui... et puis rien à mettre dans ce malheureux calorifère qui a l'air de nous narguer ici! car il est presque toujours froid... Armand ne gèle pas, lui!... il a une bonne robe de chambre et des pantoufles en lisière!... Avec cela on peut braver les frimas!

— Ah! dame, messieurs, c'est que je suis plus prévoyant que vous, moi, quand j'ai de l'argent; je ne mange pas tout, je pense au nécessaire... et quand mon père m'a donné cent francs... il y a trois temaines pour le prix de mon roman, je me suis acheté ces pantoufles!...

— Dis donc, Hippolyte sur ces cent francs, il a dépensé quarante-cinq sous pour des chaussons!...Quel excès de prévoyance!... Et il a bien vite mangé le reste!

— Je te conseille de parler, toi, Victor; avec ça que tu l'économises, l'argent! Ta tante t'a envoyé cinquante écus il n'y a pas longtemps... Tu ne t'es pas même acheté des chaussettes!...

— Allons, messieurs, ne nous faisons pas de reproches, nous ne valons pas mieux les uns que les autres. Quand nous avons de l'argent, comme nous ne songeons qu'à nous amuser, il est bien vite dépensé... A notre âge, c'est assez naturel...

Oui, mais ce qui serait très-naturel quand on n'a plus d'argent, ce serait de tâcher d'en gagner... car enfin nous habitons en commun cet appartement... quand je dis appartement, j'exagère... puisqu'il n'y a en tout qu'une chambre et un cabinet; nous nous éclairons en commun, nous nous chauffons en commun...

— Oui, quand nous nous chauffons... Ce n'est pas dans ce moment, par exemple!...

— Nous avions apporté chacun notre mobilier...

— Oui, et nos trois mobiliers ont parfaitement tenu dans cette chambre...

— Oh! c'est-à-dire que dans les premiers jours nous étions un peu gênés!...

— Nous y avons mis bon ordre, en vendant une partie de nos meubles et en brûlant ce qu'on ne voulait pas même nous acheter...

— Eh bien! maintenant nous sommes plus à notre aise... Nous pouvons danser et polker ici sans avoir peur de nous cogner contre nos meubles...

— Ah! messieurs!... nous ne pouvons plus rien vendre et nous n'avons plus le sou... pas même de quoi nous acheter des cigares...

— C'est le plus cruel...

— Un moment, messieurs, je retrouve un sou dans une poche de ce gilet... C'est la manne du désert, c'est l'arc-en-ciel après l'orage!...

— Il est joli, ton arc-en-ciel d'un sou!... Qu'est-ce que tu veux faire avec cela?

— Il est certain qu'avec un sou, nous n'aurons ici ni une falourde, ni du charbon de terre...

— Non, mais nous aurons un cigare... pas de première qualité! mais qu'importe ce cigare, nous le fumerons à nous trois... pas en-

C'est moi, monsieur, répond l'ancien libraire. (Page 22.)

semble, mais chacun à notre tour... Eh bien! ingrats! dites donc que je ne partage pas tout ce que je possède...

— Tiens, au fait, ça nous réchauffera un peu de fumer... Mais qui est-ce qui ira chercher le cigare... Ce ne sera pas moi...

— Ni moi... je ne veux pas encore m'habiller...

— Eh pardieu! nous l'enverrons chercher par le fils de la portière, le petit Pommé... Je vais l'appeler...

— Faire monter à ce petit garçon six étages pour l'envoyer chercher un cigare d'un sou!... Quelle dèche!...

— Ça l'amuse, ce petit, ça le promène; d'ailleurs, je lui promets toujours quelque chose.

— Et tu ne lui donnes jamais rien...

— Raison de plus... il a toujours l'espérance de la récompense.

Le grand Victor, qui a trouvé un sou dans la poche de son gilet, se lève, ouvre la porte du carré et se penche sur la rampe en criant à tue-tête : — Madame Pommé... Ohé! madame Pommé!... faites-moi le plaisir de m'envoyer votre fils, s'il vous plaît, je veux le charger d'une commission très-urgente...

— A-t-il un toupet!... dit Armand.

— Elle m'a entendu... elle a montré son nez en regardant en l'air, elle m'a fait signe que son rejeton allait monter.

— Pourquoi ne pas lui avoir tout de suite jeté le sou, en lui disant ce que tu voulais?

— Ah! par exemple, Armand, pour un jeune homme qui fait des romans, voilà une observation bien... bien...

— Dis tout de suite sotte, et que ça finisse.

— Tu veux que je crie du haut en bas de l'escalier, pour que toute la maison le sache, que nous achetons un cigare d'un sou!... et un seul! Ça nous poserait joliment près des voisins.

— A propos de voisins, la vieille dame qui demeure sur notre carré, madame Rifflard, a fait des plaintes à la portière, qui me les a rapportées.

— Et de quoi donc a pu se plaindre cette vieille mamie?...

— Elle prétend que c'est fort désagréable pour elle de demeurer en face de nous, parce que nous n'avons pas de rideaux à nos fenêtres, et que le soir, quand nous nous couchons, nous lui montrons notre derrière!...

— Ah! en voilà une bonne!... mais d'abord si cette dame ne voulait pas voir chez nous, elle n'aurait pas sans cesse les yeux braqués contre nos carreaux!...

Et puis, quand même elle nous apercevrait dans le simple appareil... je lui conseille de se plaindre!... elle devrait payer pour cela

un supplément d'imposition... Qu'est-ce que tu as répondu à la portière?

— Je lui ai dit : Si cette dame désire que nous ayons des rideaux, elle n'a qu'à nous en acheter.

— Parfaitement répondu !... mais elle se gardera bien de nous envoyer des rideaux! Silence, voilà Lolo!

Un petit garçon, de huit à neuf ans, pas plus haut que s'il n'en avait que six, et dont la figure est assez bête, entre chez les jeunes gens en disant : — Ma mère m'a dit que vous aviez besoin de moi pour une commission.

— Ah! voilà le jeune Lolo Pommé... Messieurs, permettez-moi de vous recommander cet enfant aussi développé par sa taille que par son intelligence...

— Tiens! vous n'avez pas de feu!... il fait bien froid ici!

— Notre cheminée fume!

— Et notre calorifère nous porte à la tête... c'est une chaleur dangereuse, nous le rallumerons tout à l'heure. Mais il ne s'agit pas de cela; jeune Lolo, vous saurez que mes deux amis viennent de fumer d'énormes cigares de six sous qui étaient détestables! moi j'ai parié que ceux d'un sou valaient mieux. Pour savoir qui a raison, il nous faut donc un cigare d'un sou. Voici le billon, vous allez nous faire le plaisir de nous en apporter un...

— Rien qu'un cigare?

— Tu vois bien que je ne te donne qu'un sou; après cela, si le marchand tient à t'en donner plusieurs, il ne faut pas les refuser!

— Il ne vous faut que ça? un cigare d'un sou?

— Oui, jeune Lolo, pour le moment; après cela, si ces messieurs voulaient faire acheter quelques friandises... dites, messieurs, pendant que le jeune Pommé descend pour mon cigare, il ne lui en coûtera pas plus de faire vos commissions... Voulez-vous de la pâtisserie, voulez-vous un poulet rôti?...

— Non, non, nous ne voulons rien! répondent Armand et Hippolyte en se retournant pour rire. Et le fils de la portière s'en va en répétant encore :

— Ah! qu'il fait froid chez vous!

— Ce petit misérable va conter à sa mère... autrement dit à toute la maison, que nous sommes sans feu!... et cela ne nous donnera pas de crédit dans le quartier.

— Oui, c'est fâcheux...

— Il ne fallait pas le faire monter.

— Attendez... attendez, je vais lui apprendre, moi, à trouver qu'il fait froid ici!...

Il se met à tirer la langue en faisant une grimace épouvantable. (Page 26.)

Et le grand Victor se lève et va fouiller dans un coin du cabinet; il en revient avec trois chaussettes entièrement privées de talon.

— Qu'est-ce que tu veux faire avec cela? dit Hippolyte.

— Vous allez voir ce que vous allez voir!

Victor fourre les chaussettes dans le calorifère et va prendre quelques allumettes chimiques sur la cheminée.

— Ah! mon Dieu! tu vas brûler ces chaussettes, dit Armand, mais ce sera horrible!... Cela va nous empoisonner!

— J'espère que cela fera beaucoup de fumée, c'est là-dessus que je compte. Je veux légèrement asphyxier le jeune Pommé, afin qu'il soit bien certain que maintenant nous avons du feu...

— Mais cela va nous asphyxier, nous!

— Messieurs, il faut savoir un peu souffrir pour rétablir notre réputation... On jase déjà pas mal sur ce que nous occupons à trois une chambre qui ne se louait ordinairement qu'à une seule personne... Sapristi! les chaussettes ne prennent pas feu facilement!...

— Quand j'ai loué, j'ai dit que je logeais momentanément un ami...

— Et puis l'ami en a amené un autre!... Maudites chaussettes... Ah! je crois que ça prend... Ça ne flambe pas, mais ça fume, c'est le principal!...

— Oh! oui, ça fume... Ah! quelle peste!... Quelle odeur!... Il n'est pas possible, tu as mis un vieux soulier avec?...

— Rien qu'une semelle, mais ça fait bien,... ça entretient la fumée.

— J'entends le petit garçon qui remonte...

— Très-bien, nous sommes en mesure de le recevoir.

— Que le diable t'emporte, avec ton idée! Les yeux me cuisent déjà horriblement.

Le jeune Lolo revient avec le cigare d'un sou, qu'il remet à Victor en disant : — On ne m'en a donné qu'un.

— Eh bien, mon cher ami, je ferai comme Jenny l'ouvrière, qui se contente de peu.

— Ah! comme ça fume, à présent, chez vous!...

— Mon ami, tu y avais froid tout à l'heure, j'ai voulu te dédommager en faisant un bon feu! j'ai bourré mon poêle de coke, de charbon de terre... Mais cela fume un peu, voilà le désagrément.

— Et comme ça sent mauvais, cette fumée-là! Chez nous, quand le poêle fume, par hasard, ça ne pue pas tant que ça!...

— Mon bon ami, c'est que nous logeons assez haut, et les gaz qui se dégagent des charbons de terre sont bien plus forts au sixième qu'au rez-de-chaussée... Viens donc te chauffer,..

— Oh! non merci... j'aime mieux m'en aller. Vous ne me donnez rien pour ma commission? Vous me promettez toujours queuque chose.

— As-tu la monnaie de cent francs?

— Oh! par exemple, cent francs... moi!

— Eh bien! alors, mon garçon, cc sera pour une autre fois... Viens donc te chauffer... Tiens, ça va prendre...

Mais, au lieu de s'approcher du calorifère, le fils de la portière se sauve sans vouloir en écouter davantage.

Alors Armand, qui est allé puiser de l'eau dans le pot de grès avec une chope, s'empresse d'en jeter dans le calorifère afin d'éteindre le feu... ou plutôt les chiffons qui fumaient.

Cette besogne terminée, Victor présente le cigare à ses amis en leur disant :

— Messieurs, le voilà, ce bienheureux cigare, qui va chasser d'ici l'odeur des chaussettes!

— Ah! il nous rendra un grand service... Qui est-ce qui commence à le fumer?

— Il me semble qu'il est assez juste que ce soit moi... puisque c'est de ma poche qu'il nous vient...

— Soit, commence... Mais tu ne fumeras pas longtemps...

— Il faut que tout se fasse avec équité... Cinq minutes, chacun son tour...

— C'est beaucoup, ça ne va pas loin un cigare d'un sou... le dernier n'aura pas son compte.

— Plaisantes-tu?... Le cigare d'un sou dure autant que ceux de trois... il dure une bonne demi-heure, quelquefois plus...

— Oh! la bonne blague!... Enfin, c'est égal, commence, moi en second... Hippolyte le troisième...

— C'est ça, je suis à la queue, moi!... Enfin n'importe!...

— Messieurs, je commence, regardez votre montre!

— Ah! quelle mauvaise plaisanterie! Pauvres montres!... elles sont au clou.

— Alors, comment faire pour savoir quand il aura fumé cinq minutes...

— Messieurs, j'ai envie d'aller sonner chez la voisine Riffard.

— Beau moyen... tu serais bien reçu...

— Attendez, messieurs, dit Victor, c'est la vieille Pyramide elle-même qui nous marquera l'heure, qui nous servira d'horloge : j'ai remarqué qu'elle n'était jamais plus de cinq minutes sans venir regarder au carreau pour voir ce qui se passe chez nous... Tenez... qu'est-ce que je vous disais? Voyez ce coin de rideau se soulever, et ce nez rembourré de tabac, qui se montre contre la vitre.

— Oui, oui... elle y est... fume; moi, je vais le faire déguerpir... mais avec gentillesse...

Et Hippolyte se met à envoyer des baisers à la vieille d'en face, qui disparaît aussitôt.

Victor fume depuis un certain temps, lorsque le rideau se soulève encore, et le nez à tabac reparaît.

— A mon tour le cigare, dit Armand.

— Tiens, le voilà... Mais cette vieille curieuse m'a fait tort au moins de deux minutes!... Pardieu! vous lui envoyez des baisers, elle y aura pris goût...

— Moi, je vais faire autre chose, dit Armand.

Et il se met à tirer la langue, en faisant une grimace épouvantable. Le rideau se rebaisse promptement. Armand fume un peu plus longtemps que Victor, ce qui impatiente Hippolyte; mais enfin, sans que le rideau soit presque soulevé, le nez de la voisine Rifflard reparaît contre la croisée. Alors le beau brun prend le cigare en disant :

— Je vais l'apprendre, vieille sibylle, à espionner ce que nous faisons!

Et aussitôt, se retournant, il fait le mouvement de mettre bas son pantalon. La vieille disparaît.

— Ah! messieurs, c'est tricher, ce qu'Hippolyte vient de faire là! dit Victor. Comment voulez-vous que madame Rifflard ose maintenant regarder de longtemps?...

— Tu crois cela, toi? eh bien! moi, je crains au contraire d'avoir employé un mauvais moyen et de ne point avoir mes cinq minutes!...

En effet, trois minutes étaient à peine écoulées, que le nez en tabatière reparaissait... Mais presque au même instant la porte des fumeurs s'ouvrait, et un autre jeune homme entrait chez eux en s'écriant : — Ah! sapristi, mes enfants, que cela sent mauvais chez vous!

XIV. — UN QUATRIÈME, MÊME NUMÉRO.

Celui qui vient de laisser échapper cette exclamation est un garçon de vingt-sept ans, gros, court, replet, à figure réjouie, au teint frais, aux oreilles rouges, et dont les traits assez communs ont du moins l'avantage d'exprimer presque toujours la gaieté, le contentement de soi-même.

— Tiens! c'est Boudinet! s'écrient en même temps les trois locataires de la chambre.

— Bonjour, Boudinet... as-tu du feu chez toi?...

— C'est que nous irions nous y chauffer...

— Il est certain que je ne sais pas ce que vous brûlez ici, mais vraiment c'est une odeur... bien désagréable... et malgré cela, il y fait très-froid.

— Ah! il fait son embarras parce qu'il loge sur le devant, lui, et qu'il a vue sur le boulevard... et un logement de deux pièces et demie pour lui seul!... rien que ça!...

— Non, messieurs, non, je ne fais pas mon embarras... et le moment serait bien mal choisi pour le faire... car mon joli logement, dont vous étiez jaloux... il me va falloir le quitter : on m'a donné congé!...

— Ah bah!

— Il serait possible!

— Et le motif?

— Un motif ignoble... petit... mesquin... parce que je ne payais jamais mon loyer. Quels piètres que ces propriétaires!...

— Ah! probablement il nous en arrivera bientôt autant à nous l' dit Armand en secouant la tête, car nous n'avons pas payé le terme dernier, et j'ai bien dans l'idée qu'il en sera de même pour celui-ci!...

— Non... messieurs, non, on ne nous donnera pas congé, j'en suis certain, dit le joli garçon de la société en souriant d'un air avantageux...

— Tiens! Hippolyte qui est sûr de cela! Et d'où peut-il venir cette certitude?...

— J'ai rencontré quelquefois notre propriétaire dans l'escalier... c'est-à-dire sa femme... une dame de quarante-deux à quarante-huit ans, qui a été peut-être jolie, et qui est assez bien conservée...

— Ah! oui, qui a l'air d'une écaillère!

— Messieurs, il y a des écaillères qui ne sont pas à dédaigner... Vous n'avez donc jamais entendu raconter l'histoire de la belle écaillère et de son scélérat de pompier... qui la tua par jalousie? C'est passé à l'état de légende...

— Laisse là la belle écaillère et reviens à notre propriétaire...

— Eh bien, messieurs, j'ai causé avec cette dame... j'ai été aimable, galant; je lui ai dit qu'elle ressemblait à la Fornarina... Je suis bien persuadé qu'elle ne sait pas qui c'est, mais elle n'en a pas moins paru très-flattée... Elle m'a dit qu'elle était charmée d'avoir pour locataires des jeunes gens distingués comme nous... elle m'a demandé si nous n'avions besoin de rien...

— Il fallait lui dire que nous avions besoin de bois...

— Enfin elle m'a quitté avec le sourire le plus gracieux. Total : on ne nous donnera pas congé!

— Honneur aux jolis garçons!... Grâce à la figure d'Hippolyte, on ne nous mettra pas à la porte!

— Boudinet, tu aurais dû faire, comme lui, de l'œil à l'épouse du propriétaire.

— Oh! messieurs, moi, je ne suis pas un séducteur... je n'ai pas une tête romaine comme lui... Cette dame m'aurait trouvé trop gros. Hippolyte est un homme à femmes, c'est sa spécialité! je crois même que c'est son état!...

— Ah! Boudinet, qu'entendez-vous par là, s'il vous plaît?

— J'entends que tu passes ton temps à suivre les femmes... à faire des conquêtes... Je ne dis pas que cela te rapporte beaucoup... c'est même une profession assez dangereuse parfois. Tu t'adresses aux femmes mariées, et tous les maris ne sont pas des petits agneaux!

— Qui est-ce qui t'a dit cela?...

— Ne vas-tu pas faire le discret avec nous, et ne savons-nous pas que, pour le moment, tu es l'amant d'une certaine madame Canardière, dont le mari, ancien négociant en bouchons, est un vieux crâne auquel il ne faut pas marcher sur le pied, et qui ferait un mauvais parti à celui qu'il croirait être l'amant de sa femme? Ainsi crois-moi, Hippolyte, prends garde à toi, sois prudent!... C'est dans ton intérêt que je te dis, cela...

— Merci! mais je ne comprends pas comment tu sais... Je n'ai parlé à personne de ma liaison avec madame Canardière!...

— Oh! il est charmant! Est-ce que tout ne se sait pas?

— Moi, je t'ai rencontré un soir avec elle dans les Champs-Élysées...

— Moi, je vous ai vus tous deux, comme vous montiez en voiture au coin du boulevard Beaumarchais...

— Moi, je vous ai vu entrer chez un traiteur qui a des cabinets particuliers...

— Serait-il possible!

— Oui, mon cher, et si au lieu de nous c'était le mari qui t'avait ainsi rencontré, crois-tu qu'il serait sûr de son affaire?

— Oh! messieurs, quand Éléonore sort avec moi, c'est qu'elle est parfaitement certaine que son mari est quelque part d'où il ne quittera pas.

— C'est très-bien, je pense bien que cette dame prend ses mesures en conséquence; mais on peut être vu par un ami intime du mari... qui croirait être bien obligé qu'il n'aurait rien de plus pressé que d'aller dire à celui-ci : « Mon cher, je t'avertis que tu es cocu, et que j'ai rencontré ta femme en partie fine avec un jeune homme!... » Car il y a des amis de cette force-là!...

— Messieurs, il y a un proverbe qui dit : Qui ne risque rien n'a rien.

— Fort bien! la cause est entendue... Comment! vous n'avez qu'un cigare pour vous trois, ici!... O mes enfants! quelle débine!...

— Oui, nous en sommes là...

— Je me réjouis alors d'être en fonds...

— Tu as de l'argent!...

— Non, en fonds de cigares... J'ai dîné hier dans une maison où, après le café, on nous a apporté des cigares... j'en ai tout de suite mis plusieurs dans ma poche... Je suis prévoyant, moi...

Et le gros jeune homme, appelé Boudinet, fouille dans son paletot et en tire une demi-douzaine de fort beaux cigares qu'il présente à ses amis, qui poussent un cri de joie et en prennent chacun un, en disant:

— Oh! mais c'est superbe... des régalias!...

— Ce diable de Boudinet!... voilà un garçon prévoyant...

— Dis donc, Boudinet! tu en avais pas mal mis dans ta poche, quoique ça?... Tu devrais bien me mener dans cette maison-là... y dînes-tu souvent?...

— Non, malheureusement...

— Ah çà! il faut que tu cherches un logement, maintenant... Où comptes-tu aller?

— Ma foi, mes amis, il m'était venu une idée... une idée économique... Je me suis dit : Si j'allais loger avec mes voisins du sixième... j'aurais bien moins de loyer à payer! Qu'en pensez-vous?

— Loger avec nous? s'écrie Armand avec nous qui sommes déjà trois dans cette chambre!... Allons donc!... tu n'y penses pas!...

— Moi je ne m'y oppose pas, dit Victor. Un de plus ou de moins, ça m'est égal, et s'il trouve ici de la place pour son lit...

— Il pourrait toujours apporter ses meubles, dit Hippolyte, ils ne seront pas de trop!...

— Voyons, messieurs, vous n'y songez pas, reprend Armand. A coup sûr je ne demanderais pas mieux que d'être utile à un ami dans la gêne... mais d'abord Boudinet n'est pas Job comme nous! Il a des parents riches, à ce qu'il dit! Ensuite, que penserait-on de nous, en sachant que nous avons un cinquième pour quatre?...

— On penserait que nous descendons des fils Aymon, qui n'avaient, eux, qu'un cheval pour quatre, et un cheval c'est moins grand qu'une chambre...

— Tout cela ce sont des plaisanteries et non des raisons...

Allons, je vois que ma proposition ne sourit pas à Armand... je ne persiste pas!... Et au fait, si cela sent toujours aussi mauvais chez vous, ce n'est pas engageant...

— Cela sent bien plus mauvais quelquefois...

— Au reste, j'ai du temps devant moi, nous ne sommes pas au 8 avril! Maintenant, messieurs... Bigre! on gèle ici!

— As-tu du feu chez toi?

— Mais non, je n'en ai pas...

— Alors de quoi te plains-tu?

— Voyons, causons un peu de notre situation actuelle... il me semble que nous sommes tous logés au même numéro... hein?

— Tu l'as dit! rue Vide-Gousset...

— Vous n'avez presque plus de meubles ici.

— Nous n'avons gardé que le strict nécessaire... et encore, tu vois, quand il nous vient une visite, il y en a un qui s'assied sur le lit, comme moi en ce moment.

— Alors, je suis beaucoup plus riche que vous, j'ai des meubles, moi, j'ai même d'assez beaux meubles, acajou, palissandre et bois de citron, recouverts en damas... et pas un ne manque à l'appel... Il est vrai que, si l'envie m'avait pris de me défaire de l'un d'eux, la portière a l'ordre d'empêcher qu'aucun ne sorte; elle prétend qu'ils répondent des termes.

— Alors c'est grâce au propriétaire que tu as encore tes meubles!... Il paraît qu'on n'a pas jugé les nôtres dignes de la même consigne!...

— Qu'avez-vous donc fait des vôtres, malheureux?

— Parbleu! vendus pour avoir de l'argent... ou brûlés pour faire du feu... Oh! nous brûlons tout, nous autres, nous sommes des iconoclastes!...

— Vous êtes donc tous les trois tombés dans la bohème la plus complète!... Comment vivez-vous, alors?

— Grâce au ciel, nous ne mourons pas encore de faim!... D'abord voilà Armand qui a tous les jours, s'il le veut, sa pâtée chez sa tante; le déjeuner et le dîner sont assurés, c'est assez agréable, cela...

— Aussi, depuis quelque temps, elle me voit souvent, ma tante, dit Armand. J'en avale, de la poule au riz... c'est très-nourrissant, mais c'est monotone! Victor a crédit à son restaurant.

— Ils n'ont pas à se plaindre de moi! Quand je touche de l'argent, je leur en donne... Dernièrement encore j'ai touché cinquante écus, je leur ai porté vingt francs...

— Et tu leur en dois?

— Une centaine, je crois...

— C'est peu, mais ça entretient l'amitié. Reste le bel Hippolyte!...

— Oh! moi, je sais toujours où aller dîner en cas de besoin... J'ai mon couvert mis chez une ancienne amie... une veuve...

— Elle est donc riche?

— Elle jouit d'une douce aisance.

— Alors, pourquoi ne l'épouses-tu pas?

— L'épouser!... et charmant, ce Boudinet! Il croit que je vais comme cela m'engager, me lier, perdre ma liberté... et tout cela pour avoir un dîner assuré!... Merci! j'ai déjà trouvé mieux que cela, et j'ai refusé... je veux faire un beau mariage ou pas du tout!... Avec une tête comme la mienne on peut aspirer à tout!

— Est-il fat!...

— Non, messieurs, ce n'est pas fatuité, mais il faut savoir se rendre justice!... Les belles têtes antiques sont fort rares ... pourquoi voulez-vous qu'on les donne à bon marché?... Quand vous allez à une vente de tableaux, ne voyez-vous pas que les beaux portraits de Van-Dyck, de Raphael, se vendent des prix fous? Pourquoi la belle nature vivante se placerait-elle moins bien que la peinture?...

— Il a raison, messieurs, il a raison. Je trouve même qu'Hippolyte devrait se mettre en loterie, après avoir toutefois fait distribuer par milliers son portrait photographié.

— L'idée n'est peut-être pas mauvaise... Tenez, messieurs, on a voulu me marier, il n'y a pas longtemps; c'était une demoiselle assez jolie, de belle famille, la dot était très-confortable, soixante mille francs... et comme je plaisais à la jeune personne, le père consentait à me la donner, bien que je n'aie pour le moment que mon physique... ce qui est tranquille, il est vrai, mais pas toujours assez aux yeux des parents, et mon talent de graveur sur bois, qui ne me sera d'aucune utilité, parce que, le travail me fatigant trop les yeux, je préfère y renoncer.

— C'est donc pour cela que tu ne fais rien depuis longtemps?...

— Je dessine, mais je ne veux plus graver...

— Eh bien! et ce mariage avec soixante mille francs, pourquoi ne s'est-il pas fait?

— Parce que j'ai refusé la demoiselle...

— Tu as refusé... et pour quelle raison?

— Parce qu'un certain jour, dans une discussion assez légère avec son père, cette demoiselle a répondu à celui-ci avec tant d'impertinence, d'insolence même, qu'en vérité j'en ai été révolté!

— Et qu'avait-il donc fait ce père pour être ainsi maltraité par son enfant?

— Mon cher ami, il l'avait gâtée; depuis son enfance, il lui avait laissé faire toutes ses volontés, suivre ses goûts, ses penchants, agir, commander dans la maison, où malheureusement il n'y avait plus de mère. Il y a des natures sèches qui tournent en ridicule le respect que l'on doit à ses parents, moi, messieurs, je ne me donne pas comme un modèle de vertu, mais cependant je n'ai jamais compris l'ingratitude des enfants envers leur père. En écoutant cette demoiselle traiter le sien avec tant d'irrévérence, je me suis dit: Mais alors comment traitera-t-elle son mari quand il n'agira pas à sa guise?... Et, ma foi! j'ai refusé d'épouser cette demoiselle.

— Il a bien fait, dit Armand; j'aurais agi comme lui.

— Hum! messieurs, refuser soixante mille francs de dot! dit Victor; c'est cependant bien tentant, car enfin, si votre femme est méchante vous en êtes quitte pour lui administrer une correction!

— Quelle jolie perspective!... se marier avec la pensée qu'on sera peut-être obligé de se battre avec sa femme?... Fi donc! messieurs, il faut laisser cet argument aux crocheteurs et aux rétameurs de casseroles!...

— Moi aussi, j'ai dernièrement refusé un mariage, dit Armand. Les avantages n'étaient pas aussi positifs... Cependant la dot était gentille... la demoiselle assez jolie... grande, belle fille... et d'une humeur fort douce... elle était toujours de mon avis, et sa mère me disait: — Monsieur, elle est comme cela avec tout le monde, c'est un charmant caractère, elle fait tout ce qu'on veut... elle ne sait pas ce que c'est que de contrarier quelqu'un... un chien lui demanderait son déjeuner, qu'elle s'en priverait plutôt que de le lui refuser, c'est la douceur personnifiée. Moi je me dis: C'est fort bien d'être doux... d'avoir un bon caractère! mais cependant, si cette demoiselle ne sait rien refuser à personne... si elle fait toujours tout ce qu'on veut... cela peut entraîner un peu loin!... Bref, cela me donna l'idée de mener un jour avec moi un de mes amis dans la maison de ma future. Le soir, on jouait à des jeux innocents... j'avais fait la leçon à mon ami, je l'avais envoyé en pénitence avec la... douceur personnifiée, ils y restèrent si longtemps qu'on fut obligé de les aller chercher, et quand nous fûmes partis, mon ami me dit: — Mon cher, je te le conseille pas d'épouser cette demoiselle... sa mère ne t'a pas trompé, elle fait tout ce qu'on veut! Je me le tins pour dit et ne retournai plus dans sa maison.

— Moi, messieurs, dit Boudinet, j'ai aussi manqué de me marier il n'y a pas longtemps et c'est aussi par ma volonté que cela ne s'est pas fait. Le parti était bon... La demoiselle très-bien, une charmante blonde, aux yeux bleus... une taille fine, élégante...

— Est-ce qu'elle était trop douce, celle-là?...

— Non, oh! c'est un tout autre motif qui m'a fait rompre... figurez-vous que j'arrive un matin chez ma future, elle était en train de déjeuner, et savez-vous avec quoi elle déjeunait, messieurs?... je vous le donne en mille!...

— Une blonde aux yeux bleus... elle se nourrissait de dragées, de bonbons peut-être?

— Oh! non pas!...

— Elle mangeait des nids d'hirondelles, comme les Chinois?

— Vous n'y êtes pas!

— De la dinde truffée?

— Oh! non vraiment!... messieurs, elle mangeait du fromage de Marolles... un énorme morceau de fromage de Marolles!... Et sa mère, qui était là, ne craint pas de me dire: — Monsieur Boudinet, voilà le déjeuner favori de Flore, elle n'en veut jamais faire d'autre... elle adore le Marolles... elle en mange tous les matins... elle ne vous ruinera pas par ses déjeuners.

— Non, me dis-je, elle ne me ruinera pas! mais elle m'empoisonnera!... Concevez-vous une jeune fille qui, dès le matin, se farcit avec du fromage de Marolles?... Ma foi! cela m'a répugné... je me suis dit: Quand j'embrasserai ma femme... je serai tout de suite au dessert!... ce ne serait pas attrayant! Et j'ai laissé mademoiselle Flore avec son Marolles.

— Moi, dit Victor, j'aurais tâché de la mettre au Neufchâtel, et, petit à petit de la ramener à la crème. Cela aurait peut-être été long, mais avec du temps, j'y serais parvenu!... Dans tout cela, messieurs, je vois que chacun de vous aurait pu se marier s'il l'avait voulu. Il n'y a que moi qui ne vous en dirai pas autant. Et pourtant je ne suis pas plus mal qu'un autre. Quant à ma position de lettres... comptez les vôtres... Récapitulons. Armand a son père qui est riche, mais qui ne lui donne rien... Armand veut être homme de lettres... poète, auteur, romancier... n'importe! pour l'instant toutes ses pièces ont été refusées... mais il a vendu son premier roman cent francs... les quatre volumes...

— Et j'en ai un autre en train! s'écrie Armand.

— Comme il te faut bien au moins deux mois pour faire tes quatre volumes, en allant très-vite, et faisant du remplissage... cela te ferait cinquante francs par mois... je trouve la position peu brillante.

— Je vendrai mon second roman plus cher!

— Ou tu ne le vendras pas du tout; passons à un autre... Boudinet a une famille riche, à ce qu'il dit, mais qui se lasse de lui conduire des fonds, qu'il perd continuellement à la Bourse, où il se croit cependant très-malin!...

— Messieurs, je n'ai pas été heureux depuis quelque temps dans mes spéculations, c'est vrai... mais que voulez-vous! cela arrive à tout le monde!... A la Bourse, il y a des hauts et des bas! Mais je remonterai sur l'eau... j'attraperai la bonne chance, je ferai fortune... Qu'on me confie des fonds... et on verra!

— J'aime mieux te croire, que de te confier des fonds. Arrivons maintenant à l'Apollon du Belvédère, représenté ici par notre ami Hippolyte d'Ingrande... Son physique, sa tournure... voilà son fonds de commerce... On pourrait ajouter à cela qu'il est graveur sur bois... mais comme cela lui fatiguait la vue de graver, et la borne maintenant à faire des dessins sur bois... quand il a le temps, quand ses nombreuses occupations galantes lui en laissent le loisir. Il ne me reste plus à vous parler que de moi... Je ne vous ferai pas l'éloge de ma personne... ça serait trop long. J'arrive à ma position : étudiant en droit depuis sept ans... si je ne suis pas encore reçu avocat, c'est ma faute, je le confesse... j'aime peu l'étude... surtout celle du droit! je lui préfère l'étude du cœur féminin... je m'y adonne avec moins de succès peut-être que l'Apollon ici présent, mais non avec moins d'amour. Quant à la fortune, j'en attends de plusieurs vieux oncles qui ne peuvent manquer de me faire leur héritier. En attendant une tante me fait dix-huit cents francs de pension... que je perds souvent au lansquenet ou au bacarat. Voilà, messieurs, le résumé bien exact de nos situations... est-ce vrai?

— Parfaitement exact.

— Beaucoup trop exact!...

— Ajoutons encore que si, dans le négligé forcé que nous gardons chez nous, nous avons l'air de trois misérables... je ne comprends pas Boudinet, il est toujours bien ficelé... je dis donc que si, en ce moment, nous avons l'air de trois bohèmes de l'ancienne cour des Miracles, dès que nous aurons fait notre toilette pour sortir, nous ne serons plus reconnaissables... nous serons des lions du boulevard des Italiens, et à nous voir, on se dira : Voilà des habitués de la Maison-d'Or ou du Café Anglais.

— C'est très-juste, mais cela ne mettra pas un sou dans notre poche!... et je prévois que nous allons passer un triste carnaval. Boudinet, as-tu des fonds?

— Encore cent sous à votre service, messieurs.

— Pour quatre! ce n'est pas assez... il n'y pas de quoi nous régaler... Il faudra que j'aille manger de la poule au riz chez ma tante.

— Moi, j'irai dîner avec mon ancienne amie!...

— Moi! dit Victor, j'irai à ma table d'hôte!

— Et moi, dit Boudinet, j'irai dîner à quarante sous, afin qu'il me reste quelque chose sur ma pièce... C'est fâcheux pourtant que nous soyons obligés de nous séparer... Ensemble nous aurions ri, je m'y sentais disposé... Nous sommes justement en carnaval.

— Et c'est aujourd'hui samedi, il y a bal à l'Opéra... Éléonore veut absolument y aller... Elle m'a donné rendez-vous au foyer.

— Toujours sous l'horloge, sans doute?

— Comment feras-tu pour y aller...

— Jusqu'à présent j'ai bien dans l'idée que je n'irai pas... Que pensera-t-elle de moi?... Manquer à un rendez-vous que vous donne une femme mariée qui ne peut vous voir que fort rarement... elle ne me le pardonnera pas.

— Elle sera obligée de faire une autre connaissance, voilà tout...

— Et comment ta dame mariée peut-elle aller toute seule au bal de l'Opéra?... Elle fait donc prendre un narcotique à son jaloux?

— Non, messieurs... Mais d'abord, Éléonore ne va pas seule au bal; elle se fait accompagner par sa femme de chambre... sa suivante, jeune fille fort gentille, ma foi!... Madame prépare toute une histoire. Depuis longtemps la bonne a une tante très-malade, elle veut voir sa nièce pour lui dicter ses dernières volontés; mais la bonne, qui sait à peine écrire, a prié sa maîtresse de vouloir bien l'accompagner... On a remis de jour en jour... Ce soir, on recevra une lettre qui avertira que la tante est très-mal... et madame consentira à s'y rendre avec sa bonne...

— Et si le mari voulait accompagner sa femme?

— La tante ne reçoit pas d'hommes, elle en a peur... D'ailleurs, M. Canardière n'a aucun soupçon.

— Et il croira que sa femme passe la nuit à écrire le testament de la tante...

— On lui dira qu'on a fait des crèpes!... Que sais-je? on inventera des motifs... Est-ce que les femmes sont jamais à court? Ensuite, par prudence, au bal, Éléonore aura un domino exactement semblable à celui de sa suivante, afin que s'il arrivait quelque événement qui fît découvrir la maîtresse, elle pût toujours mettre tout sur le compte de sa domestique...

— Très-bien imaginé!

— Et dire que l'on aura pris tant de peine inutilement!

— Ah! messieurs, j'avais espéré pour nous quelque chose de très-heureux! dit Armand en se balançant sur sa chaise.

— Quoi donc?

— Figurez-vous que, il y a trois semaines, lorsque je venais de porter chez mon père mon manuscrit d'*Adolphine*, il est arrivé là un jeune homme, qui vient de sa province, qui ne connaît pas du tout Paris, où il vient avec de l'argent plein ses poches et le désir de s'y amuser... Et à qui l'a-t-on recommandé pour cela?... A mon père! qui certainement ne se chargera pas de promener ce jeune homme dans Paris.

— Il fallait donc t'en emparer, toi!... Pour peu que ce nouveau débarqué soit bête, nous aurions fait une nouvelle édition du *Pourceaugnac* de Molière!

— Eh! mon Dieu, messieurs, j'y avais songé! Je ne sais pas si ce jeune homme est bête... mais il avait l'air très-novice, un peu niais même... Quand il est sorti de chez mon père, je l'ai guetté dans la rue, je lui ai donné mon adresse en l'engageant à venir me voir. Je croyais qu'il serait venu, mais voilà trois semaines de cela, et...

Deux petits coups frappés à la porte interrompent Armand. Les quatre jeunes gens se regardent en se disant :

— On a frappé... Est-ce un créancier?

— Attends-tu une visite de femme, toi?

— Non, et toi?

— Ni moi.

— Les créanciers frappent plus fort que cela...

— C'est peut-être encore la voisine Rifflard qui vient se plaindre...

— Après tout, la clef est sur la porte!...

— Entrez!

— Bon! on frappe toujours... c'est donc le petit Pommé qui nous fait quelques farces... Entrez donc, sacrebleu!

XV. — LES COMPAGNONS DE LA TRUFFE

La porte s'ouvre enfin, et Anatole Desforgeray paraît sur le seuil où il s'arrête, en disant d'un air timide : — Pardon, messieurs, je me trompe peut-être... je cherche M. Armand Bouquinard...

— Vous y êtes, monsieur, entrez donc...

— Eh parbleu! c'est monsieur que j'ai eu le plaisir de rencontrer chez mon père! s'écrie Armand en allant au-devant d'Anatole. Justement je venais de parler de vous à mes amis... C'est le cas de dire : Quand on parle du loup!... Ah! que c'est aimable de vous être rappelé mon invitation et mon adresse... Messieurs, voilà monsieur... Mon Dieu! je ne sais plus votre nom.

— Anatole Desforgeray.

— M. Anatole Desforgeray, qui vient à Paris pour se divertir, pour connaître les plaisirs de la capitale, pour y prendre enfin les manières, les usages à la mode... Je lui ai dit que moi et mes amis nous serions tout à sa disposition... que nous serions charmés de lui être agréables, de quider ses pas, de le mener dans de belles réunions... Me suis-je trop avancé, messieurs, en comptant sur votre concours?

— Non vraiment!... nous sommes à la disposition de monsieur...

— Nous sommes tout à son service, le jour comme la nuit!...

— Ah! messieurs, c'est trop de bonté... Je suis bien sensible...

Le nouveau venu salue à droite, à gauche, puis se retourne cherchant une chaise pour s'asseoir. Armand, qui devine son intention, s'écrie : — Ah! je gage que vous cherchez un siège, n'est-ce pas?... et vous êtes étonné d'en voir si peu ici...

— Oh! cela ne fait rien... je resterai bien debout.

— C'est qu'il faut que vous sachiez que... ici, c'est notre... c'est notre fumoir... Nous y venons seulement pour fumer... mais notre logement est de l'autre côté de la maison, sur le devant.

— Ah! je disais aussi! ces messieurs ont bien peu de meubles!...

— Ah! ce n'est pas ici notre appartement... mais c'est justement parce que nous avons de très-beaux meubles dans l'autre que nous venons fumer ici. A propos, fumez-vous?... Boudinet, tu as bien encore un cigare pour monsieur?

— Merci... oh! merci... je ne sais pas encore fumer... J'y arriverai peut-être, mais, pour le moment, cela me rend malade...

— Alors rien ne presse... Mais asseyez-vous donc... voilà une chaise...

— Mais ces messieurs...

— Nous préférons nous asseoir par terre pour fumer.

— C'est beaucoup plus commode... Voyez les Turcs, ce sont les premiers fumeurs du monde... ils ne fument pas autrement...

— Mais je croyais qu'ils étaient assis sur des coussins...

— Quelques-uns... devant les femmes... mais en général ils préfèrent être ainsi.

Et les quatre fumeurs se mettent à s'asseoir sur leur derrière en croisant leurs jambes comme les tailleurs.

Alors Anatole se décide à s'asseoir sur la chaise qu'on lui présente, et il allonge machinalement ses mains vers le calorifère.

— Vous voudriez peut-être vous chauffer, dit Victor, et nous venons de laisser notre calorifère s'éteindre parce qu'il fumait...

— Oh! cela ne fait rien... Je n'ai pas très-froid...

— Si vous le désirez cependant, nous allons le rallumer.

— Non, messieurs, je vous en prie, ne le rallumez pas pour moi. Je serais désolé de vous faire rien changer à vos habitudes.

— Eh bien, monsieur Anatole... Vous permettez que je vous appelle par votre petit nom?... Entre jeunes gens, c'est l'usage...

— Cela me fera même grand plaisir, messieurs; d'ailleurs, à Montpellier, bonne maman ne m'appelait jamais autrement.

— C'est ainsi que nous en agissons tous ici. Voilà Victor... voilà Hippolyte... Il n'y a que Boudinet auquel nous donnons son nom de famille; mais c'est lui qui l'a voulu... Il trouve son nom de baptême ridicule!...

— J'en fais juge monsieur : je me nomme Fanfan... Or, comme je m'occupe d'affaires de bourse, je vous demande quelle confiance j'inspirerais à mes clients, si on leur disait : « Fanfan fait des reports! Fanfan joue à la hausse!... » On croirait toujours qu'il s'agit d'un petit bonhomme qui a des soldats de plomb!... Les noms font beaucoup, messieurs, ils sonnent bien ou mal aux oreilles, ils emplissent la bouche ou ils la font grimacer... Il y en a qui sont antipathiques aux affaires, voilà pourquoi je ne veux pas qu'on m'appelle Fanfan!...

— Bravo!... il a eu un *speech* très-clair... je vote pour qu'il ne soit pas imprimé!... Revenons à monsieur Anatole... Voilà, je crois, à peu près trois semaines que vous êtes à Paris, comment y avez-vous passé votre temps?... Vous êtes-vous beaucoup amusé? contez-nous ce que vous avez fait!

— Messieurs, je vous dirai d'abord que j'étais venu avec un monsieur de Montpellier, M. Mitonneau...

— Oh! Mitonneau !... le nom est bon.

— Que fait-il, votre M. Mitonneau?

— Mais il ne fait plus rien, il vit de ses rentes...

— Est-ce un homme jeune encore?

— Il dit qu'il a quarante-quatre ans... mais il y a bien longtemps que je lui entends dire cela...

— Ah! ah!... la réflexion est charmante...

— Enfin, ma grand'maman m'avait recommandé à ce monsieur, qui devait veiller sur moi... m'accompagner dans Paris...

— Oui, un mentor enfin! ce qui vous aurait infiniment ennuyé..... Vous vous en êtes débarrassé, vous avez bien fait!...

— Oh! je n'ai pas eu besoin de chercher à m'en débarrasser; il m'a de lui-même laissé libre dès le second jour de notre arrivée, il est sorti de son côté et moi du mien..

— A la bonne heure, voilà un homme auquel on peut confier un jeune homme!

— Me trouvant mon maître, j'ai voulu voir d'abord ce qu'il y a de plus curieux à connaître... Je suis allé au Jardin des Plantes, où j'ai vu des animaux de toutes espèces... ce qui ne m'a pas amusé du tout... Je suis allé après cela voir l'obélisque, ça ne m'a pas amusé non plus... J'ai été ensuite aux Gobelins, puis au jardin du Luxembourg, puis aux Catacombes... tout cela est très-beau, mais cela ne m'amusait pas!...

— Ah! ah! ah! je le crois... Pauvre garçon! qui va aux Catacombes pour s'amuser... il faut laisser ce genre de plaisir-là aux Anglais.... Enfin poursuivez.

— Je suis allé au spectacle... j'ai choisi la pièce dont les journaux faisaient le plus grand éloge, en annonçant qu'elle faisait courir tout Paris... J'y ai couru : il n'y avait personne... c'était un drame dont je n'ai pas compris l'intrigue ; mais un monsieur placé à côté de moi m'a dit que si l'on comprenait ce serait bien moins beau : au total cela ne m'a pas amusé. Une autre fois j'ai assisté à une première représentation, je m'étais placé à peu près au milieu du parterre pour bien voir et je me trouvai au milieu de messieurs qui applaudissaient à tour de bras. L'un d'eux me dit : « Allez donc! à quoi pensez-vous! tapez comme nous ! » ne savais pas qu'aux pièces nouvelles il fallait absolument applaudir: c'est égal, je me suis mis à claquer comme les autres. Très-bien, mon voisin était content de moi... Mais au bout de quelque temps, on se mit à siffler dans un coin de la salle.

— Pourquoi siffle-t-on? dis-je à mon voisin l'applaudisseur. Il me répond : « Ce n'est rien ! c'est probablement quelqu'un qui a perdu son chien et qui l'appelle. Il ne faut pas que cela nous empêche d'applaudir. » Nous applaudissons de plus belle; mais voilà qu'il part des sifflets de tous les coins de la salle. Mon Dieu! dis-je à mon voisin, voilà bien des gens qui ont perdu leur chien, on ne s'entend plus! Il se remet à applaudir en me disant : «Chaud! chaud ! ne faiblissons pas.» Moi, pour lui être agréable, j'applaudissais que j'en avais mal aux mains. Mais tout à coup des personnes du parterre se lèvent en criant : « A bas la claque! » Mes voisins en font autant en criant : « A bas la cabale! à la porte! à la porte! » Alors ceux qui sifflaient se précipitent sur nous, mes voisins les repoussent, on échange des coups de poing ; j'en reçois pas mal pour ma part, sans trop savoir d'où ils venaient ; enfin la garde arrive et on nous met tous dehors... Et voilà encore une soirée où je ne me suis pas amusé du tout.

Les jeunes gens rient beaucoup de ce récit, et Victor engage Anatole, quand il ira voir une première représentation, à ne plus se mettre au milieu du parterre, où sans peine de se trouver encore pris entre les sifflets et les claques; ce qui n'a rien de récréatif pour quelqu'un qui va au spectacle pour son argent et dans l'espoir de passer agréablement sa soirée.

— Mais les amours? dit Armand en s'adressant au jeune provincial. Dans tout cela vous nous avez parlé de vos promenades, mais vous n'avez pas fait mention de la plus petite aventure amoureuse.... Cependant il n'est pas probable, depuis que vous êtes à Paris, que vous n'ayez pas formé quelque intrigue, fait quelque conquête... Vous rougissez... Messieurs, je vous prends à témoins que M. Anatole a rougi, ce qui nous annonce qu'il y a quelque chose... Allons point de fausse modestie! avouez-nous vos succès!...

Anatole, qui en effet est devenu très-rouge, baisse les yeux en murmurant : — Oh! messieurs, mes succès... franchement, je crois que je n'ai pas à m'en vanter... J'ai rencontré sur mon chemin beaucoup de jolies femmes... il y en avait qui semblaient me sourire... m'enhardir à les regarder, à les suivre, alors celles-là je les suivais de préférence, tout fier d'avoir fait une conquête... mais chacune de ces dames, arrivée à sa demeure, s'arrêtait devant sa porte et, par ses paroles, me montrait à qui j'avais affaire... Alors, moi, je restais tout interdit et je comprenais que ce n'était pas une conquête que j'avais tentée!...

— Ah! pauvre garçon!... En effet, ce ne sont pas celles-là qu'il faut poursuivre; mais nous vous mènerons dans un monde où vous trouverez à former de véritables liaisons de cœur... je t'écorneront peut-être un peu votre bourse ; mais pour plaire au beau sexe il est indispensable d'être généreux et galant...

— Je le serai, messieurs, oh! je vous prie de croire que je ne suis

point avare... bien loin de là!... je trouve que l'argent n'est bon qu'à nous procurer des plaisirs...

— Bravo!... Excellente maxime!... Vous êtes dans le vrai!...

— On m'avait bien parlé de bals où l'on s'amuse beaucoup... de l'Opéra... du Casino... mais seul, je me disais : Je n'aurai personne avec qui causer...

— Vous êtes toujours dans le vrai, pour s'amuser dans un bal public, il faut y aller avec de joyeux compagnons... mais maintenant que nous sommes à votre disposition, vous n'aurez plus qu'à vous laisser guider.

— Messieurs, dit Victor après avoir lâché une grosse bouffée de fumée et en prenant un air grave, je vais vous faire une proposition et je pense que vous l'accepterez.

Les amis de Victor se regardent d'un air étonné.

— Qu'est-ce que c'est? dit Armand.

— C'est d'admettre monsieur dans notre compagnie...

— Il me semble qu'il est déjà dans notre compagnie...

— Tu fais semblant de ne point m'entendre... mais par compagnie, tu dois bien comprendre cependant que je veux parler de notre association intime et particulière...

Les jeunes gens se regardent encore; mais comme ils se doutent qu'il s'agit de quelque fourberie que leur ami prépare pour le nouveau venu, ils se contentent de secouer la tête en murmurant : — Ah! oui... notre association secrète...

— Oui, en effet... il faut qu'il en soit!

— Il faut qu'il soit reçu compagnon!

Anatole, qui entend tout cela et ne sait ce que cela veut dire... regarde Armand et murmure : — Messieurs, j'espère que vous ne voulez pas me mettre dans les Compagnons de l'arsenic?...

— Ah! ah! ah! rassurez-vous... Est-ce que vous avez eu le courage de lire ce roman que mon père vous a vendu?...

— J'ai essayé... mais, franchement, je n'ai pu aller jusqu'à la fin...

— A la bonne heure. Oh! soyez tranquille, jeune Anatole, notre association n'est basée que sur le plaisir... la folie... les amours... n'est-ce pas, Victor?

— Certainement, en y ajoutant les devoirs de l'amitié... car sans l'amitié il n'y a pas de société possible...

— Et comment s'appelle votre société, messieurs?

— Elle se nomme... autrement dit nous nous appelons...

Victor se penche à l'oreille d'Armand en lui disant tout bas :

— Comment nous appellerons-nous ?

— Cherche quelque chose de gentil... c'est toi qui as eu l'idée.... achève-la !...

— Oh! mais ce n'est pas facile!...

Et Victor se levant dit : — Messieurs, avant d'apprendre à ce néophyte le nom et le but de notre association, je demande à nous réunir un moment en comité secret, afin de recueillir les voix et de m'assurer si tout le monde est d'avis de recevoir monsieur.

— Voulez-vous que je m'en aille? dit Anatole en se levant.

— Non, non, restez là... nous allons délibérer dans le cabinet voisin... ce ne sera pas long.

On laisse Anatole dans la chambre, et les quatre jeunes gens vont dans le cabinet du fond, où Victor leur dit : — Messieurs, vous comprenez mon but : comme membre de notre société, il faudra que le récipiendaire nous traite splendidement !

— Nous avons compris. Maintenant le nom de l'association... je propose les Enfants de la Folie...

— Oh! cela s'est fait cent fois!...

— Les Amis de la Gaieté...

— C'est commun !...

— Les Compagnons de l'Amour ?

— Ça nous mènerait trop loin... Oh! je tiens notre affaire, c'est neuf, c'est distingué, c'est piquant... Les *Compagnons de la Truffe*... hein, messieurs... qu'en dites-vous?

— Il me semble que cela nous assimile un peu à des cochons, puisque sans eux on ne découvrirait pas ce précieux tubercule.

— Bah!... bah!... tu vas chercher midi à quatorze heures... aimez-vous mieux les Enfants de la Truffe?

— Non, va pour les Compagnons!

— C'est dit, c'est adopté.

On retourne près d'Anatole, qui est resté sur sa chaise et souffle dans ses doigts pour se réchauffer. Victor prend la parole...

— Monsieur, mes amis et moi, à l'unanimité, nous avons résolu de vous recevoir dans la société que nous avons formée sous le nom de : Compagnons de la Truffe!... si toutefois vous vous engagez à remplir tous les devoirs attachés au titre de membre de notre compagnie.

— Compagnons de la Truffe!... répète Anatole en ouvrant de grands yeux.

— Cette dénomination vous semble peut-être singulière, jeune homme, mais il faut que vous sachiez que maintenant, en France, les truffes sont ce qu'il y a de plus recherché, de plus distingué, de plus apprécié, de plus goûté... je pourrais presque dire de plus honoré. A Paris point de beaux repas sans truffes, point de festins, de banquets, de parties fines, si la truffe n'en fait point partie; l'or est sans doute un levier puissant dans les affaires, mais la truffe est son auxiliaire immédiat; et dans plus d'une circonstance où il serait inconvenant, et peut-être dangereux, d'employer l'or, vous pouvez toujours faire usage de la truffe comme moyen infaillible de séduction. Ce comestible n'étant point à la portée de toutes les Bourses, ce n'est que dans les classes élevées de la société qu'on l'emploie ordinairement. Voilà, ce me semble, assez de raisons pour que vous compreniez que notre association n'est point de celles où l'on admet tout le monde. Pour en faire partie il faut d'abord avoir le goût sensuel, le palais délicat, l'odorat fin; il faut avoir de la fortune... car si un proverbe dit : Point d'argent, point de suisse; il est bien plus juste maintenant de dire : Point d'argent, point de truffes; enfin il ne faut jamais craindre d'exposer sa santé en se livrant sans réserve aux charmes de cet aliment. Tout cela réuni, vous voyez qu'il y a quelque gloire à se dire Compagnon de la Truffe !

— Messieurs, j'aime beaucoup les truffes! dit Anatole... et je serai très-flatté d'être de votre société.

— Fort bien. Alors écoutez les premières règles qui forment les bases de notre association. : Article premier : Les Compagnons de la Truffe se doivent entre eux aide et protection; autrement dit : quand l'un des membres a besoin d'argent, il a recours à la bourse de celui de la société qui est en fonds; et celui-ci doit se trouver heureux d'obliger un de ses confrères... Promettez-vous de vous conformer à cet article?

— Oui, messieurs, je le promets et avec grand plaisir...

— Très-bien! Article deux : Le jour de sa réception dans la société, le nouveau membre doit offrir à ses confrères un dîner confortable dans lequel la truffe sera appelée à jouer un rôle important...

Hippolyte se hâte d'ajouter : — Et ce nouveau membre doit ensuite payer tous les plaisirs que l'on prendra dans la soirée, tels que spectacle, bals, soupers, et cætera !... Jurez-vous de vous conformer à cet article?

— Oui, messieurs; d'ailleurs vous offrir à dîner ce sera pour moi un grand bonheur...

— Fort bien, dit Armand, alors vous êtes reçu... N'est-ce pas, messieurs, il est reçu... c'est terminé?...

— Oui, dit Victor. Il y a bien encore vingt-cinq articles... mais ils sont moins importants et nous vous les dirons plus tard... Votre main, monsieur Anatole... Au nom de mes collègues je vous proclame Compagnon de la Truffe.

Chacun des jeunes gens serre la main d'Anatole, qui, de son côté, n'est pas en reste de poignées de mains. Puis Armand s'écrie : — Maintenant, messieurs, puisque le récipiendaire paye à dîner à ses confrères, il me semble qu'il faut songer à nous habiller.

— Y a-t-il beaucoup d'autres Compagnons de la Truffe qui dîneront avec nous? demande Anatole.

— Pas d'autres que nous... vous les voyez tous ici... c'est une société qui commence, mais nous ne voulons pas y admettre beaucoup de monde... C'est une faveur que nous vous avons faite en vous y incorporant.

— Je vous en remercie... je suis bien sensible à cette faveur.

— C'est pourquoi nous vous engageons aussi à ne point parler de notre association... parce que, vous comprenez, si elle était connue, tout le monde voudrait en être, et ça nous mènerait trop loin...

— Il suffit, messieurs; du moment qu'il faut garder le secret... c'est comme dans la franc-maçonnerie, n'est-ce pas?

— Positivement : il n'y a pas de secret, mais il faut le garder.

— Ah ça! pendant que nous allions procéder à notre toilette, Boudinet, qui est habillé, lui, va conduire notre nouveau confrère dans notre appartement de devant... Tu entends, Boudinet?...

— J'entends très-bien...

— Ma foi, dit Anatole, s'il y a du feu dans votre autre logement, cela ne fera pas de mal, car je vous avoue que je commence à avoir froid.

— Il y avait un feu d'enfer quand je l'ai quitté, dit Boudinet. J'aime à croire qu'il ne sera pas entièrement éteint... Venez, monsieur Anatole... je vais vous conduire, c'est dans un autre escalier... Messieurs, ne soyez pas trop longs à votre toilette!...

— Dans dix minutes nous vous rejoignons.

— Oh! donnez-vous le temps, messieurs, dit Anatole, pourvu que je me chauffe... je vous attendrai patiemment.

— Pourvu qu'il se chauffe! se dit Boudinet tout en descendant l'escalier avec Anatole; mais le malheureux ne se chauffera pas du tout chez moi... Sapristi!... quelle idée prendra-t-il aux Compagnons de la Truffe, qui ne font pas de feu en plein hiver... nous aurions dû lui dire que c'était un des articles de la société.

XVI. — UNE ÉPINGLE ET UNE CLEF.

On est arrivé au bas de l'escalier; Boudinet s'arrête devant la loge de la portière, en disant : — Je crois que j'ai laissé ici la clef de notre appartement du devant.

Et ouvrant la porte de la loge, le gros jeune homme y pousse Anatole, en lui disant : — Entrez donc... ne restez pas à l'air, vous auriez froid.

La portière avait un poêle dans lequel il y avait un grand feu, en sorte que la loge était chauffée au moins à vingt-cinq degrés, ce qui lui donnait quelque ressemblance avec un four, surtout quand on venait du dehors. A cette chaleur du feu se mêlait celle provenant de la fumée qui s'exhalait d'une grande marmite placée dans un creux pratiqué sur le poêle et qui, par ce moyen, servait aussi de fourneau. Dans cette marmite cuisait une énorme fricassée de choux, d'oignons, de lard, de haricots, le tout fortement assaisonné d'ail, ce qui parfumait la loge au point de prendre subitement au nez, à la gorge et à la tête des personnes qui se risquaient dedans et n'avaient point l'habitude de cette atmosphère.

— Ah! diable! il fait bon ici!... dit Boudinet en refermant sur lui la porte de la loge. Vous n'avez pas laissé languir votre poêle, madame Pommé, vous étiez digne d'être vestale, votre feu ne chôme pas.

La portière, qui est en train de ressemeler des bas, répond d'un air sec à son locataire : — Moi, monsieur, j'aime à me chauffer quand il fait froid... Je dis que le bois est fait pour brûler, et que ceux qui n'en achètent pas l'hiver sont des ladres qui ont peur de donner la bûche au concierge... ou bien des panés qui s'habillent bien pour avoir l'air de quéqu'que chose, et qui au fond sont des riens du tout!...

— Bon! à notre adresse! se dit Boudinet, la vieille drôlesse sait qu'on m'a donné congé!... mais elle me payera cela...

Et se tournant vers Anatole, qui semble craindre de respirer :

— N'est-ce pas qu'il fait bon ici, mon cher monsieur Anatole?

— Oui, il y fait très-chaud... mais il y a une odeur... bien forte...

— Ah!... un mélange de légumes... ça n'est pas désagréable... Oh! madame Pommé fait d'excellente cuisine; je n'en ai jamais goûté, mais j'en juge par le parfum qu'elle répand.

— Ah ça! quoi que monsieur vient chercher ici?...

— Ce que j'y viens chercher, respectable Suissesse... où est donc votre fils Lolo?...

— Est-ce que je sais... le gamin sort à toute minute... Mais pourquoi que vous m'appelez Suissesse?... je suis de Pontoise, moi, monsieur.

— Suissesse est ici au figuré et comme féminin de concierge... Madame Pommé, je voudrais avoir ma clef...

— Votre clef!... Quoi? la clef des lieux?

— Il ne s'agit point de cet endroit secret... Je parle de la clef de mon appartement...

— Mais je ne l'ai pas, moi, monsieur, vous ne me la laissez jamais, et pourtant à c't'heure il va falloir que vous la laissiez pour que je fasse voir votre logement, puisque vous avez congé...

— Oui, oui, j'ai donné congé... le logement est trop petit. Moi et mes amis, nous avons résolu de louer un hôtel dans le quartier de la Chaussée-d'Antin... mais c'est justement pour qu'on puisse voir le local là-haut que j'ai remis ma clef à votre fils Lolo...

— Il ne m'en a pas parlé, le polisson!...

— Il l'aura oublié, et vous dites qu'il est sorti?...

— Pardi! est-ce que ça peut rester en place! Il sera allé faire des glissades sur le boulevard, avec des vauriens de son âge...

— Vous avez tort de lui permettre cela, madame Pommé, les glissades, c'est dangereux, on tombe et on se blesse, ensuite c'est défendu...

— Si vous croyez qu'il m'écoute!...

— Alors vous n'avez pas ma clef?...

— Mais non, monsieur, je ne l'ai pas.

— Diable!... c'est contrariant!...

— Est-ce que nous allons rester ici? demande Anatole qui se sent à demi asphyxié par la vapeur de la marmite.

— Vous voyez que ce n'est pas ma faute... Est-ce que vous avez toujours froid?

— Oh! non... j'ai plutôt trop chaud à présent... et puis cette fricassée qui bout si fort.

— Il est vrai que cette marmite répand un nuage qui ne permet guère de s'approcher du poêle... mais attendez, je trouverai bien un moyen pour qu'elle nous cède la place...

— Madame Pommé, j'ai bien dans l'idée que votre ragoût brûle...

— Vous croyez, monsieur...

— Oh! oui... je sens une odeur de gratin... cela doit prendre au fond, ou il n'est que temps...

— Ah! minute, je ne veux pas que ça sente le brûlé.

Et la portière, quittant son fauteuil, met son bas de côté, pointe son aiguille dans son fichu et se dirige vers sa marmite, sur laquelle elle se penche en remuant ce qu'il y a dedans. Alors Boudinet pousse un petit cri.

— Quoi qu'il y a donc encore? demande la portière en levant vivement la tête.

— Ce qu'il y a... ne bougez pas... ah! vous avez remué votre cuiller... c'est fâcheux!

— Comment! c'est fâcheux que je remue mon dîner...

— Vous n'avez donc pas vu qu'une aiguille s'est détachée de votre fichu et vient de tomber dans votre ragoût...

— Une aiguille...

— Ou une épingle... mais bien sûr c'est l'une ou l'autre...

— Ah! mon Dieu! qué scie!... je me dis toujours que je ne piquerai plus d'épingle sur mon sein... et puis l'habitude l'emporte... et pourtant je devrais être corrigée... Feu Pommé, mon pauvre cher homme, est mort d'une épingle qu'il a avalée avec de la choucroute, et ben sûr c'était par suite d'une maladresse de ma part... Je ne le lui ai pas dit, mais je l'ai pensé...

— Vous m'avez plusieurs fois raconté cette histoire, ma chère madame Pommé, et voilà pourquoi je me suis hâté de vous prévenir de ce que j'ai vu, car si vous mangiez de ce fricot sans faire attention...

— Ah! pas de danger que j'y touche à présent, avant que l'épingle ne soit retrouvée, car c'est une épingle, j'en suis sûre... je le passerai plutôt au tamis.

Et la portière, retirant sa marmite de dessus le poêle, la porte sur une table où elle commence à transvaser sa fricassée dans une terrine en s'y prenant cuillerée par cuillerée et avec les plus grandes précautions.

Pendant ce temps Boudinet se rapproche du poêle qui est débarrassé de la vapeur des choux, et il se chauffe avec délices en disant à Anatole : — Je suis bien contrarié de vous faire rester dans cette loge... mais vous voyez qu'il n'y a pas de ma faute... heureusement il n'y fait pas froid...

— Oh! non, il n'y fait pas froid... et nous ne pouvons donc pas monter chez vous?...

— Puisque je n'ai pas ma clef... Au surplus ces messieurs ne seront pas longs à faire leur toilette.

La portière, retirant à la portière qui continue de passer le contenu de sa marmite à l'inspection, je ne vois pas plus d'épingles que dans mon œil...

— Ah! vous comprenez que dans des choux c'est bien difficile à trouver... cela peut se cacher dans les feuilles... moi, à votre place, madame Pommé, j'aimerais mieux jeter toute cette fricassée dans la cour que de m'exposer à m'étrangler...

— Jeter mon dîner dans la cour, merci! comme vous y allez... Savez-vous, monsieur, qu'avec le lard, la graisse et tous les légumes j'en ai pour vingt-huit sous?...

— C'est possible... mais pour vous faire extraire une épingle du gosier cela vous coûtera plus de vingt-huit sous... et encore... y arrivera-t-on?...

— Vous me glacez les sens, monsieur... Ah! la voilà!... Non c'est une queue de cerise!... Boudinet se met à rire en s'écriant :

— Comment diable une queue de cerise peut-elle se trouver avec des choux et des carottes?...

— Ah! monsieur... on trouve bien autre chose quelquefois!... les fruitières ne font pas attention... il y a ce monsieur du troisième qui fait venir tous les jours son dîner de chez le marchand de vins traiteur à côté, et dernièrement il a trouvé une embouchure de cor de chasse dans sa julienne.

— Ah! sapristi!... voilà qui est bien plus fort que la queue de cerise... Je vous demanderai l'adresse de ce traiteur afin de ne point y aller prendre de potage.

En ce moment on ouvre la porte de la loge, et le jeune Lolo entre en s'écriant : — Ah ! j'ai l'onglée, j'ai faim, j'ai froid... Maman, allons-nous dîner?... Tiens! qu'est-ce que vous faites donc?... vous comptez combien vous avez de cuillerées de soupe?

— Taisez-vous, polisson, et donnez tout de suite à M. Boudinet sa clef, afin qu'il puisse monter chez lui... et que je puisse me retourner ici... et chercher à l'aise ma pingle tant à mon aise...

Le petit garçon regarde sa mère en grommelant : — Quelle clef... est-ce que j'ai des clefs, moi?...

— La clef de son logement que M. Boudinet vous a remise en descendant... Est-ce que vous l'auriez perdue par hasard?

— Il l'aura perdue en faisant des glissades! dit Boudinet. Je vois cela à son air embarrassé... Allons, jeune Lolo, avouons que nous avons perdu ma clef... eh! mon Dieu, c'est un malheur, mais qui n'est pas irréparable!...

Le petit garçon se met à beugler de toutes ses forces : — C'est pas vrai! vous ne m'avez pas donné de clef... c'est pas vrai!... maman, c'est un menteur... et la preuve c'est que je ne vous ai pas vu ce matin... j'ai pas été dans votre escalier, je n'ai été que chez les trois messieurs du derrière... qui m'ont envoyé chercher un cigare d'un sou pour eux trois... et que même ils me promettent toujours quelque chose et ils ne me donnent jamais rien.

Boudinet, qui s'aperçoit que l'explication amène des détails désagréables pour ses amis, s'empresse de fouiller dans ses poches, puis en tire une clef, en s'écriant : — Ah! la voilà... je l'avais... et j'étais persuadé de l'avoir donnée à cet enfant... Réparation complète au jeune Lolo!... son innocence est reconnue! Et dire que j'aurais parié cent napoléons que je lui avais remis cette clef... je les aurais mis là, sur je!... je me rappelle à présent qu'en sortant de chez moi, je m'étais dit plusieurs fois : Il faut que je donne ma clef à Lolo... et à force de me dire cela, je m'étais persuadé que c'était un fait accompli.

— Mais alors nous pouvons monter chez vous? dit Anatole, qui éprouve le plus grand désir de sortir de la loge de la portière.

— Ce n'est pas la peine, voilà ces messieurs qui descendent.

Les trois locataires du sixième ont fait leur toilette, et à les voir

maintenant mis avec autant de goût que d'élégance, on ne se douterait pas que ce sont les mêmes jeunes gens qui étaient à peine vêtus et sans feu dans leur chambre.

— Vous nous attendiez chez la concierge? dit Armand.

— Oui, nous ne sommes pas montés à notre appartement du devant... par suite d'une méprise : j'étais persuadé que je n'avais pas la clef... Partons, messieurs...

— Où allons-nous?

— D'abord prendre de l'absinthe au Palais-Royal... Nous aviserons ensuite où nous dînerons.

— Messieurs, il neige... nous n'irons pas à pied...

— Fi donc!... Lolo, va nous chercher une voiture... Eh bien, petit, entends-tu ce que je te dis?

M. Lolo ne bouge pas; il est allé s'asseoir près du poêle et se borne à tourner la tête vers les jeunes gens, en murmurant d'un air insolent : — Oui... attendez que j'y aille!... du flan!...

Les quatre locataires se regardent; et comme le fils de la portière semble très-affermi dans sa résolution, Armand fait un signe à Boudinet en frappant sur son gousset. Le gros jeune homme se décide, quoique avec peine, à s'exécuter. Il sort de sa poche une pièce de deux francs et la présente à Lolo en lui disant : — Iras-tu, maintenant?

Le petit garçon saute sur la pièce, l'examine, la retourne dans sa main, en s'écriant : — Quarante sous! ah! maman! quarante sous!...

— Eh bien, tu les as bien gagnés depuis le temps que tu fais les commissions de ces messieurs... Va chercher la voiture, alors.

— Oh! je vais en ramener beaucoup...

— Mais non! mais non! c'est assez d'une?

M. Lolo est parti. Anatole s'empresse de sortir de la loge où ses vêtements ont pris un parfum de choux qui lui porte à la tête. Bientôt le petit garçon revient et ramène deux voitures en disant : — Il n'y avait que ces deux-là sur la place, sans quoi j'en aurais ramené cinq. Ah! dame, pour quarante sous! je fais bien les commissions, moi.

— Que le diable emporte ce petit animal!... Enfin, messieurs, puisqu'il y en a deux, prenons-les... Montez avec le néophyte dans la première, Armand et Hippolyte, nous deux Victor dans la seconde, et nous ne vous perdrons pas de vue.

On monte en voiture et l'on se fait conduire au Palais-Royal. En quittant les fiacres on fait signe à Anatole de payer les cochers, en lui disant : — Vous savez... c'est dans l'article deux de notre société. Et le jeune homme s'empresse de mettre la main à la poche et paye avec la meilleure grâce du monde.

— Il a l'air d'aller bien, dit tout bas Victor à Armand; je crois que nous en ferons quelque chose... Pourvu qu'il soit en fonds maintenant?

— Oui, nous l'avons questionné à ce sujet, pendant notre course en voiture, car nous voulions, avant de faire notre carte chez le traiteur, être certains que nous ne resterions pas en gage!... Oh! notre jeune homme a un portefeuille bien garni, et de peur d'être volé à son hôtel, il le porte toujours sur lui.

— Alors, en avant les truffes!

— Messieurs, je n'ai pas besoin de vous dire qu'il ne faut pas pousser cette plaisanterie trop loin... Le jeune Anatole a été recommandé à mon père... Nous l'aiderons à s'amuser à Paris, voilà tout!

— Qu'est-ce que tu dis que notre intention est d'en faire davantage?... Est-il étonnant, cet Armand! il a l'air de nous prendre pour des grecs!

— Non, messieurs, je sais que vous êtes incapables d'une vilaine action... Seulement je voulais vous recommander de ne point aller trop loin avec ce jeune Anatole.

— Laisse-nous donc tranquilles !... Je parie que tu ne seras pas le dernier à lui emprunter de l'argent...

— Oh! par exemple! D'ailleurs, si je lui en emprunte, je le lui rendrai.

— Eh bien ! et nous donc?... Seulement, nous ne fixerons pas l'époque du remboursement.

Anatole était déjà attablé au café de la Rotonde avec Hippolyte, et on leur avait servi de l'absinthe. Les trois autres jeunes gens viennent les rejoindre, et, tout en versant goutte à goutte de l'eau dans la liqueur verte, Armand dit à Anatole : — Aimez-vous l'absinthe ?

— Je n'en ai pas encore bu.

— C'est bon pour donner de l'appétit.

— M. Mitonneau m'a dit que c'était une liqueur dangereuse dont il fallait s'abstenir.

— Eh! mon Dieu, tout est dangereux quand on en fait abus... Les femmes aussi sont dangereuses... Avez-vous envie de vous en abstenir?

— Oh! non! oh! non!...

— Tenez, voilà votre absinthe préparée... Goûtez-moi cela...

— Ah! bigre!... c'est amer... Ce n'est pas bon du tout!

— Vous vous y ferez, et vous y reviendrez.

— Maintenant, dit Victor, un jeune homme doit boire de l'absinthe, de même qu'il doit fumer... c'est de rigueur...

— Si c'est de rigueur, je tâcherai de m'y faire... Mais je veux aller doucement et ne pas faire comme le jour de mon arrivée... des dames m'ont fait boire de l'eau-de-vie, et cela m'a fait mal...

Je vous proclame Compagnon de la Truffe! Page 30.)

— Des dames! Oh! qu'est-ce que cela pouvait être que ces dames-là?

— Des illustrations!...

— Des illustrations! diable! Des femmes de lettres?...

— Non... des femmes qui dorment et qui parlent en dormant.

— Ah! une somnambule lucide.

— Justement... par l'effet du magnétisme... Est-ce vrai, tout cela, messieurs, et faut-il croire aux effets merveilleux produits par le magnétisme?

— Victor va vous répondre... Victor est le savant de la société. Je ne vous affirmerai pas que sa science soit bien profonde, mais je sais qu'il disserte sur tout... Victor, dis à notre nouveau compagnon ce que tu penses du magnétisme...

Le grand Victor avale son verre d'absinthe, se renverse en arrière sur sa chaise et répond : — Messieurs, les magnétiseurs exigent avant tout de leurs adeptes l'espérance, la foi et la charité, les trois vertus théologales ; vous allez peut-être croire que je vais trop loin, je veux vous prouver que je n'exagère en rien. Qu'exige avant tout le magnétisme? Une croyance absolue en sa puissance, une entière confiance en celui qui l'exerce, et, enfin, une volonté ferme d'arriver à son but, qui est de guérir ; franchement, messieurs, je ne comprends pas comment la foi peut avoir quelque chose d'intime avec la physique, et je ne vois pas pourquoi mon incrédulité ou ma croyance changerait la nature d'un fluide et pourrait empêcher qu'il ne guérisse un malade... Mais ceci est simplement mon opinion. Les magnétiseurs ont été trop loin en voulant prouver des faits que notre raison ne pouvait admettre. Cependant, pourquoi le magnétisme s'est-il propagé? Pourquoi, au lieu de disparaître, a-t-il acquis plus de puissance? C'est que parmi ces contes, ces fables, ces absurdités dont on l'entoure, il y a des faits incontestables, bien que fort extraordinaires, et la raison a beau vouloir être incrédule, il n'y a rien à opposer à des faits. L'électricité aussi a eu beaucoup de peine à se propager; on ne voulait pas y croire, et maintenant nous sommes forcés de reconnaître qu'elle enfante des phénomènes.

— Dis donc, Victor, c'est bien savant, tout ce que tu nous dis là... Est-ce que tu ne pourrais pas abréger et arriver aux illustrations qui ont fait boire du cognac à notre jeune ami?

— Messieurs, si vous m'interrompez, je perdrai le fil de mon discours. Le magnétisme n'est point une plaisanterie, laissez-moi donc répondre sérieusement à monsieur. Les sciences occultes, mystérieuses, auront toujours pour les hommes un attrait, un charme qui l'emportera sur les faits simples et qui ne sortent pas de l'ordre naturel des choses. Voici comment on procède pour magnétiser, voici ce que nous enseigne un célèbre professeur dans cette science : Placez-vous devant la personne que vous voulez endormir, que vos genoux et vos pieds touchent les siens. Prenez-lui les pouces et restez dans cette situation jusqu'à ce que vous sentiez que vos pouces et les siens ont le même degré de chaleur. Posez ensuite les mains sur les épaules, laissez-les là deux ou trois minutes, puis descendez le long des bras pour reprendre les pouces. Répétez cette opération trois ou quatre fois. Ensuite posez vos deux mains sur l'estomac de façon que vos pouces soient placés sur le plexus solaire. Lorsque vous sentirez une communication de chaleur, descendez les mains jusqu'aux genoux. Puis replacez les mains sur la tête. Vous ne devez jamais magnétiser de bas en haut. On donne le nom de *passe* à l'action de passer la main sur le corps; lorsqu'on les conduit jusqu'à l'extrémité des pieds, cela s'appelle *magnétiser à grands courants*.

— Oh! sapristi! voilà une leçon!

— Je vais finir par un petit enseignement fort utile pour les personnes qui ont souvent la migraine : Procurez-vous un pot de violettes, magnétisez-le avec la volonté bien ferme de vous guérir... il est probable que ce n'est pas cette volonté qui vous manquera. Votre pot de violettes une fois magnétisé, flairez vos fleurs et votre migraine se dissipera... Cette recette est attestée par plusieurs fameux magnétiseurs... Or, puisqu'en magnétisant une touffe odorante, vous pouvez si facilement guérir le mal de tête, pourquoi ne pourrait-on pas, en magnétisant toute une personne...

— Messieurs, s'écrie Armand, il me semble qu'en voilà assez pour aujourd'hui sur le magnétisme, et que notre nouvel ami doit être suffisamment renseigné; si nous allions dîner?...

— Oui, oui, allons dîner!

Victor prend le bras d'Anatole et lui dit : — Je vous apprendrai à faire des passes, des courants, enfin à magnétiser...

— Oh! je le veux bien, et j'achèterai un pot de violettes pour me guérir quand j'aurai mal à la tête.

XVII. — LE DINER. — LES CONFIDENCES.

La bande joyeuse s'est rendue chez Véfour; là on se fait donner un petit salon, bien confortable, bien chauffé, où l'odorat n'est point affecté par une odeur de cuisine du genre de celle de madame Pommé.

On propose à Anatole de commander le dîner; mais il se récuse, son inexpérience a besoin d'être guidée par ses nouveaux amis; c'est Victor qui se charge de faire la carte, et il s'en acquitte de façon à

Ah! d'où sort-il donc celui-là? (Page 37.)

montrer tout de suite à leur amphitryon comment on peut dîner à Paris quand on veut bien faire les choses.

Anatole est enchanté de ses nouvelles connaissances, près desquelles il se sent déjà aussi libre, aussi à son aise que s'il était avec des amis de collége. Chacun des jeunes gens lui plaît et lui est sympathique : Boudinet semble tout rond, tout franc, tout sans façon; ce n'est peut-être pas le plus spirituel de la société, mais du moins il n'a pas la prétention de l'être et ne demande pas mieux que de trouver de l'esprit aux autres. Dans le monde, c'est souvent très-adroit de se borner au rôle d'auditeur; ceux-là sont toujours bien venus, bien reçus, et lorsque par hasard ils ont besoin de vous, c'est d'après tout ce qu'ils vous auront entendu dire qu'ils formuleront leur demande, en sorte que vous devez y acquiescer, sous peine de ne plus être d'accord avec vos propres paroles.

Armand Bouquinard ne manque pas d'esprit, il est aimable et s'exprime facilement; seulement il met trop de prétention dans sa causerie; lorsqu'il a commencé une narration, il la fait durer trop longtemps et abuse de la permission de conter; mais comme il sait entremêler ses récits de mots à effet ou de réflexions piquantes, on lui pardonne son bavardage et on l'écoute volontiers.

Hippolyte d'Ingrande n'est point bavard, il apporte un mince contingent à la conversation; mais ses amis prétendent qu'il réserve toute son éloquence, toute son amabilité pour les dames; ce n'est que près du beau sexe qu'il veut briller; habitué à chercher à plaire, il conserve seulement avec ses amis ce sourire aimable, ce parler doux et gracieux dont il a contracté l'habitude près des dames; aussi est-il d'un commerce extrêmement agréable; jamais une expression d'humeur n'a fait plisser son front ou rapproché ses sourcils. Peut-être y a-t-il là-dedans un peu d'égoïsme; Hippolyte craint surtout de froisser son col, de salir ses manchettes ou de déranger la symétrie de sa coiffure.

Quant à Victor Hermelange, celui-ci a tout ce qu'il faut pour provoquer la confiance, pour captiver, pour plaire; aimable, gai, spirituel, assez instruit pour pouvoir parler de tout sans paraître pédant; assez fin pour savoir vous prêter de l'attention et avoir l'air de vous trouver de l'esprit; jamais à court pour faire une plaisanterie, pour jouer quelque bon tour; sachant dans l'occasion tourner en ridicule les choses les plus sérieuses, ou ayant l'air de prendre au sérieux ce qui n'est qu'une charge, ce jeune homme est surtout amusant, c'est sa spécialité, et les gens amusants sont généralement fort goûtés dans le monde. Mais doit-on avoir foi en leur promesse, croire à leur amitié, à leur sincérité? ceci nous semble plus douteux. Quelqu'un qui veut toujours vous éblouir par ses saillies, vous faire rire de ses folies,

vous charmer par sa gaieté, n'est pas toujours bien sévère sur le choix des moyens qu'il emploie pour arriver à son but, et si, faute d'autre victime, il a besoin de prendre son meilleur ami pour sujet de ses moqueries, soyez bien persuadé qu'il ne l'épargnera pas.

Voilà donc les quatre jeunes gens avec lesquels Anatole Desforgeray se trouve maintenant lié, et qu'il regarde déjà comme ses meilleurs amis. Doit-il, en effet, se féliciter d'avoir fait leur connaissance, c'est ce que la suite nous apprendra. Mais ce que l'on concevra facilement, on porte la santé des Compagnons de la Truffe, on choque nouveaux amis à celle de M. Mitonneau.

Le dîner est délicieux, et les truffes y jouent un grand rôle. Après le potage on a bu du madère, du porto, du xérès. Après le premier service on a pris des sorbets au rhum, au kirsch, au marasquin. Après le second service le champagne frappé circule, les toasts sont fréquents, on porte la santé des Compagnons de la Truffe, on choque les verres en renouvelant le serment d'agir en frères, d'être toujours dévoués les uns pour les autres. Quand arrive le dessert, Anatole, qui a un peu perdu de sa raison et à tout instant échange des poignées de main avec ses amis, s'écrie tout à coup : — Mes amis, mes chers amis... car vous m'avez permis de vous donner ce titre...

— Comment, permis? mais nous nous en glorifions, et nous vous répétons de nouveau que pour vous prouver notre amitié, notre dévouement, il n'est rien dont nous ne soyons capables...

— Je ne puis pas vous exprimer combien je suis sensible à ces marques d'affection... Mais je m'en croirais indigne, si j'avais pour vous des secrets... N'est-ce pas? entre amis comme nous le sommes, on ne doit pas avoir de secrets.

— Que diable veut-il nous dire? s'écrie Armand en se penchant vers Victor, qui lui répond : — Je n'en sais rien, mais je suis fort curieux de l'apprendre : pendant qu'il est en train de s'épancher, ne le laissons pas à moitié chemin.

Et le grand jeune homme tendant sa main à Anatole la lui presse fortement en lui disant d'une voix où il mêle de l'attendrissement : — Des secrets entre nous... fi donc!... Mais je saurais faire de l'or... j'aurais trouvé la pierre philosophale que je vous le dirais tout de suite... avec la manière de s'en servir. D'ailleurs cela entre dans le règlement de notre société, article... je ne sais plus lequel, mais ça ne fait rien... il est dit : « Un Compagnon de la Truffe n'a aucun secret avec les membres de l'association, sous peine de deux mille francs d'amende... à manger.

— Alors, mes chers amis, je vais vous faire part de la commission mystérieuse dont ma grand'maman m'a chargé.

3

— Ah! c'est un secret de famille.

— Je crois bien... C'est très-important... Cela me fait d'autant plus de plaisir de vous le communiquer, que vous m'aiderez, je l'espère, à remplir les intentions de bonne maman... et, franchement, si on ne m'aide pas, je n'en viendrai jamais à bout... vu que je ne sais pas du tout comment m'y prendre.

— Oh! mais vous piquez notre curiosité... Attention, messieurs, attention, ne perdons pas un mot de ce que va nous dire notre jeune ami.

On se rapproche d'Anatole, on met ses coudes sur la table, et chacun attend avec impatience ce que va dire le jeune homme de Montpellier.

— Messieurs, voilà ce que ma grand'maman m'a dit : « Mon cher Anatole, ton père avait un oncle qui avait été marin, capitaine de vaisseau. Cet oncle, le capitaine Desforgeray, s'était marié, il avait une fille qui, par conséquent, était la cousine de ton père... Tu ne l'as jamais connue... C'était une charmante personne, jolie, gracieuse, sensible... enfin tout le portrait de sa mère, qu'elle avait perdue fort jeune... »

— C'est embrouillé, dit Boudinet.

— Comment, embrouillé ! s'écrie Victor; est-il bête, ce Boudinet! rien n'est plus simple au contraire : cette fille du capitaine était à peu près de l'âge du père d'Anatole, qui était son cousin germain... Continuez, notre ami, et toi, Boudinet, tâche de ne plus interrompre avec tes réflexions.

— La jolie fille du capitaine se nommait Angélina. Il paraît qu'elle était citée pour sa beauté, et que c'était à qui obtiendrait d'elle un regard; mais il paraît aussi que son père le marin était fort sévère, et que les galants auraient été mal reçus, s'ils avaient été trop empressés près de sa fille... et cependant...

— Cependant?

— Attendez, il ne faut pas que je m'embrouille... Voilà que tout à coup on cesse de voir dans le monde la charmante Angélina... Puis, le capitaine, qui avait été à Paris, en revient en annonçant que sa fille est morte d'une maladie qui l'a emportée en quelques jours...

— Ah! pauvre fille !...

— Oh! mais attendez, messieurs... voilà où est le mystère... La belle Angélina n'était pas morte...

— Sapristi ! comme c'est embrouillé !

— Ah ! Boudinet, si tu recommences, nous allons t'enfermer dans le petit cabinet voisin... Allez, jeune Anatole, c'est extrêmement intéressant... Pourquoi le capitaine de frégate avait-il dit que sa fille était morte? voilà ce que vous allez nous apprendre, et ce que nous brûlons de savoir.

— Messieurs, je vous ai dit que la belle Angélina était sensible, et comme ses charmes avaient captivé beaucoup de jeunes gens de la ville, dame! dans le nombre, il y en avait un qui avait su plaire à la fille du capitaine, et une demoiselle a beau être tenue sévèrement, cela n'empêche pas son cœur de parler...

— Règle générale, jamais on n'a pu empêcher les cœurs de parler... Poursuivez...

— La cousine Angélina s'était donc laissé séduire par les soupirs d'un beau jeune homme... Quand je dis beau, je ne sais pas s'il l'était...

— Il devait l'être, dit Hippolyte, sans quoi il n'aurait pas séduit cette demoiselle...

— Alors Angélina et le beau jeune homme trouvèrent probablement l'occasion de se rapprocher... car... il paraît qu'il en résulta... je ne sais comment vous dire cela. C'est bien honteux pour la cousine...

— Voyons, jeune ami, ne vous faites pas un monstre de ce qui n'est peut être qu'une suite naturelle de l'union de deux cœurs... Il en résulta?...

— Eh bien... ma malheureuse cousine devint enceinte!...

— C'est bien le résultat naturel que j'avais prévu !...

— Jugez de l'embarras... de la terreur de la pauvre Angélina, qui connaissait l'extrême sévérité de son père...

— Mais, dit Armand, pourquoi donc l'amoureux n'avait-il pas demandé au capitaine la main de sa fille?...

— Il paraît qu'il l'avait demandée, mais le capitaine n'avait pas voulu du jeune homme pour son gendre, sous prétexte que c'était un mauvais sujet.

— Et celui-ci, pour prouver au capitaine qu'il l'a bien jugé, s'empresse de faire un enfant à sa fille. Comme c'est logique ! Mais continuez. Cette pauvre Angélina est dans une situation bien épineuse... Que fait-elle pour en sortir?

— N'osant pas affronter la colère de son père, elle cède aux conseils de son amant, qui est jeune, quittant la demeure du capitaine, elle se sauve à Paris avec son séducteur...

— Comment se nommait ce séducteur, vous a-t-on dit son nom?

— Bonne maman m'a dit qu'il se nommait Derneville. Dès qu'elle fut à Paris, la cousine Angélina s'empressa d'écrire à son père pour lui avouer sa faute et implorer son pardon. Mais le capitaine, que la faute de sa fille avait mis au désespoir, le capitaine, qui était si sévère sur les lois de l'honneur, jura de ne jamais pardonner, de ne plus revoir sa fille, et pour le point revenir sur cette résolution, c'est

alors qu'il feignit un voyage à Paris, et qu'il annonça partout que sa fille était morte.

— Voilà un père diablement dur !... Que devint Angélina?

— Mon père et ma mère avaient cessé de vivre; mais ma bonne maman avait toujours témoigné à sa nièce la plus tendre amitié. La fille du capitaine lui écrivait, elle entretenait une correspondance avec elle. Angélina lui apprit bientôt qu'elle avait mis au monde une belle petite fille qu'elle avait nommée Herminie; puis, quelques mois plus tard, la pauvre Angélina écrivit à sa tante que son séducteur l'avait quittée, qu'il l'avait abandonnée avec son enfant !...

— Oh! voilà un vilain monsieur !... Enlever une jeune fille de chez son père, la rendre mère et puis la laisser là... ceci passe la plaisanterie... Est-ce que tu ferais une chose comme celle-là, Hippolyte?

— Moi? jamais ! D'ailleurs je ne m'adresse pas aux demoiselles de famille !... mauvais système !... il n'y a rien de bon à gagner dans ces liaisons-là !... et on court de grands risques... Et puis enfin, messieurs, je ne suis point un suborneur!

— Allons donc! il fallait commencer ton discours par là, cela suffisait. Mais voilà cette pauvre demoiselle dans une bien triste position !... Comment s'en est-elle tirée?

— D'abord, vous pensez bien, mes chers amis... que ma bonne maman ne la laissait pas manquer d'argent. Elle continuait de correspondre avec elle. Le père d'Angélina savait bien cela, car souvent bonne maman lui parlait encore en faveur de sa fille, et cherchait à le faire revenir sur la résolution de ne plus la voir. Mais le capitaine était inflexible, sa colère s'était encore augmentée en apprenant que le séducteur de sa fille l'avait abandonnée avec son enfant, car il n'y avait plus moyen alors de réparer la tache faite à l'honneur de son nom, tandis que, si ce Derneville avait réparé sa faute en épousant celle qu'il avait séduite, il est probable que le capitaine se serait laissé attendrir.

— Ce n'était cependant pas la faute de la demoiselle si son séducteur l'abandonnait...

— Non, mais cela prouvait qu'en effet ce Derneville était un très-mauvais sujet, et que le capitaine l'avait bien jugé et n'avait pas eu tort de lui refuser la main de sa fille ; et toutes les fois que grand'maman lui parlait en faveur d'Angélina, qui était bien punie de sa faute, M. Desforgeray répondait : « Elle n'a que ce qu'elle mérite... Je lui avais dit que son Derneville était un drôle, un sacripant!... elle n'a pas voulu me croire, elle a préféré écouter ce monsieur, le ciel l'a punie, c'est justice. »

— Décidément ce capitaine était bien coriace. Voyons la suite.

— Quatre années s'écoulèrent. Ma bonne maman recevait tous les mois des nouvelles d'Angélina, qui s'informait toujours de la santé de son père, et ne manquait pas, en même temps, de dire que sa petite Herminie était charmante, et qu'elle avait déjà le plus heureux caractère. Mais voilà que tout à coup les lettres cessent, plus de nouvelles d'Angélina, plus rien. Bonne-maman s'inquiète, elle écrit, mais elle ne reçoit plus de réponse... Alors elle fait part au capitaine de ce qui arrive. Elle lui dit : « Votre fille est peut-être malade, peut-être morte... Mais alors que sera devenu son enfant? qui en prendra soin? Cette pauvre petite est votre fille aussi, la laisserez-vous exposée à la misère, à l'abandon?... Souffrirez-vous qu'on la mette dans un de ces asiles réservés aux pauvres orphelins?... » Ces paroles touchèrent le capitaine; il se décida à partir pour Paris afin de savoir ce qu'était devenue sa fille. Bonne maman lui donna l'adresse que lui avait envoyée Angélina, qui, pour ne point aggraver sa faute et compromettre le nom de son père, avait eu soin, lorsqu'elle était venue à Paris, de se faire appeler madame Clémandon, c'était le nom de famille de sa mère...

— Messieurs, vous avez beau dire, c'est de plus en plus embrouillé !..

— Je demande qu'on couche Boudinet !

— Et moi je dis que cette histoire est fort intéressante et que j'en ferai un roman... En délayant un peu, je vois là-dedans six volumes !

— Et tu ne sais pas encore le dénoûment...

— Oh! c'est cela que je suis curieux de savoir... Continuez, notre ami...

— Si nous buvions auparavant... A force de parler, Anatole doit être altéré. A propos de notre nouvel ami !...

— A la vôtre, messieurs !... Non, je veux dire mes amis !...

— Et maintenant le dénoûment de l'histoire de la tendre Angélina...

— Le dénoûment... mon Dieu, mais il n'y en a pas... vous allez voir. Le capitaine, arrivé à Paris, s'informa de madame Clémandon. Il se rendit à l'adresse qu'elle même avait indiquée ; on lui dit qu'en effet une jeune dame de ce nom, mère d'une petite fille de quatre ans, avait demeuré dans la maison; mais, depuis trois mois environ, elle l'avait quittée sans donner son adresse, sans dire où elle allait loger. On n'en savait pas plus, on ne pouvait donner sur cette dame aucun autre renseignement. Le capitaine parcourut tout le quartier, puis une partie de la ville, il demanda, s'informa, tout fut inutile, il n'apprit rien. Après être resté assez longtemps à Paris, il revint enfin à Montpellier annoncer à ma grand'mère le triste résultat de son voyage. Pendant quelque temps on espéra encore que la fille du capitaine donnerait de ses nouvelles, qu'elle écrirait à bonne maman, et lui apprendrait dans quel pays elle s'était réfugiée... mais on ne reçut aucune lettre, on n'entendit plus parler de la cousine Angélina, et bonne maman, à qui cela faisait beaucoup de chagrin, dit au capitaine : « Vous avez dit que votre fille était morte... Voyant que vous ne vouliez pas lui pardonner, elle se sera dit : Soyons désormais morte pour eux. » Cinq ou six ans plus tard le pauvre capitaine, qui avait un fond de chagrin qui le minait, mourut en disant à ma grand'maman : « Si jamais vous entendez parler de ma fille, si vous la revoyez, dites-lui que je suis mort en lui pardonnant. Ce que je laisse de fortune est à elle ou à sa fille, et ne reviendra à votre petit-fils que dans le cas où on n'entendrait jamais parler de la petite Herminie... » Et puis le capitaine mourut, bien certain que bonne maman exécuterait ses dernières volontés, et que son plus grand désir serait de retrouver l'enfant de la pauvre Angélina !...

— Et cette fortune laissée par le capitaine est-elle considérable?

— Pas absolument. Cependant cela vaut encore la peine d'être recueilli. Le capitaine, qui avait vécu avec économie, a laissé à sa mort une somme de cent vingt mille francs, et depuis huit ans à peu près qu'il est mort, cette somme s'est accrue des intérêts à cinq pour cent, si bien que maintenant, à ce que m'a dit ma grand'maman, c'est plus de cent soixante-dix mille francs qui reviennent à ma petite-cousine, ou à sa mère si celle-ci existe encore...

— Fichtre! cent soixante-dix mille francs!... mais c'est une fort jolie somme, cela... et cela ferait une jolie dot pour la petite-cousine !

— Et si on ne la retrouve pas, c'est vous qui hériterez de cela?

— Sans doute, puisque le capitaine était mon grand-oncle. Mais je vous prie de croire que mon plus cher désir est de ne point en hériter. D'abord je n'ai pas besoin de la fortune de ma cousine, j'ai déjà à moi plus de sept mille francs de rente, et bonne-maman... qui, je l'espère, vivra encore longtemps, m'a dit qu'elle me laisserait cinq à six mille francs de revenu... Vous voyez que je suis assez riche pour que l'héritage de ma cousine ne me tente pas...

— C'est bien, cela... c'est très-bien... Anatole, vous avez non-seulement mon amitié, mais encore mon estime!...

— Enfin, de quelle commission vous a donc chargé votre grand'maman?

— Mais c'est tout simple : elle m'a chargé de faire tous mes efforts pour retrouver à Paris ma petite-cousine Herminie... Car bonne maman est persuadée qu'elle doit être dans cette ville... et peut-être avec sa mère Angélina... Mais quand je dis que c'est tout simple... je m'exprime mal! c'est fort difficile au contraire... Vouloir que je trouve dans Paris des personnes qui depuis plus de quatorze ans n'ont pas donné de leurs nouvelles... Ajoutez à cela que grand'maman me recommandait le mystère, parce qu'elle ne voudrait pas que dans le monde cette histoire fût connue; cela serait, dit-elle, une tache sur le nom des Desforgeray, et dans le cas où ma petite-cousine et sa mère ne se retrouveraient pas, il ne serait pas nécessaire que l'on sût tout cela...

— Pour chercher cette petite-cousine, il faut cependant bien que vous parliez, que vous preniez des informations...

— Oui, mais comme je vous l'ai dit, la fille du capitaine avait quitté le nom de son père et se faisait appeler à Paris madame Clémandon... C'est donc de mademoiselle Herminie Clémandon qu'il faut s'informer, et c'est en quoi je compte sur vous, mes chers amis .. Vous m'aiderez, n'est-ce pas?... Vous chercherez avec moi... Vous qui êtes de Paris, vous savez bien mieux comment il faut s'y prendre que moi, qui arrive de Montpellier.

— Oui, certainement, nous vous aiderons, nous vous seconderons... Pardieu! nous la trouverons, cette petite, à qui vous offrez cent soixante-dix mille francs!

— O mon Dieu! dès qu'elle sera retrouvée, il ne tiendra qu'à elle de toucher son argent, nous la marierons...

— Braves gens! honnête famille !... Quel âge la fille d'Angélina doit-elle avoir maintenant?

— Ma cousine Herminie... si elle existe, a en ce moment dix-neuf ans... dix mois de moins que moi.

Les quatre jeunes gens gardent quelque temps le silence; la fin de l'histoire qu'on vient de leur conter semble leur donner beaucoup à réfléchir. C'est Hippolyte qui reprend le premier la parole en disant :

— Je me rappelle avoir connu, il y a quelques mois, une demoiselle Herminie... Je ne sais au juste quel âge elle avait... mais cela doit être approchant celui que vous venez de dire.. Elle était extrêmement jolie...

— Ah! vraiment?

— Moi aussi, dit Boudinet, j'ai connu une Herminie... il n'y a pas fort longtemps que je l'ai perdue de vue... il me serait facile de la retrouver. Je ne sais si elle avait une famille. Je ne lui en ai jamais vu.

— Tiens! tiens !...

— Moi, dit à son tour Armand, je crois m'être trouvé en société... ou au bal... ou au spectacle... enfin quelque part, avec une jeune personne de l'âge que vous venez de dire... On l'a nommée Herminie... Oui, j'en suis certain, ce nom m'a frappé, parce qu'il est assez distingué... J'ignore si elle avait sa mère... Mais il me sera facile de retrouver cette jeune personne, de prendre des informations...

— Oh! mais voyez donc! s'écria Anatole, cela fait déjà trois Herminie... Ma cousine est peut-être là-dedans !...

— Eh bien! et moi, donc! s'écrie Victor en laissant échapper un rire moqueur; et moi, cher ami, est-ce que vous croyez que je n'ai pas aussi moi Herminie?... Par exemple, ce serait bien le diable, quand ces messieurs ont chacun la leur, si je n'avais pas aussi la mienne à vous à offrir!... Soyez donc tranquille, les Herminie ne vous manqueront pas...

— Mais je n'en cherche qu'une, dit Anatole.

— Eh bien! dans la quantité, ce serait bien étonnant si vous ne trouviez pas ce qu'il vous faut!

XVIII. — UNE VOLÉE DE PIERROTS.

L'histoire de la belle Angélina Desforgeray avait pour un moment banni la gaieté du repas des Compagnons de la Truffe; mais bientôt le café, les liqueurs, le punch chassent les idées sérieuses, et les jeunes gens ne songent plus qu'au plaisir.

— Que faisons-nous ce soir, pour amuser notre jeune ami? demande Armand à la société.

— Ce soir... si nous allions au spectacle?

— Messieurs, je vous ferai observer qu'il est déjà dix heures passées, dit Boudinet; ainsi, avant que nous soyons au spectacle, on jouerait la dernière pièce... Et puis, quand on a bien dîné... aller s'enfermer dans une salle où l'on ne peut pas parler, rire, causer à son aise... est-ce que vous trouvez cela amusant?

— Boudinet a raison, il est trop tard pour aller au spectacle... et d'ailleurs, comme il dit, nous y parlerions trop haut.

— Non! d'autant plus que tu as un rendez-vous au foyer, et toujours sous l'horloge, n'est-ce pas?

— Il ne s'agit pas de mon rendez-vous, mais d'amuser notre nouvel ami, de lui faire connaître un de ces plaisirs pour lesquels les étrangers accourent à Paris...

— Oui, oui, c'est convenu, nous allons au bal de l'Opéra... Mais d'ici à minuit, que ferons-nous?

— Nous irons nous promener dans le passage de l'Opéra, nous lui ferons remarquer quelques jolies marchandes... puis nous irons au café prendre du punch à la romaine, cela nous mettra tout à fait en gaieté, car vous le savez comme moi, messieurs, pour s'amuser au bal de l'Opéra, il ne faut point y aller de sang-froid, il faut avoir une légère pointe!

— Mais il me semble que nous sommes déjà pas mal pointus... Tenez, regardez donc Boudinet, il ne peut pas parvenir à tirer son mouchoir de sa poche...

— Oh! moi! dit Anatole en faisant une pirouette, je ne me suis jamais senti si gai, si heureux, si content!... J'ai envie de danser... Messieurs, nous danserons au bal, n'est-ce pas?

— Ah! fi donc! pas possible, jeune ami, danser en bourgeois! De quoi aurions-nous l'air?... Lorsque l'on veut danser on se déguise... Alors on peut cancaner tout à son aise... faire toutes les folies possibles, et se livrer à ce galop monstre... à ce galop qui n'a pas son pareil, et qui ne se voit qu'à l'Opéra de Paris...

— Eh bien! mais... si nous nous déguisions, messieurs, dit Victor, il me semble que cela nous donnerait beaucoup plus de liberté... Qu'en pensez-vous?

— D'autant plus, dit Armand, qu'il y a une chose à laquelle nous n'avions pas encore songé, c'est que, pour aller au bal de l'Opéra sans être déguisé, il faut être en habit... et excepté Hippolyte, qui a toujours une tenue de notaire, nous sommes tous en paletot ou en redingote. D'ailleurs, moi, je n'ai mes entrées qu'à condition que je serai toujours déguisé.

— Tiens! c'est vrai.

— Je sais bien, reprend vivement Armand, qu'il ne tiendrait qu'à nous de retourner à notre domicile et de mettre un habit... pardieu! ce n'est pas l'habit qui nous manquel... mais il faudrait rentrer chez soi... se quitter... ce serait dommage.

— Oh! non, messieurs, ne nous quittons pas, dit Anatole; mais déguisons-nous... Moi, qui ne me suis jamais déguisé, ça m'amusera beaucoup!... et puis, vous dites que pour danser il faut être costumé et je vous avouerai que j'ai très-envie de danser... de galoper... de faire des folies!

— Soit, déguisons-nous, dit Boudinet; moi, je ne l'avais pas proposé parce que... ce sera une nouvelle dépense pour notre jeune ami... puisque, d'après le règlement de notre société, il doit aujourd'hui payer tout ce qu'on fera.

— Eh! qu'importe, messieurs!... je vous ai dit que c'était un bonheur pour moi de pouvoir vous procurer quelque agrément.

— Et après tout, dit Victor, on n'est pas reçu tous les jours Compagnon de la Truffe!... Allons, messieurs, puisque nous sommes décidés à nous déguiser, nous n'avons pas trop de temps devant nous, pour aller choisir nos costumes et nous habiller.

— Où allons-nous trouver des costumes?

— Parbleu! chez Babin; là nous n'aurons que l'embarras du choix et nous pourrons nous y habiller et laisser nos vêtements de ville on prêtera bien un petit salon pour tout cela. Allons, en route!

— Une minute... il faut payer d'abord... Holà! garçon! l'addition... vivement!... et une voiture... une grande voiture qui nous mènera chez le costumier et de là à l'Opéra.

Anatole paye le dîner, qui se monte à une somme assez ronde; mais qu'importe au jeune provincial, qui ne connaît pas encore le prix de l'argent. La voiture attend les dîneurs, qui s'entassent dedans, et l'on se fait mener chez le costumier.

— Messieurs, dit Anatole, comment dois-je me déguiser, quel est le costume le plus à la mode, celui qui sied le mieux?

— Mon cher ami, en fait de déguisement on se met comme on veut; il n'y a pas de mode, chacun suit son goût, et les costumes les plus bizarres, les plus excentriques, les plus laids même, sont quelquefois ceux qui obtiennent le plus de succès. Mais ensuite, lorsqu'on ne veut pas poser, lorsqu'on désire tout bonnement s'amuser sans chercher à se faire remarquer, on prend un costume qui n'engage à rien et dans lequel on est à son aise... Celui de pierrot, par exemple, et je ne connais guère de costume moins embarrassant que celui-là...

— Victor a raison... moi je me mettrai en pierrot.

— Moi aussi.

— Si vous m'en croyez, messieurs, nous prendrons tous le même costume, et ce sera plus drôle.

— Va pour le même costume... cinq pierrots!...

— Ah! mon Dieu! s'écrie Hippolyte, et moi qui n'y pensais plus. Je ne puis pas me déguiser...

— Pourquoi cela?

— Parce que les masques n'entrent pas au foyer avant trois heures du matin, et j'ai rendez-vous au foyer à une heure!

— Allons, bon! une histoire de femme, ça se met toujours en travers des projets de plaisirs.

— Et puis si je me déguisais... on pourrait ne point me reconnaître, et comme de mon côté je ne sais pas quel est le costume que l'on aura, nous pourrions passer la nuit à nous chercher... Décidément je ne me déguise pas.

— Tu es en habit, tu en as le droit.

— Nous voici arrivés.

— Messieurs, il est assez inutile que j'assiste à vos toilettes de pierrot, je vais au passage de l'Opéra, vous m'y trouverez; je veux guetter ma belle, il est possible qu'elle passe par là avant d'entrer au bal... Au revoir, messieurs... n'entrez pas au bal sans moi, surtout!...

— Non, non, nous savons que cela te gênerait pour y aller.

Hippolyte est parti, et les quatre autres jeunes gens entrent chez le costumier. Il ne leur est pas difficile de trouver quatre costumes de pierrot; mais comme Victor tient à ce qu'ils soient exactement pareils, et qu'il y en a deux à boutons bleus, il faut que ces messieurs attendent que l'on ait rendu les pierrots absolument semblables.

— Mais pourquoi tiens-tu tant à ce que nous soyons exactement pareils? demande Boudinet.

— Messieurs, puisqu'il faut tout vous dire, puisque vous ne devinez rien, je vais vous expliquer mon motif. Au bal masqué, il arrive souvent des aventures bizarres, des quiproquo causés par les ressemblances de costumes... Eh bien donnant des pierrots semblables, je provoque des quiproquo!... Cependant, remarquez bien ceci : sur ces quatre pierrots, nous allons porter à la manche chacun un nœud de ruban d'une couleur différente.

— Alors ce n'est guère la peine d'avoir des costumes absolument pareils!...

— Ah! mon gros Boudinet, si tu n'es pas plus malin à la Bourse qu'au bal masqué, tu ne feras jamais ta fortune!... Écoute bien, puisqu'il faut te mettre les points sur les i... i... Après nous être promenés quelque temps dans le bal... après y avoir fait quelques rencontres... noué quelque intrigue... car il est bien probable que nous n'y ferons pas chou-blanc!... nous nous rejoignons dans un couloir et nous changeons nos nœuds de ruban... Je prends le tien, tu prends celui d'Armand, Anatole prend le mien, et nous retournons nous promener... C'est alors que les quiproquo commencent et que cela devient drôle...

— Nous serons donc masqués?

— Nous aurons des nez, cela suffit pour déguiser parfaitement... N'est-ce pas, jeune Anatole?

— Moi... oui... je ne sais pas... Je mettrai tout ce qu'on voudra.

— C'est bien embrouillé!...

— Écoute, Boudinet, on te laissera ton nœud de ruban à toi, d'autant plus que, comme tu es beaucoup plus petit et plus gros que nous autres, on ne s'y tromperait jamais.

— Eh bien, j'aime autant ça.

Les changements apportés aux costumes de pierrot étant terminés, ces messieurs procèdent à leur toilette, puis on leur apporte des faux nez accompagnés de moustaches, et Victor en choisit trois à peu près semblables pour Armand, Anatole et lui. Quant à Boudinet, on lui donne un nez en trompette qui n'a pas la moindre ressemblance avec ceux de ses amis. Victor se fait ensuite attacher... à la manche un ruban jaune; Armand en met un vert, et Anatole un rouge.

— Toi, tu n'en as pas besoin, dit Victor à Boudinet qui, sous son costume de pierrot, a l'air d'un énorme poussah.

— Et pourquoi donc n'aurais-je pas un ruban comme vous autres.

messieurs! crie le gros jeune homme avec un accent courroucé. Il est étonnant, ce Victor, il veut toujours faire des distinctions... Je veux un nœud de ruban sur ma manche, j'en veux un très-beau... un bleu céleste!... et nous verrons lequel de nous fera le plus de conquêtes!

On attache une grande rosette bleue sur la manche de Boudinet, et les pierrots se disposent à partir, mais auparavant Victor a bien soin de faire payer à Anatole la location de tous les costumes, afin que si l'un d'eux veut venir se rhabiller avant les autres, il n'ait rien à débourser.

Les changements de costume ont pris du temps. Il est près de minuit lorsque la voiture renfermant les quatre pierrots s'arrête sur le boulevard devant le passage de l'Opéra.

Anatole se sent un peu gêné par son faux nez, mais comme ses compagnons ont tous mis le leur, il se décide pas se débarrasser du sien. A peine ces messieurs ont-ils fait quelques pas dans le passage qu'ils aperçoivent le bel Hippolyte qui vient à eux d'un air ému et inquiet.

— Qu'est-il arrivé? lui dit Victor. Ta figure annonce déjà des entraves dans tes amours.

— Il est arrivé qu'il est ici... lui... qu'il se promène dans ce passage, et que cela m'inquiète beaucoup!

— D'abord, qui est-ce, lui?

— Eh! parbleu! le mari d'Éléonore...

— Ah! le sire de Canardière...

— Justement... Que vient-il faire si tard dans ce passage?... Ordinairement il est couché à cette heure... je crains alors qu'il n'ait des soupçons et ne soit ici pour guetter sa femme...

— Cela pourrait bien être... te connaît-il?...

— Sans doute, puisque c'est chez un de ses amis que j'ai fait la connaissance de sa femme... mais il n'a pas le plus petit soupçon sur moi.

— T'a-t-il vu ici?

— Oui, nous avons causé un peu; je lui ai dit que j'attendais ici des amis, que j'allais me déguiser en polichinelle. Je lui ai demandé si son intention était d'aller au bal de l'Opéra. Il m'a répondu que non, mais que cela l'amusait de voir entrer les masques... Promenons-nous un peu ensemble, messieurs, je suis bien aise qu'il voie que je ne lui ai pas menti en lui disant que j'attendais des amis.

— Soit! promenons-nous un peu... tu nous feras voir ce monsieur. J'aime assez à ce qu'on me fasse connaître les Sganarelle... J'étudie toujours pour savoir si on voit sur leur figure qu'ils sont... si cela leur donne un air particulier, mais franchement cela ne se voit pas...

— Et c'est bien heureux!...

— Eh! mon Dieu, mon cher, si cela se voyait, on en rencontrerait tant, qu'on finirait par n'y plus faire attention.

— Tenez... le voilà qui vient devant nous... c'est ce petit homme sec... qui a son chapeau un peu sur l'oreille... et qui tient un rotin à sa main.

— Ah! c'est là M. Canardière. Il n'a pas l'air bénin!... ses yeux ombragés par d'épais sourcils sont encore pleins de feu... la bouche mince, serrée... on voit qu'il y a de la vigueur dans cette tête-là... du reste il a la réputation d'un crâne, il s'est, dit-on, battu fort souvent... Ah! mon pauvre Hippolyte! que diable allais-tu faire dans cette galère!...

L'individu dont le grand Victor vient de faire le portrait salue encore le bel Hippolyte et lui dit en passant : — Il paraît que c'étaient des pierrots que vous attendiez... vous vous disposez à aller au bal de l'Opéra, sans doute?

— Oui, c'est notre intention. Je vais aller revêtir mon costume de polichinelle.

— C'est bien, amusez-vous, jeunes gens, c'est de votre âge.

— Est-ce que vous n'irez pas aussi un peu, monsieur Canardière?

— Oh! non... moi, je ne cours plus les bals. Mon temps est passé!

Et M. Canardière s'éloigne en saluant.

— Mais s'il ne court plus les bals, qu'est-ce qu'il fait ici? s'écrie Hippolyte.

— Pourquoi diable lui as-tu dit que tu allais te mettre en polichinelle?

— Pour te dérouter, si par hasard quelqu'un me rencontre avec ta femme... on ne sait pas!

— Messieurs, il est encore trop tôt pour entrer au bal. Allons au café prendre du punch à la romaine... cela nous ranimera, car il me semble que nous nous refroidissons.

— J'aime bien mieux prendre du punch chaud alors...

— Du chaud! du froid! nous en prendrons de toutes les façons... Voyons, Hippolyte, est-ce que tu ne viens pas avec nous?... A quoi te sert-il de croquer le marmot dans ce passage... puisque le mari se charge de monter la garde pour toi?... Viens donc!

— Au fait... tu as raison! il n'y a pas plus prudent que je ne reste pas ici.

Les quatre pierrots et leur ami entrent au café du théâtre où il y a beaucoup de monde et déjà pas mal de masques. Anatole n'a pas assez de ses deux yeux pour regarder deux femmes fort gentilles habillées en titi, et qui font voir leurs épaules et leur poitrine de façon à ne plus rien laisser à désirer.

Au café, les pierrots se débarrassent de leurs faux nez, et une des

petites femmes déguisées en *titi*, qui avait regardé avec attention les quatre pierrots, pousse un cri à chaque nez qui tombe, en disant :
— Ah! c'est Armand!... ah! c'est Victor... ah! c'est le gros Boudinet!
— Il paraît que cette dame vous connaît tous, dit Anatole à ses nouveaux amis.
— Oui... nous la connaissons tous aussi...
— Et moi, est-ce que je ne pourrais pas faire sa connaissance?
— Il n'y aurait rien de plus facile... mais il faut trouver mieux que cela...
— Cependant elle est très-jolie!
— Oui, mais c'est une noceuse premier numéro!
— Une noceuse! qu'est-ce que cela signifie?
— Cela signifie... une farceuse!... une bambocheuse, si vous aimez mieux... Comprenez-vous?
— Je crois que oui.
— Après cela ce sont de ces connaissances commodes, parce qu'on les quitte quand on veut.
Cependant lorsque Anatole a quitté son nez, la petite femme en *titi* a poussé cette fois un cri de surprise en murmurant : — Tiens! je ne le connais pas, celui-là... Ah! d'où sort-il donc, celui-là... c'est qu'il est très-gentil!...
Et pendant que les cinq jeunes gens se versent du punch, le titi quitte sa compagne et vient contre leur table : — Bonsoir, Victor... bonsoir, Armand... Vous venez donc au bal, mauvais sujets!...
— Si vous voulez bien le permettre, aimable Olympia!...
— Ah ça! et moi, on ne me dit donc pas bonsoir, on ne me reconnaît pas! dit Boudinet.
— Oh! vous... on vous reconnaît trop au contraire... vous devenez trop gros, mon cher, vous n'avez plus cours parmi les hommes à conquêtes.
— Comment, je n'ai plus cours!... Est-ce que, pour faire des conquêtes, il faut être maigre comme un coucou?
— Non, mais on sait bien que les bons coqs ne sont pas gras...
— On voit que madame s'y connaît.
— Je crois qu'il a voulu me dire une méchanceté!...
— Olympia, un verre de punch à la romaine?...
— Je veux bien...
— Mais votre compagne qui est là-bas... si elle voulait en prendre aussi...
— Oh! non... il faut la laisser tranquille... elle est triste, elle ne vient à l'Opéra que pour guetter un monstre qui lui fait des traits!...
— Pour une femme qui est triste, elle a pris un costume qui ne l'est guère...
— Qu'il est bête!... on est triste! mais une fois dans le bal, ça n'empêche pas de danser... de pincer un peu de cancan!... il faut bien se distraire.
Et la jeune femme qui est auprès de Victor se penche vers son oreille en lui disant tout bas : — Quel est donc ce jeune Adonis qui est en pierrot comme vous... il a l'air tout neuf!
— Il est très-neuf en effet, et depuis peu à Paris...
— Tu me feras faire sa connaissance...
— Non pas... tu le mènerais trop vite.
— Alors je le ferai sans toi.
— Non... j'y mettrai des obstacles... à moins que... Oh! mais non... ce serait trop fort!
— A moins que quoi, achève donc?
— A moins... dis donc, tu ne t'appelles pas Herminie, par hasard?
— Comment, Herminie! tu sais bien que je m'appelle Olympia...
— Quelquefois on a plusieurs noms... mais au fait l'âge n'y serait pas... tu as au moins vingt-cinq ans, toi?
— Non, monsieur, je n'en ai que vingt-quatre et demi... mais pourquoi me demandes-tu si je m'appelle Herminie?
— Ah! c'est parce que j'en cherche une.
— Ah! tu en cherches... j'en connais une, moi.
— Vraiment?
— Qu'est-ce qu'il y a donc de surprenant?
— Et quel âge a celle que tu connais?
— Elle est très-jeune... dix-huit ans à peu près...
— Tiens! cela se rapporte assez...
— Ça se rapporte à quoi?
— Chut, pas un mot de plus sur ce sujet devant mes amis!... et je te promets un joli cadeau... Va rejoindre ton amie, je te retrouverai au bal, et nous pourrons causer sans crainte d'être entendus.

XIX. — LES BONS AMIS.

La jeune femme habillée en titi a quitté la table des cinq Compagnons de la Truffe, après avoir lancé à Anatole un regard qui voulait dire bien des choses, et que cependant on pouvait traduire par cette seule.
— Olympia nous a quittés, dit Boudinet, c'est étonnant, elle qui aime tant le punch!
— Ah! messieurs, il ne faut pas la faire pire qu'elle ne l'est!... Elle se grise volontiers en revenant du bal, mais pas en y allant.
— Elle t'a parlé à l'oreille... Qu'est-ce qu'elle te disait?

— Sont-ils curieux!... Eh bien, elle me disait qu'elle donnerait tout au monde pour voir Boudinet déguisé en amour...
— C'est pas vrai, elle ne disait pas cela!... Elle regardait trop souvent notre ami Anatole pour parler de moi.
— Vraiment! cette jeune dame me regardait! s'écria Anatole d'un air ravi.
— D'abord, petit, n'appelez donc pas ces personnes-là des dames!
— Comment faut-il donc les nommer?
— Ce sont des *biches*. Voilà le nom qui leur est dévolu depuis quelque temps.
— Des biches!... Ah!... Et pourquoi les appelle-t-on biches?
— Parce qu'en général les hommes étant des daims ou des cerfs. il était naturel de leur donner des biches.
— Eh bien! vous croyez donc, mon cher monsieur Boudinet, que cette biche a fait attention à moi?
— Il me semble que c'était assez visible... elle vous dévorait des yeux... Et si Victor voulait être franc...
— Messieurs, c'est assez nous occuper d'Olympia, dit Hippolyte. Il est temps d'entrer à l'Opéra... Je brûle de savoir si j'y trouverai Éléonore...
— Il a raison, entrons au bal.
Les jeunes gens quittent le café... Il y avait foule sous le péristyle du théâtre, et Anatole était ébloui par la vue de ces dames en domino et en costumes de caractère qui se poussaient, se pressaient autour de lui. On entre enfin dans l'enceinte, on passe le contrôle, on gravit les escaliers et déjà les sons de la musique se font entendre, les cris joyeux se mêlent aux accords de l'orchestre; les chuchotements de tous ces dominos qui préparent leurs intrigues achèvent de vous étourdir.
Anatole, qui a bu pas mal de punch, se serre après le bras d'Armand, en lui disant : — Soutenez-moi, car ce monde, ce bruit, ces lumières, je ne sais quoi que cela me grise...
— Vous vous y ferez, ce n'est que le premier moment à passer.
— Ah ça! messieurs, dit Victor, nous n'allons pas rester toute la nuit attachés les uns après les autres comme si nous ne formions qu'un paquet.
— Non, sans doute, liberté entière; il faut seulement convenir d'un endroit pour se retrouver.
— Tenez, ici, sur ce palier, si vous voulez...
— Soit, ici...
— Ah! messieurs, de grâce! s'écrie Anatole. Je demande qu'au moins l'un de vous reste avec moi... Si vous me laissez seul dans cette foule... je ne m'amuserai pas du tout!
— Soyez tranquille, cher ami, un de nous vous fera toujours compagnie... Et puis nous nous rallyerons... Qui est-ce qui commence?
— Moi, dit Armand, je reste avec lui... Ce sera ensuite le tour de Boudinet... Il nous retrouvera ici dans une demi-heure...
— C'est convenu.
La société se sépare. Anatole reste au bras d'Armand, qui lui dit :
— Allons faire un tour dans le bal. Vous verrez danser, cela vous donnera tout de suite une idée des danses à la mode dans les endroits publics.
Anatole se laisse conduire; ces messieurs ont remis leurs nez, ce qui n'empêche pas plusieurs petites femmes déguisées de venir prendre le bras d'Armand en lui disant : — Ah! je te connais, beau pierrot; pourquoi as-tu cette rosette verte à ton bras, c'est un signe convenu sans doute?... Tu as une intrigue en train?
— C'est bien possible. Qu'est-ce que cela te fait?
— Et ce pierrot que tu promènes et qui a une rosette rouge... Cela m'a tout l'air d'une femme en homme... il ne sait pas se tenir...
— C'est un genre qu'il se donne, il se tient très-bien quand il veut...
— Veux-tu me faire danser?
— Non, mais voilà mon pierrot qui a envie de danser, lui... prends-le pour cavalier, ça le dégourdira... Seulement, je te préviens qu'il faudra le guider un peu. C'est la première fois qu'il vient ici.
— Vraiment!... Oh! j'en veux bien...
— Anatole, voulez-vous danser avec cette camargo?... C'est elle qui vous invite.
— Si je veux... Oh! certainement! avec grand plaisir... je suis bien sensible à la politesse de madame, car...
La camargo ne laisse pas le jeune provincial continuer sa phrase, elle lui prend la main et l'entraîne vivement vers un quadrille en s'écriant : — Venez donc... venez donc vite... il faut nous mettre au quadrille de *Bribri*, je n'aime à danser qu'en face de lui... parce que c'est un des plus malins d'ici pour le cancan!
Anatole se laisse conduire. La camargo se fait faire place à un quadrille et se met devant un monsieur qui a un pantalon blanc en peau et collant parfaitement, avec de grandes bottes vernies à l'écuyère, un gilet à carreaux de couleurs tranchantes, une veste toute recouverte en écaille d'huîtres, une ceinture rouge par-dessus laquelle est attachée une autre ceinture formée par des castagnettes enfilées les unes dans les autres, de façon qu'à chaque mouvement de celui qui la porte, c'est un cliquetis de castagnettes auquel se joint le bruit des écailles d'huîtres. Enfin ce personnage a sur sa tête, pour casque, une casserole avec son manche, et en guise de plumet, un énorme plumeau qui se balance dans l'espace.

— Qu'est-ce que c'est donc que ce costume-là? demande Anatole à sa danseuse.

— C'est un chicard de fantaisie... il est joliment ficelé!... Oh! mais Bribri est renommé pour ses costumes... C'est Nanna qui danse avec lui...

— Qui cela, Nanna?

— Celle qui est en titi et qui danse avec Bribri... votre vis-à-vis, enfin... Tenez-vous bien et méfiez-vous... elle enverra son pied dans votre nez...

— Bah!... Mais je ne veux pas recevoir des coups de pied, moi!...

— C'est à vous de les éviter, serin... Mais pourquoi gardez-vous ce faux nez pour danser, cela doit vous étouffer...

— Oui, ça me tient un peu chaud... Mais mes amis ont gardé les leurs, je dois faire comme eux...

— Attention! c'est à nous!

La camargo enlace son danseur. On galope, on se croise, on balance, et la partner d'Anatole ne cesse pas de lui dire : — Allons donc, mon petit, trémoussez-vous donc un peu mieux que ça... Vous avez l'air de ne pas oser gigoter... Voyez Bribri, faites comme lui.

Le chicard de fantaisie se livrait à une danse que le provincial ne pouvait se lasser de regarder; c'étaient des sauts, des soubresauts, des écarts, des poses, enfin une gymnastique continuelle qui, du reste, captivait l'attention de la foule et provoquait de grands éclats de rire. Mais pendant qu'il va en avant quatre, et admire les pas du célèbre Bribri, Anatole reçoit dans le nez le bout du pied de son vis-à-vis, et le coup a été si bien lancé, que le nez saute dans l'air au bruit des applaudissements des spectateurs.

— Je vous avais prévenu, mon petit, dit la camargo à son danseur, qui est resté tout saisi en voyant son nez voler en l'air. Nanna n'en fait jamais d'autre! Mais, au reste, vous êtes beaucoup mieux ainsi... Quand on vit une figure, on ne met pas de faux nez, il faut laisser cela à tous ces vilains moigneaux, qui ont besoin de se changer pour être moins mal.

— C'est égal, dit Anatole en ramassant son nez qu'il passe dans sa ceinture, c'est heureux que j'aie eu un nez faux, car si c'eût été le vrai qui ait reçu ce coup-là...

— Allons, cher ami, ne t'occupe donc plus de ton nez... Des cabrioles!... Jette les bras et les jambes au hasard sans t'inquiéter de tes voisins!... A la bonne heure! c'est pas mal... Fais tourner les bras comme des ailes de moulin... C'est cela...

— J'ai peur d'attraper mon vis-à-vis...

— Oh! pas de danger... Nanna est ferrée à ces danses-là...

Anatole, échauffé par le punch, étourdi par la musique et excité par sa danseuse, se met à faire toutes les gambades imaginables. C'est un ressort mis en mouvement, il n'y a plus moyen de l'arrêter; enfin le grand galop arrive, alors il se lance avec sa camargo dans ce torrent qui saute, court, tourbillonne en faisant le tour du bal. Anatole n'a plus peur, il cogne, il bouscule, renverse tout ce qui s'oppose à son passage; ce n'est plus un danseur, c'est un gladiateur, un coureur qui veut gagner le prix; enfin, lorsque l'orchestre s'arrête, il vient, avec sa danseuse, de sauter par-dessus un couple que le galop a renversé.

— Bravo! dit Armand qui n'a pas perdu de vue leur nouvel ami : Vous avez été superbe pour votre début.

— Oui, grâce à moi, dit la camargo, qui lui ai donné des leçons... Il va très-bien... A présent, payes-tu quelque chose à ton professeur?

— Plus tard... plus tard... nous te reverrons, dit Armand en reprenant le bras d'Anatole et l'entraînant loin de la camargo.

— Que va penser de moi cette dame! dit Anatole en essuyant la sueur qui coule de son front. Avoir refusé de la faire se rafraîchir...

— Eh! mon cher ami, si vous vouliez les écouter toutes, vous n'en finiriez pas... Ah! vous n'avez plus votre nez sur votre visage...

— Non, mon vis à vis en titi me l'a emporté d'un rond de jambe...

— Oui, j'ai reconnu ce titi, c'est l'amie d'Olympia, celle qui est venue au bal pour punir un traître...

— En attendant qu'elle punisse son traître, il paraît qu'elle s'en prend aux nez des danseurs...

Un domino rose s'approche d'Armand et lui dit : — Je te préviens, Armand, que ton père est ici.

— Bah! vraiment!

— Oui, il est au foyer, assis au bout à droite...

— Du reste, cela ne m'étonne pas. Mon père est grand amateur des bals de l'Opéra... Je gage qu'il lie une intrigue avec quelque domino...

— Il causait avec un domino noir.

— Fais-moi donc un plaisir... Tâche de te glisser un moment près de lui... Oh! il te parlera tout de suite... Alors, en causant, dis-lui que tu as entendu parler du roman de son fils... un roman nommé Adolphine... que tu en as entendu quelques chapitres lus par l'auteur en société... et que cette lecture a produit sur l'assemblée un enthousiasme général, que ce roman doit avoir un succès pyramidal...

— Bon! bon, compris; je ferai l'article pour toi... Sois tranquille, je te soignerai...

— Je te retrouverai tout à l'heure dans le corridor des secondes.

Le domino s'est éloigné et Armand dit à son compagnon : — Il faut

bien un peu soigner ses affaires... Mon père est très-dur avec moi... il ne me reconnaîtra du mérite que lorsque tout le monde bourdonnera mes louanges autour de lui.

— Votre père n'est-il pas en état de juger par lui-même ce qui est bon ou mauvais?

— Eh! mon cher ami, il est libraire!... Trouvez-moi donc un libraire qui ne se trompe pas sur le mérite d'un manuscrit... On achète le nom, on achète sur la réputation d'un auteur...

— Est-ce que le Cadavre animé était d'un auteur en réputation?

— Non! mais ceux-là, je vous ai déjà dit qu'on ne les achetait pas... Quelquefois même ce sont eux qui payent pour se faire imprimer...

— Sapristi... je suis bien fatigué... Quand on n'a pas l'habitude de cette danse... Mais j'allais bien, n'est-ce pas?

— Vous avez été magnifique... Mais venez vous asseoir un peu au balcon... Cela vous reposera et vous jouirez toujours du coup d'œil du bal.

Ces messieurs ayant trouvé moyen de s'asseoir à l'entrée du balcon, Armand dit à Anatole : — Mon cher ami... car je suis véritablement votre ami, moi, je suis bien enchanté que vous soyez rappelé l'adresse que je vous avais donnée... Dès la première fois que je vous ai vu, je me suis senti de la sympathie pour vous... Votre air de candeur, de franchise, tout en vous m'a plu, et je me suis dit : Je voudrais me lier intimement avec ce jeune homme!... D'autant plus que vous arriviez à Paris, où ma connaissance pouvait vous être utile... en vous empêchant surtout de vous lier trop facilement avec des gens... qui pourraient abuser de votre confiance... de votre inexpérience... Ainsi, par exemple... voilà Boudinet... c'est un bon garçon... mais il ne s'entend pas du tout aux affaires, il se croit très-fin... il vous dira : Mon cher, j'ai en vue une spéculation superbe... on doublera... on triplera ses capitaux... Si vous avez des fonds, confiez-les-moi!... Et si vous avez le malheur de lui confier votre argent, ce sera autant de perdu!... Souvenez-vous de ce que je vous dis là... Quant à Hippolyte d'Ingrande, c'est un charmant cavalier... d'une humeur toujours égale, d'un commerce doux et facile... Seulement, c'est un garçon essentiellement égoïste! qui ne pense qu'à lui! qui rapporte tout à lui... Il est persuadé qu'il n'y a pas sur la terre un homme plus beau que lui... et qu'une femme ne peut pas le regarder sans l'adorer... Si vous aviez le malheur de plaire à une dame à laquelle il ferait la cour, il ne vous le pardonnerait pas... il serait furieux... Il ne se battrait pas avec vous, parce qu'il n'est pas brave! mais il vous dresserait des embûches, il vous jouerait de bien vilains tours... Ensuite, s'il a besoin d'un plastron, de quelqu'un qu'il puisse mettre devant lui pour détourner les soupçons d'un mari, il ne se gêne pas pour se servir de vous! A cela près, il vous aime!... mais ne le soyez jamais plus que lui... il ne vous le pardonnerait pas... Pour Victor Hermelange, voilà un joyeux compagnon... Vous avez dû remarquer que c'est un garçon qui est plein d'esprit... de traits... de gaieté... de plus il est instruit... fort superficiellement, il est vrai, mais assez pour jeter de la poudre aux yeux... et dans le monde cela suffit... Seulement il ne faut pas vous fier à son amitié, et vous croire à l'abri de ses plaisanteries !... Oh! c'est un garçon qui se moque de tout le monde... Pour dire un bon mot, il s'empressera de vous tourner en ridicule... il ne vous épargnera pas! Il n'est même pas toujours très-délicat dans le choix des expédients qu'il emploie pour faire des dupes... Et puis... il lui faut avant tout de l'argent... Il ne rêve qu'aux moyens de s'en procurer... Très-amusant du reste... oh! très-amusant en société... mais il serait bien chanceux de se fier à sa parole!

Anatole, qui a écouté Armand sans l'interrompre, dit alors : — C'est singulier... Je croyais que ces messieurs étaient vos amis?

— Mais, assurément, ce sont mes amis!... Pardieu! s'il ne fallait se lier dans le monde qu'avec des gens parfaits, on vivrait en ermite, en sauvage. Que je ne vous dit donc pas, mon petit, c'est bien certain... mais vous entendez bien que c'est entre nous... J'aime à croire que vous n'irez pas le redire...

— Oh! soyez tranquille,... je ne suis pas rapporteur.

— Maintenant, je voudrais bien retrouver mon domino rose et savoir s'il a parlé à mon père. Venez, nous allons nous rendre où Boudinet doit nous rejoindre... Vous n'êtes plus fatigué?

— Oh! non, je suis prêt à recommencer!

Ces messieurs quittent le balcon et ne tardent point à rencontrer le gros pierrot que les attend son nez à sa main, en causant avec un grand monsieur qui n'est pas déguisé, mais qui a l'air d'être de fort mauvaise humeur.

Armand quitte Anatole qui va prendre le bras du gros pierrot. Boudinet semble fort content de cette occasion qui se présente de s'éloigner du grand monsieur qui lui crie encore : — Je vous reverrai... je passerai chez vous... je ne peut point se passer comme cela... il faut que je touche quelque chose...

Boudinet entraîne Anatole en murmurant : — Il y a des gens qui sont insupportables... on vient au bal masqué... c'est pour se divertir, se distraire un peu!... et ils vous empoignent pour vous parler d'affaires... Que diable! chaque chose à son temps... Aussi j'ai eu tort d'ôter mon nez... il ne m'aurait pas reconnu... mais j'avais si chaud!

— Ce monsieur vous a dit qu'il voulait toucher quelque chose...

— Eh bien!... parbleu! ce n'est pas difficile ici!... il y a une foule de choses à toucher!... Vous amusez-vous, jeune ami?

— Oh! oui... je viens de danser... de galoper... jamais je n'en avais fait autant!

— Ah dame?... Montpellier n'est pas Paris!... vous allez séjourner ici longtemps, n'est-ce pas?

— Tant que je le voudrai!... tant que je m'y plairai... rien ne me presse... Bonne maman criera peut-être un peu... mais je lui écrirai que je me porte mieux à Paris...

— Ah! bravo!... En vérité, je suis bien satisfait d'avoir fait votre connaissance... promenons-nous dans les corridors, c'est mieux composé que la salle...

— Comme vous voudrez...

— Oui, mon cher monsieur Anatole, je vous regarde déjà comme un ancien ami!... et, quand l'occasion de faire une bonne spéculation se présentera... je vous en ferai part... nous gagnerons de l'argent à nous deux... Vous n'en avez pas besoin, je le sais, mais on n'en a jamais de trop... on en dépense tant à Paris!... Les autres prétendent que je ne suis pas malin en affaires... je vous ferai voir le contraire. Entre nous, c'est eux qui n'y entendent rien. Armand veut faire des romans, je ne le crois pas très-monté en imagination!... Tout le monde veut être homme de lettres à présent... c'est une fureur. Mon tailleur m'a dit dernièrement qu'il était en train de confectionner une pièce en vers... moi, je croyais que c'était tout simplement une pièce de drap vert dont il allait faire des paletots!... pas du tout! c'était un drame en vers qu'il destinait à l'Odéon!... Pour en revenir à Armand, s'il fait jamais fortune avec ses romans, cela me surprendra beaucoup... et c'est qu'il se croit un talent!... il a un amour-propre... plus gros que moi... si vous ne trouvez pas tout ce qu'il fait charmant, il vous traitera de cuistre, de crétin!... Quant à Hippolyte, il est bien ennuyeux avec ses bonnes fortunes!... il ne sait pas parler d'autre chose... c'est toujours : « J'ai un rendez-vous pour ce soir; » ou : « Je viens de chez une femme ravissante! » ou : « Je viens de recevoir un billet doux d'une dame de la haute société!... » Et dans tout cela il ne nous dit pas le revers de la médaille : les maris qui le rossent, les rivaux qui le provoquent... Tenez, mon cher ami, entre nous, les hommes à conquêtes ne sont bons qu'à poser... et puis de quoi vit-il, Hippolyte? il dessine... mais il est paresseux... et puis ce n'est pas un talent. Il a donc de bonnes amies... des femmes mûres qui l'obligent quand il est gêné... moi, je n'accepterais pas ces obligations-là... je préfère celles du Crédit foncier... eh! eh!... Je ne vous parle pas de Victor... ce viveur! un sauteur, un blagueur... Il a des parents riches... c'est possible, mais ils les escompte d'avance... il mangerait la pluie d'or que Jupiter envoyait sur Danaé!... Il emprunte à Dieu et au diable... et dame! au bout du fossé la culbute... entre nous... je vous dis cela entre nous, vous comprenez; s'il vous emprunte de l'argent, je ne vous conseille pas de lui en donner, car il ne vous le rendra jamais...

— Mais vous m'avez dit que les Compagnons de la Truffe se devaient entre eux aide et secours mutuel...

— Ah! on dit ça... pour dire quelque chose, mais vous entendez bien qu'on en fait ce qu'on veut...

— Je vous croyais l'ami de Victor...

— Mais est-ce que je vous ai dit que je n'étais pas son ami?... je ne vous ai jamais dit cela... Oh! je l'aime beaucoup!... au contraire... mais ayant pour vous une amitié toute particulière, j'ai cru devoir vous prévenir... Ah! bigre... voilà mon grand monsieur qui vient par ici... Tenez... allez rejoindre Hippolyte qui passe là... moi, je me sauve de mon crampon...

Le gros Boudinet a lâché le bras d'Anatole, et il disparaît tout à coup dans la foule. Le bel Hippolyte vient alors en souriant vers le jeune provincial. Le beau jeune homme a l'air radieux, et, tout en prenant le bras d'Anatole, il s'empresse de lui dire : — Mon bon ami, je suis le plus heureux des hommes... je la quitte, elle est ici...

— Ah! la dame que vous aimez... la femme du petit monsieur sec qui se promenait dans le passage?

— Justement... mais j'avais tort de m'alarmer, il n'a aucun soupçon... c'est tout bonnement pour voir les masques qu'il était là... D'ailleurs, Éléonore est si adroite!... elle fait croire tout ce qu'elle veut à son mari... Voilà une liaison comme il vous en faudrait une, mon cher, une maîtresse distinguée et qui ne coûte rien...

— Moi j'aimerais mieux que ma maîtresse ne fût pas mariée... Il me semble qu'alors on est plus tranquille et plus heureux...

— Ah! que vous êtes jeune!... vous ne savez pas encore tout ce qu'il y a de saveur dans le fruit défendu!...

— Et pourquoi l'avez-vous quittée, votre dame?

— Elle a remarqué un monsieur qui l'a suivie depuis quelque temps... un homme qui avait l'air assez gauche... assez empêtré de sa personne, mais enfin elle désirait savoir s'il la connaissait... ou du moins quel était cet homme... Elle a été rejoindre sa femme de chambre avec qui elle est venue au bal, et lui a donné ses instructions en conséquence. Eh bien! que pensez-vous du bal de l'Opéra?

— C'est merveilleux... cette musique, ces lumières, ces biches qui dansent si drôlement... c'est étourdissant... cependant je commence un peu à m'y faire...

— Vous vous promeniez avec Boudinet. Je gage qu'il vous y raillait

placement de fonds... spéculations... affaires de bourse... hein?

— Oui, il m'en a un peu parlé...

— Il ne sait pas parler d'autre chose!... Pauvre garçon! .. comme il est embêtant... et avec les femmes c'est la même chose; aussi elles se moquent toutes de lui, il n'a jamais fait une seule conquête... D'abord il est trop petit et trop gros... les femmes aiment les hommes qui ont de l'élégance dans la tournure... Armand n'est pas non plus très-heureux près du beau sexe,.. celui-là parle sans cesse de ses ouvrages... vous concevez que cela n'amuse pas du tout une femme d'entendre un homme qui lui dit en tête-à-tête : « Je vais vous lire un chapitre du dernier roman que j'ai fait... je suis certain que cela vous amusera, et je serai charmé d'avoir votre avis sur le sujet, sur les caractères... » Voyez-vous cette inconvenance que cela n'amuse pas du tout, qui, tout en écoutant, a bien de la peine à dissimuler ses bâillements, qui quelquefois se permet de dire : « J'aimerais mieux aller me promener!... » Alors Armand remet avec colère son manuscrit dans sa poche, en se disant : « C'est une ânesse!... une sotte!... elle n'est pas à la hauteur de ce que je lui lisais... » Ah! ah! ah!... Tenez, entre nous, ces hommes de lettres sont d'un commerce fort peu agréable... avec leurs collègues ils se raillent, ils se disputent... avec les personnes qui n'écrivent pas, ils font leur embarras et souvent il n'y a pas de quoi!... Quand ils ne réussissent point, ils disent qu'ils sont incompris... mais ils ne veulent pas convenir que parfois ils ne sont pas compréhensibles... Ah! par exemple, on ne fera pas ce reproche-là à Victor, il se fait comprendre tout de suite... mais il a par trop de sans-façon... tranchons le mot, il a mauvais ton! Eh! mon Dieu, même avec les biches, il y a encore une certaine tenue, un savoir-vivre qu'il faut garder... ce n'est pas en traitant toutes les femmes, comme un pacha traiterait ses esclaves, que l'on parvient à leur plaire... Ce ton cavalier, impertinent, ne plaît qu'aux femmes du plus bas étage! et encore!... Quand ils ne réussissent point, mon cher monsieur Anatole, ne prenez pas Victor pour modèle, car vous feriez fausse route... vous vous exposeriez à des aventures fort désagréables, et ensuite il serait le premier à rire de votre déconvenue... à se moquer de vous... il aime beaucoup à se moquer de ses amis!... c'est un garçon qui a de l'esprit, mais il en fait un triste usage... Ah! mon Dieu! j'aperçois Éléonore. Elle me fait signe d'aller la retrouver. Tenez, voyez-vous ce domino orange dont le capuchon est bordé de rubans ponceaux... et qui a sous son demi-masque une grande dentelle noire qui flotte sur sa poitrine?

— Oui, je le vois... c'est là madame Canardière?

— C'est elle-même, mon Éléonore!...

— Sa tournure est gracieuse!...

— Oh! si vous voyiez sa figure! c'est alors que vous seriez ravi... Mais pardon... vous permettez que je vous quitte...

— Allez! allez, oh! je commence à ne plus craindre de rester seul...

— D'ailleurs, je suis là, moi, pour vous remorquer! s'écrie le grand Victor, qui se trouve dans le couloir et prend aussitôt le bras d'Anatole en lui disant : — Laissons ce jeune Adonis courir après sa Vénus... aux belles... je présume qu'il les a belles, je ne les ai pas vues... Hippolyte vous parlait de ses conquêtes, n'est-ce pas?... bien!... et, quand il est sur ce chapitre-là, il n'y a plus de raison pour que ça finisse... O homme à femme, que me veux-tu!... Je ne sais pas si les Richelieu, les Buckingham, les Rochester, étaient aussi ennuyeux que cela... j'aime à croire qu'ils variaient un peu leur thème. Mon cher ami, si vous m'en croyez, ne vous posez pas ainsi en troubadour, en Amadis près des belles... Fi donc! les soupirs, la constance! tout est bon pour les sots... *tu varietate voluptas!* Cette devise est la bonne, la vraie, la seule qu'il faut prendre. Aimez aujourd'hui celle-ci, demain celle-là!... ou plutôt n'aimez jamais et amusez-vous toujours!... les femmes adorent les mauvais sujets et se moquent des amants fidèles, c'est dire assez le rôle que vous devez choisir. Boudinet ne soupire pas, lui, mais il n'entend rien aux femmes! Entre nous, ce pauvre garçon n'est pas fort!... On dit que les sots n'ont pas assez d'esprit pour gagner de l'argent, je ne sais pas s'il a même cet esprit-là... je crois qu'il est heureux d'avoir des parents riches!... *Beati pauperes spiritu!*... et pourtant il n'est pas heureux au jeu... Et Armand, avec le bras duquel nous vous avons laissé... que vous a-t-il dit de bon... que tous les romanciers étaient des crétins... qu'ils n'ont point de talent!... point de facture!... point de style!... Ah! le style! c'est là le grand dada de ces messieurs qui n'ont ni esprit, ni naturel, ni gaieté!... Le style!... hors le style, point de salut! et savez-vous ce que lui donne le style à eux? des images constamment ampoulées, ridicules, à cent lieues du sens commun!... de ces phrases qui, dans la bouche d'un acteur comique, vous feraient rire à gorge déployée, et qu'ils prétendent vous faire passer pour du sublime!... et que beaucoup de gens ont la bonté de prendre pour tel, parce que, ainsi que l'a si bien dit celui qui faisait passer le bon sens avant tout : « *Un sot trouve toujours un plus sot qui l'admire!* » Vous me direz vrai, si vous êtes naturel, si vous faites parler un ouvrier comme un ouvrier, si vous donnez à un paysan le langage d'un paysan, à une portière le parler d'une portière... alors vous n'avez pas de style!... Fi donc, vous ne connaissez pas l'*esthétique!*... encore un grand mot dont ils aiment beaucoup à se servir depuis quelque temps pour vous jeter de la poudre aux yeux et dont Boileau se

Que vois-je? est-ce possible!... mon jeune compagnon de route. (Page 41.)

serait également moqué, comme il s'est moqué de ce vers de Ronsard :

Êtes-vous pas ma seule Entéléchie ?

Je suis bien surpris que nos gens de lettres à style n'emploient pas aussi ce mot-là... *Entéléchie* ferait si bien pour finir une phrase, pour arrondir une période!... mais, au premier jour, je m'attends à le voir paraître dans quelque feuilleton. Pour en revenir à ce que je vous disais, le défaut de ces écrivains qui affichent une si grande vénération pour le style, c'est de donner constamment le leur à tous les personnages qu'ils mettent en scène; ainsi : si celui qui écrit est railleur, s'il persifle assez agréablement, si son genre d'esprit est enclin à la satire, son ouvrier sera satirique, son paysan sera satirique, sa portière sera satirique, ce ne seront jamais les personnages qui parleront, ce sera toujours l'auteur que vous retrouverez dans tout, partout!... qui ne se demandera jamais s'il est dans la nature... mais qui sera enchanté de lui, se lira et relira avec complaisance en se disant : « Voilà qui est écrit!... quel style !... » Ah ça! mais je m'aperçois, mon cher ami, qu'en ce moment je ne suis guère plus amusant que ces messieurs que je critique... et nous sommes ici avant tout pour tâcher de nous amuser... Ah! n'est-ce pas Olympia que j'aperçois là-bas?... oui... Je vous quitte un moment... j'ai à lui parler...

— Mais je voudrais bien lui parler aussi, moi, à cette petite femme-là... elle me plaît beaucoup...

— Plus tard... plus tard... soyez tranquille, je ne vous l'enlèverai pas...

XX. — OU L'ON RETROUVE MITONNEAU.

Le grand Victor a percé la foule, il rejoint la petite femme déguisée en tili, et, lui prenant le bras, la conduit vers un escalier, en lui disant : — Viens, montons... nous causerons mieux là-haut!

— Ah! mon Dieu! est-ce que tu veux me mener dans une petite loge par hasard...

— Non vraiment!... nous n'en sommes plus là... mais j'ai à te parler d'une affaire sérieuse...

— Je ne connais pas ces affaires-là!... je ne fais que celles qui sont amusantes!

— Est-ce que cela ne t'amuserait pas de toucher quatre ou cinq mille francs en bons billets de banque!

— Cinq mille francs! Ah! grand Dieu... si j'avais cela j'achèterais un hôtel!... non, un petit cheval, j'adore aller à cheval..., ou bien encore une broche en diamants

— Tu achèterais ce que tu voudrais... c'est pour te faire gagner cette somme que je désire te parler en secret...

— Ah! Victor, si tu fais cela... je t'aimais bien... mais je t'adorerai !

— Ne dis donc pas de ces bêtises-là... je ne tiens pas du tout à ce que tu m'adores!... Ah! ici on commence à être plus libre... il y a moins de monde... Maintenant, Olympia, écoute-moi bien.

— Je ne suis qu'oreilles de la tête aux pieds.

— Je cherche une jeune personne nommée Herminie et qui... si elle existe encore, ce qui n'est rien moins que sûr, doit avoir à présent dix-neuf ans. Tu m'as dit que tu connaissais une Herminie, toi... est-elle de cet âge-là ?

— Dame! je ne sais pas au juste son âge... mais ce doit être dans ces numéros-là.

— Fort bien. Que fait-elle?

— Elle est piqueuse de bottines !...

Victor fait une légère grimace, puis murmure : — Après tout, elle pourrait être pis!... Continue : comment vit-elle?

— Dame! elle vit comme tout le monde, de ce qu'elle mange.

— Olympia, tâchons de ne pas répondre des bêtises, quand je parle sérieusement! En te disant : Comment vit-elle? tu dois fort bien comprendre que je te demande si elle demeure seule... si elle est avec ses parents, si elle est avec un amant...

— Ah! ma foi! je n'en sais pas si long, moi! je ne lui ai pas demandé tout cela... cependant elle ne demeure pas avec ses parents, car elle occupe une petite chambre, où elle est seule... Oui, à présent je me rappelle lui avoir entendu dire qu'elle n'avait plus ni son père, ni sa mère.

— En vérité!... Parbleu, ce serait bien singulier si cette jeune fille se trouvait être véritablement celle que mon jeune homme est chargé de trouver...

— Tu en serais content alors ?

— Content... hum je ne sais pas trop Je crois que l'affaire serait meilleure avec une fausse qu'avec la vraie...

— Je ne te comprends pas.

— Tu comprendras plus tard. Où demeure ta piqueuse de bottines ?

— Rue Saint-Lazare... mais on ne la trouve jamais chez elle ; elle travaille dans son magasin... à moins d'aller l'attendre quand elle rentre se coucher...

— Et à quelle heure rentre-t-elle ?

— A dix heures,

Anatole reçoit dans le nez le bout du pied de son vis-à-vis. (Page 38.)

Nous irons l'attendre demain... J'irai te prendre chez toi, à neuf heures et demie... As-tu toujours un chez toi?

— Ah! cette question... je suis même dans mes meubles!

— Tu es plus heureuse que moi... mes meubles sont fondus...

— Comment tu en es là!...

— Oh! cela m'inquiète peu! du moment qu'on a de l'argent, il est facile d'avoir des meubles!... et si l'affaire en question réussit, je me donne une chambre à coucher Pompadour... ce sera à désirer d'être Louis XV! Et maintenant que tout est bien convenu entre nous, adieu!...

— Un moment! Et ce jeune pierrot qui était avec toi au café... qui avait une rosette rouge sur sa manche, qui est si joli garçon et qui n'est à Paris que depuis peu de temps... me feras-tu faire sa connaissance?...

— Pour qui me prends-tu! est-ce que je me mêle de ces sortes d'intrigues?... Fais sa connaissance si tu peux!... mais écoute bien et retiens ce que je vais te dire: Si tu dis un seul mot à ce jeune homme concernant cette Herminie dont nous venons de parler... et tout ce qui aura rapport à cette affaire!... les cinq mille francs sont flambés! perdus pour toi!

— Ah! que tu es gentil!

— Je n'ai pas besoin de t'en dire la raison, mais n'oublie pas cela.

— Oh! je serai muette!

— Alors je te ferai souper avec mon jeune pierrot.

— Ah! que tu es gentil!

— Chut! va danser, je te retrouverai!...

Victor quitte Olympia et cherche à retrouver Anatole, en retournant vers l'endroit où il l'avait laissé; mais le jeune provincial n'était plus là. Lorsqu'il s'était retrouvé seul dans le couloir, il était demeuré quelque temps pensif, réfléchissant à ce qu'il venait d'entendre, et s'était dit: — C'est singulier... ces quatre messieurs... mes nouveaux amis... qui m'ont admis dans leur association de Compagnons de la Truffe... et qui me témoignent tant d'amitié, tant d'intérêt... enfin qui me traitent déjà comme s'ils me connaissaient depuis l'enfance!... m'ont dit, tous les quatre, du mal les uns des autres... et cependant ils ont l'air d'être très-bons amis. Ils logent ensemble... ils vivent entre eux comme des frères... S'ils se trouvent des défauts... des ridicules... comment peuvent-ils s'accorder entre eux?... Après cela, c'est peut-être l'usage à Paris de faire la critique de ses amis... c'est peut-être dans leur intérêt. Ensuite, je puis bien avoir mal compris... tous ces vins que j'ai bus... cette foule qui m'entoure... ce bruit... cette musique... ce galop que j'ai dansé... tout cela m'a étourdi... et

je puis avoir entendu de travers... Oh! oui, c'est cela... car enfin des amis ne se dénigrent pas entre eux... Alors ce serait des ennemis au lieu d'être des amis.

Anatole en était là de ses réflexions qui dénotent un fond de bon sens que les vins n'avaient pas entièrement fait perdre, lorsqu'un monsieur qui poussait tout le monde pour passer et avait l'air de se sauver de quelqu'un, se trouve tout à coup devant notre pierrot, et, l'envisageant, s'écrie: — Que vois-je!... est-ce possible... mon jeune compagnon de route déguisé en Gille!

— Tiens! c'est M. Mitonneau! dit de son côté Anatole. Ah! vous venez aussi au bal de l'Opéra, monsieur Mitonneau!

— Hélas! oui... pour mon malheur, j'y suis venu... Mais ne restons pas ici, allons nous cacher quelque part... venez, donnez-moi le bras... Je suis bien fâché que vous ne soyez pas déguisé en femme, on aurait cru que vous étiez ma conquête...

— Vous semblez bien agité... bien effrayé... même... que vous est-il donc arrivé?

— Vous le saurez... je vous conterai cela... Mais quittons ce couloir, ou plutôt quittons le bal, voulez-vous?

— Mais non, je ne veux pas du tout m'en aller, moi, je m'amuse beaucoup ici; d'ailleurs j'y suis avec des amis... quatre jeunes gens fort aimables, et je ne m'en irai pas sans eux.

— Alors montons... grimpons à l'amphithéâtre. Pourvu qu'elle m'ait perdu de vue, qu'elle ne me suive pas...

— C'est donc une femme que vous fuyez?

— Oui, mon cher ami, une femme jeune, charmante, frétillante, une brune aux yeux noirs... de ces yeux qui vous transpercent comme un fleuret déboutonné... J'en suis parfaitement sûr, elle a cousu un oter son masque... Elle n'a même pas fait de grandes difficultés pour me laisser voir son visage... Et cela se conçoit, quand on est si jolie, on ne peut que gagner à être vue.

— Et vous fuyez une femme qui a tant d'attraits!... Je n'y comprends rien...

— Tout à l'heure vous comprendrez. Ah! nous voici à l'amphithéâtre du cintre... asseyons-nous sur la dernière banquette, afin de ne point être aperçus de la salle...

— Mon Dieu! que de précautions!

— On ne saurait trop en prendre quand on se trouve dans une position aussi critique, je puis même dire aussi dangereuse que la mienne... Ouf!... ici je crois qu'elle ne me trouvera pas... Tiens, mais vous avez un joli pierrot, vous... Ah! quelle idée!... si vous me le prêtiez... c'est alors qu'elle ne me trouverait plus...

— Votre idée peut être bonne pour vous... mais si je quittais mon pierrot, comment donc serais-je vêtu, moi?

— Ah! c'est juste... Vous n'avez pas un autre costume dessous... c'est dommage... A présent, écoutez-moi : depuis le jour de notre arrivée à Paris, vous m'avez peu vu...

— Je ne vous ai même pas vu du tout...

— C'est vrai... Tenez, je vais avouer une chose : j'aime beaucoup le beau sexe... Les femmes sont l'objet de mon adoration... Je les cultive autant qu'il m'est possible et, entre nous, en venant à Paris, j'avais l'intention d'y faire des connaissances agréables... si votre bonne maman avait su cela, il est probable qu'elle ne vous aurait pas confié à mes soins, et pourtant, c'est justement pour que vous ne connaissiez pas mes intrigues que je suis allé de mon côté en vous laissant aller du vôtre... Et puis, entre nous, mon jeune ami, je crois que vous êtes un peu comme moi, que deux beaux yeux ont pour vous bien des charmes...

— Oh! oui, monsieur... et je ne m'en cache pas, moi!

— Vous avez raison, l'homme est fait pour aimer... Voltaire a même fait des vers là-dessus où il dit : *Car sans aimer, il est triste d'être homme!*... d'ailleurs vous êtes dans l'âge des passions... moi aussi; à quarante-quatre ans, on éprouve encore de fortes passions! Or donc, après notre première journée à Paris... où vous avez été si malade... vous vous rappelez!...

— Oui, monsieur, les gâteaux, les bonbons, le cognac...

— C'est cela même... et ces deux illustrations qui vous lorgnaient d'une façon assez significative! Après cette journée, je me suis dit : Il me semble qu'en continuant de me promener et d'aller avec M. Desforgeray, nous nous gênerons mutuellement, il y en aura toujours un qui fera tort à l'autre. Quand nous serons tous les deux près d'une jolie femme, nous ne saurons jamais tout de suite lequel de nous deux lui plaît, et quel est celui qui en sera pour ses œillades. Ne trouvez-vous pas que mon raisonnement était fort juste?

— Oh! oui, monsieur, et je vous assure que j'ai été très-content quand j'ai vu que vous me laissiez mon maître...

— N'est-ce pas?... je m'en doutais... Alors vous ne m'en voulez pas si je me suis si peu occupé de vous?

— Au contraire, je vous en remercie.

— Tout est donc pour le mieux de ce côté. Je me suis lancé à la poursuite des dames qui me donnaient dans l'œil; j'ai fait une foule de conquêtes... Je suis fâché de ne pas les avoir comptées... ça ne fait rien... J'ai eu les occasions les plus belles pour être heureux... Mais je n'en ai pas profité, parce qu'il y avait toujours des dangers à courir... et suivant moi, un plaisir dangereux n'est plus un plaisir... Je sais bien que là-dessus les opinions varient beaucoup, mais les opinions sont libres. Aujourd'hui il me prend envie de voir le bal masqué à l'Opéra... Je l'ai vu autrefois; mais autre temps, autres déguisements. Très-bien, je me mets en noir, en tenue soignée comme vous voyez, et sur les minuit me voilà parti. Mais en traversant un des passages qui donnent sur le boulevard... ne voilà-t-il pas que je rencontre un ancien ami, que je devais toujours aller voir depuis que je suis à Paris... mais chez qui je n'avais pas encore eu le temps d'aller. Je me trouve face à face avec Canardière...

— M. Canardière... un petit homme sec, cheveux gris, l'air tapageur...

— Justement... Comment! vous le connaissez?

— Ce n'est pas moi qui le connais, mais les jeunes gens avec qui je suis venu. Nous l'avons rencontré aussi dans le passage de l'Opéra. Un de ces messieurs l'a abordé en le nommant, voilà comment j'ai su que c'était M. Canardière.

— Voilà donc Canardière qui me reconnaît et s'écrie : « Quoi! c'est toi, Mitonneau! comment! tu es à Paris et tu ne viens pas me voir? » Mon cher ami, lui dis-je, tu ne me sais à Paris que depuis peu de temps. Tous les jours je me proposais d'aller te voir... et puis les occupations, les plaisirs m'entraînaient, et je ne trouvais pas le moment.

— Il faut venir, reprend Canardière, je te présenterai à ma femme, car tu sais que je me suis marié il y a deux ans...

— Oui, tu me l'as écrit... et sans doute tu as épousé une femme déjà raisonnable?

— Qu'est-ce que tu entends par raisonnable? s'écrie-t-il, j'ai épousé une demoiselle qui avait vingt-quatre ans alors, et qui par conséquent en a aujourd'hui vingt-six?... et une figure charmante... bien faite, bien tournée... Oh! ma femme est une des plus jolies de Paris... Tu la verras... tu en seras enchanté... Mais fichtre! ne va pas lui faire les doux yeux... car tu me connais, je ne suis pas endurant, moi, je ne suis pas de ces maris jobards qui se laissent tromper sans rien dire... Celui qui en conterait à Eléonore périrait de ma main... Je lui crèverais la paillasse et ce ne serait pas long!...

— Sois tranquille! lui dis-je, s'il n'y a que moi pour en conter à ton Eléonore, tu peux dormir en repos. Mais viens-tu au bal de l'Opéra?

— Non, me dit-il, je n'aime pas ces cohues... Je me promène pour voir les masques qui s'y rendent...

— Et ta femme, aime-t-elle le bal?

— Ma femme!... Un bal public et masqué... elle ne comprend pas qu'il y ait des personnes honnêtes qui se risquent là-dedans. Ce soir elle veille une de ses tantes qui est malade et dont elle héritera...

Alors tu conçois, on lui doit des petits soins. Et voilà pourquoi je me promène seul si tard. Je te quitte; tu sais mon adresse : rue Bleue, 17. Adieu, viens me voir, je te présenterai à ma femme.

— Je quitte Canardière en me disant : pour un homme qui est excessivement jaloux, il me semble qu'il a agi bien imprudemment en épousant une demoiselle de vingt-quatre ans... lui qui en a cinquante-quatre et qui est plutôt vilain que beau!... Enfin, c'est son affaire!... J'entre au bal... J'y vois de charmantes petites femmes déguisées, mais pas masquées; tandis que celles en domino avaient toutes un masque sur la figure; je lorgnais, j'examinais, je flottais... lorsqu'au fond d'un couloir j'aperçois un domino orange dont le capuchon était bordé de rubans ponceaux, mais, malgré les plis amples du domino, je vois fort bien que la taille est élégante, que des formes rebondies semblent braver la crinoline, et puis un joli petit pied terminait tout cela... Ça me monte l'imagination! Le domino était seul, sans cavalier! Je me dis : c'est le moment d'engager une intrigue. Je m'avance... je risque quelques mots spirituels et galants. On me répond en riant et d'un ton fort aimable. J'offre mon bras, on l'accepte, et on se promène avec moi dans les couloirs puis au foyer. J'étais enchanté, la petite femme était remplie d'esprit et pas du tout bégueule; je lui demande si je pourrai la voir chez elle, elle me répond que c'est impossible, parce qu'elle n'est pas libre. Ceci me fait soupçonner que j'ai affaire à une femme mariée, cela me contrarie, mais ma foi j'étais lancé et ma conquête était si aimable que je me dis : après tout, il y a des dames mariées qui ont des maris si bons enfants!... Cependant je brûlais du désir de voir la figure de mon domino... car enfin il y a des laiderons qui ont des tournures très-séduisantes! Ma petite dame ne se fait pas beaucoup prier, et dans le fond d'un corridor elle ôte son masque!... Oh! alors, comme je vous le disais tout à l'heure, je vois une charmante figure! un air mutin, des yeux noirs pleins de feu... et un air si gracieux... si... sans façon!... Bref, je suis plus amoureux que jamais. Ne voulant pas que ma conquête eût mauvaise opinion de moi, je me hâte de lui faire savoir à qui elle a affaire. Puis je demande si elle consentira à souper avec moi... C'était un joli régence, n'est-ce pas? Mais quand je suis en train, je vais bien. Ma petite brune me répond que je lui plairai beaucoup, mais que ce sera difficile... qu'elle ne sait pas si elle pourra, parce qu'elle est venue au bal avec une amie. Nous étions ainsi en train de causer, et elle était encore à visage découvert, elle ne se pressait pas de remettre son masque parce qu'elle avait extrêmement chaud : lorsqu'un jeune homme qui était en bourgeois passe près de nous et dit vivement à mon domino : — Imprudente, remettez donc votre masque! Si Canardière était dans le bal!... Puis le jeune homme disparaît, et ma petite femme se hâte de remettre son masque. Quant à moi, le nom de Canardière m'avait fait l'effet d'un attouchement électrique. Je balbutie à mon domino : Est-ce que vous connaissez un M. Canardière... homme de cinquante ans sonnés et qui demeure rue Bleue, 17? Ma conquête me répond en soupirant : — Hélas! oui... Vous le connaissez aussi? — Oui, je suis un de ses anciens amis... Ce soir, dans le passage de l'Opéra, il m'a encore engagé à aller le voir... — Oh! n'y allez pas! n'y allez pas! s'écrie mon domino, si vous tenez à faire ma connaissance, il ne faut pas venir chez M. Canardière! — Mon Dieu! m'écriai-je, seriez-vous?... — Je ne puis pas vous en dire davantage. Mais, au reste, cela ne m'empêchera pas de vous voir... J'ai des jours où je suis libre... j'irai chez vous... — Vous comprenez mon jeune ami, qu'en apprenant que j'avais adressé mes hommages à l'épouse du terrible Canardière, car c'est son épouse, je n'en saurais douter! à la dernière femme à qui j'aurais voulu parler d'amour, j'étais dans un état pitoyable... Je ne pouvais plus parler... je n'avais plus de salive!... Mon petit domino orange me quitte alors, en me disant : « Attendez-moi dans ce corridor, je vais voir s'il me sera possible de souper avec vous. Moi, au lieu de l'attendre, je me précipite dans la foule... je n'ai qu'un but, c'est que cette dame ne me retrouve pas... et c'est alors que je vous ai rencontré!...

Mitonneau s'essuie le front en terminant son récit, et Anatole lui dit : — Mais je la connais, votre petite dame, c'est-à-dire que je n'ai pas vu son visage, mais quelqu'un me l'a montrée en me disant : Tenez, voilà Eléonore... elle a un domino orange, le capuchon orné de rubans ponceaux, et puis le mentonnière de son masque est en dentelle noire et fort longue.

— C'est cela même!... Oh! parfaitement exact, et on vous a bien dit que c'était Eléonore, l'épouse de Canardière?

— Oui.

— Vous voyez que je ne m'étais pas trompé... Le plus souvent que je la mènerai souper... Mais c'est-à-dire que maintenant je la fuirai comme la peste!...

Anatole est sur le point de dire que cette dame a son amant dans le bal, et soupera sans doute avec lui; mais il réfléchit que ce serait trahir le secret d'une de ses nouveaux amis, et il se tait, persuadé que le domino orange n'a voulu que s'amuser aux dépens de Mitonneau.

— Ah ça! mais je n'ai pas envie de rester ici! dit Anatole en se levant.

— Comment! vous voulez redescendre dans le bal?...

— Assurément, je n'y suis pas venu pour m'y tenir caché dans un amphithéâtre; d'ailleurs je suis avec des   s que je veux retrouver et qui en ce moment me cherchent, j'en suis sûr... Restez si cela vous convient, monsieur Mitonneau, moi, je descends.

— Je vais descendre avec vous; d'ailleurs, je veux m'en aller, je ne veux pas rester davantage dans le bal. Donnez-moi le bras, vous me masquerez toujours un peu.

Mitonneau prend le bras du jeune pierrot et se serre contre lui. Ces messieurs descendent l'escalier; mais, arrivés dans le corridor des premières, ils se trouvent bientôt nez à nez avec le domino orange, qui court à Mitonneau et s'empare de son bras en lui disant : — Ah! je vous retrouve enfin, c'est bien heureux, à présent je ne vous quitte plus... Je suis bien contente! c'est arrangé, je puis souper avec vous.

— Ah! mon Dieu! je suis perdu, balbutie Mitonneau en regardant Anatole. Je n'ai pu lui échapper... Mon cher ami.... sauvez-moi.... prenez ma place, emmenez cette dame souper.

— Non vraiment, je vous laisse votre Éléonore. je ne suis pas amoureux, moi! Mais calmez-vous, elle vous dit tout cela pour plaisanter, car je suis bien sûr, moi, que ce n'est pas avec vous qu'elle soupera.

En achevant ces mots, le jeune homme se débarrasse de son ancien compagnon de voyage, qu'il laisse avec le domino orange.

XXI. — PETIT SOUPER.

Devant l'entrée du foyer Anatole trouve Victor et Boudinet, qui lui disent : — Où diable vous cachez-vous? vous avez donc déjà noué une intrigue?..

— Non, messieurs; j'ai seulement retrouvé ici ce monsieur qui est venu à Paris avec moi... M. Mitonneau.

— Ah! il est au bal.... Pourquoi vous a-t-il quitté?

— Oh! c'est lui qui a trouvé une bonne fortune!

— Vraiment! hum! c'est douteux; ici les mauvaises sont plus communes que les bonnes... Mais venez donc au foyer, nous avons le droit d'y entrer maintenant.

A peine entrés dans le foyer, les trois pierrots rencontrent Armand, qui leur dit : — Ma petite dame n'est pas allée causer avec mon père, qui est toujours assis là-bas au bout; il paraît qu'une fois installé à cet endroit il n'en bouge plus. Elle m'a dit qu'il n'y avait pas de place près de lui; il y en a maintenant, mais elle est partie. Je n'ose pas m'asseoir près de mon père, il me reconnaîtrait. J'évite même de passer devant lui, mon cher Anatole, allez donc vous placer près de mon père, il ne vous a vu qu'une fois, il ne vous reconnaîtra pas; d'ailleurs vous remettrez votre nez. Causez avec lui... il ne demandera pas mieux, il cause très-facilement... Vous lui ferez un grand éloge du talent de son fils... Vous comprenez ?...

— Ah! monsieur Armand, je suis bien gauche pour me charger de cette commission... Pourquoi ne la donnez-vous pas à l'un de ces messieurs, il s'en acquitterait mieux que moi..

— Parce que mon père connaît très-bien Boudinet et Victor; mais vous, qu'il a vu à peine... et votre nez vous change étonnamment.... Allons, faites-moi ce plaisir...

— Je le veux bien, si vous y tenez; mais j'ai bien peur de ne pas savoir remplir vos intentions.

— Allez, fermez! de l'aplomb!... donnez votre opinion avec l'autorité d'un journaliste... Mon roman se nomme Adolphine... J'ai écrit des articles dans plusieurs petits journaux... Marchez ça !...

Anatole a replacé son nez sur son visage, et il se dirige vers le bout du foyer qu'on lui indique. Parmi les personnes assises dans l'hémicycle, il reconnaît bientôt M. Bouquinard, et comme il y a de la place près de lui, il s'empresse de s'y mettre. M. Bouquinard, qui est en train de causer avec un domino noir assis à sa droite, ne fait d'abord aucune attention au pierrot qui vient se mettre à sa gauche.

Quelque temps s'écoule; M. Bouquinard cause toujours avec le domino. Anatole essaye en vain d'attirer l'attention de ce monsieur en toussant, en fredonnant légèrement entre ses dents, en remuant sa jambe comme s'il battait la mesure d'une polka, on ne se tourne même pas de son côté, et le jeune provincial se dit : — S'il faut que cela dure comme ça longtemps, si la une commission qui ne m'amuse guère... Je ne puis cependant pas interrompre ce monsieur dans sa conversation pour lui dire de but en blanc : Monsieur!... votre fils est rempli de talent !...

Enfin le domino noir qui causait avec Bouquinard se lève en lui disant : — Décidément tu ne veux pas me payer à souper?

— Tu sais bien que je ne paye pas de souper, moi!... il faut laisser cela aux jeunes gens!... Ensuite, si je voulais m'en payer un, je le voudrais plus, toi!...

— Essaye un peu pour voir.

— Non, j'aime mieux ne pas essayer; d'ailleurs je ne soupe jamais, ça me fait mal.

— Tiens, tu es un vieux rat! voilà le mot !... Adieu, je vais re joindre de plus galants que toi!

Le domino noir s'éloigne. et M. Bouquinard dit tout haut : — Vieux rat!... le mot est poli!... Mais avec ces dames, j'aime encore mieux être un rat qu'un vieux serin. D'ailleurs j'ai montré dans l'occasion que quand cela me plaisait. je savais être magnifique! S'il fallait payer à souper à toutes les dames qui vous font ici cette proposition, merci!

il faudrait prendre un grand salon au lieu d'un cabinet, et le but serait manqué.

Quoique ce monsieur ne se soit pas adressé positivement à son voisin le pierrot, celui-ci se hâte de saisir cette occasion pour causer, et répond : — Oh! oui! si l'on voulait... Toutes ces dames ont faim apparemment!

L'ancien libraire examine alors celui qui vient de parler, puis lui dit : — Ah! vous faites partie des Compagnons de la Rosette, à ce que je vois!

— Non pas de la Rosette, mais de la Truffe!...

Anatole n'a pas plutôt dit cela qu'il s'en repent, en se rappelant que ses amis lui ont recommandé le secret sur leur société, et il balbutie :

— Pourquoi pensez-vous que je suis Compagnon de la Rosette, monsieur?

— Mais parce que voilà plusieurs pierrots que je vois passer, et qui ont, comme vous, un nœud de ruban à leur bras... vous en avez un aussi, j'ai donc pu croire que c'était une compagnie qui s'était formée; mais si vous êtes Compagnon de la Truffe, cela vaut beaucoup mieux. Je ne connais pas cette société-là; mais son titre seul me donnerait envie d'en faire partie... Quels sont vos insignes?

Anatole, que toutes ces questions embarrassent, ne voit, pour y mettre un terme, d'autre moyen que de s'écrier : — Monsieur, vous avez un fils qui a infiniment de talent!

M. Bouquinard fait un bond sur sa banquette, et se met à rire comme un fou en disant : — Ah! elle est bonne, celle-là!... Pardieu! j'avoue que je ne m'y attendais pas!... Elle est bien bonne!... Parez donc une botte comme celle-là! Dites-moi, monsieur le pierrot, vous me connaissez donc, puisque vous me parlez de mon fils?

— Oui, monsieur; je sais que j'ai l'avantage de parler à M. Bouquinard, ancien libraire, et père de M. Armand Bouquinard, un jeune homme qui a beaucoup d'esprit, qui a fait dans les petits journaux des articles qui ont eu un beau succès, et un roman nommé Adolphine, qui est d'un très-grand mérite!

M. Bouquinard sourit en continuant d'examiner le pierrot, puis répond : — Comment pouvez-vous savoir que son roman d'Adolphine a du succès, il n'a pas encore paru?

Anatole reste embarrassé, il ne se souvient plus de ce qu'on lui a dit, et balbutie enfin : — Mais je le sais... je le sais... parce que c'est l'auteur lui-même qui me l'a dit, et il doit bien le savoir, lui.

M. Bouquinard rit de nouveau, en s'écriant : — Ah! c'est mon fils qui vous a dit tout cela. en vous chargeant de venir me le répéter... Oh! je m'en doutais bien; seulement, il ne vous a pas assez bien appris votre leçon... Il fallait y mettre plus de finesse... ne pas aborder la chose si carrément!... Ôtez donc votre nez qui vous gêne... Vous croyez que je ne vous reconnais pas, vous êtes dans l'erreur; c'est vous qui êtes venu chez moi, il n'y a pas très-longtemps, avec une lettre de madame votre grand'mère, madame Desforgeray, de Montpellier... Eh bien, me trompé-je?

Anatole se hâte d'ôter son nez, en disant : — Ma foi, monsieur, puisque vous me reconnaissez, je ne vois pas pourquoi je garderais ce nez qui me tient si chaud !...

— Oui, jeune homme, et c'est mon fils qui vous a envoyé vers moi, n'est-ce pas très-adroit de sa part !

— Il était persuadé que vous ne me reconnaîtriez pas...

— Hum! il est bien difficile de me tromper, moi!... Tenez, voilà vos Compagnons de la Rosette qui passent, MM. Boudinet... Victor... des intimes de mon fils... Oh! ils doivent être Compagnons de la Truffe aussi, ceux-là... ils en sont dignes... Mon fils ne doit pas être loin... Vous êtes venu au bal avec ces messieurs, sans doute?

— Oui, monsieur... en effet...

— Fort bien, jeune homme, amusez-vous, c'est de votre âge et vous en avez les moyens.

— Monsieur votre fils a été très-aimable pour moi, et ses amis aussi.

— Oh! je ne doute pas! fichtre!... vous êtes une bonne aubaine pour eux!... Je suis bien persuadé qu'ils vous ont déjà juré une amitié à toute épreuve!... Mais prenez garde, jeune homme, méfiez-vous de ces amitiés qui ont les truffes et le champagne pour base... plus tard vous m'en direz des nouvelles... Et madame votre grand'maman, lui avez-vous écrit depuis que vous êtes à Paris?

— Non, monsieur, pas encore, mais je compte le faire bientôt...

— Assurez-la bien de mon respect. Vous devriez lui envoyer quelques livres pour se récréer là-bas; maintenant qu'elle ne vous a plus près d'elle, il faut qu'elle cherche des distractions... mais je crois me souvenir qu'elle aimait assez la lecture des romans... J'en ai un nouveau... fort intéressant... je vous engage à le lui envoyer... Je le ferai porter chez vous demain si vous voulez.

— Comment l'appelez-vous, ce roman-là, monsieur?

— Le Cadavre animé, ou les Compagnons de l'Arsenic...

— Ah! monsieur!... mais je l'ai déjà, ce livre-là!...

— Bah! je vous l'ai vendu?

— Non, vous me l'avez vendu!

— Tiens, je ne m'en souvenais plus!

— Et franchement, monsieur, j'ai trouvé cela bien mauvais! bien pitoyable!

— Oh! vous êtes sévère. jeune homme, il y a des situations très-fortes!

— Si fortes qu'elles n'ont pas l'ombre du sens commun.

M. Bouquinard regarde le jeune pierrot d'un air surpris, comme s'il ne se fût pas attendu à trouver en lui autant de jugement. Puis, jetant les yeux vers le centre du foyer, il reprend : — Mon fils est là-bas qui attend probablement avec impatience le résultat de l'ambassade dont il vous a chargé... Croyez-moi, allez le rejoindre, et dites-lui qu'il ne vous donne plus de semblables commissions !...

— Vous aimez mieux causer avec des dominos masqués! répond Anatole en riant.

— Certainement oui, jeune homme, bien que je ne me laisse pas entraîner trop loin, comme vous avez pu le voir... Il est vrai que ce domino-là avait des pieds trop gros et trop plats... cela n'annonçait rien de distingué... mais n'importe, la recherche de l'inconnu c'est toujours amusant... Bonsoir, monsieur Desforgeray, il est quatre heures passées, je vais me coucher.

M. Bouquinard est parti et Anatole va rejoindre ses compagnons auxquels il fait part de sa conversation.

— Ton père est trop fin pour se laisser prendre à tout cela! dit Victor. C'est un vieux renard qui est plus fort que toi!...

— En fait de malice, répond Armand, tu qui nous as fait mettre à chacun un nœud de ruban à notre bras, pourrais-tu nous dire à quoi cela nous a servi?

— Ah! parbleu! vous ôtez tous vos nez! alors on vous reconnaît et il n'y a plus de méprise possible!... Maintenant, messieurs, il me semble qu'il faudrait songer à aller souper.

— Moi, je n'ai pas faim!...

— Il est étonnant, cet Armand! parce qu'il n'a pas faim, il faudrait ne point souper... moi non plus je n'ai pas faim, mais je dis que quitter le bal de l'Opéra sans aller souper après, ce serait pleurer, ce serait mesquin, ce serait une malhonnêteté à se faire à soi-même, et une conduite indigne des Compagnons de la Truffe... n'est-ce pas, jeune Anatole?

— Moi, je veux bien souper!...

— A la bonne heure, il a déjà des principes, cet adepte. D'ailleurs, je ne propose pas d'aller souper rien que nous quatre... je ne parle pas d'Hippolyte, il est allé souper avec sa belle, il ne faut pas compter sur lui. Non, messieurs, nous ne serons pas que des hommes, soyez tranquilles, j'ai pourvu à tout! Nous aurons du sexe... les deux titis que nous avons rencontrés au café... Olympia et Nanna, celle qui dansait avec Bribri...

— Et qui m'a enlevé le nez avec son pied...

— Justement! De plus votre danseuse la camargo, et une de ses amies qui est en sauvage... mais qui ne l'a jamais été... passez-moi le calembour.

— Ah! quel plaisir! ah! que ce sera amusant!... Allons souper, messieurs, allons souper.

— Voyez-vous comme notre nouveau compagnon est satisfait de mon idée!

— Et ces dames... où sont-elles?...

— Soyez tranquille, je sais où les trouver... elles aiment autant souper que vous... elles seront exactes au rendez-vous. D'autant plus que je leur ai annoncé que c'était vous qui régaliez et que vous faisiez bien les choses. Nous allons partir tous quatre, prendre une voiture, nous faire conduire chez le costumier, où nous quitterons ces pierrots pour redevenir des hommes élégants, puis nous reviendrons à la Maison Dorée, où nous trouverons nos infantes qui nous attendront dans un petit salon bien chauffé et en buvant du madère et du champagne. Voilà le programme de la fête, vite à l'exécution.

Anatole s'empresse de prendre le bras de Victor et on quitte le bal. Chemin faisant, le jeune homme dit à son guide : — Etes-vous sûr que ces dames iront nous attendre chez le traiteur?

— Parfaitement sûr, je vous en réponds sur ma tête!

— Et elles sont toutes les quatre jolies?

— Ah! cela... je ne vous en réponds pas sur ma tête! Mais Olympia en sera, et il me semble que vous l'avez trouvée fort à votre goût.

— Oh! oui, et... et... est-il permis de leur faire la cour, à ces dames?

— Non-seulement c'est permis, mais elles s'offenseraient si on ne la leur faisait point. Boudinet et Armand sont des sournois, qui voudront peut-être vous souffler Olympia, parce que, entre nous, c'est la plus jolie, mais ne les craignez pas!... Votre air de candeur a charmé cette biche... vous serez son chasseur... ce qui signifie son vainqueur! mais chut! les autres sont sur nos talons.

Ces messieurs montent en voiture, arrivent chez le costumier, se font ouvrir en faisant un tapage à réveiller tous les voisins, mais en carnaval il est convenu que l'on peut empêcher tout le monde de dormir.

Après avoir quitté leurs déguisements, les Compagnons de la Truffe remontent en voiture, et se font conduire à la Maison Dorée, où les quatre biches annoncées par Victor les attendaient dans un joli salon bien chauffé et devant une table de huit couverts.

Nous connaissons déjà mademoiselle Olympia : c'est une jolie brune, à l'œil plein de feu, qui a peut-être l'air un peu hardi et la voix trop forte, mais qui est bien faite, un peu grasse, mais douée de formes très-séduisantes, et ne manque pas de cet esprit vif, gai, moqueur, qui a toujours un grand succès avec le vin de Champagne.

Son amie, mademoiselle Nanna, aussi déguisée en titi, et qui en dansant a fait voler en l'air le faux nez d'Anatole, est une boulotte assez gentille, dont les cheveux blonds frisent naturellement et donnent un certain air sentimental à sa physionomie. Malheureusement le bout de son nez, toujours rouge, gâte beaucoup cet aspect romantique. Nanna; c'est le nom de cette dame ou demoiselle, affecte un genre mélancolique, en ce moment elle gémit sur les trahisons de son Arthur, qui vient de la quitter pour une autre; mais son chagrin, qui ne l'empêche pas de danser, ne lui ôte pas non plus l'appétit, et personne mieux qu'elle ne fait honneur à un souper et n'ingurgite plus facilement toute espèce de vin.

La camargo, que l'on appelle Juliette, a tout simplement la beauté du diable, mais son esprit est plus piquant que son physique.

La quatrième dame, qui est déguisée en sauvage, se fait appeler Pauleska et se prétend Polonaise.

C'est une grande femme très-maigre et à qui le costume sauvage va fort mal, dessinant trop parfaitement une jambe en fuseau, des bras qui ressemblent à des pattes d'araignées et une poitrine sur laquelle on pourrait tracer un escalier en os. A la vérité, un manteau en peau de tigre et une jupe pareille cachent une partie de ses cavités. La jupe est de plus retenue par une espèce d'écharpe ornée de plumes et forme encore une ceinture également emplumée. Les traits de cette sauvage ne sont pas désagréables, mais la figure est longue, le nez est pointu, et tout cela est maigre comme tout le reste de la personne. Une couronne de plumes, placée sur la tête, achève de donner à madame Pauleska l'aspect d'une colonne de l'ordre corinthien.

Les jeunes gens sont reçus avec acclamations de joie et ces mots :

— Arrivez donc, messieurs, nous mourons de faim!

— Alors à table tout de suite, dit Victor; d'ailleurs c'est là que l'on fait le plus vite connaissance, et notre jeune ami Anatole est encore inconnu à ces dames... Je le place entre Olympia et mademoiselle Pauleska, l'illustre Polonaise qui prétend descendre de Sobieski... par les rosières... Je crois qu'il ne saurait être mieux!

— Je crois bien! murmure Juliette, il va faire chair de procureur entre le gras et le maigre...

— Juliette, est-ce que vous allez commencer vos méchancetés? dit madame Pauleska, qui a entendu la réflexion de la camargo.

— Quoi donc! est-ce que je ne peux pas dire que monsieur aura le choix entre vous deux?

— C'est que vous faites sans cesse des plaisanteries sur moi... parce que je suis un peu maigre... Encore tantôt dans le bal vous m'avez appelée Tête de loup!... Je ne sais pas ce que cela veut dire, tête de loup, mais je suis bien sûre que c'est une sottise...

— Allons, mesdames, est-ce que vous allez vous quereller! s'écrie Victor. Veuillez vous souvenir que nous sommes ici pour rire, nous amuser, dire des bêtises, et n'allez pas faire croire à notre jeune ami, qui arrive de Montpellier, que les jolies femmes de Paris ne sont pas aimables en société...

— Pourquoi m'a-t-elle appelée Tête de loup?

— Ma noble Polonaise, ce nom ne saurait être une injure; les loups ont peut-être l'air un peu farouche, mais ce sont des gaillards qui ont l'œil perçant et la physionomie très-spirituelle.

Cette explication calme la sauvage. Tandis que la camargo dit tout bas à l'oreille de Boudinet : — Les têtes de loup, ce sont ces grands, immenses bâtons au bout desquels il y a un balai en forme de boule, c'est avec ça qu'on balaye les plafonds, et qu'on déloge les araignées qui sont nichées dans les coins... N'est-ce pas que ce nom-la lui va?

— Attaquons cette dinde truffée... et décoiffons ce champagne... Allons, mesdames, montrez que vous êtes dignes de souper avec des Compagnons de la Truffe...

— Versez! dit Nanna en tendant son verre. Oh! moi, je ne refuse jamais du champagne... quoique ce poisson d'Arthur me cause bien des chagrins!

— Raison de plus, il faut les noyer.

— Elle les noie aussi! dit Juliette, cela se voit à son nez!

— Mademoiselle, vous ne savez ce que vous dites; si le bout de mon nez est rouge, c'est parce que j'ai tant pleuré Arthur!...

— Tu pleures donc toujours un amant alors, car je t'ai continuellement vu le nez rouge...

— Tu m'embêtes, tu fourres sans cesse le tien dans ce qui ne te regarde pas... J'ai joliment enlevé le vôtre en dansant, monsieur, n'est-ce pas?...

— Oui, madame, j'ai été tout saisi!

— Tiens! s'écrie Juliette, c'est donc avec monsieur que j'ai dansé et galopé... un si beau galop...

— Oui, madame, c'est avec moi.

— Je ne vous reconnaissais pas; franchement, en pierrot vous n'étiez pas si bien qu'à présent... C'est égal, vous êtes mon élève pour la danse Chicard, et vous m'avez fait honneur.

Olympia ne disait rien, mais elle parlait à son jeune voisin yeux, avec les pieds, avec les genoux, et cette conversation bien une autre.

— Donnez-moi encore de la dinde, dit Nanna en assiette.

— Voilà, belle amie, voilà ; grâce aux truffes, je crois que nous oublierons ce monstre d'Arthur...

— Hum ! le scélérat ! je l'ai vu au bal... J'avais bien envie de lui donner des soufflets... C'est Bribri qui m'a retenue.

— Bribri a très-bien fait ! Quand vous auriez souffleté votre infidèle, croyez-vous que vous en seriez plus aimée à présent ?

— Non, mais il aurait les soufflets, lui... A boire, Victor.

— A la bonne heure... Vive Nanna ! Olympia ne dit rien, mais elle pousse des soupirs bien éloquents !

— Parce que j'étouffe... Mon petit voisin, voulez-vous me verser ?...

— Parbleu ! il ne demande pas mieux et je suis comme lui. Et vous, messieurs ?... Par Bacchus ! vous ne dites rien à vos voisines... Je gage qu'Armand rêve à un roman et que Boudinet veut mettre ses faux-cols en actions !...

— Je songe, dit Armand, que je n'ai pas été adroit avec mon père... c'était cependant le cas de lui faire escompter mon prochain roman.

— Moi, dit Boudinet, je n'ai pas pensé à voir ce soir la cote de la Bourse... Je le regrette.

— Mon cher ami, près de ces dames, je ne comprends pas que l'on s'occupe d'autre chose que de les trouver charmantes.

— Ah ! bravo, Victor !... Ce n'est pas ce gredin d'Arthur qui aurait dit cela... l'infâme !... Armand, passez-moi un peu de croûte au madère !...

Nanna, tout en pleurant son Arthur, continue de manger et de boire comme quatre ; la camargo dit des méchancetés sur ses trois amies dans l'oreille d'Armand, que cela amuse beaucoup ; Victor verse sans cesse du champagne à son titi, en lui disant : — Voilà la véritable manière de combattre les infidèles, si nos paladins en avaient emporté lorsqu'ils ont été guerroyer en Palestine, les Sarrasins auraient tous passé dans notre camp.

Boudinet parle peu : il rêve une spéculation ; Pauleska, la sauvage, ne parle pas du tout : elle est de mauvaise humeur et en colère contre Juliette qui l'a appelée Tête de loup ; mais elle mange beaucoup pour se distraire.

Pour Olympia et Anatole, ils s'entendent et se comprennent fort bien ; les regards de la séduisante biche auraient enhardi le plus timide, et, depuis son entrée au bal de l'Opéra, le jeune homme avait vu et fait tant de choses, qu'il commençait à se déniaiser.

Cependant le jour commençait à poindre, lorsque Victor disparut avec la sentimentale Nanna. Au bout de quelques minutes c'est Armand qui est parti avec la camargo. Alors Olympia se lève de table en disant à Anatole : — Il me semble que nous pourrions aussi nous en aller... Vous voudrez bien me reconduire chez moi, n'est-ce pas ?

Pour toute réponse le jeune homme saute de joie, puis il appelle le garçon, paye le souper, demande s'il y a des voitures en bas, et part avec sa conquête, qui s'est enveloppée dans un grand châle sous lequel elle cache une partie de son costume de titi.

Boudinet est resté seul avec la Polonaise Pauleska, qui trempe des biscuits dans du malaga. Le gros jeune homme, qui rêvait à des opérations de bourse, s'écrie tout à coup, en regardant autour de lui :

— Eh bien !... ils sont tous partis... ils sont gentils, ces messieurs. . et ils m'ont laissé la sauvage sur les bras !... Enfin il faut bien prendre son parti... Aujourd'hui de la baisse, demain de la hausse !... Venez-vous, superbe Pauleska ?

— Attendez, je mets les biscuits qui restent dans mon cabas... Tout cela est payé, n'est-ce pas ?

— Oui, tout est payé...

— Alors je vais prendre tout ce qui pourra tenir là-dedans.

— Ce qui m'étonne c'est qu'avec votre costume de sauvage vous ayez un cabas, j'ai cru qu'ils n'en portaient pas !...

— Tiens ! cette malice ! j'avais laissé le mien au vestiaire. J'en emporte toujours un pour aller au bal, parce que je sais que l'on soupe ensuite.

— Vous êtes une sauvage de précaution.

Madame Pauleska ayant achevé de bourrer son cabas avec des olives et des raisins confits, met sur ses épaules un immense châle algérien et prend le bras de Boudinet, qui murmure encore :

— Aujourd'hui de la baisse, demain de la hausse.

XXII. — LE CRIME DE MITONNEAU.

Le surlendemain du bal, Anatole était encore dans son lit, rêvant à tous les plaisirs qu'il avait goûtés ; lorsque le garçon de l'hôtel entre dans sa chambre et lui annonce que son voisin, M. Mitonneau, demande s'il est seul et s'il peut le recevoir :

— Bon Dieu ! que de cérémonies ! s'écrie le jeune homme. Et depuis quand M. Mitonneau a-t-il besoin d'ambassadeurs avant d'entrer chez moi !... Dites-lui qu'il peut entrer quand il voudra, seulement il me trouvera encore couché... car je suis fatigué et bien de me reposer.

Au bout de deux minutes, Mitonneau arrive. Il est déjà habillé comme pour sortir. En entrant dans la chambre d'Anatole, il a l'air inquiet ; il jette les yeux autour de lui, referme la porte avec soin, puis regarde dans tous les coins, derrière les rideaux et enfin jusque sous le lit.

Anatole, qui suit avec surprise tous les mouvements de Mitonneau, ne peut s'empêcher de rire en le voyant se mettre à quatre pattes pour examiner sous son lit.

— Ah ça ! mon cher monsieur, que diable cherchez-vous ? Est-ce que l'on vous a dit que des voleurs s'étaient introduits dans ma chambre ?

— Non, non, ce n'est pas cela... mais avant de causer avec vous, je voulais m'assurer si nous étions bien seuls... s'il n'y avait pas ici d'autres oreilles pour m'écouter.

— Si j'avais du monde chez moi, il me semble qu'on n'aurait pas besoin de se cacher...

— Quelquefois... on ne sait pas... on se croit seul et on ne l'est pas... Vous êtes encore couché... est-ce que vous avez dormi cette nuit ?

— Si j'ai dormi ? je vous en réponds... je n'ai fait qu'un somme ! et je crois que j'allais recommencer quand vous m'avez envoyé le garçon de l'hôtel.

— Etes-vous heureux de pouvoir dormir !... Hélas ! le sommeil a fui de mes paupières, et pour longtemps, je le crains bien !

— Vous êtes donc malade ?

— Moi, malade ! je ne me suis jamais si bien porté... Je voudrais être malade... je préférerais cela à ma situation !

— Votre situation !... en effet vous paraissez bien inquiet... que vous est-il donc arrivé ?

Mitonneau fait le tour de la chambre, regarde encore partout, va pousser le verrou qui est à la porte d'entrée, puis revient vers le lit, et se penchant vers Anatole, lui dit à voix basse : — Mon jeune ami, vous voyez devant vous un misérable... un polisson... digne du dernier supplice.

— Ah ! mon Dieu ! qu'avez-vous donc fait ?...

— Ce que j'ai fait... j'ose à peine l'avouer... tant je me fais horreur à moi-même... Je me croyais si bien capable de résister... et je n'ai pas pu... Enfin... le crime est consommé !

— Un crime ! vous m'épouvantez... Et quel crime avez-vous donc commis ?

— Quel crime !... Ce pauvre Canardière !... Oh ! c'est fini, il n'y a plus à revenir là-dessus...

Anatole ne peut s'empêcher de sourire en répondant : — Oh ! mais ce n'est pas une chose nouvelle ; il me semble qu'il y a déjà longtemps que ce monsieur...

— Mais non, il n'y a pas longtemps, puisque c'est de la nuit de ce funeste bal d'avant-hier...

— Vous croyez ?

— Comment, si je le crois ! il me semble que je dois le savoir. Au reste je vais vous raconter toute l'histoire et comment je suis arrivé à ce degré de perversité... J'ai besoin d'épancher mon cœur dans le sein d'un ami... et comme je n'en ai pas d'autre que vous à Paris... c'est-à-dire j'ai Canardière, mais ce n'est pas à lui que je puis aller conter cela. Écoutez-moi donc... Vous êtes bien seul ?

— Si vous voulez encore regarder sous mon lit, vous en avez le droit.

Mitonneau prend une chaise, s'assoit contre le lit et commence :

— Vous vous rappelez que je vous avais mené à l'amphithéâtre tout en haut, pour vous raconter mon aventure avec ma conquête... que je sus, trop tard, être l'épouse de mon ami Canardière... une mauvaise tête... un bretteur, un homme qui a déjà eu plusieurs duels et s'en est bien tiré... trop bien tiré ! car si on l'avait tué, je n'aurais plus peur de lui ; ce que je dis là est très-vilain, je le sens... mais que voulez-vous, primo mihi, c'est ma devise, et c'est généralement celle de tout le monde... je disais donc que je vous avais conté tout cela au paradis. Que n'y suis-je resté jusqu'à la fin du bal ! Enfin ! nous sommes descendus, et près du foyer vous vous rappelez que mon damné domino orange s'est trouvé là et est venu me prendre le bras.

— Votre Eléonore, oui, je me la rappelle.

— Vous m'avez même dit en me quittant : Rassurez-vous, ce n'est pas avec vous que cette dame soupera !

— C'est vrai, je vous ai dit cela, parce que je le croyais... et je ne comprends pas encore... N'importe, continuez.

— Permettez... il me semble qu'on monte l'escalier...

— Je n'entends rien... et puis quand même on monterait l'escalier, qu'est-ce que cela nous fait ?

— A vous, rien, c'est possible ; mais moi, qui tremble toujours de voir arriver chez moi le féroce Canardière avec des épées, des pistolets, des revolvers !...

— Vous pensez qu'il a découvert la trahison de sa femme ?

— Je n'en sais rien, mais je dois toujours le craindre... les femmes sont si inconséquentes lorsqu'elles ont une passion dans le cœur ! et malheureusement... bien que cela me fasse horreur, j'ai inspiré une passion bien vive à Eléonore !... il ne faut qu'un mot, qu'une imprudence, qu'un tiers qui nous aurait vus !... Ah ! pourquoi suis-je venu à Paris pendant le carnaval !...

— Achevez donc votre récit !

— C'est juste... Où en étais-je ?

— Quand cette dame est venue se pendre à votre bras.

— Oui, c'est cela... le crime n'était pas encore consommé... c'était avant le péché! Elle me dit donc : « Je suis bien contente, je puis aller souper avec vous... » J'essaye alors de sortir de ce mauvais pas en lui disant : — Mais je crois que je n'aurai pas le temps de souper... il faut que j'aille demain matin à Rouen de très-bonne heure... » Elle se met à rire : « Laissez-moi donc tranquille, me répond-elle, ce sont des blagues tout cela!... Je ne donne pas dans ces couleurs-là. Vous m'avez tout à l'heure offert à souper... maintenant vous voulez vous dédire! Vous vous étiez donc moqué de moi?... Mais je n'entends pas que l'on me fasse aller... Vous me trouviez charmante, vous me disiez que vous m'adoriez... C'étaient donc des mensonges!... » Elle avait l'air très en colère, elle élevait la voix... C'est une gaillarde qui a la tête près du bonnet! Je craignais une scène... je me hâtai de lui répondre : « Vous êtes ravissante, je vous adore plus que jamais!

— A la bonne heure, dit-elle, en ce cas allons souper. » Il n'y avait plus à reculer. Nous quittons le bal, elle prend au vestiaire un grand manteau, s'enveloppe dedans, nous voilà dehors. J'allais appeler une voiture, elle me dit : « Ce n'est pas la peine. allons dans ce restaurant en face. Je serai plus à portée pour retrouver mon amie... » Nous entrons chez le traiteur. On nous donne un cabinet. Je dis à ma jolie brune de commander le souper. Elle s'y entendait fort bien, ma foi, et elle avait très-bon appétit. Je lui dis : — O Eléonore, comme vous connaissez bien ce qui est bon! » Alors elle se met à rire en me répondant : « Pourquoi m'appelez-vous Eléonore? qui est-ce qui vous a dit que c'était mon nom? »

— Ma foi, dis-je, c'est quelqu'un qui, en vous apercevant, s'est écrié : « Voilà Eléonore! » Elle se met à rire comme une petite folle, en murmurant : « Oui, oui, je m'appelle Eléonore, c'est la vérité, mais soupons. » Nous soupons! Elle adorait le champagne frappé, je lui en fais boire, j'en bois aussi... alors ma tête se monte... mes frayeurs se dissipent... j'oublie ma résolution d'être sage... résolution bien difficile à tenir quand on soupe avec une jolie femme en cabinet particulier... On a fait une chanson sur les cabinets particuliers... je ne me la rappelle pas... Que vous dirai-je... ma charmante brune avait des yeux auxquels on aurait allumé un cigare... Bref, Canardière acquit le droit d'être mon ennemi!...

Lorsque la raison reprit sur moi son empire, j'avais envie de pleurer sur ma faute... Mais cela n'aurait pas empêché Canardière d'être... ce que je l'avais fait, et Eléonore se serait moquée de moi. Au lieu de pleurer je bus beaucoup pour m'étourdir. Bientôt ma conquête me dit : « Regardez à votre montre, dites-moi l'heure... » Il était cinq heures, elle se leva brusquement en s'écriant : « Ah! mon Dieu, je n'ai que le temps de courir bien vite pour me trouver à l'endroit où mon amie m'a dit qu'elle m'attendrait, heureusement c'est tout près d'ici. Adieu, mon bon ami, je vous quitte, ne me suivez pas, je vous le défends... mais nous nous reverrons. Trouvez-vous jeudi dans le jardin du Luxembourg, près du théâtre, à deux heures j'y serai... Ne me suivez pas surtout! à jeudi... »

Et en disant cela, ma jolie brune, qui avait remis son manteau, me serra la main et se sauva. Quant à moi, qui n'avais pas la moindre envie de la suivre, je fus enchanté de ce brusque départ, et je vis s'éloigner avec joie, en me disant : Compte sur moi jeudi! tu m'attendras longtemps... Certainement tu es très-séduisante... mais je n'ai pas envie de m'exposer à la fureur, à la vengeance de ton mari... mon ami intime.

Après avoir laissé un quart d'heure s'écouler, de crainte de rencontrer encore Eléonore, je payai le souper et je partis. Voilà, mon cher Anatole, ce qui m'est arrivé. Je n'ai pas besoin de vous dire que je n'irai pas au rendez-vous de jeudi. Je ne veux plus revoir cette jeune femme... la femme de mon ami. C'est odieux ce que j'ai fait là... Encore si Canardière était de ces maris complaisants... ou aveugles qui ne savent pas de ce que font leurs femmes... qui ne voient pas... quand cela saute aux yeux de tout le monde... ou à qui cela est bien égal... mais celui-ci est jaloux, méchant, ferrailleur... et excellent tireur... Ah! je suis un drôle!... Depuis que cela est arrivé, je ne dors plus, je ne mange plus... Je me figure toujours que Canardière aura découvert le pot aux roses et qu'il va venir me demander raison ou me tuer à bout portant... Voilà le résultat de ma faute... Souvent je me dis : Quittons Paris, retournons à Montpellier. Mais à Montpellier d'autres périls me menacent; là, c'est une femme qui veut me faire assassiner par son valet de chambre qui est un bravo! J'aime presque autant être détruit par Canardière!... O les femmes! voyez dans quel guêpier elles nous plongent!... Que cela vous serve de leçon, mon jeune ami, et n'emmenez pas souper les dames que vous rencontrerez au bal de l'Opéra.

— Ah! ei! ah! ei! dit Anatole en riant. Moi aussi j'ai soupé avec des dames qui étaient au bal et il y en a une à qui j'ai fait la cour... et qui l'a bien voulu, et après le souper je l'ai reconduite chez elle... et je lui ai demandé à monter me reposer... et elle l'a bien voulu... elle a toujours bien voulu... et je n'ai pas de remords du tout, moi! et je compte bien revoir Olympia!...

— Votre conquête n'est donc pas mariée? elle n'a donc pas d'amant? elle ne dépend pas d'un père, d'un frère, d'un tuteur, d'un protecteur jaloux?

— Ma foi! je vous avoue que je ne me suis pas informé de tout cela!

— Vous avez eu tort... il faut toujours prendre des informations avec les femmes, ordinairement on ne nous les donne jamais exactes... c'est comme pour les bonnes, mais cela peut mettre sur la voie.

Deux petits coups frappés à la porte interrompent Mitonneau.

— Entrez! crie Anatole, tandis que celui qui est chez lui devient pâle, verdâtre, et murmure :

— Ah! mon Dieu! c'est peut-être moi que l'on cherche... c'est peut-être Canardière qui est derrière cette porte!...

La personne qui a frappé essaye d'ouvrir, mais le verrou l'en empêche.

— Comment! monsieur Mitonneau, vous avez mis le verrou, dit Anatole, et pourquoi faire? Allez donc l'ôter.

Au lieu d'ôter le verrou, le ci-devant marchand de fourrage va se cacher derrière les rideaux de la fenêtre. Anatole, impatienté, se décide à se lever et à courir ôter le verrou. Alors le bel Hippolyte entre dans la chambre, et avant qu'il n'ait refermé la porte, Mitonneau a quitté sa cachette et s'est sauvé, tirant vivement la porte après lui.

XXIII. — LES PETITS SERVICES ENTRETIENNENT L'AMITIÉ.

Au bruit de quelqu'un qui se sauve et de la porte qui se referme, Hippolyte, qui n'a pu voir la personne qui s'est glissée si vivement derrière lui, se met à rire en disant : — Ah! il faut avouer que je suis bien maladroit, et que je prends mal mon temps pour venir vous voir... Vous étiez en bonne fortune, le verrou mis à votre porte devait me le faire deviner et j'aurais dû m'éloigner sur-le-champ .. Ah! je suis désolé de vous avoir dérangé et d'avoir mis en fuite votre belle!

— Vous vous trompez, répond Anatole, ce n'est point une femme qui était ici, c'est mon voisin, ce monsieur qui est venu de Montpellier avec moi et qui loge sur mon carré.

— Ah! ce M. Mitonneau qui était chargé de veiller sur vous... Et pourquoi donc s'est-il sauvé ainsi quand je suis entré... Il était donc caché, car je ne l'ai pas aperçu?

— Oh! c'est toute une histoire... Il a fait une conquête au bal de l'Opéra... il est venu me conter cela, mais il est très-inquiet, parce qu'il a découvert que la belle a un mari...

— C'est comme mon Eléonore.

— Et ce mari est un homme qui se bat... une forte lame.

— Absolument comme le mari d'Eléonore.

— Oui... oui... alors M. Mitonneau, qui est excessivement poltron, craint toujours que ce mari ne découvre la trahison de sa femme et ne vienne lui demander raison. Voilà pourquoi il avait poussé le verrou... et il me suppliait de ne point ouvrir.

— Ah! ah! pauvre séducteur! on voit qu'il n'a pas l'habitude de ces sortes d'intrigues. Alors, s'il avait un rival, que deviendrait-il donc... car un rival est souvent plus méchant qu'un mari!

— Ah! vous croyez... qu'un rival serait plus à craindre... Ce pauvre M. Mitonneau, il en perdrait tout à fait l'esprit... Mais vous, monsieur Hippolyte...

— Dites-moi donc Hippolyte, cher ami, vous savez bien qu'entre Compagnons de la Truffe il n'y a plus de monsieur !

— C'est vrai, je l'avais oublié. Mais vous, mon cher Hippolyte, vous n'avez pas soupé avec nous l'autre nuit, pourquoi cela ?

— Vous deviez en avoir deviné le motif!... je soupais en tête-à-tête avec mon Eléonore.

Anatole demeure tout saisi; cependant il tâche de ne point laisser voir son étonnement et reprend : — Ah! vous étiez avec cette dame... que vous m'avez montrée de loin; un domino orange bordé de bleu?

— C'est même...

— Et c'est la femme de ce petit monsieur que nous avons rencontré dans le passage de l'Opéra?

— De M. Canardière, positivement, un gaillard qui ne se mouche pas du pied!

— Et vous avez soupé avec sa femme?

— Oui, cher ami, chez le traiteur qui est en face du théâtre.

— A quelle heure y étiez-vous?

— A trois heures, nous y sommes restés jusqu'à cinq.

— Oh! c'est bien extraordinaire.

— Et que voyez-vous là d'extraordinaire, mon petit?

Anatole est embarrassé, il ne veut pas compromettre Mitonneau, il ne doute pas que le bel Hippolyte ne soit son rival; c'est pourquoi à lui, moins qu'à tout autre, il ne veut divulguer ce que son compagnon de voyage lui a confié. Mais il ne peut pas comprendre par quel moyen la dame au domino orange a pu se trouver en même temps avec Hippolyte et avec Mitonneau, ceci surpasse tout ce qu'il a entendu dire sur l'adresse et la ruse des dames de Paris.

Eh bien! mon cher, à quoi pensez-vous donc? vous n'avez pas répondu à ma question, reprend le beau jeune homme.

— Ah! pardon... je pensais... C'est que moi aussi j'ai soupé avec une jolie femme!

— Avec Olympia, je le sais... C'est une charmante biche. Moi, je ne suis pas comme vous, je ne vois là rien d'extraordinaire; à Paris, chacun poursuit la conquête qui lui plaît... Je réussis près des femmes, parce qu'en général, elles aiment les hommes que l'on se dispute, et dont l'hommage flatte leur amour-propre. Mais c'est assez nous occuper de galanterie. J'étais venu vous voir d'abord pour avoir le plaisir de me retrouver encore avec vous ; ensuite pour vous entretenir de choses sérieuses...

— Vous permettez que je m'habille tout en vous écoutant ?

— Faites donc... entre Compagnons de la Truffe point de gêne... nous sommes frères comme les Francs-Maçons.

— C'est vrai, j'oublie toujours cela.

— Je ferai mon possible pour vous en faire souvenir. Vous nous avez raconté l'histoire de cette cousine qui s'est enfuie de chez son père qui était votre oncle.

— Oui, c'est bien cela... et c'est cette dame ou tout au moins sa fille que je dois tâcher de trouver à Paris.

— Mon ami, quant à la mère, je crois bien, moi, qu'il n'y faut plus songer... Depuis le temps... elle doit être morte !

— Vous croyez qu'elle est morte ?

— C'est plus que probable... Quel âge aurait-elle ?

— La cousine Angélina ?

— Oui, la mère d'Herminie.

— Mais elle ne serait pas vieille... elle aurait trente-neuf ans tout au plus.

— Oui, mais si elle existait encore, elle aurait donné de ses nouvelles... répondu à votre bonne maman ; d'autant plus qu'elle était en correspondance avec elle, et cette correspondance, qui a cessé brusquement, n'a pu être brisée que par la mort... sans quoi quelle raison aurait eu cette dame pour cesser de correspondre avec une personne dont elle ne recevait que des preuves d'attachement ?

— C'est vrai... Oui, tout doit faire penser que ma cousine Angélina n'existe plus... Mais sa fille...

— Oh ! pour sa fille, c'est différent, elle était fort petite quand elle a perdu sa mère... elle a pu ne point être en état de donner de ses nouvelles, ignorer même le nom des parents de sa mère, puisque celle-ci avait changé de nom ; mais elle doit exister, et j'ai dans l'idée, mon cher Anatole, que je suis sur sa trace.

— Il serait possible !

— Je crois vous avoir dit que j'avais connu une demoiselle qui se nommait Herminie.

— En effet.

Et quand je dis connu, ce n'est pas dans le sens que vous pourriez supposer !... C'était une jeune femme fort honnête... qui vivait du fruit de son travail... Elle brodait... elle était très-jolie...

— Elle serait laide que cela n'y ferait rien, si c'est ma cousine !

— Sans doute, mais il est plus agréable d'avoir pour cousine une jolie femme.

— Eh bien ! l'avez-vous revue ?

— Je suis allé dans la maison où elle demeurait... elle n'y loge plus... elle habite maintenant Versailles, mais j'ai son adresse... et puis j'ai eu le talent de faire jaser le concierge de son ancienne demeure : il m'a dit que cette demoiselle Herminie n'avait plus ni père ni mère... et qu'aucun parent ne venait la voir... qu'elle pouvait avoir dix-neuf ans.

— Oh ! mais tout cela se rapporte !... Quel bonheur si j'avais déjà trouvé ma cousine !

— Reposez-vous sur moi pour en acquérir la certitude. J'irai à Versailles. Je verrai cette demoiselle Herminie, et si ce qu'elle me dira continue à me faire croire qu'elle est bien effectivement votre jeune cousine, ma foi... je vous l'amène !...

— Ce cher Hippolyte ! que d'obligations !... Que de peines vous m'épargnerez... et puis je ne saurais pas m'y prendre, moi... je suis si gauche... Vous irez à Versailles bientôt ?

— Oui, d'ici à deux ou trois jours... Ah ! diable !... cela me fait souvenir... Ma foi tant pis !...

— Quoi donc ?

— C'est que j'ai à Versailles un créancier, un ancien tailleur à qui je redois cinq cents francs... Je devais les lui payer le mois dernier... je n'ai pas pu : si je le rencontre, il va me redemander son argent... Enfin, je tâcherai de m'en débarrasser.

— Mais il y a un moyen bien plus simple pour que ce créancier ne vous retarde pas dans vos démarches, ce n'est pas de le payer... Tenez, mon cher Hippolyte, voilà un billet de cinq cents francs... soldez votre tailleur, il ne vous ennuiera plus...

— Ah ! ma foi, j'accepte... Au fait, cela vaut infiniment mieux comme cela. Ce cher Anatole !... Voilà qui est agir en frère... Je vous rendrai cela dès que je le pourrai.

— Très-bien ! que cela ne vous inquiète pas.

— Vous êtes un digne Compagnon de la Truffe. Maintenant je vous laisse finir votre toilette, j'ai des visites à faire dans le quartier.

— Et vous irez bientôt à Versailles ?

— Soyez tranquille, je ne serai pas content que je ne vous aie fait retrouver votre cousine.

Le bel Hippolyte est parti, après avoir soigneusement mis le billet de banque dans son portefeuille, et Anatole se dit : — Comme bonne-maman sera contente, si je retrouve sitôt la petite cousine ! C'est à ce nouvel ami que j'en serai redevable... Comme il est obligeant !... Ah ! j'ai fait la d'excellentes connaissances... J'ai bien fait, malgré cela, de ne point lui dire quelle est ma conquête de Mitonneau... il aurait pu aller lui chercher querelle... et pourtant, puisqu'il dit qu'il a soupé avec madame Canardière... et l'autre aussi le dit... et

tous les deux, à la même heure, chez le même traiteur... J'avoue que je n'y conçois rien.

Anatole cherchait en vain à deviner le mot de cette énigme, lorsque la porte de sa chambre est ouverte brusquement, et le grand Victor entre chez lui. Le nouveau venu va secouer la main d'Anatole, en lui disant : — Bonjour, petit ! Comment allons-nous ? Sommes-nous remis des fatigues du bal !... Ah ! ventre de biche ! la nuit a été bonne et bien employée !... Voilà comme il faut passer la vie !... S'amuser quand on est jeune, c'est de la sagesse, cela !... car le printemps ne renaît pas pour nous comme pour les arbres et les fleurs !... Fichtre ! il me semble que je fais des comparaisons un peu poétiques.

— C'est bien aimable à vous de venir me voir, mon cher monsieur Victor.

— Pas de monsieur ! à l'amende quand on dit monsieur !... cent francs d'amende ! Oh ! pardieu, je serais bien venu hier, mais je me suis dit : il faut le laisser reposer, ce petit !...

— Un peu plus tôt vous trouviez ici voire ami Hippolyte...

— Ah ! Hippolyte est déjà venu vous voir !...

Le grand jeune homme dissimule une légère grimace et reprend :

— Qu'est-ce qu'il est donc venu faire chez vous si matin ?

— M'apprendre quelque chose qui m'a fait grand plaisir !...

— Ah ! vraiment ! et peut-on savoir ce que c'est ?

— Assurément, ce n'est point un mystère : il est sur les traces de ma cousine Herminie, il va me la faire retrouver, si les apparences ne nous trompent point.

Victor frappe du pied et se mord les lèvres en se disant : — Gredin d'Hippolyte... il m'a devancé ! Puis il rit aux éclats en s'écriant :

— En voilà une bonne... Ah ! elle est délicieuse, celle-là !...

— Qu'est-ce qui est délicieux ?

— La coïncidence de nos démarches !... Moi aussi, jeune ami, je suis sur les traces de votre cousine, moi aussi j'ai cherché, trouvé, découvert une Herminie de dix-neuf ans, sans père, sans mère, sans le moindre parent... et qui croit se rappeler que sa pauvre mère a été enlevée... elle n'en est pas bien sûre, mais elle a des souvenirs vagues...

— Oh ! voilà qui est particulier... celle que connaît Hippolyte habite maintenant Versailles.

— La mienne habite Paris, rue Saint-Lazare, c'est bien plus commode !...

— Si j'allais tout de suite la voir, lui parler, l'interroger ?

Victor hésite, puis répond : — Non, non, elle n'est pas encore préparée... il ne faut pas brusquer les choses... D'ailleurs, vous ne la trouverez pas chez elle, elle travaille toute la journée dans un magasin...

— De quoi ?

— Un magasin de chaussures, elle pique des bottines... Vous faites la grimace, mais, mon petit, vous ne deviez pas vous attendre à ce que votre cousine roulerait carrosse ! Sans parents, sans appui, il fallait bien vivre... Le principal est que la jeune personne soit honnête, et celle-ci est, dit-on, un modèle de vertus ; si elle habitait Nanterre, il y a longtemps qu'elle serait rosière... mais à Paris on n'en fait plus.

— Alors, tout doit nous faire présumer que l'une de ces jeunes filles est ma pauvre cousine...

— Et je mettrais ma main au feu que c'est la mienne qui est la vraie... la bonne... Au reste, vous verrez ma petite piqueuse de bottines... Je me charge de vous l'amener, moi, et de faire auparavant toutes les démarches nécessaires pour être sûr que ce doit être votre Herminie !...

— Ah ! mon cher Victor, combien je vous remercie ! Comment vous témoigner ma reconnaissance ?...

— Ma foi, c'est très-facile... je suis à sec en ce moment, toutes les pensions qu'on me fait sont en retard, prêtez-moi cinq cents francs... et au lieu de me devoir de la reconnaissance, c'est moi qui serai trop obligé.

— Cinq cents francs !... les voilà, mon ami, les voilà... Enchanté de trouver cette occasion de vous être agréable !...

— Ah ! qu'il est bon enfant !... quel véritable ami !... Je ne sais pas bien au juste quand je pourrai vous les rendre...

— Peu importe... quand j'aurai besoin de fonds, j'écrirai à ma grand'maman de m'en envoyer...

— Bravo !... il comprend la vie, cet enfant... et puis l'argent n'est bon qu'à être dépensé ! Ceux qui l'entassent et le conservent ne sont pas dignes d'en avoir.

— Et vous m'amènerez cette jeune personne qui s'appelle Herminie...

— Je vous l'amènerai... vous la questionnerez... moi aussi... Elle est naïve et pure... elle ne nous mentira pas, je suis persuadé que c'est votre cousine...

— Et l'autre ?

— L'autre, nous la confondrons, nous la démasquerons si elle essaye de nous tromper. Fiez-vous à moi pour démêler la vérité, je ne prends pas du strass pour du diamant ; tandis que notre ami Hippolyte, qui, malgré ses prétentions, n'est pas fin du tout, se sera laissé attraper par la première Herminie qu'il aura rencontrée. Mais, adieu, petit, j'ai des courses à faire ; au revoir, vous aurez bientôt de mes nouvelles.

Anatole suit avec surprise tous les mouvements de Mitonneau. (Page 45.)

Le grand Victor est sorti aussi vivement qu'il est entré. Anatole réfléchit et se dit : — Deux Herminie qui ont l'air d'être ma petite-cousine... c'est embarrassant ! comment parviendrai-je à découvrir la vérité. Il me semble que j'aurais autant aimé qu'il n'y en eût qu'une. Enfin, mes amis me guideront; avec leurs conseils, leur expérience, je ne me tromperai pas !... Victor prétend que c'est la sienne qui est ma cousine... mais Hippolyte paraissait aussi bien persuadé que la demoiselle qui habite Versailles est celle que je cherche.

Anatole est encore tiré de ses réflexions par un nouveau visiteur; cette fois, c'est Armand Bouquinard qui entre chez lui. Le jeune littérateur se présente avec cette tenue posée de l'homme qui se croit quelque chose; il va échanger une poignée de main avec son nouvel ami, en lui disant : — Bonjour, cher compagnon; enchanté de vous trouver : je craignais que vous ne fussiez déjà sorti...

— Ma foi, vous ne m'auriez peut-être pas trouvé, si...

— Et je me disais : il ne faut pas que je manque ce cher ami, car j'ai à causer avec lui...

— Sans les deux visites que j'ai reçues ce matin, trois même... j'aurais bien pu ne pas y être... Ce sont vos...

— Figurez-vous que j'étais dans un chapitre de mon nouveau roman... Oh! il vient bien, il vient très-bien... Je vous en dirai le sujet une autre fois...

Anatole ne répond plus rien; il s'est aperçu qu'avec le jeune homme de lettres, il était assez inutile de dire quelque chose, celui-ci ayant l'habitude de ne point écouter, par conséquent de ne point entendre, et de parler toujours. Rien de si commun dans le monde que ce genre de bavards qui mériteraient d'être classés parmi les cucurbitacés; parlant sans cesse et longuement de choses qui ne vous intéressent nullement, n'écoutant qu'eux, ne vous écoutant jamais, et finissant ordinairement par vous dire : Et cela va toujours bien ? quand vous leur avez dix fois répété que vous étiez malade.

— Oui, mon cher Anatole, je tenais à vous voir ce matin, car, tout en travaillant à mon nouveau roman, je pensais à vous... à cette histoire si intéressante que vous nous avez contée de votre cousine Angélina, histoire dont je ferai quelque chose bien certainement... Il y a six volumes là-dedans... et je me disais : Mais avant de faire un roman de sa cousine, ne vaudrait-il pas mieux la lui faire retrouver?... Hein ! c'était une bonne idée, cela !... mais les bonnes idées ne me font jamais défaut. Alors je me rappelle cette personne nommée Herminie, avec laquelle je m'étais jadis trouvé en société; je me dis : il faut savoir quelle est cette Herminie et si elle a une famille enfin, s'il y a quelques rapports avec celle que nous cherchons... J'ignorais son adresse, mais je me suis rendu chez les personnes chez lesquelles je l'avais rencontrée. Là je me suis informé, et voici ce que j'ai appris : Cette demoiselle, qui a été fort bien élevée, n'a plus de parents, du moins on ne lui en connaît pas; elle donne, pour vivre, des leçons de danse... A Paris, il y a des femmes qui enseignent la danse, et elles ont beaucoup d'élèves; cela se conçoit : la danse est un art qui exige des développements... des sauts... des balancements; par exemple, on vous fait lever la jambe, et très-haut!... le plus haut possible. Or, quand vous avez une fille, vous désirez qu'elle sache danser, et cependant vous ne vous souciez pas toujours qu'un professeur lui fasse lever la jambe et la tienne longtemps dans cette position. D'après cela, vous comprenez qu'une maîtresse de danse est une personne fort recherchée par les parents, et que ce soit une profession qui n'est pas à dédaigner. Cette demoiselle Herminie est donc maîtresse de danse. elle a dix-neuf ans, point de parents... un certain mystère règne sur son origine... donc c'est votre cousine! je le gagerais! et il est bien rare que je ne devine pas juste.

Cette fois Armand s'arrête et attend qu'on lui réponde, il est même très-surpris que ce qu'il vient de dire à Anatole ne lui cause pas de vifs transports de joie. Voyant que celui-ci continue de se taire, il reprend : — Eh bien ! mon cher, vous vous taisez?... Comment! vous n'êtes pas enchanté que je vous ai retrouvé votre cousine ?

— Ah! c'est que cela m'en fait trois maintenant, et je n'en cherche qu'une ! répond Anatole d'un air soucieux.

— Trois ? qu'est-ce que cela signifie?... Je ne comprends plus...

— Cela signifie que vos deux amis, Hippolyte et Victor, ont aussi trouvé chacun une demoiselle Herminie, qu'ils croient être ma cousine.

— Hippolyte? Victor? Vous les avez donc vus déjà?

— Sans doute, et c'est ce que je voulais vous dire... mais vous ne m'avez pas écouté !...

— Ah! vous les avez vus... Quand cela?

— Tout à l'heure, ici... il n'y a pas longtemps.

— Est-ce qu'ils sont venus ensemble?

— Non, l'un après l'autre.

— Et chacun d'eux prétend avoir trouvé cette cousine que vous cherchez?...

— Oui... absolument comme vous...

Armand prend un air d'humeur; il se promène quelque temps dans la chambre, et s'écrie enfin.

— Cela n'est pas possible !

— Qu'est-ce qui n'est pas possible ?

Le choc a été si rude que plusieurs citrons dégringolent. (Page 50.)

— Que ces messieurs aient trouvé votre véritable cousine...

— Au fait, puisqu'il ne m'en faut qu'une, certainement dans les trois il y en a deux qui ne sont pas la vraie.

— Et de quoi diable se mêlent-ils, ces messieurs? Qui les avait priés de s'occuper de cette affaire? Je m'en étais chargé, moi, il me semble que cela devait suffire!...

— Vous ne leur aviez peut-être pas dit cela?

— Je vous répète que c'est mon Herminie, la maîtresse de danse, qui est bien la personne que vous cherchez...

— Dame... ils m'ont dit la même chose!...

— C'est pitoyable!... c'est indigne!... vouloir abuser de la confiance d'un jeune homme... Ah! si je voulais parler, j'en dirais long!...

— Sur quoi?

— Plus tard... vous y verrez clair... Et tenez je parie une chose... vous allez me dire bien franchement si je me trompe... ou si j'ai deviné juste... me le promettez-vous?

— Très-volontiers.

— Eh bien, je parie que Victor et Hippolyte vous ont déjà emprunté de l'argent, et que vous leur en avez prêté?...

— Ma foi... c'est vrai... je leur ai prêté à chacun cinq cents francs... Victor me les a empruntés... mais Hippolyte ne me les empruntait pas... seulement, comme il faut qu'il aille à Versailles pour trouver cette Herminie qu'il croit être ma cousine... et qu'il a par-là un créancier... alors je lui ai prêté cinq cents francs pour qu'il paye son créancier de Versailles où, sans cela, il craignait de se rendre.

Armand frappe dans ses mains en disant : — C'est une infamie!... c'est tout bonnement une infamie... Quel tissu de mensonges!... un créancier à Versailles!...Parbleu! il en a dans tous les départements... Profiter de la candeur, de la confiance d'un jeune homme... qu'ils ne connaissent que grâce à moi... car c'est chez moi que vous veniez, et pas chez eux. Et tout de suite lui emprunter de l'argent!... Ah! fi! je ne leur pardonnerai jamais cela!...

— Mais où donc est le mal? Je vous assure que j'ai été heureux de pouvoir les obliger. D'ailleurs ne m'avez-vous pas dit qu'entre Compagnons de la Truffe tout était commun... que l'on devait agir en frère?

— Oui, certainement, je ne dis pas le contraire. Cependant ce n'est pas une raison pour que ces messieurs vous mettent tout de suite à contribution!... car enfin... moi, qui en aurais bien plus le droit qu'eux... moi... je me trouverais gêné comme en ce moment, par exemple, par la faillite d'un libraire... je voudrais vous emprunter... cinq cents francs... comme ils l'ont fait... eh bien! je n'oserais pas me

permettre de vous les demander, je craindrais maintenant de vou gêner... et tout cela par la faute de ces messieurs... Ah! ils n'y vont pas par quatre chemins, eux... et moi, cependant, j'offre d'autre garantie qu'eux; d'abord vous connaissez mon père... vous savez qu'il est riche... et... il ne payerait peut-être pas pour moi... mais enfin il serait toujours là...

— Mon cher Armand, est-ce que vous êtes embarrassé aussi pour de l'argent?... est-ce que vous auriez besoin de cinq cents francs?

— Ma foi... oui... je n'osais plus vous le dire... mais la faillite de ce libraire... je ne m'y attendais pas... c'est une tuile qui me tombe sur la tête, et j'ai justement un billet à payer...

— Eh! mon Dieu... que ne le disiez-vous?... Croyez-vous que je serais moins flatté de vous être agréable à vous qu'à ces messieurs?

— Au fait, non, je ne dois pas croire cela... puisque vous me connaissez avant eux...

— Tenez... prenez ce billet de cinq cents francs... Ma foi, c'est mon dernier...

— Oh diable! alors cela va vous gêner.

— Nullement, je vais tout de suite écrire à bonne maman qu'elle m'en envoie d'autres.

— Puisqu'il en est ainsi, j'accepte. Merci, cher Anatole, vous êtes un véritable ami; mais c'est égal, croyez-moi, ne vous laissez pas aller aussi facilement à prêter de l'argent à tous ceux qui vous en demanderont... Il faut conserver son obligeance pour les amis sur qui l'on peut compter. Adieu, mon petit, je vous quitte; bientôt je vous mènerai dans une maison où l'on donne des soirées superbes, dans ce qui s'appelle le beau monde. Vous y verrez des femmes ravissantes... c'est autre chose que les Olympia.

— Et la troisième Herminie?

— Je veux encore l'interroger, et je vous la ferai connaître quand je serai bien sûr de mon fait. A bientôt, cher ami, à bientôt... Oh! je vous produirai dans le grand monde, moi, car j'y vais... j'y suis fêté, accueilli, recherché, tandis que les autres... ah! ah!... A bientôt.

XXIV. — LES TERREURS DE MITONNEAU.

Dès que le fils de M. Bouquinard est parti, Anatole visite son portefeuille et s'assure qu'il ne lui reste plus un seul billet de banque; en revanche il possède encore cent francs en or dans son porte-monnaie. Il se place devant son secrétaire et écrit à madame Desforgeray la lettre suivante :

4

« Chère bonne maman,

« Je commence par te dire que je me porte bien et que je suis très-content d'être à Paris ; je m'y amuse beaucoup ; je viens de me lier avec quatre jeunes gens très comme il faut qui se mettent parfaitement bien. Ils m'ont tout de suite témoigné la plus vive amitié, ils me sont tout dévoués, et grâce à eux, je ne puis manquer de trouver ma jeune cousine ; ils sont sur la piste de toutes les Herminie qui habitent Paris ou les environs. Dès que j'aurai trouvé la vraie, je te le ferai savoir et tu me diras si je dois te l'envoyer. L'un de mes nouveaux amis, le fils de M. Bouquinard, doit me conduire dans de belles réunions, me produire dans les salons de Paris. Mais il faut que tu m'envoies tout de suite de l'argent : on en dépense beaucoup ici, j'en ai prêté un peu à mes nouveaux amis, qui me regardent comme leur frère, et m'ont dit qu'entre nous désormais tout serait commun. Trois mille francs, c'est bien peu de chose ici ; envoie-moi une plus forte somme pour que je ne sois pas obligé de t'en redemander souvent. Adieu, chère bonne maman ; dès que j'aurai la certitude que ma cousine est une des Herminie dont on me parle, je te le ferai savoir. Mais envoie-moi de l'argent au reçu de ma lettre.

« Je t'embrasse et suis avec respect

« Ton petit-fils,

« ANATOLE DESFORGERAY. »

Cette lettre cachetée et envoyée à la poste, Anatole se rappelle son voisin Mitonneau et la façon dont il a fui de chez lui. Il pense que ce sera un service à lui rendre en allant le rassurer, et va cogner à la porte où il n'y a pas de clef. On ne lui répond pas... Le jeune homme frappe une seconde fois, en criant à travers la serrure :

— C'est moi... Anatole... votre voisin... n'ayez pas peur... Je suis tout seul.

Alors la porte est entre-bâillée tout doucement, puis on l'ouvre tout à fait, et Mitonneau, pâle, défait, fait entrer Anatole dans sa chambre, ayant soin de fermer bien vite la porte après lui, et lui dit à voix basse :

— Vous êtes bien seul ?

— Mais oui, comme vous voyez...

— Mais il est venu bien du monde chez vous ce matin ?

— En effet, trois de mes amis sont arrivés les uns après les autres...

— Et il n'est venu personne me demander... s'informer de moi ?

— Personne ! Vous avez donc toujours peur ?

— Il me semble que j'en ai sujet !..... Oh ! les bonnes fortunes... comme elles sont mal nommées !

— Tous ceux qui en ont ne tremblent pas comme vous... un de mes amis... de ceux qui sont venus me voir ce matin, a soupé comme vous, avec une dame... mariée... et au même restaurant... en face du théâtre.

— C'est possible, il y avait beaucoup de monde chez ce traiteur...

— La dame avec laquelle il a soupé se nomme aussi Éléonore.

— Cela n'a rien de surprenant, Éléonore c'est un nom très-bien porté... il y en a pas autant que de Marie, mais il y en a beaucoup. Je gage bien que celle de votre ami n'a pas un mari aussi féroce que la mienne !...

Anatole est sur le point de lui dire : c'est le même ; mais il songe qu'en avouant cela à Mitonneau, celui-ci sera encore plus malheureux, plus effrayé, parce qu'il se croira menacé non-seulement par le mari, mais encore par un rival. Cette réflexion retient le secret prêt à lui échapper ; il répond : — Voyons, mon cher monsieur Mitonneau, vous n'allez point passer tout votre temps dans votre chambre sans oser sortir... Voulez-vous venir déjeuner avec moi au Palais-Royal ?

— Déjeuner avec vous... sortir !..... Au fait, j'aime mieux sortir avec vous que seul...

— Est-ce que vous avez déjeuné ?

— Oh ! non, je n'y songeais point ! je n'ai pas faim !...

— Est-ce que votre intention est de ne plus manger ?

— Oh ! pardonnez-moi.

— Alors venez...

— Si je mettais un faux-nez, comme vous au bal...

— Y songez-vous ?... pour que l'on coure après vous dans la rue...

— C'est vrai, cela me ferait remarquer. C'est justement ce que je ne veux pas..... Allons, je me risque..... je ne puis pas me calfeutrer sans cesse dans cette chambre... sortons.

Mitonneau enfonce son chapeau sur ses yeux, comme s'il voulait les cacher entièrement. Dans la rue, il prend le bras d'Anatole, se serre contre lui, et souvent marche en plein dans le ruisseau, parce que son chapeau est tellement sur ses yeux qu'il ne voit plus clair.

— Sapristi ! vous nous éclaboussez ! dit Anatole.

— Ça ne fait rien... ça se séchera au café.

— Vous baissez trop votre chapeau... vous n'y voyez plus.

— Le principal n'est pas que je le voie, mais bien que je ne sois pas vu !

— Comme vous voudrez.

Mais, un peu plus loin, Mitonneau se cogne contre une femme qui tend des citrons sur un éventaire qu'elle porte devant elle. Le choc a été si rude que plusieurs citrons dégringolent et roulent sur le trottoir.

Alors la marchande, furieuse, dit à Anatole : — Monsieur, quand on conduit un aveugle, on ne le laisse pas se jeter sur le monde !

— Comment ! un aveugle ! répond Anatole ; monsieur y voit aussi bien que moi !

— Ah ! vous y voyez, vous ? et vous jetez mes citrons dans la rue ! s'écrie la marchande en se tournant vers Mitonneau. Alors vous l'avez donc fait exprès ?...Mais vous me payerez ceux que vous m'avez gâtés et que je ne pourrais plus vendre.

Il y en avait neuf de tombés, la marchande prétend qu'il y en a six qu'elle ne pourra plus vendre.

— Alors je les achète, dit Mitonneau. Combien vendez-vous vos citrons ?

— Quatre sous pièce !...

— C'est pas vrai ! dit un gamin qui a aidé à ramasser la marchandise. Elle les criait tout à l'heure à deux sous !

— Veux-tu te taire, polisson ! c'est pas ceux-là que je vends deux sous !

— Eh ben, lesquels donc ? vous n'en avez pas d'autres !

Mitonneau fourre les citrons dans ses poches, jette une pièce d'un franc sur l'éventaire de la marchande, et s'éloigne avec Anatole, en mettant cette fois son chapeau un peu moins sur son front.

Arrivés au Palais-Royal, ces messieurs entrent au café de la Rotonde et se font servir à déjeuner. Tout en mangeant sa côtelette, Anatole dit à son vis-à-vis : — Si je n'avais pas d'argent avant qu'on ne m'en envoie encore, vous m'en prêteriez, n'est-ce pas, monsieur Mitonneau ?

L'ex-marchand de fourrages regarde Anatole d'un air stupéfait, et répond : — Comment, pas d'argent !... Qu'avez-vous donc fait des mille écus de votre grand'mère ?... il n'y a que quatre semaines que nous sommes à Paris.

— Mon cher monsieur, je les ai dépensés, sauf cinq napoléons qui me restent encore.

— Bigre ! mais vous allez bien !..... vous allez trop bien même... dépenser trois mille francs en quatre semaines... ça fait presque mille francs par semaine... il y en a cinquante-deux dans l'année ; si vous continuez le même train, vous devez comprendre que votre revenu n'y suffira pas.

— On ne prête pas tous les jours de l'argent à ses amis !

— Ah ! vos nouveaux amis vous empruntent déjà de l'argent ?

— Pourquoi pas ?

— C'est bien prompt !

— Ensuite, avant-hier, j'ai dû payer toutes les dépenses de la journée, pour fêter ma réception !

— Votre réception... dans quoi ?

— Dans leur société... Je suis Compagnon de la Truffe !...

— Compagnon de la Truffe ! Voilà une société dont je n'avais jamais entendu parler !...

— Ah ! je suis un bavard ! on m'avait défendu de parler de notre confrérie... et j'ai oublié que j'avais promis de me taire. Gardez-moi le secret, monsieur Mitonneau !...

— Soyez tranquille... mais ce n'est pas une société politique, j'espère ?

— Oh ! nullement !... il n'est question que de s'amuser.

— À la bonne heure. Malgré cela, mon jeune ami, vous avez eu tort de vous laisser affilier à une société quelconque... Méfiez-vous des embaucheurs... c'est toujours à vos dépens qu'ils agissent... Vous voyez bien que vos amis truffés vous ont déjà emprunté de l'argent... Je ne les connais pas, mais s'ils vous le rendent, ça m'étonnera beaucoup.

— Monsieur Mitonneau, vous vous méfiez de tout le monde !

Pas assez encore... il y a une chanson qui a pour refrain :

Combien de fois faut-il que je vous dise,
Que je m'suis pas assez méfié de la payse !

— Je ne connais pas cette chanson-là !

— Tant pis !... Achetez-la... apprenez-la par cœur, et avant de souper avec des Olympia ou autres dames de cette catégorie, rappelez-vous ces couplets... Alors... Ah ! mon Dieu !...

— Qu'avez-vous donc ?

— C'est lui !...

— Qui lui ?

— Canardière, qui vient d'entrer dans ce café... Sauvons-nous !

— Y pensez-vous ?... D'ailleurs, je n'ai pas fini de déjeuner, moi !...

— Si je me glissais sous la table ?

— Ce serait joli !

— S'il m'a vu... il vient à nous... je suis perdu !...

— Allons, bon ! vous renversez tout votre café sur la table !

Le petit homme sec, qu'Anatole avait déjà vu dans le passage de l'Opéra, vient à eux et frappe sur l'épaule de Mitonneau en disant :

— Ah ! je te trouve donc enfin, toi !

Mitonneau est devenu verdâtre ; il ne répond pas, il ne se retourne pas, mais il prend le carafon de vin placé devant Anatole et en verse dans son café. M. Canardière frappe de nouveau sur l'épaule de son ami en s'écriant : — Eh bien ! qu'est-ce que tu fais donc ? Tu mets du vin dans ton café... ça ne peut pas être bon !... Tu as cru y mettre de l'eau-de-vie probablement. Ah ! mon pauvre ami, je ne te savais pas si distrait !...

Le ton dont ces paroles sont prononcées commence à calmer un peu la terreur de Mitonneau; il tourne doucement la tête et ne voit rien dans la physionomie de son ancien ami qui annonce la colère et les projets homicides. Alors il se décide à lui répondre : — Tiens! c'est Canardière... c'est ce cher Canardière !

— Sans doute, c'est moi. Est-ce que tu n'avais pas reconnu ma voix?

— Non... je croyais qu'on appelait le garçon.

— Et c'est pour cela que tu mettais du vin dans ton café...

— Tu crois que j'ai mis du vin...

— Parbleu! goûte-le, et tu verras... Mais quels yeux effarés tu fais !... Tu n'avais pas ces yeux-là quand je t'ai rencontré, l'autre soir, dans le passage de l'Opéra !

— Je t'assure pourtant que ce sont les mêmes.

— Ce pauvre Mitonneau !... Tu auras fait là des conquêtes qui te donnent des distractions... Voyons, conte-moi cela... As-tu fait une jolie connaissance?...

— Moi! par exemple!.,. Pour qui me prends-tu?... Je n'ai causé qu'avec des hommes !

— Si c'est pour cela que tu vas au bal masqué, je ne t'en ferai pas mon compliment.... Ah! mille carabines! quand j'étais garçon, je ne revenais jamais seul du bal... et je payais à souper à ma conquête !...

— Tu payais? Tu offrais à souper?. Ah ! que ce café est mauvais!.. Il paraît qu'en effet j'ai mis du vin dedans...

— Mais à présent que je suis marié, je suis sage, rangé... et puis j'ai une femme si gentille. Ah çà! tu ne veux donc pas venir la voir, ma femme?

— Ta femme... Pourquoi faire?

— Comment, pourquoi faire?... Mais pour faire sa connaissance... Tu n'en seras pas fâché : Eléonore est fort aimable, et puis je lui ai annoncé ta visite; elle t'attend avec impatience.

— Elle m'attend... Tu crois que ta femme m'attend... Est-ce que tu lui as dit mon nom?

— Pourquoi pas?... Est-ce que tu es à Paris incognito, comme les grands personnages?

— Je ne dis pas cela...

M. Canardière, regardant Anatole, reprend.

— Il me semble que j'ai vu monsieur quelque part.

— En effet, monsieur, dans le passage de l'Opéra... J'étais avec un jeune homme avec qui vous avez causé un instant.

— Ah! oui... vous étiez plusieurs pierrots... je m'en souviens.. vous alliez au bal de l'Opéra.

— Oui, monsieur.

— Et je gage bien que vous n'avez pas fait comme Mitonneau, qui n'a causé qu'avec des hommes... Mais c'est un hypocrite, je ne donne pas là-dedans... Voyons, Mitonneau, veux-tu venir dîner chez moi aujourd'hui, à cinq heures, sans quart, et je te présenterai à Eléonore?

— Aujourd'hui... chez toi... oh! c'est impossible... je prends médecine... j'ai besoin de me purger.

— Que le diable t'emporte! je crois que tu te moques de moi... Bonjour, alors, tu viendras quand tu voudras, je ne te le dirai plus... Monsieur, je vous salue.

M. Canardière est allé s'asseoir à une table à l'autre bout du café.

— Ouf! enfin il est parti! balbutie Mitonneau.

— Non, il est allé s'asseoir là-bas et il lit un journal.

— En ce cas, partons bien vite, je vous en prie... Je crois bien qu'il ne sait rien encore, puisqu'il m'invite à dîner; mais, d'un moment à l'autre, on peut l'instruire... il y a des hasards si imprévus !... Vous ne venez pas?... Vous mangez trop, mon jeune ami, vous vous ferez du mal.

— Il n'y a pas de danger... Mais je n'ai pas encore fini...

— Alors je vous laisse, je m'en vais sans vous... S'il revient vous parler, dites-lui que je vais retourner à Montpellier très-incessamment...

— Eh bien! dites donc, monsieur Mitonneau, et ce que je vous ai demandé?

Il est parti... il ne m'écoute pas! se dit Anatole. Je lui demande s'il voudra me prêter de l'argent; au lieu de cela il me laisse son déjeuner à payer... Heureusement c'est peu de chose... Mais j'ai promis à Olympia de la mener aujourd'hui dîner et ensuite au spectacle... Ah! nous ne dépenserons pas à nous deux autant qu'avant-hier avec ces messieurs... C'est égal, M. Mitonneau n'est pas aimable... Quand j'ai de l'argent, j'en prête à tous mes amis... et, pour la première fois que j'en demande, on ne m'en prête pas.

A six heures, Anatole est allé chercher Olympia, qui lui dit : — Nous allons dîner chez Bonvalet, nous serons tout portés pour nous rendre ce soir au théâtre des Délassements; nous verrons danser *Rigolboche*, elle fait fureur. Partons... Avez-vous un coupé en bas?...

— Non, je suis venu à me promenant.

— Oui, mais moi je ne sors qu'en coupé... Heureusement il y en a à deux pas.

On prend un coupé, on va chez Bonvalet, on dîne très-bien; Olympia, tout en disant à chaque instant : « Mon petit, il ne faut pas faire de folies, je ne veux pas te ruiner, moi... » trouve moyen de faire monter la carte à quarante-neuf francs. On se rend ensuite au spectacle, et Olympia n'a pas manqué de dire à son jeune adorateur :

— Prends des avant-scènes, cher ami, je ne vais jamais ailleurs. Quand on est placé, cette dame s'écrie : — Ah! j'ai oublié ma lorgnette... je suis très-malheureuse au spectacle si je n'ai pas de lorgnette... Tu vas m'en acheter une, on en vend dans la salle.

Anatole rougit de crainte que le prix de la lorgnette ne dépasse ce qui lui reste d'argent; heureusement Olympia en choisit une qui ne coûte que treize francs. Dans un entr'acte, elle veut prendre des glaces. Quand le spectacle est fini, elle laisse entendre qu'elle souperait volontiers, mais Anatole, qui ne possède plus que douze francs, déclare qu'il a un violent mal de tête.

— Eh bien, cher ami, dit Olympia, tu vas me mettre chez moi, puis tu iras te coucher.

Il tardait au jeune provincial de se débarrasser de sa biche; il avait toujours peur qu'elle n'eût encore envie de quelque chose. Il s'empresse de monter avec elle en coupé et la met à sa porte.

— Quand te reverrai-je? demande la jolie brune.

— Aussitôt que je n'aurai plus mal à la tête, répond Anatole, qui se fait reconduire chez lui, et, après avoir payé la voiture, n'a plus que neuf francs de reste sur ses cent francs.

XXV. — ILLUSIONS DU JEUNE AGE.

Le lendemain de cette journée si bien employée, Anatole, en se levant, compte encore son argent, et, voyant qu'il ne possède plus que neuf francs, se dit : — Il faut donc qu'avec cela j'attende la réponse de ma grand'mère... Diable! et si par hasard bonne maman ne me répondait pas tout de suite, comment ferais-je?... J'ai dépensé hier quatre-vingt-onze francs... Je crois que M. Mitonneau a raison et que si je continuais le même train de vie, ma fortune n'y suffirait pas. Mon Dieu! comme l'argent va vite à Paris!... Certainement je n'irai pas revoir madame ou mademoiselle Olympia tant que je n'aurai pas le gousset mieux garni!... Et ce M. Mitonneau qui fait la sourde oreille quand je lui demande un service... Ah! si mes amis étaient en fonds, je suis bien persuadé qu'ils m'offriraient leur bourse. Mais ils ne sont pas en fonds, puisqu'ils ont eu besoin de m'emprunter. Tiens! j'ai vu des traiteurs qui annonçaient : Dîner à 2 francs. Je dînerai là. Et en attendant je vais me faire apporter à déjeuner ici... Je dirai au garçon de l'hôtel que c'est à porter au compte de M. Mitonneau; j'ai payé son déjeuner hier, il peut bien payer le mien aujourd'hui.

Anatole se fait apporter modestement du café et des flûtes. Tout en déjeunant il réfléchit : — Si mes amis venaient maintenant me voir et me proposer quelque partie de plaisir, je serais fort embarrassé, je serais obligé de refuser. Et ma tendre Olympia, qui m'a dit que j'étais le premier qui lui avais fait connaître l'amour, et qu'elle mourrait si elle était trois jours sans me voir!... Elle serait bien capable de venir... Elle m'aime beaucoup cette femme-là... Elle m'a encore dit hier : « Toi si un désert, une chaumière et ton amour, je préfère cela à tous les diamants de la Russie !... Si tu m'étais infidèle, je me poignarderais... » C'est gentil d'être aimé comme cela... Cependant il faudra bien un jour que je la quitte... Je frémis quand je pense à cela... Je serais désolé si une femme se tuait pour moi !...

Mais trois jours s'écoulent, et les nouveaux amis d'Anatole ne sont pas venus le voir; il y a dans le monde des gens qui semblent deviner notre position pécuniaire, un secret instinct les guide et les fait accourir quand la fortune nous sourit; mais si celle nous est contraire, si nous nous trouvons à court d'argent, ces gens-là disparaissent, ils ne viennent plus nous voir, nous ne les rencontrons plus... Quelque chose les avertit que l'on ne s'amuserait plus avec nous... Comment devinent-ils cela?... ils ont probablement la seconde vue de l'or, ou c'est pour eux un aimant qui les attire du côté où les goussets sont bien garnis. Les Compagnons de la Truffe étaient de ces gens-là. Cependant Victor, Armand et Hippolyte n'avaient loin d'avoir oublié leur naïf ami; chacun d'eux s'occupait de lui parfaire une Herminie qui pût jouer le rôle de la petite cousine qu'il cherchait; mais il fallait du temps pour bien apprendre à ces demoiselles le personnage qu'elles devaient représenter, et comme chacun d'eux tenait à réussir et à l'emporter sur ses concurrents, ils attendaient, pour mener à bien cette intrigue, que leur Herminie fût parfaitement stylée.

Boudinet seul n'était pas venu emprunter de l'argent au jeune provincial, ni lui annoncer qu'il avait découvert sa petite cousine; mais l'homme de bourse avait d'autres projets.

Anatole continuait de se faire apporter à déjeuner aux frais de Mitonneau, que cependant il n'avait pas revu depuis le jour où celui-ci avait rencontré son ami Canardière au café. Le jeune Desforgeray avait dîné trois jours de suite à quarante sous par tête, et il n'avait pas trouvé cette cuisine trop mauvaise, parce qu'avec un bon estomac et un fort appétit, on n'est jamais difficile. Cependant le quatrième jour était arrivé, Anatole ne possédait plus que cinquante sous, et il n'avait pas encore reçu de réponse de sa grand'maman. Il se disait bien qu'il n'y avait pas encore de retard, et qu'il fallait que madame Desforgeray eût le temps de se procurer une lettre de change sur Paris, ce qui est plus sûr que de mettre des billets de banque sous enveloppe à la poste. Malgré cela il était inquiet, il commençait à se tourmenter, et à chaque instant il se disait : — Si je ne reçois pas d'argent demain, je n'aurai pas même de quoi dîner à deux francs par tête... Oh! alors j'irai trouver M. Mitonneau, et il faudra bien qu'il me prête... Il sait bien que j'ai le moyen de lui rendre.

Anatole réfléchissait à sa position, et se disait : — C'est stupide de se trouver à peu près sans le sou quand on possède sept mille francs de rente!...

Tout à coup sa porte est ouverte brusquement, et mademoiselle Olympia entre chez Anatole. Ce n'est plus le Titi décolleté de l'Opéra, mais c'est une femme très-élégante et qui apporte avec elle un parfum de bouquet qui ajoute encore aux charmes de sa personne.

En apercevant Anatole assis devant son feu, la séduisante biche s'écrie : — Ah! le voilà, ce monsieur! il se chauffe tranquillement les mollets, tandis que moi je m'inquiète, je me désole; parce que depuis quatre jours je ne l'ai pas vu, je n'ai pas eu de ses nouvelles... Je me disais : Mais il lui est donc arrivé quelque accident... Il est donc malade, bien malade, puisqu'il ne vient pas... et monsieur n'avait rien... et monsieur flânait au coin de son feu. Petit monstre! scélérat!... votre conduite est indigne... je vous déteste... mais il faut que je t'embrasse d'abord... Ah! Dieu! quatre jours sans se presser sur mon cœur... c'était pour en mourir...

Et mademo... e Olympia saute au cou d'Anatole et l'accable de caresses que celui-ci lui rend de très-bon cœur. Quand ces premiers transports amoureux sont calmés, Olympia se jette sur une causeuse en disant : — Voyons maintenant, monsieur, vous allez me dire ce que vous avez fait depuis quatre jours que j'ai passés sans vous voir... que j'ai passés à me désoler, à me tourmenter... Répondez... et surtout pas de blagues! avec moi ça ne prendrait pas!

— Ma chère amie, répond Anatole un peu embarrassé, parce qu'il ne voudrait pas avouer sa position, ma chère... depuis quatre jours... mon Dieu, je n'ai rien fait... je ne me suis pas amusé du tout... Je suis resté chez moi... je ne suis pas allé au spectacle... et je me suis couché de bonne heure.

— Ta ta ta! en voilà de ces colles!... mais je les trouve trop fortes. Et c'est à moi que l'on ose dire de ces choses-là!..., Voyez-vous, monsieur qui est venu à Paris pour s'amuser et qui passe son temps dans sa chambre et se couche de bonne heure!... En vérité, mon petit, vous m'étonnez!... Qui croirait que, si jeune et avec cet air candide, on ait déjà tant de fourberie!... C'est du *Scapin* tout pur... du *Scapin* moderne!

— Mais, ma chère Olympia, je vous assure que je ne vous ai pas fait de mensonge... j'ai passé mon temps comme je vous l'ai dit...

— Taisez-vous... petit traître... petit volage. Oh! il y a là-dessous quelque femme... quelque nouvelle passion... Ingrat! moi qui t'aime tant! moi qui refuserais les plus belles parties de plaisir pour passer une heure près de lui... moi qui ne suis heureuse que là... à tes côtés... Tu le crois, n'est-ce pas? tu en es bien sûr, n'est-ce pas?

— Comment ne le croirais-je pas? vos yeux expriment si bien l'amour!...

— Oui, j'ai les yeux très-amoureux... on me l'a toujours dit... Voyons, petit, je veux bien te pardonner pour cette fois, à condition que tu ne recommenceras plus... et que tu ne seras plus des quatre jours sans voir ton adorée. Maintenant mets ton pardessus, envoie chercher un coupé et mène-moi dîner chez Véfour, au Palais-Royal, il y a quelque temps que je n'y ai dîné, ça nous changera; ce soir nous irons à la Porte-Saint-Martin, on dit que le nouveau drame fait fureur... et puis après le spectacle, tu me ramèneras chez moi. Voilà le programme de notre journée... J'espère que je suis gentille de penser ainsi à vos plaisirs... Allons, achève donc ta toilette.

Mais au lieu de s'occuper de sa toilette, Anatole tisonnait son feu et ne répondait rien. Olympia impatientée s'écrie : — Eh bien! à quoi penses-tu donc, mon bibi, tu ne souffles pas mot?... Est-ce que tu ne m'as pas entendue?

— Si fait... oh! j'ai très-bien entendu! répond enfin Anatole, mais, ma chère amie, tout ce que tu me proposes ne peut avoir lieu... à mon grand regret, je t'assure!... mais cela ne se peut pas!

— Et pourquoi cela ne se peut-il pas, s'il vous plaît?...

— Parce que... Allons, je vois bien qu'il faut que je te dise dans quel embarras je me trouve... Tu vas comprendre tout de suite pourquoi depuis quatre jours je me prive de tout plaisir et me couche de bonne heure... ce que je ne fais certes pas par goût!... Ma chère amie, je n'ai plus en ma possession que cinquante sous!... rien de plus... et je crois que j'ai passés à me désoler, ce que nous réaliserions le plan que j'avais tracé pour finir cette journée.

La physionomie de la séduisante Olympia prend une tout autre expression; elle devient presque sérieuse tout en faisant un geste qui annonce l'incrédulité.

— Tu n'as plus que cinquante sous, mon petit! s'écrie cette demoiselle. Eh bien! tu changeras un billet de banque, tu auras de la monnaie; à Paris, c'est très-facile de changer un billet.

— Mais tu ne m'as donc pas compris?... Si j'avais encore des billets de banque, je ne serais pas embarrassé... mais je n'en ai plus... j'ai prêté de l'argent à mes nouveaux amis... c'est ce qui fait que je suis gêné...

— Tu as prêté à tes amis!... Tu es un serin, on prête de l'argent à sa maîtresse, on lui en donne même, quand elle en a besoin, mais à ses amis! jamais! Enfin, comment comptes-tu donc vivre à pré-

sent?... Tu n'espères pas faire longtemps figure à Paris avec cinquante sous?...

— J'ai écrit à bonne maman de m'envoyer des fonds, et je suis bien tranquille, elle va m'en envoyer.

Mademoiselle Olympia se lève et se promène dans la chambre en murmurant : — Les bonnes mamans ne sont pas toujours disposées à envoyer de l'argent!... Comme c'est agréable, moi qui comptais m'amuser aujourd'hui... et qui ai refusé ce matin une partie charmante avec un milord... je veux dire avec une lady qui a un hôtel aux Champs-Élysées!

— Est-ce que tu en es fâchée?...

— Non!... Oh! je ne dis pas cela... Seulement c'est désagréable de ne pas faire ce qu'on projette...

— Écoute, ma chère Olympia, depuis trois jours je dîne à deux francs par tête, c'est ici près... Je sais qu'on porte en ville, je vais envoyer chercher mon dîner... je t'assure qu'il y aura assez pour nous deux, et nous passerons toute la soirée ici... veux-tu?

Olympia éclate de rire, tout en répondant : — Ah! elle est jolie la proposition!... J'en demande l'impression!... Ah! ah!... elle est bonne!...

— Je croyais que cela te ferait plaisir de rester avec moi... de me tenir compagnie...

La jolie brune tâche de prendre un air grave en répondant : — Oui, sans doute, mon cher, je serais très-heureuse de rester avec toi... mais je ne veux pas que pour moi tu te prives de la moitié de ton dîner... Par exemple! moi, accepter un pareil sacrifice! le plus souvent!

— Mais ce ne sera pas un sacrifice... ce sera me faire plaisir, au contraire...

— Pas un mot de plus à ce sujet! quarante sous, c'est tout au plus si l'on a de quoi dîner pour un, par conséquent on dînerait fort mal à deux... et moi, j'ai bon appétit... surtout aujourd'hui...

— Mais puisque je te dis...

— Ah! mon petit, tu deviens impatientant... Tiens, je me rappelle à présent qu'une de mes amies m'avait engagée à dîner aujourd'hui... elle a beaucoup de monde, elle traite sa famille; je vais y aller...

— Comment! tu vas déjà me quitter?...

— Il le faut, mon amie demeure très-loin, on dîne chez elle à cinq heures et demie, je n'ai pas de temps à perdre... Je désire avoir du potage...

— Mais pourtant, si tu avais voulu...

— Adieu, mon bon, tu viendras me voir quand ta bonne maman t'aura envoyé de l'argent... Jusque-là, tu comprends, je ne veux pas te manger le peu qui te reste... Au revoir, cher ami, au revoir.

Olympia embrasse son jeune amant sur le front cette fois, et disparaît aussi vivement qu'elle est venue.

— Bonne fille! se dit Anatole, elle n'a pas voulu me manger la moitié de mon dîner, voilà pourquoi elle me quitte!... Ah! elle m'aime véritablement, je n'en saurais douter.

Le lendemain, à midi, Anatole reçoit une lettre de sa grand'mère renfermant une traite de cinq mille francs, payable à vue, et cette réponse :

« Mon cher fils,

« Tu te portes bien, c'est l'essentiel; tu te plais à Paris, j'en suis bien aise, quoique ton absence me soit bien pénible, mais je ne suis point une égoïste, et ton bonheur doit passer avant le mien... Je trouve que tu as dépensé tes mille écus un peu vite, sois plus sage à l'avenir. Tu as déjà trouvé quatre amis, me dis-tu, c'est beaucoup pour le peu de temps qui s'est écoulé depuis que tu es à Paris; il y a des gens qui cherchent un ami pendant toute leur vie et qui meurent sans en avoir trouvé un seul. Il me paraît que tu es plus favorisé que ces gens-là. Du reste, je ne m'étonne pas que l'on recherche ton amitié; tu es doux, aimable, obligeant. Mais crois-moi, ne te laisse pas prendre trop facilement aux avances que l'on te fera, elles ne seraient pas toutes désintéressées. Tu as l'espoir de retrouver ta cousine, tant mieux. Mais tu me parles de trois Herminie, songe bien que nous n'en cherchons qu'une; ne te laisse donc pas abuser par des apparences trompeuses. Pour que tu reconnaisses la véritable cousine, j'ai oublié de te dire que j'avais envoyé mon portrait à sa mère, cette pauvre Angélina. Nul doute que sa fille n'ait conservé ce portrait, ainsi que les lettres que j'écrites à sa mère! Tout cela te guidera et t'empêchera de prendre une étrangère pour ta cousine. Adieu, mon cher enfant. Amuse-toi raisonnablement; j'aime à croire que M. Mitonneau veille toujours sur toi. Donne-moi souvent de tes nouvelles, et songe un peu à ta vieille grand'mère qui t'aime tant! »

— Bonne grand'maman! s'écrie Anatole enchanté de recevoir des fonds. Oh! ses conseils sont très-sages et je m'en souviendrai! mais allons bien vite chez M. de Rothschild toucher le montant de ma traite.

XXVI. — MADEMOISELLE DE BARVILLIER.

Lorsque le jeune Desforgeray a touché le montant de sa traite, il se dit : — Maintenant je puis bien réaliser le projet que ma tendre

Olympia avait formé pour hier. Elle n'est pas restée avec moi de crainte que je ne me prive en sa faveur de la moitié de mon dîner, mais je suis sûr que cela lui a fait du chagrin d'être obligée de me quitter. Allons chez elle; elle me s'attend pas à me revoir si vite... je vais la rendre bien heureuse...

Anatole prend un cabriolet et se fait conduire chez sa maîtresse. Il a soin de demander au concierge si mademoiselle Olympia est chez elle, et le concierge lui répond d'un air presque malicieux : — Assurément qu'elle y est, puisque son Anglais est monté il y a un quart d'heure et que personne n'est redescendu.

— Son Anglais est monté! se dit Anatole en se dirigeant vers l'escalier. De quel Anglais veut me parler ce portier? Cet homme ne sait ce qu'il dit, sans doute... C'est peut-être un frotteur ou un facteur qu'il prend pour un Anglais.

Arrivé au troisième étage, le jeune homme sonne à la porte de sa belle. On est assez longtemps sans ouvrir, et il va sonner de nouveau, lorsqu'enfin la femme de chambre vient ouvrir et paraît fort surprise en reconnaissant Anatole. Elle s'écrie : — Tiens! c'est vous, monsieur!...

— Oui, c'est moi, mademoiselle Betty, car j'ai retenu votre nom, comme vous voyez... Olympia est là... je puis entrer.

Mais la femme de chambre court se mettre devant Anatole en disant : — Non, monsieur... non, ma maîtresse n'y est pas...

— Elle est sortie... déjà?

— Oui, monsieur... madame est sortie.

— Mais le concierge m'a dit qu'elle y était...

— Le concierge est un vieux pot qui ne voit jamais si on entre ou si on sort!...

— Mais il m'a dit qu'un Anglais était monté depuis un quart d'heure chez vous, et n'était pas redescendu...

— Ah! quel animal!

— De qui parlez-vous?

— Dame, du concierge, qui ne sait dire que des bêtises...

— Enfin Olympia va rentrer, sans doute... Je vais l'attendre...

— Non, monsieur, non, c'est inutile, madame ne rentrera pas...

— Comment! elle ne rentrera pas... qu'est-ce que cela signifie?...

— Cela signifie qu'il faut vous en aller.

Anatole commence à trouver fort extraordinaire la manière dont mademoiselle Betty le reçoit, joignant à cela les paroles du portier, il conçoit quelques soupçons et se dirige vers la porte du boudoir en disant : — Je ne veux pas m'en aller et je veux attendre le retour d'Olympia ici.

Alors mademoiselle Betty lui barre de nouveau le passage en criant : — Vous n'entrerez pas, madame l'a défendu!...

Mais le jeune homme se dispose à repousser la femme de chambre, lorsque la porte du boudoir s'ouvre et Olympia paraît dans un désordre assez décolleté, en s'écriant : — Qui est-ce qui se permet de faire du tapage chez moi?... Comment, Betty, vous ne pouvez pas mettre ces canailles à la porte!...

Puis apercevant Anatole qui s'était mis de côté, elle s'arrête et part d'un éclat de rire : — Tiens! c'est Anatole!... Mais, mon petit, vous revenez trop tôt!... on ne fait pas de ces surprises-là... C'est mauvais genre... Ah! quelle figure il fait!... quel nez!...

Au lieu de répondre à cette dame, Anatole s'avance assez pour pouvoir jeter un coup d'œil dans le boudoir, et il aperçoit un monsieur étendu nonchalamment sur un divan, où il est en train de se faire une cigarette. Alors le jeune amoureux s'approche d'Olympia, en lui disant d'une voix que l'émotion rend tremblante : — Vous avez un homme chez vous... vous êtes enfermée avec lui... C'est comme cela que vous pensez à moi!

— Allons, mon bon ami, pas de scène, pas de bruit! fi donc!... c'est pour les maris de crier... Vous ne pouviez plus m'offrir que la moitié d'un dîner à quarante sous!... Franchement, cela m'allait pas... j'ai trop d'appétit pour me mettre à ce régime. Lord Baïeldoy m'a proposé une parure en émeraude, j'ai trouvé cela plus tentant... je vous ai lâché. Ces choses-là se font tous les jours, vous n'y êtes pas encore habitué, mais vous vous y ferez... Nous n'en resterons pas moins bons amis pour cela... Mais, adieu, mon petit, je ne peux pas laisser milord seul, ce serait malhonnête... et c'est un homme que je dois ménager. Au revoir, j'irai vous dire bonjour un de ces matins...

Mademoiselle Olympia est rentrée dans son boudoir, dont elle a refermé la porte sur elle. Cette fois Anatole n'a plus besoin qu'on lui dise de s'en aller, il lui tarde, au contraire, d'être loin de chez cette femme dont il se croyait véritablement aimé, et qui vient de lui apprendre, un peu rudement peut-être, le cas qu'il faut faire des serments d'une biche.

Encore tout abasourdi, tout étourdi par ce qui vient de lui arriver, le pauvre amoureux avait quitté son cabriolet, il marchait au hasard sur les boulevards, il tâchait de chercher des distractions en regardant dans les boutiques et les magasins. Mais, malgré lui, il poussait des soupirs en se disant : — Je n'étais pas bien profondément amoureux d'Olympia... et pourtant sa trahison me fait de la peine. Elle m'a dit que je m'habituerai à ces choses-là... Apparemment que c'est très-fréquent à Paris... C'est parce que je lui ai offert la moitié d'un dîner à deux francs qu'elle me quitte... Alors pourquoi me dire qu'elle vou-

drait vivre avec moi dans un désert. C'est peut-être encore l'usage à Paris de dire de ces choses-là sans en penser un seul mot!... Je m'y ferai aussi.

Anatole est tiré de ses réflexions par une main que l'on pose sur son épaule; il se retourne et reconnaît Armand Bouquinard qui lui dit :

— Eh! mon Dieu, mon cher, à quoi donc pensons-nous, que nous passons devant nos amis sans les voir?... Vous avez un air sérieux, méditatif comme si vous composiez un drame!... Seriez-vous un confrère, par hasard? Il faudrait me prévenir, car alors je ne parlerais plus de ce que je veux faire devant vous...

— Non, mon cher Armand, non, je ne fais point de drame, mais je réfléchissais... je songeais au peu de cas qu'il faut faire des paroles d'une femme.

Et Anatole raconte au jeune homme de lettres ce qui vient de lui arriver avec Olympia. Armand rit, en lui répondant : — Comment! c'est pour cela que vous êtes sérieux... triste même?... Mais, mon cher, votre belle était de cette catégorie de femmes que l'on prend pour son amusement, mais auxquelles il ne faut jamais s'attacher, par la raison qu'elles ne s'attachent jamais à nous, mais seulement à notre argent. Vous n'aviez plus le sou, Olympia vous a quitté... c'est la marche ordinaire... Si elle s'était doutée que l'on vous enverrait si vite des fonds, elle y aurait mis plus de formes, elle se serait donné la peine de vous tromper... et vous aurait conservé avec son Anglais. Ne pensez plus à cela... Pardieu, je veux vous distraire, je vais ce soir dans une charmante réunion... dans ce qui s'appelle à juste titre la bonne société. On fait de la musique, on joue... mais très-agréablement, on danse un peu, quelquefois on récite des vers... on joue des proverbes... enfin on s'y amuse beaucoup, parce que la maîtresse de la maison est une femme d'esprit qui sait mettre tout le monde à son aise... elle a beaucoup d'amitié pour moi... elle sait m'apprécier et m'a prédit de grands succès. Je puis donc lui présenter un ami, je suis certain qu'il sera bien accueilli. Eh bien! ce soir je vous mène chez madame Belleval, cela vous va-t-il?

— Assurément, j'accepte avec grand plaisir...

— En ce cas, dînons ensemble, puis je vous mène chez cette dame.

— Mais ne faudra-t-il pas que j'aille m'habiller pour aller à cette réunion?

— Non, vous êtes fort bien... fort à la mode; ce soir ce n'est pas un bal, c'est une soirée ordinaire, on n'est pas en grande tenue... j'irai comme me voilà.

— Puisque vous me trouvez présentable, je m'en rapporte à vous.

— Alors, allons dîner.

— Volontiers... où irons-nous?

— Où vous voudrez... avez-vous déjà dîné aux Frères-Provençaux?

— Pas encore.

— C'est une bonne connaissance à faire... vous m'en remercierez.

Tout en se dirigeant vers le Palais-Royal, Anatole dit à son compagnon : — Et cette Herminie... qui donne des leçons de danse et que vous croyez être ma cousine... vous ne m'en parlez pas?

— Oh! je n'ai pas oublié cette affaire... soyez tranquille... je prends toujours des renseignements... c'est votre cousine, j'en mettrais ma plume au feu!... elle est un peu malade en ce moment, c'est ce qui m'a empêché de vous mener chez elle... car je crois qu'il sera plus convenable que vous alliez chez elle... Et les autres, les avez-vous vues?

— Quelles autres?

— Les Herminie de Victor et d'Hippolyte.

— Non, pas encore...

— Ils auront bien vu qu'ils s'étaient trompés et que leurs trouvailles n'étaient point de votre parenté.

On est arrivé chez le traiteur, ces messieurs s'installent à une table, et Armand dit au jeune compagnon : — Commandez le dîner.

— J'aimerais mieux que ce fût vous.

— Non, non, commandez, cela vous formera! D'ailleurs, tout est bon ici, ainsi vous pouvez aller sans crainte... moi, j'aime tout, à la seule condition que tout soit bon.

M. Bouquinard fils avait ses raisons pour laisser Anatole commander le dîner; il savait bien que c'est à celui qui a fait le menu que le garçon présente la carte à payer, et il n'était pas fâché de se faire encore régaler.

— Ah! mon bon ami! s'écrie Armand tout en savourant le potage, je vous ferai voir ce soir une bien jolie personne! une demoiselle charmante qui est toujours aux réunions de madame Belleval et dont presque tous les jeunes gens qui viennent là voudraient bien faire la conquête, d'autant plus qu'outre ses avantages physiques, c'est un parti magnifique! le père a, dit-on, plus de soixante mille francs de rente! il est veuf et n'a que cet enfant-là, qu'il adore!... La dot sera superbe!... les espérances très-brillantes... vous devez comprendre, d'après cela, que les soupirants ne manquent pas!...

— Et vous êtes amoureux de cette demoiselle?

— Amoureux n'est pas le mot... nous autres gens de lettres, nous ne sommes pas assez niais pour nous laisser subjuguer par une de ces passions qui troublent la tête d'un homme, au point de lui faire négliger sa gloire. Mais mademoiselle Adeline de Barvillier... tel est le nom de cette jeune personne... me plaît beaucoup... comme ce serait un excellent mariage à faire, je serais fort aise de l'épouser. En conséquence, je lui fais la cour... mais sagement, adroitement... et non pas comme ces imbéciles qui croient devoir pousser d'énormes soupirs et faire des yeux très-bêtes en regardant la femme qu'ils veulent séduire... et qui, les trois quarts du temps, n'arrivent qu'à se faire moquer d'eux, surtout lorsqu'ils ont affaire à une personne qui a de l'esprit, et mademoiselle de Barvillier en a, c'est même là-dessus que je compte pour obtenir la préférence. Vous comprenez bien que les personnes spirituelles savent apprécier le talent, le mérite... sont sensibles à la gloire... se sentent portées à aimer un homme qui a quelque réputation!... Que je fasse un roman qui ait un grand succès, une femme sotte me m'en fera pas compliment, et si on en parle devant elle, elle dira peut-être, comme une maîtresse que j'ai eue... et que j'ai quittée bien vite : « *A quoi sert-il de faire des livres? vous êtes bien bon de vous être donné la peine d'écrire tout cela!* » Mais mademoiselle Adeline, si elle ne lit pas encore de roman, trouvera malgré cela l'occasion de me dire : « Vous avez fait un livre charmant, à ce que j'ai entendu dire... Ah! que vous êtes heureux d'avoir le talent d'écrire!... Comme c'est flatteur d'obtenir le suffrage de ses contemporains!... Ah! quand je lirai des romans, je commencerai par le vôtre! » Et autres choses de ce genre. Croyez-vous, mon petit, qu'il n'est pas bien doux d'entendre une jolie bouche nous dire cela?

— Et cette demoiselle vous a dit cela?

— A peu près... elle m'a dit des choses fort aimables... enfin je vois bien qu'elle m'apprécie... que je ne lui déplais pas; et je ne brusque pas les choses parce que je veux la laisser s'attacher fortement à moi... Oh! je ne redoute pas tous ces papillons qui l'entourent!... et au premier grand succès que j'obtiens... je me déclare, et je suis accepté!

— Et le père, vous êtes donc certain de son consentement?

— Le père est un homme charmant! Il paraît que M. le baron de Barvillier... c'est un baron, a dit à sa fille : « Je ne te contrarierai jamais pour le choix d'un mari, tu épouseras l'homme qui te plaira, parce que je te connais assez pour être sûr d'avance que tu ne choisiras qu'une personne digne de toi. Quant à la fortune, si celui que tu aimes n'en a pas, tu es assez riche pour partager la tienne avec lui! » Hein! mon petit, que dites-vous de ce père-là... il y en a peu comme cela... J'ai vu jadis, au théâtre du Palais-Royal, *Deux Papas très-bien,* mais ils ne valaient pas M. de Barvillier.

— Et c'est mademoiselle sa fille qui vous a fait connaître les intentions de son père?

— Non, ce n'est pas elle positivement, mais une de ses amies qui s'est écriée devant moi : « Ah! que cette Adeline est heureuse, son père lui laisse entière liberté!... » Mais j'ai demandé sur quoi, et on m'a conté tout ce que je viens de vous rapporter.

— Alors, moi, si j'étais à votre place, je me déclarerais tout de suite à cette demoiselle, et puisque vous lui plaisez, votre mariage se ferait sur-le-champ!...

— Mon bon ami... je ne crois pas avoir besoin de vos conseils, répond Armand d'un air tant soit peu moqueur. Je sais me conduire, rien ne me presse, je suis sans inquiétude; mademoiselle de Barvillier ne m'échappera pas.

— Pardon... je vous disais cela, parce que...

— Parce qu'à ma place vous jetteriez bien vite aux pieds de la belle Adeline, en lui disant : « Mademoiselle, je vous adore, acceptez-moi pour mari ou je meurs à vos pieds!... » N'est-ce pas... Eh! oh! mon petit, nous mettons cela quelquefois dans les romans que nous faisons, mais nous dédaignons ces phrases dans la vie usuelle.

Anatole avait envie de répondre : — Alors, vous n'écrivez pas ce que vous pensez. Mais il se tait en réfléchissant que c'est probablement encore l'usage des gens de lettres.

Après avoir fait un excellent dîner, que paye Desforgeray, parce que c'est à lui que le garçon apporte l'addition, ainsi que le Compagnon de la Truffe l'avait prévu, ces messieurs, en prenant leur café, font quelques tours du Palais Royal, puis Armand dit à Anatole : — Voyez donc l'heure à votre montre; moi, j'oublie toujours la mienne.

— Huit heures et demie.

— Nous pouvons nous rendre chez madame Belleval, c'est une soirée sans cérémonie, on n'y va pas tard.

— Où demeure cette dame?

— Rue de Provence, le beau quartier, mon cher. Oh! nous n'allons pas chez des grisettes!

Le jeune homme de lettres prend le bras de son ami, et tout le long du chemin l'entretient des choses aimables que madame Belleval lui a dites sur ses productions; cette conversation amuse peu Anatole, mais quand on nous dit des choses qui nous ennuient, nous avons parfaitement le droit de ne point écouter, et Anatole usait probablement de ce droit-là.

On est arrivé à la demeure de madame Belleval, qui habite une belle maison, et qui occupe un fort bel appartement meublé avec élégance, où tout enfin annonce l'aisance et le confortable.

— Vous allez être un peu embarrassé dans ce salon, dit Armand, après avoir fait annoncer au domestique : — M. Armand Bouquinard et M. Anatole Desforgeray. Mais de l'assurance, mon petit; je vous répète que, présenté par moi, vous serez parfaitement reçu.

Anatole qui, à Montpellier, avait l'habitude d'aller dans la bonne société, ne se sent aucunement embarrassé dans le salon où il y a beaucoup de monde. Il salue même avec grâce la maîtresse de la maison, que cela étonne, parce qu'Armand lui avait déjà dit : — Soyez indulgente pour mon jeune ami, il est un peu gauche, mais il arrive de sa province et a besoin de se former à Paris.

Madame Belleval est une grande femme de cinquante ans, très-maigre, passablement laide, mais qui a l'air aimable et fait fort bien les honneurs de chez elle.

— Vous êtes à Paris depuis peu de temps, monsieur? dit-elle à Anatole.

— Oui, madame, depuis un mois seulement.

— Comptez-vous vous y fixer?

— Je ne sais pas encore, madame, mais je compte y rester tant que je m'y plairai.

— Je suis charmée que M. Bouquinard ait pensé à vous amener chez moi; si mes petites réunions vous offrent quelque agrément, vous y serez toujours le bienvenu.

— Madame, votre accueil obligeant augmentera mon désir de rester à Paris.

— Mais il est très-gentil, votre jeune ami! dit madame Belleval en retournant près d'Armand. D'abord sa figure prévient en sa faveur... il est riche, cela préviendra bien plus en sa faveur.

— La fortune ne rend pas toujours aimable.

— Il m'a fort bien répondu, et je ne le trouve pas gauche du tout.

— Vraiment!... vous êtes si indulgente...

— Non, on voit qu'il a de bonnes manières, de l'usage du monde...

— Alors, c'est votre salon qui intue déjà sur lui.

— Mais savez-vous que vous êtes méchant, vous?...

— Moi, oh! par exemple!...

— Au reste, les gens d'esprit le sont toujours un peu.

— Un peu quoi? un peu quoi?... s'écrie un petit monsieur d'un âge mur, à la figure de fouine, et qui vient se placer brusquement devant la maîtresse du logis.

— Je disais que les gens d'esprit sont toujours un peu méchants, n'êtes-vous pas un peu de cet avis, monsieur Longchamp?

— Pas tout à fait. Les hommes de génie, les véritables talents, les grands esprits ne sont pas méchants du tout; pourquoi le seraient-ils? ils n'ont rien à envier aux autres, puisqu'ils sont mieux partagés, et c'est presque toujours l'envie qui rend méchant!... mais les petits esprits, les sauterelles de lettres!... oh! ceux-là sont mauvais, moqueurs, sans indulgence!... ils dénigrent surtout leurs confrères, ils ne pardonnent pas les succès, ils critiquent à tort et à travers, en se disant : Abîmons, éreintons, calomnions!... il en restera toujours quelque chose.

Armand tourne le dos au petit monsieur sans lui répondre, et madame Belleval va recevoir de nouveaux arrivants. M. Longchamp regarde le jeune romancier s'éloigner et fait une pirouette sur lui-même en murmurant : — Attrape!... à bon entendeur, salut!...

Cependant Anatole était un peu intimidé dans cette réunion, où il se voyait le point de mire de toutes les dames qui se disaient : — Quel est donc ce jeune homme?... je ne l'ai pas encore vu ici...

— Ni moi.

— Il est gentil, il a une jolie figure...

— Et surtout l'air doux, modeste... ce qui est si rare à présent chez les jeunes gens.

— Celui-ci arrive de Montpellier, c'est Armand Bouquinard qui l'a présenté.

— En voilà un qui ne l'est pas modeste!... il se croit un Voltaire, un Molière!... il est insupportable de prétentions.

— Et comment se nomme le nouveau venu?

— Anatole Desforgeray... j'ai bien retenu le nom que l'on a annoncé.

— Qui ça? de quoi? qui a-t-on annoncé? s'écrie le petit M. Longchamp en tombant tout à coup dans le groupe de dames qui causaient.

— Qu'est-ce que cela vous fait, curieux?... Vous nous avez fait peur! vous arrivez toujours comme une bombe dans la conversation!

— Ah! ah!... madame Jolivet à qui j'ai fait peur!... une dame qui n'a peur de rien! car je vous l'ai entendu dire à vous-même... un jour que l'on rapportait l'anecdote de cette comtesse ou marquise, dont parle Saint-Simon dans ses Mémoires et qui avait tellement peur du tonnerre que, lorsqu'il tonnait, elle se fourrait sous son lit et faisait mettre tous ses valets dessus en pile, afin que, si la foudre tombait, ils pussent l'en garantir.

— Eh bien, sans doute, je n'ai pas peur du tonnerre... J'aurais plus peur de vous!

— Ah! ah! vous me rendez tout fier!... j'enfonce le tonnerre, c'est flatteur, cela!... mais enfin, vous disiez qu'on a annoncé quelqu'un?...

— Nous parlions de ce jeune homme que M. Armand a amené, et qui est debout là-bas, ne sachant à qui parler dans ce salon où il ne connaît personne; allez donc le secourir...

— Hum! je me méfie de quelqu'un amené par le jeune Bouquinard... Pourvu que ce ne soit pas aussi un homme de lettres! C'est égal, je vais le tâter.

Et M. Longchamp se trouve presque aussitôt devant Anatole, auquel il dit : — Eh bien, voilà une assez jolie réunion... n'est-ce pas, monsieur... qu'en pensez-vous?

— La société me paraît en effet fort bien, monsieur, mais vous conviendrez qu'il me serait difficile d'en dire davantage, puisque je suis dans ce salon pour la première fois... et depuis quelques minutes seulement...

— C'est juste, c'est sagement répondu. Alors vous n'êtes pas de ces jeunes gens qui jugent tout à première vue... et même ce qu'ils n'ont jamais vu?

— Je n'ai pas ce talent, monsieur.

— Tant mieux pour vous. Conservez-vous ainsi. A votre tenue modeste, je gagerais que vous n'habitez pas Paris.

— Je suis né à Montpellier, et je suis depuis peu de temps à Paris.

— Ah! oui-dà! et que venez-vous y faire?... chercher un emploi... une place... des protecteurs?

— Non, monsieur ; grâce au ciel, je puis me passer de tout cela !

— Alors vous avez de la fortune, et vous venez la manger à Paris : c'est l'unique désir des jeunes gens !...

Anatole sourit en répondant : — Est-ce qu'on ne peut pas vivre à Paris sans y dissiper sa fortune?

— Si fait... on le peut... mais, à votre âge... c'est difficile !... Enfin, si vous n'en mangez que la moitié, je serai encore un beau trait de votre part.

Et faisant sa petite pirouette, M. Longchamp quitte Anatole pour aller dire aux dames qui l'avaient envoyé vers lui : — Je viens de causer avec le jeune nouveau venu.

— Eh bien... qu'en pensez-vous?

— Il m'a répondu assez bien ; ce n'est pas un aigle, mais ce n'est pas une oie.

Armand avait exprès abandonné son ami dans le salon, parce qu'il avait été contrarié de ce que madame Belleval ne l'avait pas trouvé gauche et niais... Mais le voyant causer avec le petit monsieur à figure de fouine, il revient vers lui dès que M. Longchamp l'a quitté.

— Eh bien! mon pauvre Anatole, vous venez d'en subir une corvée... une conversation avec ce petit vieux! quel insupportable bavard !...

— Je ne l'ai pas trouvé ennuyeux !...

— Vous êtes le premier, alors ! et d'une curiosité! se mêlant de tout, s'informant de tout, écoutant ce qu'on dit, allant ensuite le rapporter tout à travers... Aussi personne ne peut le souffrir !

— Mais dites-moi donc, Armand, je vois ici beaucoup de jeunes personnes qui sont très-bien, quelle est donc celle dont vous m'avez parlé?... montrez-la-moi.

— Adeline de Barviller... Oh! elle n'est pas encore arrivée, sans quoi vous n'auriez pu faire autrement que de la remarquer... Mais tenez... voilà du monde qui arrive... justement c'est elle et son père. Un monsieur qui a les cheveux tout gris, mais les traits encore beaux et l'air fort distingué, entre dans le salon, donnant la main à une jeune personne mise avec autant de goût que d'élégance.

Mademoiselle de Barviller paraît avoir dix-huit ans; sa taille est moyenne, svelte, gracieuse; ses moindres mouvements sont empreints de cette grâce naturelle qu'on ne peut ni s'apprendre ni être imitée. Ses cheveux sont châtains et très-abondants, quoique laissant voir un beau front qu'il serait dommage de cacher. Adeline a les yeux bleus foncés, ils sont grands sans être trop ouverts, ce qui leur donne cette douceur et cette finesse que l'on ne trouve guère dans les yeux à fleur de tête; une bouche un peu grande, mais dont le sourire est rempli de charmes, de belles dents, un menton arrondi, des sourcils bien dessinés sans être très-épais; enfin un nez droit, ni trop long ni trop gros; voilà ce qui forme un tout ravissant, surtout lorsqu'à cela se joint l'expression qui anime tout, et sans laquelle la plus belle femme ne serait qu'une statue.

— Eh bien! mon cher, qu'en pensez-vous? demande Armand à Anatole, qui peut à peine répondre tant il est ravi d'admiration, et balbutie enfin :

— Oh! oui, vous aviez raison... vous n'aviez pas flatté son portrait! cette demoiselle est charmante... En effet, il n'y en a pas une seule dans ce salon qui puisse lui être comparée!

— Parbleu! je m'y connais, moi!... je vais aller saluer M. de Barviller, ensuite j'attaquerai la fille... Hein! mon petit! ceci s'appelle de la tactique... Prenez de mes leçons, ça pourra vous servir quelque jour.

Anatole suit des yeux son ami. Celui-ci, après avoir été saluer M. de Barviller, cherche des yeux sa charmante fille, qui est déjà assise au milieu de plusieurs jeunes personnes, qui se sont vite emparées d'elle. Le jeune homme de lettres passe et repasse devant les demoiselles, persuadé qu'on le remarquera; mais il n'y paraît pas; alors, ennuyé de ce qu'on ne fait pas attention à lui, il se décide à s'arrêter devant le jeune cercle et à présenter ses hommages à mademoiselle de Barviller.

Anatole examine tout cela, en se disant : — Armand est bien heureux, on va lui adresser un charmant sourire.

Mais, à son grand étonnement, la ravissante demoiselle salue Armand comme les autres personnes de la société, et rien n'indique que sa présence lui cause la plus petite émotion.

Bien que n'étant pas encore très-fort sur le chapitre de l'amour, Anatole dit : « C'est singulier !... j'ai vu dans le monde, à Montpellier, des demoiselles qui avaient des préférences pour des jeunes gens... mais quand ceux-ci leur parlaient, il était bien facile de lire dans leurs yeux le plaisir qu'elles éprouvaient.

Madame Belleval organise quelque whist dans une pièce voisine, puis elle revient dire : — Les papas et les mamans font leur partie, il faut maintenant que la jeunesse s'amuse... faisons un peu de musique d'abord, et ensuite on se permettra un petit quadrille. Chacun fera tour à tour danser au piano... Puis, s'approchant d'Anatole, cette dame ajoute : — Etes-vous musicien, monsieur Desforgeray?

— Un peu, madame...

— Touchez-vous du piano!...

— Mais je l'ai appris.

— Etes-vous en état de faire danser, de jouer un quadrille?

— Mais je crois que oui... J'essayerai... s'il est permis de se tromper...

— Oh! on a le droit de se tromper... Plus tard, on vous mettra en réquisition...

— Ah! vous touchez du piano, Desforgeray ; je ne savais pas ce talent, dit Armand en regardant toujours mademoiselle de Barviller, qui est alors assez près d'eux ; mais celle-ci, au lieu de répondre aux œillades de l'auteur, regarde alors Anatole fort attentivement, et une de ses voisines lui dit :

— C'est un jeune homme que M. Bouquinard a présenté ce soir... Il est gentil, n'est-ce pas?

— Oui... il est très-bien... Et il s'appelle?

— Anatole Desforgeray.

On fait un peu de musique. Un monsieur chante de ces romances plaintives dont on attend toujours avec impatience le dernier couplet. Mais la séduisante Adeline vient ensuite au piano, et sa voix charmante, le goût qu'elle met dans son chant, font heureusement oublier le monsieur qui l'a précédée. Celui-ci, qui a l'air de croire que le piano n'est fait que pour lui, et qu'on doit être enchanté de l'entendre, court s'y replacer dès que mademoiselle de Barviller l'a quitté. Mais de tous côtés on lui crie : « Un quadrille ! un quadrille ! Ce monsieur se croit trop grand musicien pour se rabaisser jusqu'à jouer des contredanses. Il quitte le piano d'un air de très-mauvaise humeur. Une jeune dame le remplace et joue un quadrille. Anatole aurait bien envie de danser avec la jolie Adeline, mais il pense que son ami doit déjà l'avoir invitée. En effet Armand s'y est pris d'avance, il est le cavalier de cette demoiselle, et Anatole, qui n'ose pas l'inviter pour la contredanse suivante, se met au piano, et parvient à jouer un quadrille sans faire trop de fautes. Mais il est rouge comme une cerise. La maîtresse de la maison vient le remercier de sa complaisance, et ce qui le transporte de joie, c'est que mademoiselle de Barviller s'approche ainsi du piano, et lui dit avec une grâce charmante : — Monsieur, nous vous remercions beaucoup de votre complaisance, vous faites très-bien danser !...

Anatole veut répondre quelque chose, mais il se sent si troublé, qu'il ne peut que balbutier : — Vous êtes bien bonne, mademoiselle.

Pendant le restant de la soirée les regards d'Anatole rencontrent assez souvent ceux de la charmante Adeline; il lui semble qu'elle regarde beaucoup plus de son côté que de celui où se tient Armand.

On se livre ensuite à quelques polkas, mais Anatole n'ose pas danser, car il se dit en lui-même : « Quelle différence d'ici avec le bal de l'Opéra... Là, j'ai été hardi tout de suite! j'ai galopé comme si je n'avais fait que cela !... et ici... il me semble que je n'oserais jamais faire le plus petit pas.

Mais, les parties de jeu étant achevées, les papas et les mamans reviennent dans le premier salon, et bientôt on songe à faire retraite.

— Allons! ma chère Adeline, dit M. de Barviller, dis adieu à madame Belleval et partons. Tu sais que je veux bien que tu danses souvent, mais à condition que tu ne veilleras pas tard.

La jolie demoiselle s'empresse d'aller embrasser son père; elle court embrasser madame Belleval, puis fait un gracieux salut à la société; et en passant près d'Anatole lui adresse un sourire aimable, en lui disant : — Bonsoir, monsieur!

Anatole est ravi ; Armand, qui n'a pas eu un salut particulier, fait une mine longue, et s'approchant de son jeune ami, lui dit : — Mademoiselle de Barviller vous a parlé en sortant... qu'est-ce qu'elle vous a dit?

— Mais elle m'a dit : « Bonsoir, monsieur... » voilà tout !...

— A propos de quoi vous a-t-elle dit : « Bonsoir monsieur?... » à vous qu'elle voit ce soir pour la première fois?

— En vérité je l'ignore... mais je trouve cette demoiselle bien aimable...

— Ah! j'y suis! vous les avez fait danser... et les demoiselles, pourvu qu'on les fasse danser!... on leur est très-précieux... on les remplace au piano... Partons-nous?

— Quand vous voudrez.

Au moment de partir, Anatole va de nouveau saluer la maîtresse de la maison, bien qu'il soit du bon ton, à Paris, de s'en aller sans rien dire.

Vous n'entrerez pas, madame l'a défendu. (Page 63.)

Madame Belleval ne manque pas de lui répéter : — Vous connais-sez maintenant nos petites soirées du samedi, quand vous voudrez être des nôtres vous nous ferez toujours grand plaisir.

— Mais venez donc, mon cher, venez donc!... crie Armand qui est déjà sur le carré... que diable faites-vous donc?...

— Je disais adieu à madame Belleval.

— Mais on ne dit jamais adieu... Fi donc! c'est mauvais genre... Vous avez l'air d'un épicier qui vient de faire des crêpes en famille!... et qui, en partant, ne manque pas de dire bonsoir à tout le monde, et même à la cuisinière!...

XXVII. — BOUDINET REVIENT SUR L'EAU.

Anatole s'est endormi en songeant à mademoiselle de Barvillier; il rêve d'elle toute la nuit, il y pense encore en s'éveillant, et l'image de la perfide Olympia est déjà entièrement effacée de son souvenir; d'au-tant plus que ces amours basées sur le plaisir n'ont jamais de bien profondes racines.

Cependant, tout en faisant sa toilette, le jeune homme se dit : — Il ne faut pas que je pense si souvent à cette demoiselle, car je pour-rais en devenir amoureux, et ce serait une faute... d'abord cela ne m'avancerait à rien, puisqu'elle a du penchant pour Armand Bouqui-nard, ensuite celui-ci l'aime... ou du moins compte l'épouser; il m'a confié ses projets, ses espérances... ce serait donc trahir la confiance qu'il m'a témoignée que de faire aussi la cour à la charmante Ade-line... et on ne doit jamais aller sur les brisées d'un de ses amis. Je ne sais pas si cela se fait à Paris, mais c'est très-mal et je ne le ferai pas.

Quelques jours se passent, Anatole, qui est en fonds, peut courir les spectacles, les concerts, se procurer enfin toutes les distractions qui le tentent... Mais ce qui le tenterait bien davantage ce serait de revoir la séduisante Adeline de Barvillier à laquelle il songe toujours, en se promettant de n'y plus penser.

Un matin, une visite lui arrive : C'est Boudinet, le seul des quatre Compagnons de la Truffe qui ne lui ait point emprunté d'argent. Le gros jeune homme serre avec force la main d'Anatole en lui disant : — Me voilà, cher ami, il y a un siècle que vous ne m'avez vu, ne croyez pas que pour cela je vous ai oublié... oh! jamais! avec moi les amis... sont des amis, je leur suis tout dévoué... Mais quand on est lancé dans les affaires on n'est pas toujours maître de son temps, et ma foi, comme je suis sur la route de la fortune, je ne veux pas res-ter à moitié chemin!..,

— Vous avez bien raison, je commence à connaître le prix de l'ar-gent et à m'apercevoir que l'on fait triste figure lorsqu'on n'en a pas.

— N'est-ce pas? vous partagez mon opinion, vous comprenez que c'est la bonne... Vous ne m'en voulez pas, mon petit, si je ne suis pas venu vous voir depuis notre charmante journée... terminée par un souper, qui, par parenthèse, n'a pas fini aussi agréablement pour moi... Ah! mauvais sujet! vous aviez fait une jolie conquête, vous, la piquante Olympia!... Victor avait emmené la romanesque Nanna! Armand disparut avec la camargo, et moi on m'avait laissé la Polo-naise Pauleska, déguisée en sauvage... qui ressemblait parfaitement à un manche à balai surmonté d'un plumeau. Mais enfin, entre amis, ces choses-là se font. Parlons d'affaires sérieuses : si je ne vous ai pas vu, cela ne m'empêchait pas de m'occuper de vous ; plusieurs fois je me suis dit : Anatole Desforgeray a une jolie fortune, d'après ce qu'il nous a dit : douze mille francs de rente...

— Oh! non, je les aurai peut-être plus tard, mais je n'en ai que sept encore...

— N'importe... c'est gentil, mais ce n'est pas assez pour faire ce qui s'appelle une brillante figure à Paris. Il faut que je l'enrichisse... que je le mette de moitié dans mes opérations... Hein? que pensez-vous de cette idée... cela vous sourit-il?

— Je vous remercie... je ne m'oppose pas à ce que vous m'enri-chissiez... mais de quelle manière?

— Je viens de vous le dire, en vous mettant de moitié dans mes opérations?

— Quelles opérations?

— De Bourse, mon cher, des spéculations sur les effets publics, sur les actions de chemins de fer...

— Mais je ne connais rien à tout cela, moi...

— Je le sais... j'en suis même convaincu, c'est justement pour cela que, ne pouvant pas agir tout seul, il vous faut un associé... quelqu'un de fin, de rompu dans cette partie, et, sans me flatter, je ne connais personne en ce genre qui puisse l'emporter sur moi.

— Je n'en doute pas...

— Alors vous m'acceptez pour associé?

— Si c'est pour gagner de l'argent d'une façon légale, je le veux bien.

— Pardieu, mon cher, je ne vous propose pas de faire de la fausse monnaie!... nous ferons des opérations de Bourse comme tout le monde en fait! Après cela je ne puis pas vous promettre que nous gagnerons toujours... ce serait trop beau! mais pourvu que les bénéfices dépas-sent les pertes, c'est le principal, n'est-ce pas?

Avancez, jeune homme, et saluez votre cousin. (Page 59.)

— Sans doute... Est-ce qu'il faut avancer de l'argent?

— Quelquefois... pas toujours, quand on est connu de son agent de change et qu'il a confiance en vous, on fait des opérations... à terme, sans fournir de couvertures....

— Des couvertures, à terme... je vous avouerai que je ne comprends pas un mot à tout ce que vous me dites!

— Vous vous y ferez. Etes-vous en fonds en ce moment?...

— Je viens de recevoir cinq mille francs de chez moi, car je n'avais plus le sou; mais je garde cette somme pour vivre ici et m'y amuser...

— Ah! diable... c'est peu... si vous aviez seulement une quinzaine de mille francs de fonds roulant, nous pourrions faire des petits reports...

— Des petits reports... je ne connais pas encore cela... ce sont des parties de plaisirs que nous ferons.

— Ah! ah! qu'il est enfant! il ne connaît rien... Votre grand'maman a négligé de vous apprendre les choses essentielles... N'importe, je vous formerai, moi... il faudra écrire chez vous, et demander une quinzaine de mille francs pour en gagner soixante.

— Je n'oserai jamais... je viens d'en demander... et puis ma bonne maman ne me les enverrait pas... elle me répondrait : tu n'as pas besoin de faire des affaires, ce n'est pas pour cela que je t'ai envoyé à Paris.

Boudinet fait la grimace, puis reprend : — Vous n'êtes pas encore majeur... mais quand un jeune homme dans votre position veut de l'argent, il en trouve toujours... les prêteurs ne manquent point.

— Oh! je ne veux jamais emprunter d'argent... c'est encore une chose que j'ai jurée à bonne maman.

— Oui, quand vous aviez sept ans peut-être!

— Non pas, mais avant de partir pour Paris...

— On jure tant de choses... cela n'engage à rien du tout de jurer.

— Vous plaisantez assurément... ne pas tenir ce qu'on a promis!... mais alors on manquerait à sa parole... Oh! je ne ferai jamais de ces choses-là.

Nouvelle grimace de Boudinet, qui se dit à lui-même : — Est-il arriéré, ce petit bonhomme!

Puis le faiseur d'affaires se lève, fait une demi-pirouette sur lui-même et s'écrie : — Mon petit, prenez votre chapeau et venez avec moi.

— Où voulez-vous me conduire...

— Chez mon agent de change.

— Pour quoi faire?

— Pour qu'il vous connaisse... qu'il sache que vous êtes mon associé, et prenne note de votre signature.

— C'est nécessaire?

— C'est très-nécessaire.

Anatole sort avec Boudinet, qui le mène chez son agent de change, auquel il le présente en disant : — Je vous amène un nouveau client, M. Anatole Desforgeray, de Montpellier... Prenez des informations, et vous saurez que les Desforgeray de Montpellier... jouissent d'une belle fortune et d'une excellente réputation... mon ami sera de moitié dans les opérations que je ferai... à moins qu'il ne les fasse seul... Anatole, cher ami, vous voyez que j'ai confiance en vous... maintenant montrez votre signature à monsieur, pour qu'il la reconnaisse... Tenez, écrivez à monsieur qu'il vous achète dix actions des chemins de fer des Ardennes pour fin courant... C'est une misère, mais cela vous mettra un peu au courant des affaires.

Anatole écrit ce que Boudinet lui dicte. Puis on sort de chez l'agent de change. Le jeune Desforgeray est un peu inquiet, il dit à son compagnon : — Je viens d'écrire pour que l'on achète dix chemins de fer des Ardennes... je ne sais pas seulement ce que cela coûte.

— Quatre cent vingt-cinq francs aujourd'hui.

— Ah! mon Dieu... mais c'est plus de quatre mille francs à payer!

— Vous avez acheté fin courant... les chemins monteront infailliblement... Alors comme nous aurons acheté moins cher, c'est la différence qu'on aura au contraire à nous payer...

— Mais au lieu de monter, s'ils descendent?

— Ah! alors... c'est nous qui payerons la différence... mais ce sera peu de chose... et du reste je suis sûr qu'ils monteront que je regrette de ne point en avoir fait acheter davantage. Adieu, mon petit, je vais à la Bourse... si nous montons beaucoup, je ferai vendre. Au revoir...

M. Boudinet serre de nouveau la main d'Anatole et s'éloigne. Le jeune Desforgeray se demande s'il n'a pas fait une sottise en suivant les conseils de son ami le faiseur d'affaires, mais bientôt le souvenir de mademoiselle de Barvillier lui fait oublier l'opération de Bourse qu'il vient de faire.

Un samedi s'est passé. Anatole aurait bien voulu aller chez madame Belleval, mais il n'a pas revu Armand, et il n'ose pas encore se présenter seul, quoique cette dame l'ait personnellement engagé... Cependant le samedi suivant est arrivé; cette fois, Anatole ne veut pas être plus longtemps sans retourner dans cette société où il s'est beaucoup plu. Dans la matinée, il se rend chez le jeune romancier, afin de savoir si celui-ci est dans l'intention de se rendre le soir chez madame Belleval.

XXVIII. — SCÈNE DE LIBRAIRIE.

Le jeune Bouquinard occupe toujours le même logement, mais maintenant il y est seul, les amis se sont séparés; rien ne dure longtemps en ce monde, rien n'est stable, surtout dans le plan de vie formé par des jeunes gens.

Anatole trouve Armand en train de travailler; ce dernier le reçoit même assez froidement et murmure : — Tiens! c'est vous... qu'est-ce qui vous amène?...

— Mais... le désir de vous voir d'abord... je ne vous ai pas aperçu depuis que vous m'avez mené rue de Provence...

— Ah! dame, je travaille, moi, mon cher, je ne passe point mon temps à flâner... Quand on veut se faire une réputation, il faut piocher...

— Si ma visite vous dérange, je me retire...

— Non, non... mon chapitre est fini... je puis me reposer un peu...

— Vous êtes seul... Et ces messieurs qui logeaient avec vous?

— Oh! je les ai priés de filer chacun de leur côté... merci, j'en avais assez!... J'ai reconnu que pour travailler il fallait demeurer seul... je m'en trouve très-bien...

— Et où sont-ils allés...

— Je crois que le bel Hippolyte est allé demeurer chez une de ses anciennes maîtresses. Quant à Victor, s'il n'est pas en prison, il doit être aux Batignolles.

— En prison!... et pourquoi serait-il en prison?

— Mais parbleu! pour dettes!... Tant va la cruche à l'eau...

— Ah! ce soir, comme c'est samedi, nous irons chez madame Belleval, n'est-ce pas?...

— Je n'en sais rien, je crois qu'il ne le sait pas au juste lui-même... comme je ne suis pas en position de payer pour lui, je ne vois pas pourquoi je m'informerais de cela. Est-ce que vous venez m'engager à dîner?...

— Je le veux bien... ce sera avec grand plaisir, si vous êtes libre...

— On est toujours libre pour dîner... nous retournerons aux Frères-Provençaux...

— Et puis le soir, comme c'est samedi, nous irons chez madame Belleval, n'est-ce pas?...

— Ah! ce soir... je n'avais pas trop l'intention d'y aller... il ne faut pas se prodiguer!... J'y suis allé encore samedi dernier...

— Quoi! vous y avez été sans moi?... Ah! ce n'est pas gentil, cela!...

— Ah! ah! mais il est charmant!... il est délicieux!... Savez-vous, mon petit, que je vous trouve délicieux!... Est-ce que vous pensez que je ne pourrai plus aller chez cette dame sans vous avoir à mon bras?...

— Je ne dis pas cela, mais comme nous y avons déjà été ensemble... je croyais que nous y retournerions aussi ensemble...

— Vous avez donc bien envie de retourner chez madame Belleval?... il paraît que vous vous y êtes beaucoup amusé...

— J'ai trouvé la société fort agréable, c'est vrai; mais si j'avais un si grand désir de retourner dans cette maison, j'aurais pu y aller samedi dernier sans vous, car cette dame a eu la bonté de m'engager à venir à ses soirées.

Armand ne répond rien, il a l'air de ne plus écouter Anatole, et celui-ci, malgré sa bonhomie, se dit en lui-même : — Il me demande de l'emmener dîner avec moi, et ensuite il a l'air de ne point se soucier de m'emmener avec lui, ce n'est pas juste!...

Une visite vient changer les dispositions des jeunes gens. M. Bouquinard père entre tout à coup chez son fils; celui-ci en voyant entrer son père fait un mouvement de surprise, puis sa physionomie exprime cette méfiance de quelqu'un qui se dit : — Tenons-nous sur nos gardes, mon père vient me voir, ce n'est pas naturel, cela ne lui arrive jamais... que peut-il me vouloir?

M. Bouquinard a l'air d'être d'une humeur charmante, il dit bonjour à son fils, puis tend la main au jeune Desforgeray en lui disant : — Ah! vous venez voir mon fils, c'est très-bien, cela, jeune homme, mais vous n'êtes pas revenu chez moi, et c'est mal; vous savez que je me suis mis à votre disposition, si vous avez quelque affaire épineuse à terminer... quelque emprunt à faire... car, enfin, les jeunes gens ont toujours besoin d'argent, je sais bien que vous êtes riche, mais quelquefois les grands parents ne se pressent pas d'envoyer ce qu'on leur demande... Alors si vous êtes pressé d'avoir des fonds... je vous le répète, je me ferais un plaisir de vous obliger... à un taux très-modéré...

— Je vous remercie mille fois, monsieur, mais je ne pense pas avoir recours à votre obligeance pour ce motif.

— Mon cher père, dit Armand, puis-je savoir ce qui me procure le plaisir de votre visite, plaisir qui me surprend autant qu'il me flatte... D'abord asseyez-vous donc, j'ai juste encore une chaise à vous offrir; vous voyez que votre fils ne se ruine pas en meubles.

— Eh! mon Dieu, tu as raison! trois chaises chez un jeune homme,

c'est bien assez!... A ton âge, moi, je n'en avais que deux... du reste, tu es fort bien ici...

— Vous êtes trop bon!

— Tu as un jour superbe!

— Oh! ce n'est pas le jour qui me manque! d'autant plus que, n'ayant pas de rideaux, rien ne le gêne pour entrer ici.

— Des rideaux! est-ce qu'un garçon a des rideaux?...

— Je vous remercie... tout à l'heure, vous trouverez peut-être que j'ai trop de deux matelas à mon lit; mais rassurez-vous, l'un est en paille et l'autre en crin.

— Tu as raison... c'est bien plus sain de coucher sur du crin...

— Laissons ces détails oiseux, nous disons que vous êtes venu pour?

— Pour te voir tout simplement!... Je passais, je me suis dit : ce doit être dans cette maison que loge Armand. Et je suis monté à tout hasard!...

— Vous ne vous figurez pas combien je suis sensible à votre politesse!...

Et Armand ajoute en lui-même : — Il prend des détours... mais il faudra bien qu'il arrive!...

M. Bouquinard s'approche de la table qui sert de bureau à son fils, et, regardant le gros cahier qui est dessus, reprend d'un air indifférent : — Tu travailles?

— Oui, cher père, votre fils pioche comme un nègre.

— C'est très-bien... c'est comme cela qu'on arrive... Que fais-tu là?

— Mais, un roman, pardieu!

— Es-tu avancé?

— Oui, Dieu merci, je tiens le quatrième volume, qui sera le dernier.

— Ma foi, puisque tu travailles tant...j'ai presque envie de t'en récompenser en t'achetant ton second roman!...

Armand se pince les lèvres en se disant : — Eh! allons donc, nous y voilà... Puis il s'écrie d'un air aussi surpris que flatté : — Quoi! mon père, vous vous risqueriez à m'acheter mon second roman!... vous vous exposeriez encore à perdre de l'argent avec votre fils! D'honneur! vous m'étonnez!...

— Oui... j'ai réfléchi que je devais t'encourager... Tiens, si tu veux, nous allons terminer cette affaire-là tout de suite... j'ai sur moi des marchés tout faits sur papier timbré, il n'y a que les noms, les titres à remplir... Je vais te compter cent francs... je crois les avoir sur moi!...

M. Bouquinard se dispose déjà à fouiller dans sa poche... Armand lui arrête le bras, en lui disant d'un air railleur : — Cent francs!... ah! vous n'y pensez pas... vous n'achèteriez pas mon second roman, s'il ne valait que cent francs...

— Hum... au fait c'est ton second roman... Eh bien! je te donnerai deux cents francs... j'espère que tu es content, cette fois!

— Ce donc je suis content en ce moment, cher père, c'est de savoir que mon premier roman a du succès... beaucoup de succès même!... je n'en puis douter d'après la démarche que vous faites en ce moment près de moi.

M. Bouquinard fait un peu la moue en répondant : — La démarche!... parce que je veux t'encourager, tu te figures déjà que tu es un Walter Scott!...

— Vous ne vouliez guère m'encourager pour mon premier roman!... vous n'en vouliez pas... il a fallu me mettre presque à vos pieds pour vous le faire prendre, même à vil prix!...

— On a toujours peur d'un premier ouvrage... Après cela je ne te dis pas que ton roman d'Adolphine soit mauvais... non... on trouve que c'est gentil... un peu long, un peu froid... des phrases trop ampoulées.

— Assez... assez... si je vous laisse aller, tout à l'heure il sera exécrable!... et c'est pour cela que vous voulez m'acheter mon second!...

— Ah! mon Dieu, que les enfants sont ingrats!... on veut leur être agréable! voilà comme ils vous en tiennent compte! Et comment s'appelle ton second roman?

— Un titre ravissant!... Les Enfants du laboureur.

— Hum! oui... ce n'est pas mauvais...

— Est-ce que vous aimeriez mieux : Les Compagnons de l'acide prussique?

— Voyons, à cause du titre, je mettrai deux cent cinquante francs...

— Ce n'est pas assez; songez donc qu'il y a quatre volumes...

— Pardieu, Adolphine aussi avait quatre volumes...

— Ah! ne me rappelez pas ce triste marché!... vous renouvelez mes regrets.

— Finissons-en... Tiens, je vais te compter trois cents francs en or, je crois que les as sur moi... Ah! j'espère que c'est joli, cela!...

Et M. Bouquinard, sortant une grosse bourse de sa poche, se met à compter des pièces d'or sur la table sans écouter son fils, qui lui dit : — Non, cher père... ce n'est pas assez... vous n'aurez pas mes Enfants du laboureur à ce prix-là.

Mais M. Bouquinard espère que la vue de l'or tentera son fils et le décidera à accepter le marché. Il lui montre les napoléons en lui disant : — Tiens... regarde donc... en voilà des jaunets!... c'est une jolie somme cela!...

Mais Armand demeure insensible et se borne à répéter : — Ce n'est pas assez pour mon second roman, après avoir eu un grand succès avec le premier.

M. Bouquinard frappe du pied avec impatience et se promène dans la chambre en s'écriant : — Eh bien, combien en veux-tu donc de ton roman... Voyons, Harpagon... être intéressé... combien de millions en veux-tu... dis-le, qu'on sache quelles prétentions tu élèves ?

Armand se met à rire en répondant : — Ah ! mon père qui m'appelle Harpagon !... ah ! elle est bonne celle-là !... ah ! comme on ne se connaît pas !...

— As-tu fini ? veux-tu me répondre ? combien veux-tu de ton roman ?

— Tenez, mon cher père, je ne suis pas aussi Arabe que vous voulez bien le dire... je ne vous en demanderai qu'un prix bien doux... bien minime... D'abord je tiens à ce que vous fassiez de bonnes affaires avec moi...

— Ah ! que tu m'impatientes !... ton prix ?

— Certainement, si je vous demandais ce qu'il vaut, ce serait un prix élevé... très-élevé même... mais je suis encore un nouvel auteur... qui débute bien pourtant.

— Ton prix ! pour Dieu ! ton prix ou je m'envais !... et je ne reviendrai pas...

Cinq cents francs comptant, parce que c'est vous.

M. Bouquinard frappe dans ses mains en s'écriant : — Cinq cents francs ! un second ouvrage cinq cents francs... y penses-tu !...

— J'y pense très-bien... quatre volumes !

— Oui, des volumes dans lesquels il n'y a rien !

— Cela vous coûte moins cher d'impression ; d'ailleurs les cabinets de lecture les préfèrent comme cela.

— Jamais on n'a donné cinq cents francs du second roman d'un jeune homme !...

— Ce jeune homme est votre fils... vous devez en être fier.

— Gredin, va !... je te donne quatre cents francs...

— Je vous ai dit mon prix... je ne surfais pas... je ne suis point un marchand d'habits...

— Quel amour de l'argent !... fi ! c'est indigne !...

— Je vous conseille de me dire cela, cher père, vous ne l'aimez pas l'argent, vous !

— Mais, moi, je l'aime pour le faire rapporter, tandis que toi, c'est différent !... Enfin puisqu'il le faut... Ah ! monsieur Desforgeray, vous êtes témoin des sacrifices que je m'impose pour l'aider à se faire un nom... Tiens, voilà deux marchés tout préparés, remplis-en un, moi je remplirai l'autre. Mets les noms... le titre de ton ouvrage, et la somme que tu reçois pour cette vente.

En disant cela, M. Bouquinard remettait dans sa poche les pièces d'or qu'il avait étalées sur la table.

Armand, qui le regarde faire, s'écrie : — Qu'est-ce que vous faites donc... vous rempochez... vous savez bien pourtant que je ne vends qu'au comptant.

— Oui, oui, je le sais... encore une condition horriblement dure... jadis je payais un roman en un effet à un an de date.

— C'était gentil pour l'auteur...

— Où était le mal ? il l'escomptait.

— C'est juste, en perdant le quart de la somme dessus...

— As-tu rempli ce traité ?

— Oui, il n'y a plus qu'à signer...

— J'ai signé celui-ci, signe le tien...

— Minute ! et mes cinq cents francs...

— Je crois que ce drôle se méfie de son père !

— Non, mais je vous l'ai entendu dire souvent à vous-même... les clauses d'un traité doivent être exécutées rigoureusement.

M. Bouquinard sort cette fois son portefeuille de sa poche, il en tire un billet de cinq cents francs qu'il donne à son fils en lui disant : — Tiens... tu es satisfait cette fois...

— Parfaitement ! aussi, voyez... je signe les deux traités aveuglément.

— C'est bien. Tes trois premiers volumes sont faits, peux-tu me les donner ?

— Certainement... je les ai relus... Tenez... les voici.

— Quand me donneras-tu le quatrième ?

— Dans une douzaine de jours.

— Oh ! c'est bon, ne te presse pas, soigne ton dernier volume, soigne surtout ton dénoûment, c'est presque toujours par là que les romanciers pèchent !

— Il y va de ma réputation ! je le soignerai donc.

— Adieu, porte-toi bien... Monsieur Desforgeray, je vous souhaite le bonjour.

M. Bouquinard s'éloigne avec les manuscrits sous son bras. Armand marche fièrement dans sa chambre, eu disant : — J'ai un succès... un grand succès avec Adolphine ! sans cela mon père ne serait pas venu m'acheter mon second roman avant même qu'il ne soit fini tout à fait !

— Je vous félicite, dit Anatole, en tendant la main à Armand, j'en suis bien content pour vous.

— Le jeune homme de lettres serre deux doigts à Anatole avec un air important, en reprenant : — Cela va joliment me poser dans le monde... Vous concevez, mon petit, que je ne crains pas maintenant que la charmante Adeline de Barvillier m'en choisisse un autre que moi.

— Oh ! assurément ! répond Anatole en étouffant un soupir. Et irez-vous ce soir ?

— Oui... oh ! je suis bien aise que l'on connaisse mes succès... on

doit en parler dans le monde déjà... J'irai vous prendre chez vous à six heures... puis après dîner, nous irons chez madame Belleval.

Anatole va partir lorsqu'on ouvre brusquement la porte : un gros papa, jeune encore et de bonne mine, entre, salue et dit à Armand : — Bonjour, monsieur Bouquinard... je pense que vous me connaissez... je suis Bidot, libraire-éditeur...

— Oui, monsieur, oui, j'ai eu le plaisir de vous voir quelquefois...

— Vous venez de faire un roman en quatre volumes ? Adolphine, on dit que c'est fort gentil ; moi, je ne l'ai pas lu... mais vous en faites sans doute un autre ?

— Oui, monsieur.

— En quatre volumes également ?

— En quatre volumes aussi.

— Eh bien ! si vous voulez, je vous l'achète. Je vous en offre douze cents francs ; si cela vous va, nous allons faire tout de suite un bout de traité. Je vous compterai six cents francs tout de suite, et le reste quand vous me livrerez le roman.

Armand pâlit, il est suffoqué ; cependant il tâche de se remettre, en répondant au libraire : — Monsieur, si vous étiez venu une demi-heure plus tôt, il est bien probable que j'aurais fait affaire avec vous ; mais mon père sort d'ici, et je lui ai vendu mon nouveau roman... il a même emporté les trois premiers volumes.

— Ah ! du moment qu'il est vendu, n'en parlons plus, c'est une affaire manquée, ce sera pour une autre. Je tâcherai d'arriver plus tôt. Messieurs, je vous souhaite bien le bonjour, au plaisir de vous revoir.

Quand M. Bidot est parti, Armand se frappe le front en s'écriant : — Eh bien ! mon père m'a-t-il mis dedans ?...

— Ah ! quel renard ! décidément je ne suis pas encore de force à lutter avec lui.

XXIX. — PREMIÈRE HERMINIE.

En sortant de chez l'homme de lettres pour retourner chez lui, Anatole ne peut s'empêcher de réfléchir à la scène qui vient de se passer sous ses yeux. Il ne comprend pas ce père qui veut gagner de l'argent sur son fils, et ce fils qui se doutait bien que son père voulait faire une bonne affaire à ses dépens. Tout cela ne lui donne pas une idée bien favorable de la manière dont les sentiments de la famille sont respectés et ressentis à Paris.

Le jeune Desforgeray venait de rentrer chez lui, lorsqu'il entend sonner à sa porte sur laquelle il laissait toujours la clef ; puis, presque aussitôt, cette porte s'ouvre, et Victor paraît, donnant le bras à une jeune femme ou fille, d'une tournure assez équivoque et dont la mise présente un mélange bizarre d'effets anciens et nouveaux.

Sa robe de laine est fort modeste, ainsi que le col qui se rabat par-dessus ; en revanche, elle a un petit châle algérien tout neuf ; son chapeau est à la mode et tout frais ; quant à sa chaussure, elle laisse beaucoup à désirer, et pour une piqueuse de bottines on pourrait lui reprocher de ne point avoir assez soin des siennes.

Cette demoiselle de ces minois chiffonnés qui ne sont ni bien ni mal ; mais on voit qu'elle affecte de tenir ses yeux baissés et se donner un air candide et ingénu, ce qui la rend gauche et très-embarrassée dans ses mouvements. Elle entre en donnant la main à Victor, qui a plus que jamais son air blagueur. Il s'écrie, en entrant : — Nous voilà, mon cher Anatole, nous voilà !... je vous amène cette pauvre petite Herminie, j'ai eu bien de la peine à la décider à m'accompagner et à venir chez vous... Ah ! c'est que c'est une jeune personne qui ne plaisante pas sur l'article des mœurs et de la sagesse !... j'avais beau lui dire : C'est chez votre cousin que je prétends vous conduire !... elle croyait que je me moquais d'elle, que je lui tendais un traquenard... il a fallu que je me fâche et que je lui dise : Vive Dieu, mademoiselle, vous me prenez-vous ! Enfin aujourd'hui la voilà, elle a consenti à venir avec moi... voir son cousin... car elle est votre cousine, je n'en saurais douter... Avancez, jeune Herminie, et saluez votre cousin ; vous voyez que c'est un fort joli garçon et qu'il n'a pas l'air de vouloir vous manger.

La demoiselle fait une révérence étudiée à la troisième position : Anatole, qui est presque aussi embarrassé pour la recevoir, qu'elle paraît l'être pour se présenter, lui offre un fauteuil devant le feu, en lui disant : — Donnez-vous la peine de vous asseoir, mademoiselle...

Celle-ci s'empresse alors de lui dire, tout d'une haleine, et comme un enfant qui récite sa leçon, et se dépêche de peur de se tromper : — Mon cousin, je suis bien heureuse qu'un hasard fortuné ait permis que je retrouve une famille qui m'a toujours été bien chère... et dont les malheurs de ma mère m'avaient si longtemps séparée... Croyez que je ferai mon possible pour reconnaître la bonté de cette famille qui m'ouvre ses bras... qui m'ouvre ses bras... ses bras...

Ici, la mémoire faisant défaut, la piqueuse de bottines cherche des yeux son introducteur comme pour le prier de la souffler. Victor, qui se tient debout derrière la chaise d'Anatole, et fin qui ne celui-ci ne puisse le voir, faisait depuis un moment signe à cette demoiselle de ne point aller si vite ; et en la voyant manquer de mémoire, il serre entre ses dents : Fichue bête !... mais pour empêcher la jeune fille de dire des bêtises, il s'empresse de s'écrier : — Assez, mon enfant, assez !...

Votre cousin ne doute pas de votre reconnaissance !...

— Comment, assez ? répond mademoiselle Herminie. Mais vous

m'en avez appris bien plus long que ça... c'est que ça ne me revient pas...

— On vous dit que votre cousin vous dispense de plus longs discours!... s'écrie Victor en faisant des yeux furibonds à la jeune fille, qui se tait tout en marronnant : C'était pas la peine alors que je me donne tant de mal à apprendre un grand discours par cœur.

Victor s'est hâté d'aller se placer devant sa protégée et de dire à Anatole :

— Excusez-la, elle est très-timide, elle ne voulait pas venir ici, parce qu'elle me disait sans cesse : Je ne saurais pas parler à mon cousin... Alors, pour lui faire plaisir, je lui avais arrangé d'avance une petite phrase d'introduction... voilà ce qu'elle veut dire... du reste ; elle est bien gentille, n'est-ce pas?...

— Oui... elle n'est pas mal... mais laissez-moi l'interroger... J'aime mieux qu'elle me parle d'elle-même que de me réciter ce que vous lui avez appris...

— Faites, mon cher, faites!

Et le grand Victor passe contre Herminie, à laquelle il dit tout bas : — Attention! garde à nous. Puis il va se replacer derrière Anatole. Celui-ci considère quelques instants sa prétendue cousine, qui est rouge comme une cerise, et semble dans tous ses états.

Le jeune homme lui dit d'un ton bien doux :

— Mademoiselle, y a-t-il longtemps que vous avez perdu votre pauvre mère?

— Quinze ans, mon cousin, répond vivement la piqueuse de bottines, qui regarde ensuite Victor d'un air qui veut dire : — Je ne me suis pas trompée, cette fois!...

— Quinze ans, reprend Victor, n'est-ce pas justement l'époque à laquelle madame votre bonne maman a cessé de recevoir des nouvelles de la cousine Angélina?

— Comment! de quoi?... vous ne m'avez rien enseigné sur tout ça! s'écrie la demoiselle d'un air interdit.

Le grand jeune homme lui fait signe de se taire en disant : — Ma chère enfant, en ce moment ce n'est point à vous que je m'adresse, c'est à votre cousin.

— Oui, en effet, dit Anatole, c'est à cette époque que ma grand'mère ne reçut plus de réponse à ses lettres. Et votre mère se nommait Angélina, mademoiselle?

— Angélina Desforgeray, née à Montpellier, et ici elle se faisait appeler : Madame Clémandon.

Ces mots sont suivis d'un nouveau regard jeté sur Victor, qui incline la tête pour marquer que c'est très-bien, puis se penche vers Anatole en lui disant : — Il me semble que vous ne pouvez plus conserver aucun doute, et que c'est bien là cette petite cousine que vous cherchiez. Je crois que vous pouvez en toute confiance lui compter les cent soixante-dix mille francs qui lui reviennent !

— Est-ce que vous croyez que j'ai cette somme dans ma poche? répond Anatole en souriant.

— Non, mais vous écrirez qu'on vous les envoie sur-le-champ... Cette jeune fille a été depuis son enfance dans la misère, il ne serait pas juste de l'y laisser plus longtemps.

— Permettez que je lui adresse d'autres questions!...

— Il me semble qu'elle ne peut pas vous répondre d'une façon plus affirmative qu'elle ne l'a fait ?

— Mais je vous répète que j'ai autre chose à lui demander... Qu'est-ce que cela vous fait?

— Moi, rien du tout! seulement cette jeune fille est si timide que vous allez la troubler si vous lui en demandez trop !

Anatole ne répond plus à Victor; il rapproche sa chaise du fauteuil occupé par la piqueuse de bottines et lui dit : — Votre maman a dû vous laisser des lettres de ma grand'mère, n'est-ce pas ?

— De quoi... des lettres... pourquoi faire? Monsieur Victor, vous ne m'avez pas parlé des lettres?!...

Victor fait un geste d'impatience en s'écriant : — Mademoiselle, je ne pouvais pas vous parler de ce que j'ignorais moi-même... Si vous n'avez pas de lettres, dites-le, c'est fini par là.

— Je vous demande, mademoiselle, si vous avez les lettres que ma bonne maman écrivait à votre pauvre mère, et à laquelle celle-ci répondait toujours très-exactement?

— Ah! par exemple... c'est pas possible ça, puisque ma mère n'a jamais su ni lire ni écrire!...

— Bon! la voilà qui ne sait pas ce qu'elle dit à présent! s'écrie Victor en frappant du pied avec colère. Mais aussi, mon cher petit Anatole, permettez-moi de vous dire que vous adressez à cette jeune fille des questions qui n'ont pas le sens commun !... Comment, cette petite est morte à quatre ans... non, je veux dire cette petite avait quatre ans lorsque sa mère est morte, et vous voulez qu'à cet âge elle se soit occupée de la correspondance de sa mère avec votre grand'maman, qu'elle ait ensuite gardé des papiers, dont elle ne pouvait pas deviner l'importance!... que ne lui demandez-vous tout de suite qui est-ce qui régnait alors en Russie!... Herminie, vous n'avez pas de lettres, n'est-ce pas?... non, vous n'en avez pas... elle les aura perdues, brûlées, déchirées!... Voilà tout, et elle n'osait pas vous l'avouer tout de suite!...

— Mais mademoiselle prétend que sa mère n'a jamais su ni lire, ni écrire... alors ce ne serait pas...

— Sa mère nourrice, n'est-ce pas?... C'est de votre mère nourrice que vous vouliez parler! reprend Victor en faisant à la jeune fille des yeux furibonds, et celle-ci balbutie d'un air effrayé : — Ah! oui, c'était ma nourrice! oui, c'était ma nourrice!... qui me disait ça en me donnant à teter...

Anatole n'a pas l'air convaincu ; cependant il s'adresse de nouveau à mademoiselle Herminie, et, lui parlant toujours d'une façon qui ne devrait pas l'intimider, lui dit : — Et le portrait? cela ne se déchire pas, cela... J'espère que vous l'avez conservé?

— Le portrait... Ah! bien, voilà encore une chose dont M. Victor ne m'a pas parlé... Monsieur Victor, qu'est-ce qu'il faut que je réponde pour le portrait?

Victor se promène à grands pas dans la chambre, tout en disant :

— Est-ce que je sais, moi!... Est-ce que j'y comprends quelque chose?... Votre cousin vous demande à présent des lettres, des portraits dont jamais il ne m'avait soufflé mot !...

— Je demande à mademoiselle le portrait de ma bonne maman que celle-ci avait envoyé à sa mère... et que certainement ma cousine Angélina a dû plus d'une fois lui faire embrasser... A quatre ans, on a déjà assez de raison pour se rappeler tout cela... Voyons, mademoiselle, ce portrait, vous devez vous en souvenir... Qu'est-il devenu?

Mademoiselle Herminie se pince le nez, la bouche, puis tout à coup se met à pleurer comme une biche en disant — Mon Dieu! je ne l'ai pas, moi, votre portrait, je ne l'ai pas gardé, je ne sais pas ce que vous voulez dire. Hi! hi! hi!... Ça m'embête, moi, tout ça; si c'est pour me tourmenter comme ça que M. Victor m'a fait venir ici, il peut bien aller se promener... avec les quinze mille francs qu'il m'a promis... mais j'aurais pas dû l'écouter, parce que je sais bien que c'est un blagueur, un farceur qui n'aime qu'à se moquer du monde... Et les autres du magasin me l'avaient bien dit : Tu ne vois pas que c'est une farce qu'on veut te faire... Quand on te donnera quinze mille francs, c'est que les poules auront des dents !...

— Ta! ta! ta!... la tête n'y est plus ! elle bat la campagne ! s'écrie Victor, qui, depuis quelques instants, faisait en vain signe à la piqueuse de bottines de se taire. Ah! mon cher Anatole, je vous avais averti, vous n'avez pas voulu m'écouter, votre jeune cousine a la tête faible, l'annonce d'une grande fortune lui avait déjà un peu troublé l'esprit... Maintenant voilà qu'elle dit que je lui ai promis quinze mille francs !... C'est cent soixante-dix mille que je vous ai annoncés... entendez-vous, petite, cent soixante et dix mille francs... et non pas quinze mille...

— C'est pas vrai, menteur!... hi! hi! hi!...

— Décidément elle est trop troublée... Pauvre petite, cela me comprend ! passer tout de suite de la misère à l'opulence... Tout le monde n'est pas de force à supporter cela...

— Mais ce portrait de ma bonne maman? reprend Anatole, qui commence à concevoir des soupçons sur l'identité de sa cousine.

— Ah! mon cher ami ! que vous êtes terrible avec vos demandes !... Vous voulez qu'une enfant de quatre ans ait conservé bien précieusement un portrait de vieille femme qu'elle ne connaissait pas ! Elle aura joué avec, puis elle l'aura brisé, comme les enfants brisent tout ce qu'ils touchent... N'est-il pas vrai, jeune Herminie, que cela est arrivé ainsi?...

— Laissez-moi tranquille, vous m'ennuyez, vous!... Je veux m'en aller à mon magasin, on va me ficher des sottises, parce que j'ai été longtemps dehors...

— Oui, vous avez raison, il faut vous en aller... Je vais vous reconduire; mais soyez tranquille, pauvre orpheline, je veillerai sur vos intérêts, moi, je vous ferai rentrer dans votre héritage... votre cousin va écrire pour qu'on vous l'envoie, n'est-il pas vrai, Anatole?...

— Permettez, Hippolyte et Armand doivent aussi m'amener une soi-disant cousine... Avant de me prononcer, il faut que je les voie autres....

— Ah! très-joli !... ah! c'est comme cela que vous avez confiance en moi... Merci, cher ami, je me souviendrai de ce procédé... Venez, Herminie, si votre cousin ne vous rend pas votre héritage... je saurai bien vous le faire restituer, moi !... et par la mordieu !... Venez, petite, et ne pleurez plus, je vous protége, cela doit vous suffire...

Victor est parti avec la soi-disant Herminie, à laquelle il dit dès qu'ils sont dans la rue : — Ma chère Titine, vous n'êtes qu'une bourrique et pas autre chose ! Au lieu de profiter des leçons que je vous avais données, que je vous avais cornées cent fois ! vous n'avez dit et fait que des bêtises... vous avez jacassé comme une pie! vous avez été dire que votre mère n'a jamais su ni lire ni écrire... est-ce que cela était dans le rôle que je vous avais appris?... A présent je ne réponds plus de la réussite... et j'ai bien peur d'en être pour le chapeau et le petit châle que je vous ai payés!...

— Ah! mon Dieu! depuis le temps que vous me promettiez quelque chose, c'est bien le moins que vous m'ayez donné cela. Bonjour, vous marchez trop doucement... je cours à mon magasin.

La piqueuse de bottines quitte le bras du grand jeune homme pour se mettre à courir. Victor la regarde s'éloigner en disant : — Décidément ces petites filles-là ne sont bonnes qu'à manger, boire et faire l'amour...

XXX. — AMOUR ET AMOUR-PROPRE.

Anatole était resté tout surpris de la sortie presque menaçante de Victor. Il se demande pourquoi celui-ci est furieux de ce qu'il n'a pas voulu sur-le-champ reconnaître pour sa cousine cette demoiselle qui lui a dit que sa mère n'avait jamais su ni lire ni écrire, et qui semblait si embarrassée, si gauche pour lui répondre. S'il n'avait pas autant de confiance dans l'amitié que les Compagnons de la Truffe lui ont jurée, il concevrait de fâcheux soupçons, mais il est trop franc, trop honnête pour s'arrêter à cette pensée, il la repousse au contraire lorsqu'elle se présente à son esprit.

Boudinet le surprend au milieu de ses réflexions : le gros jeune homme arrive avec sa mine joyeuse et son air toujours affairé, il va secouer la main d'Anatole en lui disant : — Eh bien ! cher ami, vous savez que nous avons réalisé un bénéfice... j'en étais sûr d'avance... Et si vous aviez voulu m'écouter et ne pas craindre, cela en aurait valu la peine... tandis que nous n'avons gagné qu'une misère !...

— Ah ! mais à propos !... j'avais tout à fait oublié notre opération de bourse !... Et quel a été le résultat ? bon, à ce qu'il paraît ?

— Nous avons acheté dix actions, à quatre cent vingt-cinq francs, elles ont monté, j'ai fait vendre à quatre cent cinquante-cinq, donc c'est trente francs de bénéfice par action, nous en avions dix, total : trois cents de bénéfice, le calcul est bien simple! un enfant le ferait.

— C'est gentil, cela... Et vous m'apportez la moitié qui me revient : cent cinquante francs...

— Oh! non! je ne vous apporterais pas une telle misère... Quand la somme en vaudra la peine, à la bonne heure !... Ah! encore une fois, c'est votre faute si nous n'avons qu'un si maigre bénéfice !... au lieu de dix actions, si nous en avions acheté cent, naturellement nous aurions à partager trois mille francs, au lieu de trois cents francs...

— Je comprends très-bien cela... Mais, au lieu de monter, si cela avait descendu ?

— Avec moi, il ne faut jamais trembler : je connais si bien la position de la place! Aujourd'hui j'espère que vous aurez entière confiance... écrivez à notre agent de change...

— Nous allons faire une autre opération ?

— Pardieu, je pense que nous ne quitterons pas les affaires après avoir gagné cent écus !... c'est cent mille écus qu'il nous faut !... .

— Oh! comme vous êtes ambitieux !... je ne suis pas, moi !

— Vous avez tort, il faut de l'ambition dans ce monde, sans quoi on n'arrive à rien.

— Mais quand on a tout ce qu'on désire, l'ambition n'est plus nécessaire ?

— Est-ce qu'on a jamais tout ce qu'on désire ?... Jamais, mon bon; les millionnaires même désirent toujours !... Ecrivez... Cette fois il faut acheter du Nord, il a baissé beaucoup depuis quelque temps... il va monter; dites qu'on vous achète cent Nord fin courant...

— Cent !... Oh! non! c'est trop... si cela baisse il nous faudra payer la différence... vous voyez que je commence à comprendre.

— Oui, je vous êtes toujours aussi craintif !...

— Il ne faut pas aller si vite... je vais dire qu'on en achète cinquante, cela me semble déjà risquer beaucoup.

— Quand je vous répète que je réponds de tout !...

Mais malgré ce que le gros homme s'obstine à lui dire, Anatole a écrit à l'agent de change et n'a donné ordre que pour cinquante actions, M. Boudinet prend la lettre avec humeur, en murmurant : — Si vous continuez d'être craintif, nous ne ferons jamais de grandes affaires !...

— Mon Dieu, si cela vous contrarie tant, pourquoi n'écrivez-vous pas vous-même... Vous demanderez ce que vous voudrez... Déchirez cette lettre et faites-en une autre.

Au lieu de déchirer la lettre, Boudinet la met dans sa poche en répondant : — Puisque la chose est faite, laissons-la ainsi ! Mais à la prochaine opération, j'espère que vous me croirez... Adieu, mon bon petit, je vais mettre votre lettre à la poste...

— Mais dites-moi donc au moins à quel prix est ce Nord que nous achetons aujourd'hui ?...

— Neuf cents francs; il ira à mille, nous revendrons... Adieu, au revoir... A bientôt.

Boudinet est parti. Anatole se demande s'il a eu raison d'avoir confiance dans ce monsieur qui en a tant; mais la pensée qu'il se retrouvera le soir avec mademoiselle de Barvillier lui a bien vite fait oublier l'opération de bourse.

Armand Bouquinard ne manque pas de venir prendre Anatole à six heures; lorsqu'il s'agit d'un dîner, les Compagnons de la Truffe sont d'une exactitude admirable. Tout en dînant, le jeune Desforgeray fait part à son convive de la visite de Victor avec la piqueuse de bottines qu'il lui assure être sa cousine, et il lui rapporte fidèlement tout ce que cette demoiselle a dit dans cette entrevue.

Armand a écouté avec la plus grande attention, surtout ce qui a rapport aux lettres et au portrait, chose qu'il ignorait encore et dont il est fort aise d'être instruit, puis il s'écrie : — C'est affreux ! c'est indigne !... se jouer de vous de la sorte! En vérité, c'est impardonnable... Tout ceci est une petite intrigue combinée par Victor pour tâcher de vous soutirer cent soixante-dix mille francs... sur lesquels il

en aurait seulement donné quinze à la petite piqueuse, cela est clair comme le jour !

— Oh! je ne puis croire cela !... mais ce se rait presque telle bas- Pouvez-vous donc supposer votre ami Victor c apable d'une vraiment sesse ?... Ne peut-il pas être trompé lui-même, et croire que vraiment cette jeune fille est la personne que je cherche ?...

— Certainement, cela se pourrait... En voulant vous obliger on peut être dans l'erreur soi-même... Ainsi, moi aussi, je vous ai dit que je connaissais une demoiselle nommée Herminie... et mille circonstances me font croire qu'elle est bien réellement votre cousine... Mais, après tout, si vous n'êtes pas convaincu... si vous pouvez acquérir la preuve que je me suis trompé, il n'en sera que cela... Je m'en lave les mains, et je ne me regarderai pas comme un coupable pour avoir essayé de vous être utile.

— Sans doute, et je vous en aurai la même obligation; mais pourquoi n'en serait-il pas de même pour Victor?

— Parce que cette jeune fille qu'il vous a amenée s'est trahie plusieurs fois... que tout dans sa conduite a dû vous prouver qu'elle venait là comme quelqu'un à qui l'on a appris sa leçon... leçon qu'elle a fort mal retenue, à ce qu'il paraît ! et Victor est trop fin, il a trop d'esprit... car il a de l'esprit, on ne peut pas le nier... mais quel esprit , grand Dieu ! que celui qui n'est bon qu'à dire des blagues ! N'importe! il ne se serait pas laissé attraper par cette petite sotte, qui n'a pas même su remplir le rôle qu'il lui avait donné... Donc c'est lui qui a imaginé de vous fabriquer cette soi-disant cousine, et franchement cela n'est pas très-délicat. La demoiselle Herminie que je connais est encore indisposée, à ce que je crois ; du reste, je n'ai pas eu le temps d'aller la voir... et maintenant je vais être plus occupé que jamais!... Quand on a du succès, mon cher, il faut suivre la veine et en profiter... Mon père m'a joué un tour... que je n'ose qualifier !... mais il me revaudra cela... En attendant, tous les libraires vont m'assaillir... Vous avez vu M. Bidot, c'est un de nos premiers éditeurs, il sera suivi de bien d'autres... Je suis vivement tenté de terminer le roman que j'ai vendu à mon père... vendu ! c'est donné, que je devrais dire!... puis j'en fais tout de suite un autre que je vendrai ce que je voudrai... Oh ! c'est fini! je suis lancé !...

Pendant tout le temps du dîner, le jeune homme de lettres ne parle plus d'autre chose que de ses romans. C'est en vain qu'Anatole essaye d'amener la conversation sur la société de madame Belleval, Armand ne l'écoute pas et continue le chapitre des succès qu'il lui est promis.

On quitte le traiteur, on se promène au Palais-Royal. Armand conte à Anatole un projet de roman; on entre au café. La, tout en prenant sa demi-tasse, il faut que le jeune Desforgeray écoute un autre sujet de roman, puis un autre pendant les petits verres. Le pauvre garçon se permet de dire parfois : — Est-ce que nous n'allons pas chez madame Belleval?...

— Pas sitôt !... il faut arriver après les autres : on fait bien plus d'effet... Où en étais-je de mon plan de roman?... Ma foi, je vais recommencer.

Et le malheureux Anatole est forcé pendant trois quarts d'heure encore d'endurer le supplice; aussi se promet-il bien dorénavant de se rendre seul chez madame Belleval et de ne plus attendre que le jeune romancier y vienne avec lui.

Il y a beaucoup de monde dans le salon de la rue de Provence. Madame Belleval accueille les deux jeunes gens avec sa bienveillance habituelle, elle a même quelques mots aimables pour reprocher à Anatole de n'avoir pas accompagné son ami le samedi précédent, et celui-ci est sur le point de s'écrier : — Ah! madame, s'il m'avait dit qu'il venait chez vous...

Mais il retient ces paroles prêtes à lui échapper, il se rappelle que dans ce monde il ne faut pas dire tout ce qui nous vient à la pensée. Et puis cette dame lui aurait répondu : « Puisque je vous étiez engagé personnellement, vous n'aviez pas besoin de votre ami pour venir. » Et il n'était pas nécessaire de faire savoir qu'il n'osait pas encore se présenter seul dans un salon.

Cependant Anatole avait l'habitude du monde et de la bonne société, car à Montpellier il accompagnait souvent sa grand'mère en soirée. Pourquoi donc est-il devenu si timide lorsqu'il s'agit d'aller chez madame Belleval? pourquoi se sent-il même plus embarrassé cette seconde fois que la première? C'est qu'un sentiment tout nouveau s'est emparé de son cœur, c'est qu'en entrant dans ce salon ses yeux ont sur-le-champ aperçu mademoiselle de Barvillier, et qu'alors il a éprouvé comme du plaisir et de la peine; une émotion si forte, que ses jambes se sont presque dérobées sous lui et qu'une rougeur excessive lui est montée au visage.

Lorsque la maîtresse de la maison l'a quitté pour aller parler à d'autres personnes, il ne sait plus que devenir, ni de quel côté aller, quoiqu'il sache fort bien où il voudrait se placer. Ce qui augmente la gaucherie des gens timides, c'est qu'ils se figurent toujours que tous les yeux sont fixés sur eux, que l'on se moque de leur embarras, tandis que la plupart du temps on ne s'en occupe pas.

Déjà Armand était allé causer littérairement avec une dame sur le retour, mais encore fort coquette, et qui avait la réputation d'un bas-bleu. Cette dame faisait de temps à autre de simples madrigaux dont elle régalait la société, qui se serait bien passée d'un tel régal ; mais dans le monde il faut avaler tant de choses qui ennuient, en ayant l'air d'y prendre beaucoup de plaisir, que l'on comprend que bien des gens se dispensent d'y aller. A force de tourner et de retourner, Anatole a pourtant trouvé moyen de se rapprocher de la charmante Adeline, il lui fait alors une profonde salutation, à laquelle elle répond par un sourire fort aimable, et ce qui l'est bien plus encore, montrant près d'elle une chaise que quelqu'un vient de quitter, elle lui dit : — Ne voulez-vous pas vous asseoir un peu... il y a tant de monde ici ce soir... les places sont rares...

Anatole est bien vite près de cette demoiselle, et il se sent si heureux d'être là, près d'elle ; de pouvoir causer avec elle, qu'il ne sait que dire et comment entamer la conversation. Heureusement pour lui, mademoiselle de Barvillier lui évite cette peine en disant : — Vous n'êtes pas venu samedi dernier ici, vous n'avez pas accompagné votre ami M. Armand Bouquinard...

— C'est vrai, mademoiselle, c'est que je ne savais pas qu'il viendrait... il ne me l'avait pas dit...

— Mais je pense que vous n'avez plus besoin qu'il vous accompagne pour venir chez madame Belleval.

— En effet, cette dame a eu la bonté de m'engager... mais... je...

— Ah! peut-être ne vous êtes-vous pas beaucoup amusé la dernière fois que vous êtes venu, et alors vous n'étiez pas pressé de revenir...

— Oh! pardonnez-moi, mademoiselle, mon plus ardent désir était de revenir ici... j'y pensais continuellement!...

Le jeune homme a répondu cela avec une vivacité et un feu qui font légèrement sourire la jolie demoiselle; elle reprend : — Il n'y a pas longtemps que vous êtes à Paris, monsieur?

— Non, mademoiselle, pas très-longtemps...

— Vous habitiez la province?

— Je suis né à Montpellier... et je n'avais pas encore quitté ma ville natale.

— C'est, dit-on, une fort jolie ville.

— Oui, mademoiselle... très-jolie! Oh! mais cela n'approche pas de Paris.

— Voyez! comme on est ingrat pourtant!... La ville où l'on est né est jolie, et cependant à peine est-on à Paris qu'on l'oublie, qu'on n'a plus le désir d'y retourner...

— Oh! je retournerai à Montpellier... mais je ne sais pas quand... je ne suis pas pressé.

— Vous n'y avez pas laissé... des parents.

— Mon Dieu, mademoiselle, j'ai eu le malheur de perdre mon père et ma mère lorsque j'étais encore tout jeune, il ne m'est resté qu'une bonne grand'maman, qui m'a élevé, qui a eu pour moi les soins, l'affection d'une mère... Ce n'est pas sans peine qu'elle s'est décidée à me laisser venir à Paris... à se séparer de moi.

— Pourquoi ne vous a-t-elle pas accompagné?

— A son âge, on n'aime point à se déranger, on ne voyage guère, on a ses habitudes, ses plaisirs de tous les jours... C'est monotone quand on est jeune... c'est un besoin quand on est vieux... Changer de manière de vivre... changer de demeure, de climat, c'est bien imprudent au déclin de la vie! ma bonne maman a bien fait de ne point quitter Montpellier.

Adeline semblait écouter Anatole avec plaisir ; elle remarquait que lorsqu'il était parvenu à surmonter sa timidité, il s'exprimait fort bien. Elle reprend au bout d'un moment : — Ainsi vous n'avez plus d'autres parents que madame votre grand'mère?

— Non, mademoiselle... Ah! c'est-à-dire... pardon... j'ai encore une cousine.

— Ah! et elle habite aussi Montpellier?

— Mon... elle habite Paris... du moins je le crois...

— Vous n'en êtes pas certain?

— Non... mais j'espère en avoir bientôt la certitude.

— On doit vous donner son adresse?

— Pas précisément... mais on doit me faire trouver avec elle... et alors...

Cette conversation est interrompue par Armand, qui, s'éloignant du bas-bleu, a cherché des yeux mademoiselle de Barvillier et s'est aperçu qu'elle causait avec Anatole et qu'il était assis à côté d'elle. Aussitôt le jeune romancier se dirige précipitamment vers eux; après avoir salué la jolie demoiselle, il dit à Anatole d'un ton qui frise l'impertinence : — Mon cher ami, donnez-moi votre place... elle est trop agréable pour ne point faire envie... je ne doute pas que vous ne disiez à mademoiselle des choses fort spirituelles, mais enfin vous me permettrez bien d'avoir mon tour... je ne serai peut-être pas aussi spirituel que vous!... mais mademoiselle est si bonne qu'elle me pardonnera... et m'acceptera comme un ami.

Anatole ne sait ce qu'il doit faire; s'éloigner de mademoiselle de Barvillier lui semble fort désagréable, mais il se rappelle les confidences que son ami lui a faites, les projets, les espérances d'Armand, il se dit même que si la charmante Adeline aime le jeune romancier, elle lui en voudra s'il ne cède pas sa place à celui-ci, et, tout en soupirant, il se lève en balbutiant : — Il faut que ce soit vous... pour que je me prive du plaisir d'être auprès de mademoiselle.

— Tiens!... tiens!... je crois qu'il devient galant! s'écrie Armand en se mettant à la place qu'Anatole vient de quitter. Décidément, mademoiselle, vous faites des miracles!

— Comment cela, monsieur? répond Adeline d'un ton très-froid.

— C'est que vous donnez de l'esprit aux gens qui n'en ont pas.

— Pour qui dites-vous cela, monsieur?

— Mais pour ce petit Desforgeray qui causait avec vous et qui devait terriblement vous ennuyer, car il n'est pas capable de raisonner sur rien... Convenez que je vous ai rendu un grand service en vous débarrassant de lui... Voyons, quelle récompense me donnerez-vous pour cela?

— Je ne trouve pas que votre conduite en mérite, monsieur; vous ne m'avez nullement rendu service en prenant la place de votre ami... Je ne partage pas votre opinion sur son compte : vous trouvez qu'il n'a pas d'esprit, moi je le trouve très-aimable... Voyez, monsieur, comme je juge mal!... car il m'est arrivé quelquefois de trouver ennuyeuses et prétentieuses jusqu'à la suffisance des personnes qui avaient la réputation d'être spirituelles.

Armand se mord les lèvres, il est vexé, mais il ne veut pas le laisser voir et affecte de rire en répondant : — Oh! que vous êtes méchante ce soir!... Décidément vous voulez vous venger sur moi de tout l'ennui que vous avez éprouvé dans la conversation d'Anatole!... Ah! ah!... oui, c'est cela!... j'ai deviné!... A propos, vous savez que j'ai un grand, un immense succès avec mon roman d'Adolphine... On se l'arrache, on se le dispute... les cabinets de lecture ne peuvent pas y suffire... il est déjà à sa quatrième édition!...

— J'en suis charmée pour vous, monsieur...

— Ce qu'il y a de mieux, c'est qu'on vient de m'acheter mon second roman avant qu'il ne soit tout à fait terminé... je l'ai vendu dix mille francs! il s'appellera : Les Enfants du laboureur. Le titre est joli, n'est-ce pas?

— Mais il me semble que oui, monsieur; du reste je ne suis pas capable de répondre là-dessus... Vous savez bien que les demoiselles ne lisent pas de romans.

— C'est-à-dire que lorsqu'elles en lisent elles ne l'avouent pas... ce qui n'est point du tout la même chose. Enfin me voilà lancé, je compte faire ensuite plusieurs ouvrages que je ferai paraître en feuilletons dans les journaux... Ceux-là, vous les lirez, j'espère, car on ne défend pas aux demoiselles de lire ce qui est dans le journal... Auquel monsieur votre père est-il abonné? je choisirai celui-là pour y mettre un de mes romans, car je tiens beaucoup, oh! mais beaucoup à être lu par vous!...

— Mon Dieu, monsieur, mon père reçoit beaucoup de journaux, et je n'en sais même pas les noms, car je n'en lis aucun : c'est une lecture qui ne m'amuse pas du tout!...

Avant qu'Armand ait eu le temps de répondre, la maîtresse de la maison est venue prier Adeline de chanter quelque chose, et celle-ci, qui n'a pas l'habitude de se faire prier, se rend sur-le-champ au piano, enchantée d'avoir cette occasion pour quitter le jeune romancier, dont la conversation semble la fatiguer.

Anatole se trouvant près du piano quand mademoiselle de Barvillier passe près de lui, murmure : — Vous allez chanter... ah! quel bonheur!

— J'aimerais mieux danser, répond Adeline en faisant une petite moue enfantine. Mais j'espère que l'on dansera après... Est-ce que vous n'aimez pas à danser, monsieur?

— Pardonnez-moi, mademoiselle.

— Est-ce que vous n'avez pas dansé la dernière fois que vous êtes venu ici.

— Mademoiselle, je n'ai pas osé... quand on ne connaît personne dans une société... on ne sait que inviter...

— Eh bien! vous me connaissez, maintenant... invitez-moi...

— Vraiment... vous permettez... vous acceptez?

— Oui, oui, c'est convenu, nous dansons la première ensemble...

Tout en causant, la jolie demoiselle était assise au piano et feuilletait de la musique comme pour chercher ce qu'elle voulait chanter, ce qui ne l'avait pas empêchée d'avoir cet aparté avec Anatole, les demoiselles les mieux élevées sachant très-bien faire deux choses à la fois.

Adeline chante un air d'opéra-comique. Anatole l'écoute avec bonheur, il voudrait qu'elle chantât toujours; mais la jolie demoiselle, qui ne tient pas du tout à faire applaudir, quitte le piano aussitôt qu'elle a achevé son morceau, et, s'approchant de madame Belleval, lui dit à demi-voix : — A présent, faites-nous danser!...

— Je ne demande pas mieux, ma chère amie, mais le professeur de chant n'a pas encore chanté...

— Ah! madame, si vous laissez ce monsieur se mettre au piano, nous sommes perdus! c'est fini! il n'en sortira plus!... Ce monsieur touche fort bien, il ne chante pas mal, mais il se figure apparemment qu'on ne peut point se lasser de l'entendre, car une fois qu'il s'est placé au piano il ne le quitte plus... il ne cède la place à personne... En vérité, si ces messieurs savaient combien ils nous ennuient, ils auraient moins d'amour-propre et ne se prodigueraient pas tant!... et ce que je me permets de vous dire là, madame, je vous assure que c'est l'opinion de toutes ces demoiselles...

— Allons, puisqu'il en est ainsi, je vais prier M. Desforgeray de vous jouer un quadrille...

— Oh! pas cette fois, madame! M. Desforgeray m'a engagée pour la première contredanse... Tenez, Hélène a mal au pied, elle ne dansera pas, elle me l'a dit et elle ne demandera pas mieux que de nous faire danser...

— Décidément, je vois qu'il faut faire tout ce que vous voulez !...

— Est-ce que cela vous contrarie, madame ?

— Non, ma bonne amie, seulement chargez-vous d'aller prier Hélène de se mettre au piano... il ne faut pas que le professeur croie que c'est moi qui organise la danse.

— Oh ! bien volontiers, madame !

Mademoiselle de Barvillier court parler bas à son amie, qui va aussitôt se placer devant le piano et joue le prélude d'un quadrille. Les jeunes gens s'empressent de faire leurs invitations, et Armand ne manque pas d'aller près de la charmante Adeline, qui lui répond : — Je suis engagée.

— Comment ! déjà ! s'écrie le jeune romancier. Mais il me semble que personne avant moi ne s'est présenté...

— Puisque je vous dis que je suis engagée, monsieur, c'est que probablement vous n'arrivez pas le premier.

Armand se retire piqué, mais son dépit augmente lorsqu'il voit Anatole venir chercher Adeline et se placer avec elle au quadrille qui se forme. Il va se mettre derrière eux et dit d'un ton railleur à Anatole : — Il paraît que vous vous y prenez d'avance pour avoir une danseuse... Diable ! vous aviez apparemment bien peur de ne point danser... mais vous auriez bien dû vous adresser à une autre que mademoiselle... car j'ai l'habitude de toujours obtenir d'elle le premier quadrille... et j'aurais presque le droit de réclamer la place que vous occupez...

— Oh ! cette fois, mon cher ami, je ne suis nullement disposé à vous la céder, répond Anatole en souriant, et à moins que mademoiselle ne m'en prie, certainement je la garderai !

— Vous ferez fort bien, monsieur, dit à son tour Adeline, car je n'ai jamais donné le droit à monsieur de se dire mon danseur privilégié !...

Armand fronce les sourcils et paraît vouloir répondre, mais en ce moment la danse emporte loin de lui Anatole et sa danseuse, et le jeune littérateur se décide à s'éloigner. Lorsque la figure est terminée, Adeline dit à son cavalier : — Si vous aviez cédé votre place à M. Armand, je ne vous l'aurais jamais pardonné !...

— Croyez bien, mademoiselle, que je n'en avais nullement l'envie !... je suis si heureux de danser avec vous !...

— Mais pourquoi la lui aviez-vous cédée quand vous étiez assis près de moi ?...

Anatole est embarrassé, il balbutie : — Mademoiselle... si alors j'ai cédé la place que j'occupais, croyez bien que ce n'est pas sans regret... mais en laissant Armand près de vous... j'ai cru... j'ai pensé que cela vous serait agréable...

— Qui pouvait vous faire penser cela, monsieur ?

— Mais, mademoiselle... je suis à peine connu de vous... tandis que vous connaissez mon ami depuis longtemps... et d'après tout ce qu'il m'avait dit... j'ai supposé...

— Je ne sais pas ce que M. Bouquinard a pu vous dire, mais je ne l'ai jamais autorisé à se conduire comme il l'a fait ce soir... Je trouve cela très-ridicule. Ce jeune homme a de l'esprit, il est assez aimable lorsqu'il veut bien cesser de parler de ses ouvrages, mais il a un amour-propre qui le rend parfois insupportable ; j'ai aussi remarqué qu'il était méchant et n'épargnait pas les meilleurs amis, ce qui lui a beaucoup nui près de moi ; je sais bien que dans le monde les esprits caustiques ont plus de succès que les personnes indulgentes, mais si cela amuse de les écouter, on ne les estime pas davantage pour cela...

La figure interrompt encore la conversation des danseurs ; lorsqu'elle les laisse de nouveau au repos, un monsieur qui s'est approché du quadrille, se trouve derrière Adeline et lui dit en souriant : — Eh bien ! tu dois être content, tu danses... et tu aimes tant à danser !

La jolie demoiselle prend la main de ce monsieur, qu'elle presse affectueusement dans les siennes en répondant : — Oui, mon père, oui ! j'aime beaucoup la danse... je ne m'en cache pas, est-ce que cela te fâche ?

— Non, non, c'est un plaisir de ton âge... je t'approuve au contraire...

— Mon père, je danse avec M. Desforgeray... qui est de Montpellier...

Anatole fait un profond salut à M. de Barvillier, qui le regarde avec une attention qui l'étonne. Enfin ce monsieur lui dit : — Vous êtes de Montpellier, monsieur ?

— Oui, monsieur... Vous connaissez cette ville ?

— Un peu... j'y ai été autrefois... Vous y avez votre famille ?

— Je n'ai plus que ma grand'maman...

— Et vous venez vous fixer à Paris...

— Je ne sais pas encore... mais il faudrait alors que ma vieille grand'mère consentît à y venir aussi, et cela n'est pas présumable...

— J'ai beaucoup entendu parler de votre famille, monsieur, un de mes intimes amis était lié avec un Desforgeray, ancien capitaine de frégate...

— C'était mon grand oncle...

— Il est mort, je crois ?

— Oui, monsieur... il y a déjà longtemps !...

— Pendant votre séjour ici, je serai charmé de recevoir chez moi un membre d'une famille dont j'ai toujours entendu parler avec éloge... Voici mon adresse, monsieur, il faudra venir nous voir...

— Je vous remercie, monsieur, et ce sera pour moi un honneur et un plaisir.

— Allons, danse, Adeline, mais ne te fatigue pas trop.

M. de Barvillier s'éloigne en faisant un salut gracieux à Anatole, qui est aussi enchanté que surpris de l'invitation qu'il vient de recevoir et dit à sa danseuse : — Comme monsieur votre père est aimable !...

— Oui... il est très-bon... il m'aime beaucoup...

— Je ne sais comment j'ai mérité la faveur qu'il veut bien me faire en me permettant d'aller vous rendre mes devoirs...

— Qu'y a-t-il là d'étonnant, puisqu'il connaît votre famille de réputation... Vous viendrez nous voir, n'est-ce pas ?

— Oh ! assurément, mademoiselle !

La contredanse est finie et Anatole reconduit sa danseuse à sa place, puis il va rejoindre Armand, qui lui fait des yeux colères et lui dit :

— Savez-vous bien que je trouve votre conduite peu délicate !... Comment ! quand je vous fais confidence de mes projets... de mes idées sur mademoiselle de Barvillier, vous avez l'air de vouloir courtiser cette demoiselle, vous fourrez près d'elle, vous l'invitez à danser avant même qu'on ne danse !... Certainement je ne suis pas jaloux de vous !... Dieu m'en garde !... mais ces jeunes filles sont si coquettes !... elles sont enchantées dès qu'on a l'air de soupirer pour elles... Celle-ci s'amuse à vos dépens ce soir, dans l'espoir que cela me tourmentera, voilà tout...

— Je ne sais pas pourquoi cette demoiselle s'amuserait à mes dépens... et quel serait son motif... je ne lui fais pas la cour... mais elle est fort aimable... et j'ai beaucoup de plaisir à causer avec elle...

— Je vous dis qu'en ce moment vous lui servez de marionnette... que diable ! vous ne m'apprendrez pas à connaître les femmes...

— Qui est-ce qui connaît les femmes ? s'écrie le petit monsieur à figure de fouine en arrivant se poser devant les deux jeunes gens. Les femmes ! est-ce qu'on les connaît jamais ?... les plus fins y perdent leur latin... Origène a dit que la femme était la clef du péché, la mère du délit et la corruption de la première loi ; saint Bernard nomme la femme : *Organum diaboli*. Virgile dit : *Varium et mutabile semper femina*. Mais Tibulle prétend que l'amour d'une femme encourage à la vertu. Voltaire a dit :

> ... Le ciel fit les femmes
> Pour corriger le levain de nos âmes.
> Pour adoucir nos chagrins, nos humeurs,
> Pour nous calmer, pour nous rendre meilleurs.

Et Tertullien... je ne me souviens plus de ce qu'en a dit Tertullien... mais vous devez vous en souvenir, vous, jeune homme de lettres... hein ? qu'est-ce que Tertullien a dit des femmes ?

Armand réprime un mouvement d'impatience en répondant à M. Longchamp : — Eh ! monsieur, que me fait Tertullien... est-ce qu'on lit cela maintenant ?...

— Comment *cela* !... et pourquoi ne lirait-on pas les vieux auteurs, monsieur ? Croyez-vous donc qu'il n'y ait plus rien de bon à apprendre avec eux ?... Ah ! jeune homme... vous méprisez les anciens, c'est une faute !...

— Je ne les méprise pas, monsieur, mais...

— Mais vous dites : nous valons mieux qu'eux !... A propos, on assure que vous avez fait un roman qui n'est pas trop mauvais !...

— Pas trop mauvais joli !...

— Moi, je ne l'ai pas lu, c'est un de mes amis qui m'a dit cela... cela s'appelle, je crois, *Adolphine* ?

— Oui, monsieur, cela s'appelle *Adolphine* ! et cela est déjà à sa quatrième édition...

— Ah ! ah ! nous connaissons cela, mon cher... c'est toujours la même édition, mais on change seulement les couvertures... et les jobards biffent là-dedans !... Connu... connu !...

Cette fois Armand n'y tient plus, il s'éloigne avec colère du petit monsieur.

On joue une polka, puis un autre quadrille, et pour ne point faire de peine à son ami, Anatole ne va plus inviter mademoiselle de Barvillier, puis lui-même se met au piano pour faire danser. Mais il remarque que le jeune romancier n'a point pris part à la danse, et s'est contenté de se promener fièrement dans les salons.

La soirée se termine vers minuit. Armand est parti sans attendre Anatole, et celui-ci se dit en s'en allant : — Il paraît qu'il m'en veut toujours !... que serait-ce donc s'il savait que M. de Barvillier m'a engagé à aller chez lui !...

XXXI. — DEUXIÈME HERMINIE.

Trois jours se sont écoulés depuis cette soirée ; Anatole, qui brûle d'envie de profiter de l'invitation qu'on lui a faite et de se rendre chez M. de Barvillier, se demande s'il a laissé passer assez de temps ; s'il agira convenablement en y allant dans la journée, s'il doit attendre quelques jours encore. Après de longues hésitations, il se dit : — Puisque ce monsieur a eu la bonté de m'engager à l'aller voir, il me

Anatole l'écoute avec bonheur. (Page 62.)

semble que ce sera plus honnête de montrer de l'empressement à profiter de son invitation, et que cela ne paraîtra pas ridicule... par conséquent je puis y aller aujourd'hui.

Et aussitôt il s'occupe de sa toilette, car, sans se dire franchement pourquoi, il sent en lui-même un plus grand désir d'être trouvé bien.

Il est près de trois heures, et Anatole se dispose à envoyer chercher un cabriolet, afin de se faire conduire chez M. de Barvillier, lorsqu'on ouvre sa porte, et il voit entrer chez lui le bel Hippolyte d'Ingrande, donnant la main à une jeune femme vêtue avec élégance, assez jolie de figure, mais dont le regard hardi et la démarche cavalière lui rappellent sa première conquête Olympia.

— Vivat! il y est! le voilà!... s'écrie Hippolyte en allant presser la main d'Anatole, qui s'est levé pour recevoir les personnes qui lui arrivent.

— Ah! mon cher, j'avais bien peur de vous manquer, et j'en aurais été désolé, surtout pour mademoiselle, que j'ai eu beaucoup de peine à décider à quitter Versailles pour venir ici...

— Ah! dame! les chemins de fer ça m'embête, moi, dit la jeune femme; je sais bien qu'on va vite, mais voyager sans rien voir, je ne trouve pas ça amusant... Et que voyez-vous en chemin de fer, où tout passe devant vos yeux comme les verres d'une lanterne magique?... Merci! J'aime autant aller chez Séraphin voir les ombres chinoises et le pont cassé!...

Anatole salue profondément cette personne, qui s'exprime avec une étonnante volubilité et qui reprend presque aussitôt : — Eh bien! bel Hippolyte, dites donc à monsieur ce que je suis, car sans cela il est bien probable qu'il ne le devinera jamais... de même que moi je ne me serais pas doutée que j'avais celui d'être sa cousine, si vous n'étiez pas venu me le dire, en me rappelant l'histoire de ma pauvre mère, de ses amours, de ses malheurs!... de ses tribulations!... car on peut bien le dire! eh voilà une qui en a z'eu de ces tribulations!... Aussi à tous ceux qui me parlaient de ma mère... cette bonne Angélina... je leur z'y ai dit : Ah! par grâce, ne touchez pas à cette corde-là, mes petits agneaux, sinon vous allez me voir fondre en larmes et tomber en syncope... O ma tendre mère! fallait-il qu'elle mourût avant sa fille... souvenir qui me transperce... C'est égal, Hippolyte, apprenez donc à monsieur que je suis sa cousine Herminie, et que par la même raison il doit être mon cousin!... ou ça m'étonnerait beaucoup qu'il ne le fusse pas!

Le bel Hippolyte avait fait plusieurs fois la grimace aux fautes de français et aux cuirs qui échappaient à cette dame, mais elle parlait si

vite que l'on pouvait ne pas les saisir, ou croire que c'était sa langue qui avait fourché. Quant à Anatole, il avait fort bien entendu ces mots qui avaient écorché ses oreilles, et en apprenant que cette jeune femme était la cousine que le bel Hippolyte lui avait annoncée, il l'avait considérée avec beaucoup d'attention.

Saisissant un moment où cette dame ne parlait pas, Anatole lui présente un fauteuil en lui disant : — Quoi! madame... mademoiselle... vous seriez...

— Mademoiselle d'abord, cher cousin, je m'en flatte, et tout ce qu'il y a de plus demoiselle!... Ah! bigre, que votre fauteuil est bas! j'ai cru que je me fichais par terre... ça n'a jamais été un fauteuil, c'est une chauffeuse, ça... Dans ces hôtels garnis, ils ont un tas de meubles dépareillés... c'est un détail!... Nous disons donc, cher cousin, je suis votre cousine... hein!... Comme on se retrouve pourtant!... moi, j'avoue que je ne vous cherchais pas. Ma tendre mère est morte... cette bonne Angélina!... Vous savez que ma mère se nommait Angélina?...

— Oui... je sais que c'était le prénom de la fille de mon grand-oncle le marin...

— C'est cela... oui, je savais bien qu'il y avait aussi un marin dans mes ancêtres... mais vous savez, avec les grands parents on s'embrouille... et puis j'étais si petite quand tout ça est mort...

— Madame votre mère se nommait donc?

— Est-ce que je ne vous l'ai pas dit? Angélina.

— Oui, ceci est un nom de baptême, mais son nom de famille?

— Le vôtre, cher ami... Desforgeray... est-ce bien cela?

— Oui... c'est bien aussi le nom que je porte; mais à Paris, madame votre mère avait quitté le nom de son père...

— Pour se faire appeler madame Clémandon, c'est la pure vérité... nous sommes d'accord, n'est-ce pas?

— En effet... tout cela se rapporte!

— Oh! je suis votre cousine Herminie, depuis les pieds jusqu'à la tête!... Je prendrais bien quelque chose, moi... rien ne m'altère comme de parler...

— Mais aussi vous parlez trop vite, ma chère amie, dit Hippolyte, vous ne reprenez pas haleine, vous donnez à peine à ce cher Anatole le temps de vous répondre!... rien ne vous presse cependant.

— Tu crois ça! mors aux dents!... moi, j'aime pas ce qui traîne, je veux toujours aller vite... Où en étais-je pour que je me ratrapisse?...

— Vous aviez soif, cousine; voulez-vous un verre d'eau sucrée à la fleur d'oranger?...

— Oh! c'est bien fadasse! j'aimerais mieux un grog américain...

— Je vais en faire demander un.

Mitonneau se présente dans sa chambre, pâle, effaré. (Page 66.)

Anatole sonne, un garçon de l'hôtel arrive. Mademoiselle Herminie **numéro deux** dit aussitôt au garçon, et avec la même aisance que si **elle était** dans un café : — Mon petit, apportez-nous des grogs américains, car je présume que ces messieurs me tiendront compagnie... **apportez le flacon** de rhum à part... chacun le fera aussi fort qu'il **voudra...** Allez, trottez!... vous aurez pour boire si on est content!

— Comment la trouvez-vous? dit Hippolyte à l'oreille d'Anatole, tandis que la demoiselle aux manières délurées est allée se regarder et se recoiffer devant une glace.

— Je ne la trouve pas mal, seulement je lui trouve l'air un peu... je ne sais comment vous dire... un peu libre... elle me rappelle Olympia; est-ce que c'est une femme dans le même genre?

— Oh! par exemple!... n'allez pas croire cela! celle-ci est extrêmement honnête... seulement elle est très sans façon; cela tient à son caractère... et puis l'habitude de vivre à Versailles!

— Est-ce qu'on est sans façon à Versailles? J'avais entendu dire au contraire que c'était une ville où l'on était toujours sur le ton de la cérémonie...

— Cela dépend des quartiers que l'on habite...

— L'éducation de cette demoiselle me paraît aussi avoir été bien négligée...

— Eh! mon cher, une brodeuse n'est pas obligée de parler comme un grammairien! Celle-ci a perdu sa mère étant encore fort jeune, elle n'avait près d'elle ni parent ni protecteur pour lui faire donner de l'éducation! sans une brave femme, qui a eu pitié d'elle et lui a appris son métier de brodeuse, elle aurait pu fort mal tourner.

— C'est possible en effet... Mais croyez-vous que cette demoisellelà n'ait que dix-neuf ans?... elle en paraît bien vingt-quatre!

— Parce qu'elle est forte et grande... mais elle n'a que dix-neuf ans... elle me l'a dit elle-même... N'êtes-vous donc pas convaincu que c'est la personne que vous cherchez?... D'après tout ce qu'elle vous a dit, il me semble qu'il ne devrait plus vous rester le moindre doute.

— Mais Victor m'a amené aussi une Herminie qui m'en a dit autant que celle-ci...

Hippolyte fait la grimace en murmurant : — Oh! Victor, vous savez bien que c'est un blagueur... un farceur!... il a voulu faire une plaisanterie, voilà tout!...

— Mais non, je vous certifie qu'il ne plaisantait pas!...

— Eh bien! messieurs, quand vous aurez fini de jacasser à part, comme des traîtres de mélodrame, j'espère que vous voudrez bien vous occuper de moi, dit la jeune femme, qui a ôté son chapeau et l'a jeté sur le lit. A propos, mon petit cousin, Hippolyte m'a dit que vous avez

une assez jolie somme à me compter... c'est un héritage qui me vient de mon grand-père... ma foi, cela ne me fera pas de peine, car je suis à sec comme une amande!... le métier de brodeuse ne rapporte pas de quoi se payer des huîtres! et si on n'avait pas de temps à autre un peu de casuel...

Hippolyte se met à tousser comme s'il s'étranglait; la demoiselle comprend cet avertissement et se hâte de reprendre : — Je veux dire que si, de temps à autre, on n'avait pas des commandes extraordinaires, on ne pourrait pas payer son terme... Ah! voilà les grogs!... Garçon, approchez-nous cette table... Très-bien... Mon cousin, j'agis sans façon chez vous... mais je suis ainsi faite, ma devise c'est : Où il y a de la gêne il n'y a pas de plaisir!... Hippolyte, passez-moi le flacon de rhum, bel amour; je vais me tripoter ça à mon goût.

Cette demoiselle s'est assise devant la table, elle commence par mettre six ou sept morceaux de sucre dans son verre, puis elle y verse du rhum, puis elle coupe plusieurs ronds de citron, puis elle remet du rhum par-dessus et écrase tout cela, de façon à ce qu'il reste fort peu de place pour l'eau, dont elle verse cependant quelques gouttes dans son verre. Elle avale ensuite d'un trait tout le liquide qu'il contient, puis se remet sur-le-champ à se confectionner un autre grog.

— Cette belle Herminie fait déjà de beaux projets pour l'avenir, dit Hippolyte en se préparant aussi un grog, mais infiniment moins fort que celui que la jeune femme vient d'ingurgiter comme du champagne. Avec cet argent sur lequel elle était loin de compter, je suis sûr qu'elle fera beaucoup de bien, elle est si sensible!...

— Oui, mon petit, je suis très-sensible assurément!... trop sensible même, c'est toujours cela qui m'a perdue... je veux dire qui m'a gênée par moments!... mais, comme il ne faut pas toujours s'occuper des autres, je commencerai par m'acheter un beau cachemire et une broche en diamants vrais... Oh! une broche en diamants, c'était toujours mon rêve... depuis que je suis nubile je n'ai rêvé qu'à cela!... Je vais me remettre du rhum... il n'est pas fort celui-là... Ah! fichtre! j'en ai bu qui valait mieux que ça... Enfin il faut se contenter de ce qu'on a... n'est-ce pas, mon cousin?...

Anatole ne sait que répondre, il est tout occupé à voir la soi-disant cousine verser près de la moitié du flacon de rhum dans son verre. Mais celle-ci se donne à peine le temps de boire pour reprendre la parole :

— Ah ça! mon petit cousin, quand me compterez-vous les noyaux?...

— Comment... les noyaux?

— Eh ben, oui, les moules de boutons, le quibus, la *douille* si vous aimez mieux...

Hippolyte se remet à tousser fortement, mais la demoiselle, que le rhum commence à échauffer, se retourne vers lui en disant : — As-tu bientôt fini, toi, tu t'étrangles !... Oui, cousin, ça me ferait grand plaisir de toucher les espèces... Ah ! vous comprenez ce mot-là, j'espère ?...

— Mais, mademoiselle, il faut avant tout que je sois bien certain que vous êtes véritablement la cousine que je cherche.

— Comment ! est-ce que vous en *doutasserlez* ?... est-ce que je ne suis pas assez bien bâtie pour être votre cousine !... Diable ! vous seriez difficile... comment vous les faut-il donc ?

— Ce n'est pas cela que je veux dire, mademoiselle...

— A la bonne heure !... C'est drôle, plus je bois de ces grogs, plus que je suis altérée... Vous n'avez pas autre chose à boire ici ?

— Non... que de l'eau sucrée avec de la fleur d'oranger...

— Ah ! fi ! fi !... ne me parlez donc pas de ces boissons-là... Quoi ! pas d'absinthe, ici ?

— Pas du tout !

— Une chambre de jeune homme sans absinthe, c'est une table de nuit sans son petit Thomas... Enfin je vais boire un peu de rhum pur... Mais finis donc de tousser, tu nous embêtes, toi... là-bas !

Le bel Hippolyte est très-vexé de voir que la personne qu'il a amenée ne peut pas surmonter son penchant pour les liqueurs fortes. C'est en vain qu'il tousse en faisant des yeux et des signes à la brodeuse, celle-ci lui rit au nez et lui tire la langue en s'écriant :

— Dieu ! que tu es vilain quand tu fais de ces yeux-là, Hippolyte ! tu ressembles à l'hippopotame !... Ce n'est pas à présent que je te chanterai :

Mais elle ne l'aimera jamais
Comme j'aime mon Hippolyte !...

Connaissez-vous cet air-là, mon cousin ? *Elle est vieille !* mais c'est toujours joli !...

— Herminie, le rhum vous fait déraisonner ; j'en étais sûr ! dit le jeune homme en haussant les épaules.

— Qu'est-ce que tu dis, bonhi ?... je déraisonne... prends garde que je ne te donne de mon pied quelque part... Tu es bien sûr que ce ne serait pas la première fois que je te remettrais au pas !... Voyons, cousin, est ce petit sac... ce gros-sac plutôt, car il paraît que la somme est conséquente !... le chiffre m'échappe... ça me reviendra... Ah ! Dieu, j'ai bien besoin de me remplumer... Quelle dèche, mon cousin !

— Mademoiselle, il faut, avant que l'on vous compte l'héritage du capitaine Desforgeray, que vous complétiez les preuves de votre identité.

— Comment !... qu'est-ce que vous dites, cher ami, vous me trouvez édentée ? Je n'en ai perdu que trois, mon petit, et encore est-ce en voulant casser un noyau de prune à l'eau-de-vie... un pari, une gageure, une bêtise enfin, dont j'ai eu bien du regret... C'est la faute de Victorine. Cette grande sotte-là m'avait provoquée en cassant des noisettes avec son coude...

— Pardon, mademoiselle, vous avez mal entendu... j'ai parlé de votre identité... c'est-à-dire me fournir les preuve que vous êtes bien réellement ma cousine, et pour cela me montrer les lettres que ma bonne maman écrivait à votre mère, et le portrait de ma grand'mère qu'elle possédait et qu'elle a dû vous laisser en mourant, car c'était pour vous un gage précieux, et elle a dû vous recommander d'en avoir bien soin, puisqu'un jour il devait vous aider à prouver que vous êtes la petite-fille du capitaine Desforgeray.

La brodeuse écoute tout cela comme si on lui parlait hébreu, et lorsque Anatole a fini elle s'écrie : — Que diable me chantez-vous là ! avec des lettres et le portrait d'une grand'mère ?... Qu'est-ce que vous voulez que je fasse de tout ça ? Si c'était le portrait d'un joli garçon, encore passe, je n'en serais fâchée faire une broche... C'est que j'ai la passion des broches, voyez-vous !... Dis donc, Hippolyte, est-ce que tu as le portrait de la vieille, toi... qui aimes les antiquailles ?...

Hippolyte, qui voit que la mystérieuse tourne mal, répond avec humeur : — Il me semble, mademoiselle Herminie, que vous ne m'avez pas constitué le gardien de vos effets... Si vous avez égaré ces lettres et un portrait... je n'y puis rien... seulement cela m'étonne pas... vous êtes très-étourdie, vous étiez en train quand vous avez perdu votre mère, et vous ignoriez que ces objets vous serviraient un jour à prouver que vous êtes de la famille de mon ami Anatole.

La brodeuse avale ce qui reste de rhum, puis s'écrie : — C'est pas tout ça ! je suis venue ici pour toucher mon héritage... toucherai-je ou ne toucherai-je pas ?

— Mademoiselle, il faut que j'écrive à Montpellier... ou que dire quelle marche je dois suivre pour connaître la vérité.

— Ah ! s'il y a des marches et des contre-marches ! zut ! je n'en suis plus... Tiens ! le flacon de rhum est vide... Eh voilà un qui était petit pour son âge... Il n'y a plus rien à lécher ici, je m'en vais... Mon cousin, quand faudra-t-il revenir vous voir ?

— Suffit... Ah ! mon cher petit cousin, en attendant que je touche ma grosse somme... est-ce que vous ne pourriez pas m'avancer deux ou trois napoléons dessus... c'est que je suis bien à court pour le moment *z'actuel !*

Anatole prend dans son gousset trois pièces de vingt francs qu'il présente à la brodeuse en lui disant : — Je suis heureux, mademoiselle, de pouvoir vous être agréable !

Et celle-ci met les pièces d'or dans sa poche en s'écriant : — Eh bien ! à la bonne heure... vous êtes un bon zig !... Au revoir, cousin... Ah ! je n'ai pas besoin de dire à Hippolyte de m'accompagner ! il sait que j'ai de quoi régaler ! vous allez le voir courir sur mes talons comme les chiens après le gigot.

En achevant ces mots, la demoiselle fait une pirouette et enfile la porte. Alors le bel Hippolyte dit à Anatole : — Excusez cette pauvre Herminie, cher ami, elle ne sait plus ce qu'elle dit... C'est une femme qui ne peut pas boire de liqueurs !...

— Mais il me semble que si ! répond Anatole, qui ne peut s'empêcher de rire en voyant le bel Hippolyte descendre l'escalier quatre à quatre pour rattraper la brodeuse.

XXXII. — UN CAFÉ CHANTANT.

— Il est impossible que cette femme soit ma parente ! se dit Anatole, et en vérité, je serais bien fâché que ma cousine lui ressemblât... Ah ! mes amis les Compagnons de la Truffe, vous voulez donc vous moquer de moi... ce n'est pas bien... Je vous prête de l'argent quand j'en ai... vous ne parlez jamais de me le rendre, et de plus vous cherchez à me faire votre dupe... Dans quel but me présentent-ils ces femmes comme ma cousine ?... En vérité, je n'ose pas même chercher à le deviner... Mais le plus fâcheux, c'est que cette visite me force de remettre à demain celle que je comptais faire à M. de Barvillier.

Anatole réfléchissait encore à la conduite que ses amis tenaient avec lui, lorsqu'on ouvre vivement la porte, et M. Mitonneau se présente dans sa chambre, pâle, effaré, et comme quelqu'un qui vient d'échapper à un grand péril.

— Mon Dieu ! que vous est-il arrivé encore, mon cher monsieur Mitonneau ? dit le jeune homme en voyant son ancien compagnon de voyage se laisser aller sur sa chauffeuse que la brodeuse a trouvée trop basse, et sur laquelle il a l'air de suffoquer.

— Je viens de le voir... de le rencontrer... de lui parler... répond Mitonneau d'une voix entrecoupée.

— Qui cela ?

— Et de qui voulez-vous que je vous parle, si ce n'est de Canardière !... de cet Othello de Canardière ?...

— Ah ! le mari de la séduisante Éléonore...

— Oui, le mari de cette sirène... Figurez-vous, mon cher Anatole, que, depuis quelque temps, la tranquillité était revenue dans mon âme... je n'entendais plus parler de rien... je ne rencontrais plus Canardière, je commençais à me dire : Mon aventure du bal masqué restera ensevelie dans les mystères du carnaval ; j'avais même déjà ébauché quelque chose de nouveau avec une coiffeuse fort bien faite, qui aide mon mari à raser dans les moments de presse, mais j'ai réfléchi depuis qu'une femme qui sait manier le rasoir ne peut être qu'une connaissance fort dangereuse... je ne pousserai pas la chose plus loin. J'étais donc assez tranquille sur le chapitre de mon aventure de l'Opéra, lorsque tout à l'heure, en passant devant la porte Saint-Denis, quelque chose se place devant moi brusquement et me barre le passage... c'est au point que je crus un moment que c'était la porte Saint-Denis qui s'écroulait... mais non, c'était Canardière, le terrible Canardière qui me barrait le passage !... devant moi... les narines froncées... l'air d'un tigre... Véritablement il y avait dans ses regards quelque chose du tigre... ou du chat... Il me barre donc le passage en me disant d'une voix caverneuse : — Arrête, ne va pas plus loin ! Moi, vous comprenez, qu'en voyant la figure bouleversée de mon ami... que j'ai eu le malheur de faire... sans le faire exprès... car je puis bien jurer que je ne l'avais pas prémédité ! je me sens défaillir... je me dis : Cette fois, il sait tout ! il va me tuer, ou tout au moins m'assommer !... Canardière me saisit le bras, le passe sous le sien, me le serre fortement... très-heureusement, car sans cela je crois que je serais tombé, puis il colle sa bouche contre mon oreille en me disant : — Mitonneau, je soupçonne que j'en tiens... que ma femme m'en fait porter !... Moi je balbutie : — Des cornes !...

— Eh ! parbleu ! des cornes !...

— En vérité... et pourquoi avez-vous cette idée jaune ? Il passe ses mains sur son front, me serre encore le bras avec plus de force et reprend : — Ma femme n'a pas été où elle m'a dit... Le hasard m'a fait découvrir que c'était une bourde... de plus, un de mes amis, que je ne voyais pas depuis très longtemps, a couru après moi sur le boulevard pour me dire : « Votre femme va donc au bal de l'Opéra... je l'y ai vue... elle avait un domino orange... son masque s'est détaché un moment, je l'ai fort bien reconnue : elle donnait le bras à un jeune homme. » Vous sentez bien, Mitonneau, que j'ai commencé par donner une paire de soufflets à cet ami, qui avait couru après moi sur le boulevard pour m'apprendre cela...

— Vous avez très-bien fait, dis-je...

— Oui, reprend-il ; d'abord je me suis dit : C'est une méchanceté, une calomnie !... Mais ensuite j'ai réfléchi que cela coïncidait avec l'histoire locataire de la nuit... alors j'ai fureté partout chez moi, et j'ai découvert une preuve accablante... le domino orange caché dans le fond d'une armoire... sous des torchons... c'était une preuve foudroyante. Je l'ai présenté à Éléonore. Elle a feint un grand étonnement, et s'est écriée : « Ce n'est pas à moi... ce n'est pas moi qui ai mis ça là!... » Mais je ne suis pas homme à me contenter d'une telle réponse ! Je découvrirai l'horrible vérité, dussé-je bouleverser Paris, je saurai quel est le drôle qui a conduit ma femme au bal de l'Opéra... et alors, Mitonneau, ce drôle-là, je le couperai en quatre !

Vous devez juger, mon jeune ami, de la figure que je faisais à la perspective d'être coupé en quatre...

— Mais il ne sait pas que c'est vous... d'ailleurs, puisqu'on lui a dit : un jeune homme...

— Eh bien ! il me semble que je ne suis pas un vieux; à quarante-quatre ans on est dans la force de l'âge... Canardière a repris : Tu étais au bal de l'Opéra, j'ai-tu remarqué un domino orange ?

— Mon cher, j'ai vu des dominos de toutes les couleurs... mais je n'en ai remarqué aucun... Il s'est de nouveau frappé le front en disant :

— N'importe, je découvrirai le coupable... je chercherai, je questionnerai, j'interrogerai... et je me vengerai... Tu me reverras. En achevant ces mots, il m'a serré le bras à me le briser, puis il a disparu !...

— Et voilà tout?

— Est-ce que vous trouvez que ce n'est pas assez?

— Mais votre ami n'a aucun soupçon sur vous?

— Pas encore, mais maintenant qu'il sait que sa femme le trompe, il ne goûtera pas de repos qu'il n'ait découvert le séducteur d'Éléonore... Ah ! vous ne connaissez pas Canardière !... il finira tôt ou tard par savoir la vérité... et alors, je sais ce qui m'attend... je serai coupé en quatre !... Franchement, cette perspective n'a rien d'agréable.

Pour calmer la terreur de Mitonneau, Anatole se décide à lui dire :

— Vous vous alarmez à tort, car si cette dame a soupé avec vous, je dois vous apprendre, moi, qu'elle a soupé aussi avec un autre... et au même instant vous en conviendrez...

— Madame Canardière... Éléonore a soupé avec un autre que moi la nuit que je vous ai trouvé au bal de l'Opéra ?

— Oui, mon cher monsieur.

— Cela n'est pas possible... Que dans le courant de la nuit, quand je l'avais quittée, elle se soit promenée un moment avec d'autres personnes... c'est possible! mais qu'un autre que moi se vante d'avoir soupé avec elle, c'est par trop fort... Qui a dit cela ?

— Un de mes amis... un Compagnon de la Truffe...

— Vos Compagnons de la Truffe sont des menteurs, des blagueurs !...

— Voulez-vous que je vous fasse trouver avec celui qui a dit cela ?

— Non, non, c'est inutile... je ne tiens pas à une explication avec lui... au contraire! s'il veut prendre mon aventure pour son compte, je ne demande pas mieux... c'est un grand service qu'il me rendra... Ah ! décidément je ne m'amuse pas à Paris !

— Eh bien, qui vous empêche de retourner à Montpellier?

— C'est que je ne m'amuserai pas davantage à Montpellier.

Dans ses moments de terreur, Mitonneau s'attachait à Anatole et ne pouvait plus le quitter. Ces messieurs dînent ensemble, et le soir, pour passer le temps, entrent dans un café chantant.

Il y avait foule dans ce café situé sur le boulevard, mais la société était fort mêlée, surtout en femmes. Anatole faisait peu attention à ces dames qui parlaient très-haut et faisaient leurs réflexions sur les virtuoses comme si elles eussent été dans leur chambre; mais Mitonneau qui cherchait toujours les bonnes fortunes, sauf à n'en pas profiter quand elles présentaient la moindre apparence de danger, Mitonneau promenait ses regards sur les tables autour de lui en murmurant:

— Le sexe donne ici... et il n'a pas l'air farouche du tout... voilà des minois qui me paraissent très-éveillés, mais si je n'étais pas sous le coup d'une vengeance terrible, certainement je ferais une conquête ici.

Des chuts qui partent de tous côtés annoncent que l'on va chanter : en effet, un monsieur se présente sur l'espèce de petit théâtre préparé pour les chanteurs. Ce monsieur, au lieu d'être tout en noir comme les autres exécutants, a un pantalon gris de lin aussi collant que les maillots des écuyers du Cirque et une cravate sous laquelle il peut au besoin cacher menton et sa bouche.

Ce monsieur s'avance en sautillant sur ses pointes, comme s'il dansait, et fait à la société un salut dans lequel il y a un peu de tout.

— Ah ! c'est lui ! c'est mon ami Blondel ! s'écrient quelques femmes en applaudissant l'arrivée du chanteur.

— Je voudrais bien savoir pourquoi vous applaudissez ce grand serin-là ? dit un monsieur assis près des personnes qui ont applaudi. Il chante comme un poêlon fêlé... et il est rempli de prétentions.

— Oui! mais il est fait comme un ange... et toujours si bien culotté! répond une grande blonde.

— C'est-à-dire qu'il s'habille indécemment; est-ce qu'un chanteur doit avoir des pantalons comme s'il montait à cheval?

— Pourquoi donc voulez-vous qu'il cache ses avantages?

— D'abord ce n'est plus la mode, on porte des pantalons larges.

— Vous êtes probablement cagneux, vous, voilà pourquoi vous tenez à cette mode-là.

— Et cette cravate! oh! cette cravate!

— Il est certain que ça ne ressemble pas aux rubans de queue que les hommes mettent à présent autour de leur cou...

— Chut! silence donc là-bas!

Cependant Anatole, en considérant le chanteur, ne tarde pas à dire à Mitonneau : — Regardez donc cet homme qui va chanter... est-ce que ce n'est pas l'artiste qui a voyagé avec nous?...

— L'illustre Blondel qui me doit encore les repas que j'ai payés pour lui en route... oui vraiment, c'est lui... Il paraît que l'Opéra où il devait entrer s'est transformé en café chantant... Quand je vous disais que cet homme était un menteur... Nous allons voir s'il a autant de talent que de bagou !...

C'était bien le Blondel du chemin de fer, qui se promenait sur le théâtre, en se donnant des grâces pendant que l'orchestre jouait la ritournelle du morceau qu'il allait chanter, morceau dans lequel un passage du fandango promet quelque chose d'espagnol. Enfin le chant commence, la voix de l'illustre Blondel serait passable si elle restait toujours dans le ton que lui donne l'orchestre et s'il ne prodiguait pas, à tort et à travers, des roulades que la plupart du temps il finit dans sa cravate, ce qui fait dire au monsieur qui a critiqué le pantalon : — Ah! très-bien! Je vois maintenant à quoi lui sert son immense cravate! c'est pour y cacher ses fiasco... C'est une nouvelle invention à l'usage des virtuoses à couac!

— Non, monsieur! s'écrie une vieille dame qui semblait se pâmer pendant que Blondel chantait. « Ce n'est pas une nouvelle invention, car Garat le fameux chanteur Garat ne se cravatait jamais autrement !

— Ah! parbleu! madame, si vous voulez remonter si haut, je vous dirai que dans ce temps-là on portait aussi des culottes courtes; Blondel devrait donc en mettre alors.

— Il ferait très-bien, monsieur, car c'était bien plus galant que vos affreux pantalons; mais on y reviendra, monsieur, oh! on y reviendra!...

— Tout à coup, au milieu de son morceau, le chanteur se met dans les mains des castagnettes; puis, sur un motif qui ressemble à la cachutcha, il danse en s'accompagnant avec ses castagnettes, faisant des cabrioles, des bonds, des sauts de toutes les façons et lançant ses jambes à une hauteur prodigieuse, ce qui excite parmi les spectatrices des transports de ravissement, et l'une de ces dames s'écrie : — Bravo, Blondel! il rigolboche! c'est aussi fort qu'aux Délassements!... bravo, Blondel! si j'avais un bouquet je le lui jetterais!

Et, à défaut de bouquet, cette dame lance un échaudé au chanteur-danseur, qui le reçoit dans sa cravate, d'où il le retire pour le presser contre son cœur, en saluant le public. Il termine ainsi son morceau au milieu des applaudissements des uns et des éclats de rire des autres.

— Oh! qu'il est beau! qu'il est beau! murmure la vieille dame. A quoi son voisin répond :

— Le postillon de Longjumeau!... C'est égal, le maître de l'établissement pourrait mettre sur sa porte : Café chantant et dansant!

— Eh bien! comment le trouvez-vous? demande Anatole à Mitonneau.

— Je le trouve plus fort sur la danse que sur le chant; je crois qu'il ferait bien de quitter l'un pour l'autre... il lève la jambe à une hauteur fabuleuse!

— Il paraît que cela s'appelle rigolbocher, et qu'à Paris il y a une danseuse qui jette sa jambe encore plus haut.

— Eh bien! j'aimerais mieux voir faire cela à une femme qu'à un homme; ce doit être bien plus... Ah! mon Dieu... je ne m'abuse pas!...

— Qu'avez-vous encore?... est-ce que vous apercevez le terrible Canardière?

— C'est elle! c'est bien elle!

— Elle?... C'est donc Éléonore?

— Non, c'est bien pis... c'est la Tour de Nesle!...

— La Tour de Nesle?...

— Autrement dit : madame Alfieri... une veuve... une marchande de macaroni... une femme passionnée... une seconde Marguerite de Bourgogne qui se défait de ses amants quand ils ne lui plaisent plus...

— Et vous plaisez à cette dame...

— J'ai ce malheur... Elle aura quitté Montpellier pour me poursuivre jusqu'ici... Un homme l'accompagne... ce n'est point S, alatro, mais c'est probablement quelque autre bravo à ses gages... Elle cherche une place... elle vient par ici... Je ne veux pas qu'elle me retrouve... excusez, mon jeune ami... je me sauve... Si on vous interroge, vous ne m'avez pas vu!

Mitonneau est sorti du café en bousculant toutes les chaises et les personnes qui sont dessus. Anatole le regarde fuir, en se disant :

— Quel malheur d'être poltron à ce point-là... Mais il paraît que les cafés lui sont fatals.

Une chanteuse a remplacé ce monsieur qui mêle de la danse à ses roulades, et le virtuose Blondel, qui probablement n'a plus rien à exécuter dans la soirée, vient bientôt dans l'intérieur du café pour recueillir les compliments qu'il se flatte de mériter. Ce monsieur a déjà adressé plusieurs sourires à ses admiratrices, lorsqu'il aperçoit Anatole seul à une table; aussitôt il court se placer près de lui, en s'écriant : — Quelle agréable rencontre! c'est mon cher Anatole... mon jeune voyageur de Montpellier. ah! que je suis heureux de vous voir!...

— Moi, je viens de vous entendre...

— Ah! je devine, la renommée vous a appris que je chantais ici, et vous avez dit : Allons entendre notre ami Blondel... C'est gentil de votre part !...

— Non, je dois vous avouer qu'en entrant dans ce café j'ignorais que vous y chantassiez ; je vous cherchais dans un théâtre.

— Eh ! mon bon ami, j'y serais si je l'avais voulu... mais ils m'ont fait ici un pont d'or !... que diable voulez-vous !... ils m'ont presque pris de force ! Du reste, les cafés chantants sont maintenant en grande faveur partout !... c'est une fureur !... ils viennent de m'écrire de Marseille pour m'engager à l'*Alcazar*. C'est un café qui enfonce tout ce qu'on a fait de plus beau à Paris... ce n'est plus un café ! c'est un palais des Mille et une Nuits. On m'offre mille francs par soirée et de la bouillabaisse à discrétion.

— Et vous n'acceptez pas ?

— Eh ! mon Dieu ! cher ami, on s'acoquine à ce diable de Paris ! et puis il y a d'autres raisons qui m'y retiennent... on a un cœur... on est bâti comme Apollon... les conquêtes me pleuvent sur la tête... ce n'est point un orage, c'est une trombe! un déluge!... je ne sais à laquelle répondre... Que preniez-vous là ?...

— Une limonade...

— Prenez-moi donc plutôt du punch... on le fait excellent ici. Garçon ! du punch à monsieur... au rhum... un demi-bol !... deux amis qui se retrouvent après une séparation peuvent bien se permettre le demi-bol... A propos, et le papa Mitonneau, qu'en faites-vous ?

— Il était à la place que vous occupez il n'y a qu'un instant... une circonstance l'a forcé de partir.

— Est-ce que vous ne vous quittez pas un peu à Paris ?

— Nous nous quittons beaucoup, au contraire ; je le vois fort peu, mes sociétés ne sont pas les siennes.

— Eh bien ! je vous en félicite, ce cher monsieur me fait l'effet d'être bien arriéré !... ce n'est pas là le compagnon qu'il vous faut !... Si je n'étais pas si occupé près des femmes, je voudrais être le vôtre... Ah ! voilà le punch !... permettez-moi de vous servir.

Le célèbre Blondel avait une manière toute particulière de servir : il se versait d'abord à lui, et buvait en disant : — Je dois avant tout le goûter et voir s'il est digne de vous être offert. Et, comme il vous servait et s'en versait à pleins bords; de cette façon, qu'il recommençait chaque fois qu'il prenait la cuiller, il buvait toujours deux verres contre vous un.

Le demi-bol était déjà aux trois quarts vide, lorsqu'en regardant deux jeunes femmes qui entrent dans le café, Blondel s'écrie : — Ah ! voilà Pelotte et son amie Thémire qui viennent pour m'entendre... encore deux femmes qui sont folles de moi ! Pauvres chattes ! elles arrivent trop tard, j'ai fini pour ce soir, je ne veux pas me prodiguer, moi, je ne chante qu'un morceau, mais aussi je me flatte qu'il était fameux !... et cette petite danse que j'ai ajoutée à la fin? c'est de moi; ce n'était pas dans le morceau... et cela fait fureur !... C'est au point que des personnes m'ont dit : Vous devriez supprimer le chant et ne faire que danser votre air.

Pendant que le chanteur lui parlait, Anatole avait aussi porté ses regards sur les deux femmes qui venaient d'entrer, et il avait sur-le-champ reconnu, dans l'une d'elles, la soi-disant cousine que le bel Hippolyte d'Ingrande lui avait amenée dans la journée.

— Vous connaissez ces deux jeunes femmes? dit-il aussitôt à Blondel.

— Celles qui arrivent... qui se placent à une table là-bas?

— Oui, celles-là...

— Eh ! pardieu, je viens de vous dire que ce sont encore deux de mes conquêtes. Elles viennent presque tous les soirs à ce café depuis que j'y chante... elles me claquent, elles me demandent *bis*... elles me jettent des fleurs, elles se jetteraient elles-mêmes sur la scène si elles pouvaient y arriver.

— Mais il me semble que vous avez dit leur nom tout à l'heure?

— Sans doute... Oh ! je les connais particulièrement : ce sont des gaillardes qui aiment à s'amuser... la grande surtout, Pelotte, pour un bol de punch elle monterait sur l'Obélisque.

— Vous appelez la grande, Pelotte?

— Eh oui ! c'est Pelotte Potard ! je l'ai connue à Lyon, elle a voulu jouer le vaudeville, elle avait de l'aplomb... Oh ! ce n'est pas la hardiesse qui lui manquait ! mais un malheureux penchant pour les liqueurs fortes qui l'empêchera toujours de réussir au théâtre. Un jour elle jouait Fifine du *Commis et la Grisette*... pièce dans laquelle ce pauvre Achard était si vrai, si naturel, si comique!... voilà ma Pelotte qui arrive grise au théâtre, et dans la scène où elle doit coiffer Robineau, elle fourre le fer à papillote dans le nez de celui-ci... Le public a crié : « Envoyez-la dormir ! » et on a cassé son engagement.

— Mais cette Pelotte se nomme aussi Herminie, n'est-ce pas?

— Jamais je ne lui ai connu ce nom-là...

— Elle n'a point de parents... elle est orpheline...

— Par exemple ! et sa mère ! la respectable madame Potard... est-ce que vous la comptez pour rien ?

— Vous êtes certain qu'elle a encore sa mère...

— Assurément, laquelle mère est encore pour le moment ouvreuse de loges aux Funambules... Mais pourquoi toutes ces questions ? est-ce que vous avez un coup de soleil pour Pelotte ?

— Oh !... non... j'ai d'autres raisons pour prendre sur elle des informations... Et maintenant, est-ce que vous ne pourriez pas me présenter à ces demoiselles ?

— Rien de plus facile, elles seront enchantées de faire votre connaissance, surtout si vous leur payez du punch...

— Je ne demande pas mieux...

— Diable! elles en prennent déjà!... Il paraît que l'on est en fonds... C'est égal, avec Pelotte, abondance de punch ne nuit pas... Mais finissons d'abord le nôtre. Oh! soyez tranquille, ces dames ne s'envoleront pas, elles restent ordinairement jusqu'à ce qu'on ferme l'établissement.

Blondel boit ce qui reste de punch ; Anatole paye, puis ces messieurs se lèvent et se dirigent vers la table où mademoiselle Pelotte prend du punch avec son amie. Le virtuose marche devant. En l'apercevant venir à elles, les deux jeunes femmes poussent des exclamations de joie : — Ah ! c'est Blondel !

— C'est notre ami Blondel... est-ce que tu ne vas pas chanter et danser ?

— C'est fini, mes toutes belles, je viens d'avoir un succès fou !...

— Ah! que c'est embêtant, nous qui venions exprès pour te voir danser et rigolbocher... C'est égal, tu vas prendre du punch avec nous.

— Vous me permettrez avant tout de vous présenter un charmant jeune homme de mes amis, qui brûle de faire votre connaissance, et de vous régaler de tout ce qui vous fera plaisir.

— Est-ce que c'est un Anglais, ton jeune homme ?

— C'est un Anglais de Montpellier.

— Présente, cher ami, présente !...

Pendant cette conversation, Anatole s'était retourné de façon à ce que mademoiselle Pelotte ne vît pas sa figure. Mais, lorsque Blondel lui fait signe d'avancer, il la voit sur-le-champ saisir la personne qui est venue chez lui le matin, en lui disant : — Mademoiselle Pelotte Potard veut-elle me permettre de lui présenter mes hommages?

La grande Pelotte le regarde quelques instants en cherchant d'où elle le connaît, puis elle s'écrie : — Ah ! mon Dieu... c'est le jeune homme de ce matin!...

— Oui, mademoiselle Pelotte, c'est votre soi-disant cousin de ce matin... et comment se porte madame Potard, votre mère, qui est ouvreuse au théâtre des Funambules ?

La jeune fille se met à rire aux éclats en disant : — Ah! elle est bonne celle-là... elle est bien bonne ! j'en rirai longtemps ! j'en rirai toujours !...

— Comment !... vous vous connaissiez donc déjà? dit Blondel.

— Nous étions même parents ! Ce matin, mademoiselle était ma cousine, elle se nommait Herminie... elle est venue chez moi pour réclamer son héritage...

— C'est donc un rôle qu'elle jouait...

— Justement, un rôle qu'un de mes amis lui avait appris.

Mademoiselle Pelotte, qui a enfin cessé de rire, tend sa main à Anatole, en lui disant : — Mon petit, il ne faut pas m'en vouloir, c'est Hippolyte qui avait imaginé tout cela... Tu sais, Thémire... le bel Hippolyte?

— Ah! celui qui se fait toujours régaler par les femmes?

— Positivement... il est venu me trouver, il m'a dit : « Je connais un jeune jobard... » Pardon, mon petit, c'est Hippolyte qui parle.

— Allez, ne vous gênez pas, au contraire, je tiens à connaître l'opinion de mes amis...

— Si c'est votre ami, il ne vous traite pas très-bien ! Il m'a donc dit : « Je connais un jeune jobard qui cherche une cousine qu'il n'a jamais vue, et à laquelle il veut remettre un héritage assez drôlichon; si tu veux jouer le rôle de cette cousine, mon petit, nous mangerons l'héritage ensemble, nous ferons une vie de polichinelle !... » Moi qui ne me voyais là-dedans qu'une faire, dans le genre du nouveau Pourceaugnac, j'ai accepté. Alors il m'a seriné mon rôle... j'ai mis du temps à l'apprendre, parce que je ne suis pas très-forte sur la mémoire; enfin, quand je me suis sentie bien solide pour répondre sans souffleur, j'ai dit à Hippolyte : « Allons-y ! » Et nous avons été chez vous ce matin... Vous savez ce qui s'est passé... Je n'ai jamais pensé que ce serait sérieux ! Je vous ai demandé un à-compte sur l'héritage, bien persuadée que je n'en aurais que cela... Vous m'avez donné soixante francs, et ce polisson d'Hippolyte ne m'a pas quittée que je ne lui aie payé à dîner. Mais comme il était de mauvaise humeur... il ne cessait de dire : « Ce petit Anatole n'est pas encore aussi bête que je croyais !... » Excusez... vous savez que c'est toujours votre ami qui parle... « Mais c'est votre faute, Pelotte, vous ne deviez pas demander des grogs!... ce n'était pas dans votre rôle... La friandise vous perdra! » Oh ! ma foi, comme ce monsieur m'ennuyait, j'ai appelé le garçon, payé la carte, et je l'ai quitté en lui disant : Cherchez une cousine ! merci, je ne veux plus jouer dans cette pièce-là... et voilà la chose... Êtes-vous encore fâché, mon soi-disant cousin?

— Je ne l'ai jamais été contre vous... Je ne vous demande qu'une chose, c'est que vous m'avez rencontré et que je sais toute la vérité.

— Soyez tranquille, c'est convenu.

— Et maintenant que l'on est d'accord, s'écrie Blondel, il faut noyer cette affaire dans des flots de punch !...

Anatole ne demande pas mieux que de régaler les deux femmes, et

Je virtuose Blondel, qui, bien qu'on lui fasse partout des *ponts d'or*, porte cependant un habit extrêmement râpé.

On ne quitte le café chantant que lorsqu'il ferme. Alors mademoiselle Pelotte, que le punch rend très-sensible, offre à Anatole de la reconduire chez elle; mais celui-ci s'en excuse, et laisse les deux amies aux bras de Blondel, qui leur dit d'une voix très-empâtée :
— Où diable pourrions-nous maintenant aller prendre quelque chose?

XXXIII. — CONVERSATION INTIME.

Anatole est rentré chez lui en se disant : — J'ai toujours regardé cet Hippolyte comme un ami... je lui ai prêté de l'argent et je ne le lui ai jamais redemandé... Pourquoi donc me traite-t-il de jobard, et me présente-t-il comme une cousine une femme qu'il sait fort bien ne pas l'être.

Mais le lendemain, notre jeune homme a oublié cette aventure; sur les deux heures, il fait une toilette bien soignée et se rend chez le père de la charmante Adeline. M. de Barvillier occupe un joli hôtel dans la rue de Penthièvre; là, tout respire la fortune, l'élégance et le bon goût, qui n'est pas toujours le compagnon de la richesse.

Anatole a renvoyé son modeste cabriolet, il entre dans une cour au milieu de laquelle un carré de verdure repose la vue. Il trouve un concierge poli, qui lui indique l'entrée des appartements. Il pénètre à droite sous un vestibule, puis dans une vaste antichambre; là, un valet lui demande ce qu'il désire.
— Je désirerais présenter mes respects à M. de Barvillier, répond le jeune homme un peu intimidé par le grand ton qui semble régner dans l'hôtel.
— Monsieur est sorti, mais mademoiselle est au salon, répond le valet, si monsieur désire lui parler...
— Je serai heureux de pouvoir lui présenter mes hommages, si toutefois cela n'est pas indiscret... Veuillez annoncer M. Anatole Desforgeray.

Le domestique s'éloigne et revient bientôt chercher Anatole, auquel il fait traverser plusieurs pièces, toutes meublées avec autant d'élégance que de confortable, puis lui ouvre la porte d'un superbe salon, dont les fenêtres donnent sur un vaste jardin qui fait partie de l'hôtel.

Mademoiselle de Barvillier est assise près d'une fenêtre et fait de la tapisserie. Elle se lève et va-au-devant d'Anatole, qui se sent tout troublé, tout tremblant et fait son possible pour retrouver un peu d'assurance, en prononçant de ces phrases banales avec lesquelles on est convenu d'entrer dans un salon. Mais on lui fait un accueil si gracieux, un sourire si doux, que le plaisir qu'il éprouve dissipe son embarras.
— C'est fort aimable à vous, monsieur, de vous être rappelé l'invitation de mon père, dit Adeline, tout en offrant un siège au jeune homme, qui s'empresse de se placer près d'elle. Mon père est sorti en ce moment, mais il ne tardera pas à rentrer, et si vous n'êtes pas trop pressé... et que vous vouliez bien attendre son retour en causant avec moi, il sera charmé de vous voir.
— Oh! mademoiselle, je ne suis nullement pressé... je suis entièrement maître de mon temps, je crains seulement d'être indiscret et de vous déranger en restant près de vous.
— Vous ne me dérangez en rien; je continuerai de faire ma tapisserie, si vous me le permettez, et cela ne nous empêchera pas de causer...
— Vous êtes mille fois trop bonne, mademoiselle, être près de vous est déjà un si grand bonheur...
— Vous le voyez, je travaille en contemplant le retour du printemps; les arbres commencent à perdre leur aspect sombre, les bourgeons se montrent, les lilas ont déjà de petites feuilles... les seringats en auront bientôt, les rosiers se couvrent de boutons... C'est si joli cette parure que le printemps donne aux jardins!... J'aime beaucoup la campagne, monsieur?
— Moi, mademoiselle, j'y suis habitué, car habiter en province, c'est à peu près vivre à la campagne; nous avons presque tous des jardins, les champs sont si près de nous, nous n'avons que quelques pas à faire pour être au milieu des bois ou des prairies, voilà pourquoi nous apprécions peut-être moins que vous ces beautés, que nous avons sans cesse devant les yeux.
— Je vois que décidément vous aimez mieux Paris que la campagne. Vous vous y plaisez beaucoup, n'est-ce pas?
— Oui... surtout depuis quelque temps...
— Vous allez souvent aux spectacles et dans le monde?...
— Je n'ai encore été que chez madame Belleval...
— C'est M. Armand Bouquinard qui vous y a présenté?
— Oui, mademoiselle, et je lui en garderai une éternelle reconnaissance!... car c'est à lui que je dois... que je dois... l'avantage de vous connaître...
— Vous êtes très-ami avec ce jeune homme?
— Mon Dieu! mademoiselle, ma grand'maman m'avait donné une lettre de recommandation pour M. Bouquinard père, ancien libraire. C'est chez lui que j'ai vu son fils. M. Bouquinard père ne reçoit pas... Il m'a fort peu engagé à l'aller voir. Son fils, au contraire, m'a sur-le-champ donné son adresse. Je suis allé chez lui... J'y ai trouvé trois

autres jeunes gens qui m'ont fait mille avances, mille amitiés. J'en ai été touché... On est si heureux à mon âge de trouver des amis!...
— Mais cela n'est pas rare, au contraire! J'ai entendu dire à mon père que, lorsqu'on est jeune, on donne très-vite son amitié... trop vite même, car on ne réfléchit pas assez à qui on la donne. Enfin, quand on la place bien, tant mieux; en sorte que vous avez quatre amis?...
— Oui, mademoiselle, c'est-à-dire... je l'ai cru d'abord.
— Et vous n'en êtes déjà plus certain?...
— Oh! c'est qu'il s'est déjà passé des choses... Mais ce ne sont que des plaisanteries, j'aime à le croire...
— Monsieur Desforgeray, vous avez l'air bon... confiant... mais ne vous fiez pas trop aux marques d'amitié qu'on vous prodiguera... Ce que je vous dis doit vous sembler singulier dans la bouche d'une jeune personne; mais mon père m'a menée de très-bonne heure dans le monde... j'ai déjà eu le loisir d'apprendre à le connaître, et si les amitiés des jeunes gens ne sont pas plus sincères que celles des jeunes filles! ah! je vous engage à vous tenir sur vos gardes. Est-ce que vous êtes venu seul à Paris?
— Non, mademoiselle, j'y suis venu avec un monsieur d'un âge raisonnable... il est toujours à Paris.
— Eh bien! cette personne-là doit vous donner de bons conseils... veiller sur vous...
— Oh! non, mademoiselle, ma bonne maman s'est trompée si elle a cru me donner un Mentor! Ce monsieur-là a bien assez de s'occuper de ses aventures. Nous logeons dans le même hôtel, eh bien! nous sommes parfois quinze jours sans nous voir...
— Ah! voilà qui est singulier!... Mais vous paraissez bien soumis aux volontés de votre ami Armand; il a l'air de vous parler comme un professeur parlerait à un de ses élèves... Chez madame Belleval, j'ai trouvé que sa manière d'agir avec vous était celle d'un maître d'école!
— En effet, mademoiselle, il a dû vous paraître singulier que j'aie laissé ce jeune homme prendre avec moi un air d'autorité qui eût été déplacé partout ailleurs... Mais c'est lui qui m'avait présenté chez madame Belleval; ensuite il m'avait confié beaucoup de choses... relativement à des personnes que je devais voir dans cette maison...
— Ah! et sur quelles personnes?...
— Mademoiselle... c'était des confidences... et je ne puis les trahir...
— Très-bien, monsieur, vous avez raison de garder les secrets que l'on vous confie; mais vous me permettrez toujours de trouver M. Armand beaucoup trop avantageux. Ce jeune homme est si engoué de son mérite qu'il doit se faire illusion sur tout ce qu'on lui dit. Je le crois aussi passablement menteur. C'est un très-vilain défaut.
— Je m'étonne de vous le voir juger aussi sévèrement, mademoiselle!
— Pourquoi cela vous étonne-t-il, monsieur?
— Mais... parce que...
— Parce que... quoi... répondez plus clairement... Oh! je n'aime pas les demi-mots!
— Mon Dieu!... mademoiselle... je ne sais comment m'expliquer... je crois que je me suis mal exprimé!... je veux dire... je ne sais plus...
— Tenez, monsieur Desforgeray, je vais venir à votre secours; moi, comme M. Armand est fort avantageux, et que je l'ai quelquefois complimenté sur le bonheur qu'il avait de savoir intéresser le public par ses ouvrages... je suis persuadée que ce jeune homme se figure qu'il a produit sur moi une impression profonde et que je ne pense qu'à lui... Voyons... avouez-le... n'est-ce pas un peu cela qu'il vous a dit en confidence?

Anatole rougit et ne sait que répondre; Adeline reprend : — Vous ne voulez pas avouer, par bonté pour votre ami, mais vous n'osez pas me démentir, parce que j'ai deviné juste. Par conséquent, c'est comme si vous avouiez... Eh bien! monsieur, je suis aise de vous déclarer que le jeune romancier est dans l'erreur, oh! mais dans l'erreur la plus complète sur mes sentiments! et si j'avais pu ressentir pour lui la moindre préférence, sa conduite, samedi dernier, chez madame Belleval, aurait suffi pour changer entièrement ma bienveillance... car je n'aime pas les fats et je déteste les menteurs!...

Anatole n'entend pas sans une secrète joie cette déclaration que mademoiselle de Barvillier vient de lui faire; il n'osait pas, jusque-là, s'avouer encore qu'il l'aimait, parce qu'il se disait que ce serait mal à lui de se faire le rival de son ami; mais, à présent qu'il est certain que sa charmante Adeline n'a aucune préférence pour Armand, il se dit qu'il est libre de l'aimer, de l'adorer sans remords, et peut-être ses regards expriment-ils déjà ce qu'il pense, car la jeune personne détourne les yeux en disant : — Mais il me semble que c'est bien assez nous occuper de M. Armand. Vous m'aviez, je crois, parlé d'une cousine que vous espériez trouver à Paris, l'avez-vous vue, cette cousine?
— Non, mademoiselle, non... pas encore... du moins je le crois...
— Vous n'en êtes pas certain?
— C'est que... il s'en est présenté deux...
— Deux cousines à vous... Quelle plaisanterie!...

— En effet, mademoiselle, je crois bien que c'est une plaisanterie, et mes amis voulaient seulement rire un peu à mes dépens.

— Ce sont donc vos amis qui vous ont amené ces soi-disant cousines?...

— Oui, mademoiselle; d'abord Victor Hermelange... m'en a présenté une; ensuite, Hippolyte d'Ingrande m'en a présenté une autre.

— Oh! contez-moi cela... ce doit être bien amusant... mais vous aviez donc chargé ces messieurs de trouver votre cousine?

— Pas tout à fait, mademoiselle, mais de m'aider à la trouver... C'est que... c'est toute une histoire qui regarde... notre famille... C'était un secret que ma bonne maman m'avait appris quand je suis parti pour Paris...

— Et ce secret, vous l'aviez confié à vos amis?... Un secret de famille! Ah! monsieur Desforgeray, cela était cependant plus respectable que les confidences de M. Armand!...

Mademoiselle de Barvillier a dit ces dernières paroles d'un ton sérieux et presque sévère, Anatole en est tout confus, il baisse les yeux en balbutiant : — Vous avez raison, mademoiselle, je comprends à présent que j'ai eu tort... très-grand tort même, car mes amis ne se sont pas montrés dignes de ma confiance... Mais que vouliez-vous, ma grand'maman m'avait chargé d'une commission bien difficile... surtout pour moi qui ne connaissais ni Paris... ni personne dans cette ville immense... J'ai cru que ceux qui se disaient mes amis m'aideraient à la remplir... J'aurais été si content de retrouver ma jeune cousine... cela aurait rendu ma vieille grand'mère si heureuse... car elle aimait tendrement sa mère... qui a été très-malheureuse...

Adeline semble troublée, agitée; elle s'écrie d'une voix émue : — Ah! votre bonne maman aimait beaucoup sa mère... et... elle sait donc que celle-ci n'existe plus!

— Elle doit le croire, car elle entretenait avec elle une correspondance suivie... Tout son espoir était de raccommoder cette cousine avec son père... qui était fâché... bien fâché contre elle!...

— Bonne dame!... et elle ne put y parvenir?

— C'est-à-dire que ma cousine Angélina cessa tout à coup de donner de ses nouvelles... Bonne maman écrivit en vain... Le capitaine Desforgeray, le père d'Angé'ina, vint lui-même à Paris... s'informer... faire des recherches... il lui fut impossible de rien apprendre sur sa fille... à laquelle il aurait sans doute pardonné alors... comme il le fit en mourant quelques années après...

— Le capitaine avait pardonné à sa fille! s'écrie Adeline, dont les traits prennent une expression de bonheur.

Mais bientôt, s'efforçant de calmer son émotion, elle reprend : — Votre grand'maman existe toujours... n'est-ce pas, monsieur?...

— Oui, mademoiselle, et quoiqu'elle ait près de quatre-vingts ans, sa santé est parfaite, son esprit toujours sain, son humeur aimable et gaie...

— Ah! je voudrais bien la connaître... je sens que j'aurais un grand plaisir à l'embrasser...

— Je suis sûr qu'elle serait aussi charmée de vous connaître... mademoiselle... Comme la cousine Angélina avait une fille qui se nommait Herminie, celle-ci doit hériter de la fortune qu'a laissée le capitaine son grand'père; cette fortune, bonne maman l'a placée avec soin, si bien que cela se monte maintenant à cent soixante et dix mille francs... Jugez combien il vous est pénible de penser que la petite cousine est peut-être dans une position misérable, tandis que cette fortune est là, qui l'attend!...

Adeline semblait oppressée, elle répond enfin : — Ah! monsieur, il y a quelque chose qui est bien au-dessus de la fortune!... c'est quand on peut retrouver l'affection, la tendresse de ses vieux parents!...

Après un moment de silence, pendant lequel mademoiselle de Barvillier reprend son enjouement habituel, elle dit : — Arrivons donc à ces prétendues cousines que vos amis vous ont amenées... d'où venaient-elles, celles-là?

— L'une était brodeuse... l'autre... piqueuse de bottines...

— Ah! quelle horreur! supposer que votre cousine en serait réduite là!...

— Toutes deux prétendaient se nommer Herminie Desforgeray...

— Et comment pouvaient-elles le prouver?

— Probablement ces demoiselles pensaient que je me contenterais de leur parole!...

— Mais c'est fort mal cela de se présenter sous un nom qui ne nous appartient pas...

— Ce ne peut être qu'une plaisanterie que mes deux amis voulaient me faire. Au reste, l'affaire est déjà terminée avec la brodeuse, que j'ai revue hier soir, dans un café, et qui n'a pas persisté à se dire ma cousine; je pense qu'il en sera de même avec l'autre, lorsque je la verrai...

La porte du salon s'ouvre et M. de Barvillier vient tendre la main à Anatole, en lui disant : — Vous vous êtes souvenu de mon invitation, jeune homme; c'est bien cela. Vous causiez avec ma fille, elle m'a dit beaucoup de bien de vous, et je ne vous cacherai pas que c'est sur sa recommandation que je vous ai engagé à venir nous voir...

— Mademoiselle a trop de bontés, monsieur, et je ne sais comment j'ai mérité sa bienveillance.

— Vous ne savez pas... Eh! mon Dieu! je vais vous le dire, moi : c'est qu'au lieu de ressembler à tous ces jeunes gens que l'on ren-

contre dans le monde, et qui sont, pour la plupart, suffisants, prétentieux, se croient de grands génies parce qu'ils tranchent sur tout, parce qu'à vingt-cinq ans ils font gloire d'être blasés sur tous les plaisirs, et traitent les vieilles réputations d'antiquailles et de rococo, parce que probablement ils devinent qu'ils n'en auront jamais aucune; vous, monsieur Desforgeray, vous êtes réservé, modeste dans le monde, poli avec les dames, respectueux avec les vieillards, et vous savez écouter quand on vous parle... Ah! vous êtes un jeune homme rare!... Je pourrais ajouter encore que vous n'empoisonnez pas l'odeur de la pipe et du cigare et que vous préférez la conversation des demoiselles aux émanations du fumoir ou de l'estaminet. Adeline a remarqué tout cela, car, sans que l'on s'en doute, c'est une observatrice que ma fille, elle n'a fait part de ses remarques, et j'ai trouvé qu'elles étaient justes; voilà, monsieur, pourquoi je vous ai engagé à venir nous voir.

Anatole remercie de nouveau M. de Barvillier, dont les manières franches et aimables le mettent vite à son aise; et après avoir passé une demi-heure dans une causerie où il trouve beaucoup de charme, parce que M. de Barvillier, qui a autant d'esprit que d'instruction, ne laisse jamais languir la conversation, il prend congé du père et de la fille, qui l'engagent derechef à venir souvent les voir.

En sortant de chez monsieur de Barvillier, Anatole se sent tout joyeux, il ne pense, ne rêve qu'à la charmante Adeline, il se dit : — Elle n'aime pas Armand, elle n'a aucune préférence pour lui, si elle pouvait m'aimer, moi!... C'est elle qui a conseillé à son père de m'engager à aller chez eux... C'est déjà une preuve que je ne lui déplais pas...

Mais au bout de quelque temps, le jeune amoureux soupire en songeant à la fortune de mademoiselle de Barvillier, qui est si au-dessus de la sienne et il se dit : — A quoi me servira d'aimer cette ravissante fille!... On ne voudra jamais me la donner pour femme... Qu'est-ce que sept mille francs de rente pour quelqu'un qui en a soixante?... Je suis un parti indigne d'elle... pour l'obtenir il faudrait faire fortune... Cela me fait penser que Boudinet prétend qu'il ne tient qu'à moi de devenir très-riche... S'il disait vrai?... Eh mais, ces actions du Nord que nous avons achetées... Je ne sais pas même si elles ont monté...

Anatole entre dans un café, prend un journal, cherche le cours de la Bourse et voit le Nord coté à neuf cent soixante; il se souvient qu'ils ont acheté à neuf cents, il fait un bond de joie en se disant : — Nous devons avoir gagné... Il faut absolument que je trouve Boudinet.

Trouver le gros jeune homme n'était pas chose facile; il avait quitté le logement qu'il occupait dans la même maison que Bouquinard fils, et il n'avait pas donné son adresse. Anatole a un moment l'envie d'aller s'adresser à Armand pour le savoir, mais depuis quelques jours l'homme de lettres lui fait si froide mine qu'il ne peut se décider à monter jusque chez lui, il préfère attendre que Boudinet vienne le voir, et il pense que Boudinet ne peut manquer de venir lui apprendre le résultat de leur opération.

Quinze jours se passent, les soirées de madame Belleval ont cessé avec l'hiver, mais M. de Barvillier continue de donner de petites réunions sans étiquette, où l'on fait principalement de la musique, et Anatole ne manque pas de s'y rendre. Il n'y rencontre jamais Armand, ce qui lui fait penser que celui-ci n'a pas reçu d'invitation, mais il ne juge pas convenable de s'en informer près de la demoiselle de la maison.

Tous les matins, Anatole examine le cours de la Bourse, le Nord monte toujours, il a dépassé mille francs et Boudinet ne vient pas voir son associé et lui rendre ses comptes. Enfin, un matin en se promenant sur la place de la Bourse, Anatole aperçoit celui qu'il cherchait en vain. Il court à lui et l'arrête. Le gros jeune homme est un moment embarrassé, mais il reprend bientôt son air joyeux et lui dit : — Eh bien! cher ami, j'espère que vous êtes content... nous avons fait une bonne affaire!... Ah! ah! si vous aviez voulu me croire, nous eussions gagné bien davantage!... Mais vous ne voulez jamais me croire!...

— Pourquoi donc ne venez-vous pas me dire à quel taux vous avez vendu?...

— Pourquoi!... il est charmant! mais il faudrait avoir le temps d'abord! Est-ce que j'ai jamais le temps, moi!... J'ai vendu à mille, nous avons en cinq mille francs de bénéf... si nous en avions acheté cent, comme je le voulais, nous aurions gagné le double... C'est cinq mille francs que vous nous faites perdre...

— Perdre... perdre... mais, en attendant, nous avons cinq mille francs à partager!...

— Sans doute! mais qu'est-ce que cela, quand on pourrait avoir beaucoup plus!...

— Une autre fois je vous écouterai... quand me donnerez-vous ma part... ce qui me revient?

— Eh! mon Dieu, au premier jour je vous porterai cela... vous n'attendez pas après!...

— Non, malgré cela, ça ne me fera pas de peine de toucher cette somme... A Paris, l'argent va si vite!...

— A qui le dites-vous!...

— Je ne sais pas où vous demeurez. Vous avez déménagé?...

— Je loge à Auteuil pour être en bon air... mais je vous porterai mon adresse au commencement de la semaine en vous portant des fonds...

— Quel jour?...

— Ah! bigre, voilà une heure!... il faut que j'entre à la Bourse. Au revoir, mon bon, à bientôt... et félicitez-vous d'avoir un associé qui vous fait gagner de l'argent!

Boudinet s'est éclipsé, et Anatole se dit : — Il me fait gagner de l'argent et ne me le donne jamais... c'est absolument comme si je n'en gagnais pas.

XXXIV. — M. BOUQUINARD PÈRE, PLUS FORT QUE SON FILS.

La semaine suivante s'écoule, puis plusieurs autres, et Boudinet n'a pas été voir Anatole, et celui-ci ne le rencontre plus. En revanche, il rencontre souvent Armand; mais le jeune romancier lui fait si froide mine et paraît toujours si affairé, que c'est à peine s'ils échangent quelques mots.

La vieille grand'mère écrit souvent à son petit-fils, elle s'étonne qu'il n'ait encore rien appris sur la cousine Herminie, elle l'engage à mettre plus de zèle dans ses recherches et finit toujours ses lettres en lui recommandant de soigner sa santé et de se conduire sagement.

Anatole répond à sa bonne maman qu'il est maintenant reçu dans une des maisons les plus honorables de Paris, que M. de Barvillier est un homme fort considéré, qui a une belle fortune et une fille charmante, que tous deux lui témoignent beaucoup d'amitié et que dans leur société, il n'y a point de danger qu'il fasse des folies et de mauvaises connaissances.

Et la vieille dame répond à cela : Que c'est fort bien d'aller en bonne compagnie, mais que cela ne devrait pas l'empêcher de chercher sa cousine Herminie.

Un matin, en traversant le jardin du Palais-Royal, Anatole aperçoit Armand; mais, cette fois, au lieu de passer rapidement son chemin, le jeune littérateur vient à lui. Il a le teint enflammé, l'œil fort brillant, et lui dit d'une voix dans laquelle perce une colère qu'il veut comprimer : — Ah! je suis enchanté de vous rencontrer, mon cher, je comptais même aller chez vous pour m'éclaircir sur certains faits...

— Il fallait venir, qui vous en empêchait?

— Oh! je n'ai pas souvent mon temps à moi!... je suis accablé de besogne... tous les libraires me demandent des romans, tous les journaux veulent que je leur fasse des articles. Je ne sais auquel répondre... j'ai à peine deux heures de repos par nuit... tout le reste est au travail... je ne suis pas comme vous qui flânez toute la journée, et ne savez que faire pour ne point périr d'ennui...

— Est-ce pour me dire cela que vous me cherchiez?...

— J'as positivement, M. Longchamp, ce petit bavard si insupportable qui veut toujours se fourrer dans les conversations... et qui venait chez madame Belleval... Vous savez que je veux dire?

— Parfaitement.

— Eh bien, je l'ai rencontré il y a deux jours, et en me parlant... je ne sais de qui, il a prétendu, il m'a même affirmé s'être trouvé avec vous dernièrement chez M. de Barvillier... Est-ce que ce serait la vérité? Iriez-vous en effet dans cette maison?

— Sans doute... je l'y rappelle bien y avoir vu M. Longchamp.

— Vous allez chez M. de Barvillier... et comment cela se fait-il?

— Mais cela se fait tout naturellement, j'y vais parce qu'on m'y a engagé.

— Mais à propos de quoi vous a-t-on engagé... voilà ce qui me semble au moins fort extraordinaire... permettez-moi de vous le dire!

— Et pourquoi cela vous semble-t-il extraordinaire que M. de Barvillier m'ait invité à aller chez lui?...

— Parce qu'on vous connaît fort peu dans ce monde-là... parce que ce monsieur vous a à peine aperçu chez madame Belleval... parce qu'il me connaît depuis beaucoup plus longtemps que vous et ne m'a pas encore invité, moi qui vous ai présenté dans cette société... Je sais bien qu'il ne tiendrait qu'à moi d'être invité par ce monsieur... mais moi, je ne me jette pas à la tête des gens... j'emploie un tas de manigances pour qu'on me prie... je me respecte, je sais ce que je vaux... je ne fais point de courbettes, même auprès des femmes.

— Je vous prie de croire, mon cher ami, que je n'ai employé ni manigances, ni courbettes pour me faire inviter par M. de Barvillier; cette faveur m'est venue sans que je l'aie sollicitée; cela m'a surpris aussi, je l'avoue, mais je ne vous cacherai pas que cela m'a fait grand plaisir...

— Ah çà! dites-moi donc, monsieur Anatole Desforgeray, est-ce que vous feriez sérieusement la cour à mademoiselle de Barvillier, par hasard?

— Eh bien, quand cela serait!...

— Quand cela serait! c'est fort joli... je retiens le mot!... vous ne vous souvenez donc plus de tout ce que je vous ai dit avant de vous mener chez madame Belleval?

— Sur quel sujet?

— Eh! parbleu! sur mademoiselle Adeline... J'ai eu la bonté de vous faire confidence de mes projets, de mes vues pour l'avenir, relativement à cette jeune personne; par conséquent, c'est fort peu délicat à vous

d'essayer... même sans espoir de réussir, de mettre des empêchements à mes desseins...

— Je me souviens parfaitement de tout ce que vous m'avez dit... mais si vous vous étiez vanté... ou tout au moins trompé sur les sentiments que cette demoiselle a pour vous... ne pensez-vous pas qu'alors je devrais faire peu de cas de vos confidences?

— Si je m'étais vanté... trompé... qu'est-ce que tout cela signifie? Tâchez donc d'être plus clair, mon cher, car le diable m'emporte si je comprends un mot à votre galimatias!...

— Je ne sais pas si c'est du galimatias de dire aux personnes la vérité... je n'ai pas d'autre but, moi; il est vrai que je ne sais pas la dire avec votre élégance... avec votre esprit !

— Je crois que vous me persiflez... Est-ce dans la société de mademoiselle Adeline que vous avez pris ce genre-là... Prenez garde, il est dangereux... et vous vous attaquez à plus fort que vous!...

— Mon cher Armand, je n'ai nullement l'intention de vous persifler, cela n'est ni dans mon goût ni dans mon caractère... Vous désirez savoir ce que j'ai appris dans la société de mademoiselle de Barvillier; eh bien, cette demoiselle m'a dit qu'elle avait trouvé votre conduite aussi ridicule qu'inconvenante à la soirée de madame Belleval, lorsque je dansais avec elle. Elle m'a dit encore qu'elle ne vous avait donné aucun motif pour en agir ainsi, et enfin... qu'elle n'avait jamais eu pour vous la moindre préférence...

Armand se mord les lèvres, se serre les poings; on voit qu'il est au moment d'éclater... Il se retient pourtant et affecte de rire en s'écriant :

— Ah! que voilà bien le manège d'une petite coquette, qui est jalouse et veut se venger parce qu'elle m'a vu plusieurs fois causer avec mademoiselle Maubray, charmante personne qu'elle ne peut pas souffrir. En vous disant tout cela, elle se doutait bien que cela me serait rapporté... vous êtes le plastron dont on se sert pour voiler ses véritables sentiments... J'étais vraiment bien niais d'en prendre du souci... car... convenez-en, entre nous, mon petit, est-ce que je puis être jaloux de vous?... Est-ce que vous pouvez l'emporter sur moi... là, soyez franc... Je ne parle pas du physique... vous n'êtes pas trop mal... mais vous n'avez pas l'air d'un homme... Vous n'avez ni aplomb, ni assurance, ni tournure... tandis que moi, je sais, Dieu merci, entrer dans un salon, et c'est beaucoup... Mais ce qui charme surtout les femmes, c'est le talent, la réputation... Grâce au ciel, de ce côté, je n'ai rien à envier à personne... Mes succès sont étourdissants ! mon nom est dans toutes les bouches... mes romans font fureur... mon dernier, Les Enfants du laboureur, dépasse encore Adolphine, on fait queue chez les libraires pour le louer... La première édition est épuisée... il en aura dix, je gage...

Le jeune littérateur est interrompu par son père, qui vient tout à coup se placer entre les deux jeunes gens, et s'adresse d'abord à son fils : — Ah! te voilà, toi; je suis bien aise de te rencontrer... il y a longtemps que je te cherche... mais la portière dit toujours que tu n'y es pas... c'est sans doute une consigne que tu lui as donnée... Bonjour, monsieur Desforgeray... votre serviteur... Sais-tu bien, Armand, que tu m'as mis dedans... oh! mais ce qui s'appelle mis dedans complètement...

— C'est-à-dire, mon père, que c'est vous qui m'avez mis dedans en me payant mon roman que cinq cents francs...

— Que cinq cents francs!... mais il n'en vaut pas cent!... mais il ne vaut pas deux sous, ton roman!... il n'est pas seulement fini...

— Qu'est-ce à dire, pas fini?

— Non, quand j'ai fait la sottise d'aller chez toi le t'acheter, tu n'avais fait que les trois premiers volumes, le quatrième n'était pas fait... M. Desforgeray était là, il peut l'affirmer...

— Je n'ai pas besoin que monsieur affirme rien, je sais tout cela... mais je vous ai livré le quatrième huit jours après...

— C'est-à-dire que tu m'as donné un méchant manuscrit qui est pitoyable, dans lequel il n'y a rien du tout, et qui ne ressemble pas ce qu'il y a dans les trois premiers volumes, qui ne sont pas bons, mais enfin dans lesquels il y a au moins quelque chose!... C'est au point que tout le monde me dit : Quel mauvais roman !... et on ne comprend rien à la fin, ou plutôt il ne finit pas...

— Ceux qui vous disent cela sont des ânes!...

— Mais je ne suis pas un âne, moi, et j'ai bien vu que tu avais brossé ce dernier volume, en te disant : L'ouvrage est vendu, je n'ai pas besoin de me gêner... d'autant plus que c'est pour mon père !

— Ah! par exemple!

— Enfin, mon cher ami, c'est un four complet... j'en ai vendu cent cinquante exemplaires de ton roman... que j'ai fait la sottise de tirer à six cents... et personne ne m'en demande à présent; au contraire, on me le refuse, ou me le renvoie, en me disant : C'est mauvais et ce n'est pas fini... si bien que quatre cent cinquante exemplaires vont me rester en magasin!... C'est gentil... Oh! mon pauvre argent! mon pauvre argent...

— Mon père, ce sont probablement de mes collègues qui vous disent du mal de mon ouvrage... c'est par envie qu'ils le dénigrent... si vous n'en vendez pas plus, c'est que vous ne voulez faire ni annonces, ni affiches... Lorsque tous les éditeurs font mousser leurs publications, vous avez peur de dépenser cent sous pour faire mousser les vôtres.

— Les bons ouvrages n'ont besoin d'être ni prônés ni annoncés, ils

Enfin le chant commence. (Page 67.)

se vendent sans cela dès qu'ils paraissent... Je pourrais te citer, pour preuve de ce que je te dis là, les romans de l'auteur le plus lu en France et à l'étranger; jamais on ne les annonce, ni on ne les prône dans les journaux quand ils paraissent; c'est au point que les imbéciles qui ne se fient qu'à cela, qui ne vivent, ne mangent et ne dorment que lorsque leur journal leur annonce une paix générale, ces gens-là, lorsqu'ils rencontrent notre fécond romancier, lui disent: Eh bien, vous vous reposez à présent, vous ne faites plus rien... tandis qu'il en fait un nouveau tous les ans... mais comme il n'y a pas au monde que des imbéciles, le libraire voit bien vite s'écouler son édition, et c'est le principal.

— Encore une fois, si vous regrettez de m'avoir acheté mon roman cinq cents francs, je suis bien plus fâché de vous l'avoir donné à ce prix-là, moi, à qui votre confrère Bidot est venu en offrir douze cents francs un quart d'heure après que vous étiez parti avec les trois premiers volumes; monsieur Desforgeray était encore chez moi alors, il peut vous l'affirmer...

— Je pourrais te répondre comme toi, tout à l'heure : Je n'ai pas besoin que monsieur affirme rien !... mais, moi, je suis trop poli pour parler ainsi, et je croirai ce que monsieur Desforgeray m'affirmera. Est-il vrai que l'on soit venu lui offrir douze cents francs du roman que je venais de lui acheter cinq cents payés comptant?

— Oui, monsieur, répond Anatole, votre fils ne vous ment pas, un monsieur est venu fort peu de temps après votre départ, il a sur-le-champ décliné son nom : c'était M. Bidot.

— Bidot! oh parbleu ! je le connais bien... un gros blond... c'est un confrère.

— Il a sur-le-champ proposé à Armand douze cents francs du roman qu'il faisait, intitulé : Les Enfants du Laboureur... Il offrait six cents francs comptant et le reste en recevant le manuscrit terminé.

M. Bouquinard reste quelque instants à réfléchir, puis il dit à son fils ; : — Et tu n'as pas accepté ce marché-là, toi?

— Comment pouvais-je l'accepter puisque je venais de vous vendre et livrer mon roman?

— Tu es un niais, tu n'entends rien aux affaires! il-fallait demander à Bidot quelques heures pour te décider; puis tu serais venu me trouver; tu m'aurais dit : Je trouve sept cents francs de plus à gagner sur mon roman, voulez-vous résilier notre marché, je partage avec vous les sept cents francs... J'aurais bien probablement accepté et aujourd'hui j'en serais enchanté parce que ce serait Bidot qui aurait bu le bouillon.

— Ma foi! j'avoue que cette idée-là ne m'est pas venue! dit Armand,

— Tu vois bien que tu n'es pas encore madré dans les affaires, et qu'avant tout, tu devrais toujours me consulter.

— C'est vrai... oh! pour les calculs, vous êtes plus fort que moi, et je suis d'autant plus désolé de n'avoir pas fait cela, que Bidot aurait fait mousser mon roman, et aujourd'hui, on ne viendrait pas me dire qu'il ne se vend pas... et tout cela, parce que vous n'avez pas voulu faire d'annonces! Soyez tranquille, vous n'aurez pas celui que je fais!

— Ah! fichtre! je l'espère bien !...

Armand s'éloigne de très-mauvaise humeur, et M. Bouquinard père dit à Anatole : — Il arrivera... il finira par arriver... mais il faudra qu'il travaille beaucoup!... Ces diables de jeunes auteurs ne pensent qu'à bâcler leur ouvrage et à le vendre bien vite pour aller s'amuser, et nous payons de mauvais manuscrits qui nous restent en magasin... Le métier de libraire devient de jour en jour plus mauvais! Les petits journaux à un ou deux sous tuent les livres; les cabinets de lecture ferment boutique... Si cela continue, il n'y aura plus d'éditeurs... je ne vois plus qu'un moyen pour ne point payer trop cher les manuscrits... c'est de faire les romans nous-mêmes. Eh! mon Dieu!... si je voulais m'en donner la peine! je ferais mon roman tout comme un autre! et peut-être beaucoup mieux qu'un autre... Si on faisait des romans en vers, j'en aurais déjà fait un, j'aime à versifier, et sans amour-propre, je ne m'en tire pas mal. Avez-vous vu les vers que j'ai mis dernièrement dans un petit journal...

— Non, monsieur.

— Je vous les enverrai avec le journal... Ils ont eu du succès... Vous comprenez que je n'attache aucune importance à cela... mais ces jeunes gens nous croient des ganaches que l'on peut facilement attraper, et c'est nous qui sommes plus fins qu'eux... A propos, avez-vous le roman d'Armand, le dernier?

— Non, je ne l'ai pas...

— Je vous l'enverrai avec le journal.

— Mais je ne tiens pas du tout à avoir son roman, puisque vous dites vous-même qu'il est détestable!

— Oh! j'ai dit cela, parce qu'il a un peu négligé la fin, c'est pour lui donner de l'éperon... mais il y a de jolies choses... Et puis le roman de votre ami, vous ne pouvez point ne pas le connaître,,, Je vous le ferai remettre... Je le vends vingt francs, je vous le céderai à dix-huit... Ah! bigre, voilà Bidot là-bas... si je pouvais lui repasser le reste de mon édition... Au plaisir de vous revoir, monsieur Desforgeray... demain vous aurez l'exemplaire.

Et M. Bouquinard quitte Anatole pour courir après son confrère.

Saisissant le fleuret, fond sur le petit monsieur. (Page 79.)

XXXV. — UNE IMPRUDENCE. — TROISIÈME HERMINIE.

Deux mois se sont écoulés. Il est rare que le jeune Desforgeray soit plus de trois ou quatre jours sans aller chez M. de Barvillier, où on continue de le traiter avec la plus extrême bienveillance, et même lorsqu'il a mis un jour ou deux de plus d'intervalle dans ses visites, la charmante Adeline lui en fait de doux reproches, en lui disant : — Vous ne vous plaisez pas beaucoup chez nous... vous vous amusez mieux avec vos amis. Je le conçois, et voilà pourquoi vos visites sont plus rares.

Le jeune homme s'empresse de répondre que son bonheur, au contraire, est dans les moments qu'il passe auprès d'elle, mais qu'il craint toujours d'être indiscret en venant aussi souvent qu'il le désirerait.

— Eh! qui vous fait craindre cela? s'écrie Adeline. Est-ce qu'on ne vous reçoit pas toujours bien ici? est-ce que mon père ne vous témoigne pas la même amitié? est-ce que j'ai l'air, moi, de m'ennuyer auprès de vous? Allons, monsieur Anatole, ne nous regardez plus comme de simples connaissances, voyez en nous de vrais amis, qui vous portent un intérêt réel, et vous ne craindrez plus d'être importun et de venir trop souvent.

Un langage si aimable, accompagné de regards qui ne l'étaient pas moins, ne pouvait qu'augmenter l'amour qui remplissait le cœur d'Anatole. Il était trop craintif, trop timide pour le déclarer, mais la demoiselle la plus sage sait toujours bien deviner les sentiments qu'elle inspire, et il était bien probable que mademoiselle de Barvillier comprenait ce que notre discret amoureux n'osait pas lui avouer.

Toutes les fois qu'Anatole quittait Adeline, plus épris, plus passionné de ses charmes, il rentrait chez lui triste, rêveur, en se disant : — A quoi cela m'avancera-t-il de l'aimer, puisque cette fille adorable ne sera jamais à moi?... Elle est trop riche... ou je ne le suis pas assez pour me permettre de demander sa main!... il faudra donc la voir devenir la femme d'un autre... je sens bien que j'en mourrai... Armand a beau plaisanter sur l'amour et dire qu'on n'en meurt jamais! Victor, lui, dit que ce sont les imbéciles qui sont amoureux... Hippolyte fait de l'amour une affaire d'intérêt... moi, je ne le comprends pas comme eux... Ah! c'est qu'ils ne m'ont jamais aimé comme moi... Et ce Boudinet qui voulait me rendre bien riche, et qui ne vient pas même m'apporter l'argent qu'il me doit!...

Mais un matin, Anatole voit Boudinet arriver chez lui, l'air toujours empressé, affairé et radieux.

— Vous voilà donc enfin! s'écrie Anatole. En vérité vous êtes peu de parole, vous deviez venir me voir... il y a plus de deux mois que je vous ai rencontré... Et cet argent que nous avons gagné sur les actions du Nord, vous me l'apportez, j'espère?...

— Non, mon bon, je ne vous l'apporte pas.

— Pourquoi donc cela?...

— Ma foi, mon cher petit, je dois vous avouer que je l'ai dépensé... Je me suis trouvé à court... une femme charmante m'a prié de l'obliger... je n'ai pu lui refuser...

— C'est que je comptais sur cet argent... je ne voulais pas en redemander à ma grand'maman...

— Soyez tranquille! je vais vous en faire gagner bien d'autre... le moment est venu, le bon moment d'opérer largement! Oh!... j'ai étudié la place... la rente est en baisse... elle va monter, c'est immanquable... Voyons, voulez-vous vous en rapporter à moi, aujourd'hui? voulez-vous devenir riche enfin?...

— Oh! oui, certes, je voudrais devenir riche!...

— A la bonne heure, voilà une noble ambition!... Eh bien, tenez, cher ami, signez cette lettre que j'ai faite pour envoyer à notre agent de change...

— Une lettre pour notre agent de change?

— Oui, un ordre d'achat si vous aimez mieux.

— Qu'est-ce que vous achetez, cette fois...

— Nous opérons sur la rente... mais je ne veux pas que vous sachiez ce que je demande... vous auriez encore peur... Signez de confiance... que diable! vous ai-je trompé les autres fois?...

— Non, mais je serais pourtant bien aise de savoir...

— Je vous connais! si vous lisez vous n'oserez plus signer. Encore une fois, voulez-vous devenir riche?...

— Oui... oui!... c'est mon plus ardent désir!

— Alors signez donc!

Anatole se décide et signe l'ordre sans le lire. Boudinet s'empresse alors de fermer la lettre, de la mettre dans sa poche, et il se dispose à partir.

— Vous me quittez si vite? dit Anatole.

— Mon cher, il faut toujours être chez les agents de change avant midi.

— Mais quand saurai-je le résultat de cette opération?

— Oh! nous avons du temps devant nous!... nous achetons fin courant et nous ne sommes qu'au quinze du mois... il faut en attendre la fin.

— Si longtemps que cela!...

— Cela passera vite. Au revoir, cher ami; réjouissez-vous d'avance! cette fois nous allons rouler sur l'or.

— Donnez-moi donc votre adresse que je sache où vous trouver.

— A Auteuil, sur la place, ancienne maison de Boileau, adieu.

Boudinet est parti. Anatole se dit qu'il aurait dû lire ce qu'il a signé, qu'il a agi bien imprudemment, qu'il ne suit guère les conseils de sa grand'mère... mais bientôt il se voit beaucoup plus riche qu'il ne l'est, et alors il ose déclarer son amour, il ose aspirer à la main d'Adeline... et on ne le refuse pas. L'imagination va si vite! C'est, dit-on, *la folle du logis*. Mais cette folle-là fait au logis plus d'heureux que la réalité.

Le jeune amoureux est encore en train de faire des châteaux en Espagne, lorsqu'on ouvre sa porte, et il voit entrer Armand Bouquinard accompagné d'une jeune femme dont la mise est modeste et décente. Le jeune homme de lettres a l'air grave d'un juge d'instruction, en présentant à Anatole la jeune femme qu'il tient par la main, et comme, depuis quelque temps, il regnait beaucoup de froid entre les deux jeunes gens, toute cette présentation et cette réception se font avec un air de cérémonie.

— Monsieur Anatole Desforgeray, dit Armand, permettez-moi de vous présenter mademoiselle Herminie Clémandon, maîtresse de piano et de danse, que je crois vous appartenir de fort près... Je comptais d'abord vous mener chez mademoiselle, mais elle ne reçoit aucune visite d'hommes et ce n'est pas sans peine que je suis parvenu à l'entretenir chez une de ses élèves.

Anatole examine cette nouvelle cousine qui lui arrive, elle n'est ni bien ni mal, mais ses lèvres serrées, son nez pincé du bout et ses yeux qu'elle tient constamment baissés n'annoncent pas la bonté et la franchise. Ce n'est point ce qu'on appelle une figure ouverte, et c'est presque sans regarder Anatole qu'elle accepte le siège qu'il lui présente. Tout en s'asseyant aussi, et en conservant son air de gravité, Armand reprend :

— Je me suis donc entretenu avec mademoiselle, et ce n'est pas sans peine que j'ai pu la décider à me confier ce qui regardait sa famille et sa naissance... c'est-à-dire ce qu'elle en sait!... car à l'âge où elle perdit sa mère, il y a tant de choses que l'on oublie!... Cependant le nom d'Herminie que porte mademoiselle m'avait d'abord frappé... celui de Clémandon qui l'accompagne m'a semblé aussi avoir quelques rapports avec le nom que votre cousine Angélina portait à Paris. C'est pourquoi j'ai pensé que mademoiselle pouvait être la parente que vous cherchez. J'ai cause de cela avec mademoiselle et je suis enfin parvenu à la faire consentir à m'accompagner chez vous. Maintenant que j'ai fait ce que me dictait l'amitié qui nous unissait autrefois, voyez, interrogez mademoiselle Herminie, je ne suis dans cette affaire qu'un intermédiaire officieux, mais je crois vous avoir rendu un véritable service...

Anatole approche son siège de la personne qu'on vient de lui amener et dont la physionomie et le maintien raide ne provoquent pas la confiance. Cependant, comme elle garde le silence et semble attendre qu'il lui adresse la parole, il se décide à commencer la conversation.

— Mademoiselle... vous vous nommez Herminie?

— Oui, monsieur.

— Herminie Clémandon?

— Oui, monsieur.

— Madame votre mère avait un autre nom?

— Je crois que oui, monsieur, mais j'étais si jeune quand je perdis ma mère que je ne puis me rappeler tout ce qu'elle me disait alors sur sa famille... Il me semble pourtant lui avoir entendu prononcer le nom de Desforgeray... Elle disait aussi que son père l'avait bannie de sa présence, qu'il ne voulait plus la voir... et cela lui faisait beaucoup de chagrin.

— Quel âge aviez-vous quand madame votre mère est morte?

— Je crois que j'avais quatre ans et quelques mois... Une bonne dame qui était voisine de ma mère me recueillit et m'emmena avec elle vivre à la campagne... C'est cette dame qui prit soin de moi et me fit apprendre la musique...

— Et la danse... car vous donnez aussi des leçons de danse, à ce que m'a dit Armand...

— Moi!... donner des leçons de danse! jamais!

— Je m'étais trompé! s'écrie Armand, on m'avait mal renseigné... c'est seulement de musique que mademoiselle donne des leçons.

— Et cette dame qui prit soin de vous?...

— Elle est morte il y a trois ans... alors je suis revenue à Paris, où il est plus facile de trouver des élèves qu'en province.

— Ne vous a-t-elle rien donné, rien remis qui vînt de votre mère?

— Pardonnez-moi, elle m'a remis un médaillon, renfermant le portrait d'une dame âgée qui avait l'air bien respectable, en me disant : «Votre mère tenait beaucoup à ce portrait, qui doit être celui d'une de vos parentes; » puis elle ajouta : «Votre mère m'avait aussi confié un paquet de lettres que je devais vous remettre, quand vous seriez assez raisonnable pour les lire et connaître l'histoire de votre mère et de ses malheurs; mais vous devez vous rappeler qu'il y a quelques années une bonne maladroite mit un jour le feu à ses rideaux, le feu gagna et brûla une partie de mes meubles et entre autres un petit bu-

reau dans lequel j'avais serré ces lettres précieuses... qui furent toutes brûlées. » Vous devez penser, monsieur, combien je fus désolée de cette perte... J'étais alors en âge de raison. J'aurais connu l'histoire de ma mère, j'aurais eu des données certaines sur ma famille... le sort ne l'a pas voulu.

— Mais vous avez au moins ce médaillon que vous a remis votre protectrice!...

— Mon Dieu!... un guignon fatal m'a poursuivie... ce médaillon, je l'avais il n'y a pas encore trois mois, lorsqu'en changeant de logement il a disparu... je ne sais si je l'ai perdu... si on me l'a volé... mais depuis ce maudit déménagement il m'a été impossible de le retrouver!...

— Ah! voilà qui est fatal en effet... ce médaillon devait renfermer le portrait de ma grand'mère, avec lui tous les doutes cessaient... il prouvait que vous étiez bien ma cousine...

— Eh! mon Dieu! dit Armand, faut-il, parce que mademoiselle a perdu un médaillon... parce qu'un incendie a brûlé des lettres, qu'elle demeure privée de ses droits à l'héritage qui lui revient?...

— Je ne dis pas cela; je dis seulement que c'est très-fâcheux!...

— Mademoiselle se nomme Herminie Clémandon... ce dernier nom n'est-il pas celui que votre cousine Angélina avait pris en venant demeurer à Paris?

— En effet.

— Eh bien, il me semble à moi, qu'il n'est pas besoin d'autres preuves... d'autant plus que mademoiselle a parfaitement connaissance de l'existence du médaillon et des lettres, puisqu'elle a possédé l'un... et que ce n'est pas sa faute si le feu l'a privée des autres.

Anatole garde quelques instants le silence, et pendant ce temps mademoiselle Herminie numéro trois conserve constamment son maintien raide et ses regards baissés. Enfin le jeune Desforgeray lui dit : — Mademoiselle, je ne doute nullement que tout ce que vous m'avez dit ne soit la vérité, je vais en écrire à ma grand'mère, et d'après ce qu'elle me répondra, je m'empresserai de vous revoir... Veuillez bien me laisser votre adresse...

— Et nous ne doutons pas, reprend Armand, que la réponse ne soit favorable à l'héritage qui revient à mademoiselle.

La jeune femme se lève, fait à Anatole un salut bien cérémonieux, lui remet son adresse et se dirige vers la porte, où elle fait de nouveau une belle révérence à ces messieurs.

Lorsque celle-ci est partie, Armand s'écrie : — C'est celle-là qui est bien votre cousine... pour moi cela ne fait pas l'ombre d'un doute!...

— Oui... je conviens que cela paraît possible...

— Croyez-moi, hâtez-vous de lui faire toucher son héritage... car cette jeune fille n'est pas heureuse... Je me suis informé, je sais qu'elle se tue à donner de misérables leçons de piano... qui lui rapportent à peine de quoi vivre...

— Je vais écrire à Montpellier.

— A propos, allez-vous encore chez M. de Barvillier?...

— Oui, toujours...

— Et vous faites toujours votre cour à mademoiselle Adeline!

— Je ne fais pas ma cour, mais je ne vous cache pas que j'en suis excessivement amoureux!...

— Eh bien! mon petit, croyez-moi, vous perdez votre temps!... cette riche héritière ne sera pas pour vous... Occupez-vous de votre cousine Herminie, cela vaudra beaucoup mieux que de soupirer pour quelqu'un qui se moque de vous!... Au revoir.

Et Armand sort de chez Anatole en se disant : — Je l'apprendrai à aller sur mes brisées!...

— Elle se moque de moi! se dit Anatole, que les dernières paroles d'Armand ont vivement blessé. Oh! non, mademoiselle de Barvillier n'est point une coquette!... D'ailleurs je ne lui ai jamais dit que je l'adorais, et si elle l'a deviné... quel motif aurait-elle pour se faire un jeu de mon amour?... Est-ce donc pour se moquer de moi qu'elle me témoigne tant de bonté... qu'elle m'a fait inviter par son père... que l'on me reçoit dans cette maison comme si on me connaissait depuis longtemps?...

Anatole est encore interrompu dans ses réflexions par M. Mitonneau, qui entre précipitamment chez lui, en s'écriant : — Mon cher ami... mon bon Anatole... vous me voyez si surpris... si étonné... En vérité tout ce qui m'arrive frise l'extraordinaire...

— Est-ce que vous venez encore de rencontrer Canardière?

— Non! cette fois ce n'est pas lui que j'ai rencontré... c'est sa femme...

— La sensible Eléonore?

— Justement, la sensible... la piquante Eléonore... devinez où je l'ai rencontrée?...

— Que sais-je!... sur le boulevard... dans la rue!...

— A la halle, mon cher, à la halle au poisson, qui achetait des maquereaux et qui les a emportés au bout d'une ficelle comme des harengs... sans compter qu'elle avait déjà un panier d'où sortaient les pattes d'un lapin...

— Eh bien!... après?

— Comment après! mais elle avait un fichu sur la tête et un tablier devant elle! Concevez-vous que Canardière laisse sortir sa femme comme cela?...

— Et vous lui avez parlé?

— Moi! par exemple! je me respecte trop pour parler à des femmes, qui ont un fichu sur la tête!... Et d'ailleurs, aurait-elle eu un chapeau à plumes, je ne lui aurais pas parlé... maintenant que je sais de qui elle est la femme... Je me suis mis à doubler le pas; malheureusement elle m'avait aperçu et reconnu! Ne s'est-elle pas mise à courir après moi, toujours en tenant ses maquereaux au bout d'une paille!... Je l'entendais qui criait : « Hé! dites donc, monsieur Chose... n'allez donc pas si vite!...» Au lieu de lui répondre, je me suis mis à courir... et j'ai monté dans le premier omnibus que j'ai aperçu... C'est six sous que cela m'a coûté, mais j'ai dépisté cette dame... Que dites-vous de sa hardiesse... me poursuivre... en plein jour?... Si son mari nous avait rencontrés... et avec des maquereaux!...

Anatole n'écoutait plus Mitonneau, il prend son chapeau et sort vivement en se disant : — Allons la voir... Non, non, c'est par méchanceté qu'Armand m'a dit cela... mais elle ne se moque pas de moi.

XXXVI. — MADEMOISELLE TITINE.

En quittant Mitonneau, Anatole s'est rendu chez M. de Barvillier. Dans la journée il est rare que l'on trouve ce monsieur, mais en revanche on est presque sûr de rencontrer sa fille, et par une faveur toute spéciale, et qu'elle n'accordait ordinairement qu'à ses jeunes amies, mademoiselle Adeline recevait les visites d'Anatole et lui permettait de lui tenir compagnie au salon.

Ce jour-là, le jeune Desforgeray est plus troublé, plus agité qu'à l'ordinaire en se présentant devant mademoiselle de Barvillier. L'espoir de faire fortune à la Bourse lui a donné plus de courage, plus d'espérances; mais les paroles d'Armand sont venues jeter le doute, la crainte dans son âme; et c'est en proie à ces divers sentiments qu'il a couru près de celle qu'il aime, avec cette violence d'un amour de vingt ans, qui, s'ils ne sont pas toujours les plus durables, sont au moins les plus impétueux.

Adeline s'aperçoit bien vite de l'émotion à laquelle Anatole est en proie. Elle lui dit : — Qu'avez-vous aujourd'hui, monsieur Anatole, je vous trouve l'air inquiet... préoccupé?... Auriez-vous reçu de fâcheuses nouvelles?... Votre grand'maman serait-elle malade?...

— Non, mademoiselle, non.... grâce au ciel, ma bonne mère se porte bien, elle m'a écrit il n'y a pas longtemps...

— Alors qu'est-ce donc qui vous donne cet air troublé?...

— J'ai donc l'air troublé, mademoiselle?

— Mais sans doute, vous n'êtes pas comme à votre ordinaire... Oh! je vois cela tout de suite, moi!... Est-ce quelque contrariété... Avez-vous besoin d'argent? je vous en prêterai...

— Oh! mademoiselle... par exemple!

— Eh! mon Dieu! qu'y aurait-il donc là d'étonnant?... est-ce que tous les jours les jeunes gens ne peuvent pas avoir besoin d'argent?... On peut avoir perdu au jeu... on peut avoir oublié de vous en envoyer... que sais-je, moi!... Il vous semble singulier que je vous en offre... pourquoi donc? j'en ai beaucoup plus que je n'en dépense. Mon père m'en donne sans cesse pour que je satisfasse toutes mes fantaisies; il est si bon pour moi!... mais je n'ai pas souvent de fantaisies, ce qui fait que j'ai beaucoup d'argent de côte... eh bien! les hommes s'obligent entre eux quand ils sont amis, lorsqu'une femme est l'amie d'un homme, pourquoi donc ne l'obligerait-elle pas de même?

— Mademoiselle... il me semble que ce n'est pas l'usage... Au reste, vous êtes mille fois trop bonne, mais je n'ai nullement besoin d'argent.

— Alors c'est autre chose qui vous tourmente... Ah! si j'étais un de vos quatre amis... je le saurais déjà sans doute...

— C'est que... il y a des choses... qu'on n'ose pas dire... quoiqu'on en ait bien envie.

— Je ne comprends pas ce qui peut empêcher de dire ce qu'on pense... c'est que je suis très-franche, moi; mais tout le monde ne me ressemble pas.

— Oh! je ne suis pas dissimulé, mademoiselle; seulement... j'ai peur qu'on ne se moque de moi...

— Et pourquoi se moquerait-on de vous?... à quel sujet?... qu'avez-vous donc fait pour avoir cette crainte?...

— J'ai fait... ah! mademoiselle, je sens que j'ai été bien audacieux..... j'ai osé devenir amoureux... d'une personne qui ne peut pas.. c'est-à-dire qui ne voudra pas... enfin qui n'aura jamais pour moi les sentiments que je ressens pour elle... j'ai eu bien tort... n'est-ce pas, mademoiselle?...

La physionomie d'Adeline est devenue plus sérieuse, mais ses yeux expriment plutôt l'attendrissement que la sévérité. Après avoir gardé quelque temps le silence, ce qui rend Anatole tout tremblant, parce qu'il craint déjà d'avoir offensé Adeline, elle répond enfin : — Êtes-vous bien certain d'aimer cette demoiselle... car je pense que c'est une demoiselle et non pas une dame que vous aimez?...

— Oh! certainement que c'est une demoiselle, et une demoiselle charmante... adorable... elle a tout pour plaire... beauté, grâce... esprit, talent... et si bonne... si aimable...

— Et pourquoi supposez-vous que cette personne ne peut pas..... vous aimer aussi...

— Ah! c'est que... moi... je suis si peu de chose auprès d'elle!... elle est fort riche... je n'ai qu'un modeste revenu...

— Vous croyez donc alors que cette demoiselle tient beaucoup à l'argent... qu'elle se mariera seulement pour augmenter sa fortune?

— Je ne dis pas cela, mais... les parents ne pensent pas comme leurs enfants...

— Si cette demoiselle a réellement de l'amour pour vous, ce n'est pas la différence de fortune qui l'arrêtera...

— Oh! mais... je vais peut-être aussi devenir très-riche, moi!...

— Vous... et comment donc cela?...

— Ah! c'est que... vous ne savez pas... je joue à la Bourse...

— Vous jouez à la Bourse!... oh! mais c'est fort dangereux cela!... Comment, monsieur Anatole... à votre âge... vous êtes déjà joueur!...

— J'ai vingt ans passés à présent!...

— Jouer à la Bourse!... je ne vous conseille pas de dire cela devant mon père... vous feriez beaucoup de tort près de lui... d'abord il déteste les joueurs...

— Mon Dieu, mademoiselle, je vous assure que je ne suis pas joueur du tout... je n'y pensais pas, moi... c'est Boudinet, un de mes quatre amis; il est venu me dire qu'il ne tenait qu'à moi de gagner beaucoup d'argent... qu'il fallait nous associer... je n'ai consenti la première fois qu'à acheter quelques actions de chemin de fer... fort peu...

— Eh bien...

— Nous les avons revendues avec bénéfice... c'est-à-dire c'est Boudinet qui les a vendues... ensuite, nous en avons acheté davantage.... nous avons encore gagné dessus... et...

— Tenez, monsieur Anatole, je ne connais pas votre ami Boudinet, mais je trouve qu'il vous a rendu un bien mauvais service, en vous donnant le goût de ce genre de spéculation... Voulez-vous m'être agréable? voulez-vous me faire bien plaisir... voulez-vous... que... que... j'aie beaucoup d'amitié pour vous?...

— Ah! mademoiselle... pour obtenir une petite place... dans votre cœur... il n'est rien dont je ne sois capable!...

— Eh bien, vous allez me jurer... oh! mais me jurer bien sérieusement, que vous ne jouerez plus jamais à la Bourse!... jamais, vous entendez?...

— Oui, mademoiselle... j'entends...

— Eh bien, vous ne jurez pas?...

— Mais... ce qui est fait, mademoiselle?...

— Mon Dieu! je ne vous parle point du passé; je sais bien qu'on ne peut pas revenir sur ce qui est fait! mais j'entends à l'avenir... que vous ne jouerez plus à la Bourse à l'avenir... voulez-vous le jurer?...

— Oh! oui, mademoiselle, je le jure... et je tiendrai mon serment!

— J'y compte!... mon amitié est à ce prix, et entre nous, je crois qu'elle vaut bien celle de vos amis, qui vous amènent des cousines qu'ils fabriquent eux-mêmes...

— A propos de cousine! il m'en est arrivé une nouvelle ce matin...

— En vérité!... et qui vous a amené celle-là?

— Armand Bouquinard.

— Je croyais qu'il était fâché avec vous et que vous aviez cessé de vous voir...

— Il est revenu pour m'amener cette demoiselle... Oh! mais, celle-là, je crois que c'est bien en effet ma cousine!

— Et qui vous fait croire cela... parce qu'elle est jolie sans doute?

— Non... au contraire... elle serait plutôt laide... elle n'a pas l'air aimable du tout... elle est raide, compassée... elle me regarde jamais la personne à qui elle parle...

— Et c'est tout cela qui vous fait croire qu'elle doit être votre parente... vous vous êtes donc figuré votre cousine bien raide, bien empesée, bien laide?...

— Non!... mais celle-ci a un maintien fort décent; elle se nomme Herminie Clémandon... c'est bien le nom que sa mère portait à Paris... elle l'a perdue à quatre ans... alors une dame a eu pitié d'elle, et l'a élevée.

— Et cette dame?

— Elle est morte.

— Tout cela n'est pas trop mal arrangé.

— Je serais entièrement convaincu que cette personne est la jeune cousine que je cherche, si elle avait pu me montrer le portrait de ma bonne maman et les lettres que celle-ci écrivait à cette pauvre Angélina...

— Ah! il y a des lettres et un portrait... En effet, ce sont là des preuves irrécusables... elle n'a pas pu vous les montrer?

— Non, mais elle m'en a expliqué les raisons : les lettres ont été brûlées dans un incendie; quant au portrait, elle le possédait encore il y a trois mois, mais elle l'a perdu dans un déménagement.

— Ah! ah!... on a réponse à tout!... Que fait-elle, cette Herminie-là?

— Elle donne des leçons de piano.

— Et que comptez-vous faire, maintenant?

— Je vais écrire à ma bonne maman, lui conter tout ce que m'a dit cette demoiselle.... lui demander ce qu'elle veut que je fasse.

— Croyez-moi, n'écrivez pas encore à Montpellier... Savez-vous l'adresse de cette demoiselle?

— Oui, elle me l'a donnée elle-même... la voici...

Adeline prend la carte que lui présente Anatole et lit : « Herminie Clémandon, maîtresse de piano, rue Saint-Lazare, 33 », puis elle murmure : « Il y a bien Herminie Clémandon!... »

Anatole avance sa main pour reprendre la carte, mais mademoiselle de Barvillier la met dans sa ceinture, en lui disant :

— Laissez-moi cette adresse...

— Qu'en voulez-vous donc faire?

— La donner à mon père, qui connaît tout Paris, qui a des relations de tous côtés et qui, beaucoup mieux que vous qui connaissez à peine cette ville, pourra savoir ce que c'est réellement que cette personne qui s'intitule : Herminie Clémandon.

— Mais, mademoiselle, je ne veux pas souffrir que M. de Barvillier se donne pour moi cette peine...

— Et moi, monsieur, je désire que cela soit ainsi.

— Mais cependant, mademoiselle...

— Mais, monsieur, quand j'ai décidé quelque chose, il faut que cela soit... Ah ! j'ai un caractère très-volontaire... vous ne vous en doutiez pas !.... je suis bien aise que vous me connaissiez telle que je suis.

— Alors... il ne faut pas que j'écrive encore à ma grand'mère?

— Non, à moins cependant que cela ne vous contrarie trop de faire ce que je vous dis...

— Ah ! mademoiselle, cela me rend bien heureux, au contraire...

— Et vous ne jouerez plus à la Bourse?...

— Je vous l'ai juré... je ne manquerai pas à mon serment.

Anatole a pris congé d'Adeline, heureux de l'intérêt qu'elle lui témoigne, et en se disant : — Désormais, je ne veux plus suivre que ses conseils... L'opération que Boudinet m'a fait faire à la Bourse sera la dernière... lors même qu'elle ne m'enrichirait pas encore tout à fait... je m'en tiendrai là... elle m'a dit que son père détestait les joueurs.... et il paraît que Boudinet me fait jouer... Moi, je croyais que c'était seulement une spéculation...

Le jeune homme avait pris le chemin des Champs-Élysées, il marchait en rêvant et sans regarder devant lui; tout à coup il se cogne contre une personne qui probablement en faisait autant que lui.

C'est une jeune fille, qui porte sous son bras quelque chose d'enveloppé dans du papier; en regardant Anatole elle pousse un cri de surprise, celui-ci en fait autant, car il vient de reconnaître la jeune fille que Victor lui a présentée comme étant sa cousine, la piqueuse de bottines. Il arrête la petite ouvrière, qui ne semble pas enchantée de la rencontre, et a bien vite baissé les yeux, en voulant continuer son chemin.

— Comme vous passez vite, mademoiselle! dit Anatole, est-ce que vous ne me reconnaissez pas?...

— Non, monsieur, non... je ne me rappelle pas...

— Mais, moi, je vous reconnais fort bien... vous êtes la soi-disant cousine que Victor Hermelange m'a amenée un matin...

— Vous croyez, monsieur?...

— J'en suis certain... Est-ce que vous ne connaissez pas un grand jeune homme, assez joli garçon, et qui se nomme Victor?

— Un grand mauvais sujet!... un menteur qui se moque de tout le monde... oh ! si, monsieur, je le connais bien, malheureusement pour moi...

— Tenez, mademoiselle, vous ne m'avez pas l'air d'être menteuse comme Victor, convenez donc avec moi que vous ne vous nommez pas Herminie Clémandon... que votre mère ne s'appelait pas Angélina Desforgeray... enfin que tout cela est un rôle que Victor vous avait appris, afin de me faire croire que vous étiez la cousine que je cherche...

La jeune ouvrière rougit et balbutie : — Mon Dieu, monsieur, c'est vrai... je ne m'appelle pas Herminie... je me nomme Titine Blainchaud... je sais bien que je ne suis pas votre cousine, mais quand ce grand bêta de Victor est venu me prier de faire semblant de l'être, j'ai cru que ce n'était qu'une plaisanterie pour rire... que ça ne serait pas pour longtemps... et puis, M. Victor m'avait dit : Oh! ce ne sera pas difficile de faire accroire au jeune homme ce que nous voudrons... il croit tout ce qu'on lui dit... on lui dirait que la mer est venue à Paris qu'il le croirait, il n'y voit pas plus loin que son nez... c'est une huître... Alors, moi, monsieur, j'ai consenti à faire semblant d'être votre cousine... mais comme je ne suis pas très-hardie, ça n'a pas été trop bien; j'ai vu aussi que l'air de deviner la frime, je me suis embrouillée, je me suis sauvée... Ce grand polisson de Victor m'a dit des sottises! depuis, il est venu me retrouver, en me disant qu'il fallait que je retourne chez vous pour faire encore votre cousine, que cela était indispensable, moi j'ai refusé; alors il m'a appelée petite seringue, et il m'a repris le châle qu'il m'avait donné... ce grand brigand-là!...

Anatole sort de sa bourse quatre napoléons qu'il met dans la main de mademoiselle Titine Blainchaud, en lui disant : — Tenez, mademoiselle, voilà pour vous acheter un autre châle, et surtout pour m'avoir avoué la vérité.

La piqueuse de bottines rait tout un saut de joie, met l'argent dans sa poche et s'écrie : — Ah ! merci, monsieur, vous êtes bien plus généreux que Victor, vous !... merci ! Que je suis contente!... Je vais bien vite porter ces bottines qu'on attend, et puis j'irai tout de suite m'acheter un châle... je le prendrai bleu, monsieur, je le prendrai bleu !.....

Titine Blainchaud s'éloigne en doublant le pas, et Anatole continue sa promenade en disant : — Décidément, mes amis, les Compagnons de la Truffe, ne me traitent pas bien... pour l'un je suis un jobard...

pour l'autre une huître... celui-ci prétend qu'on se moque de mon amour... et tous les trois me doivent de l'argent qu'ils ne parlent jamais de me rendre. Il n'y a donc que Boudinet qui veut faire ma fortune... mais jusqu'à présent je n'ai pas vu un centime des gains que nous avons faits ensemble. Espérons qu'à la fin du mois il n'agira pas de même.

XXXVII. — PETITE VENGEANCE AUX TRUFFES.

Quelques jours plus tard, au moment d'entrer dans un restaurant du Palais-Royal, Anatole aperçoit le bel Hippolyte d'Ingrande, qui vient à lui en lui tendant la main : — Bonjour, cher ami... vous allez dîner là?...

— Oui, et vous?

— Moi, ma foi, j'étais indécis... je ne savais pas où je voulais dîner, mais puisque vous entrez chez Véfour, j'y vais avec vous... nous dînerons ensemble...

— Comme il vous fera plaisir...

Et tout en entrant chez le traiteur avec le beau jeune homme, Anatole se dit : — Ah ! tu veux dîner avec moi... soit ! mais comme tu me traites de jeune jobard! comme tu forces mademoiselle Pelotte Potard à se régaler avec l'argent que je lui donne, je te promets bien que je ne payerai pas ton écot!...

Les jeunes gens se placent à une table dans un des salons. Anatole commençait à savoir commander un dîner; il connaissait ce qui était bon et savait quels étaient les mets les plus délicats et les plus renommés dans tel ou tel restaurant. Il prend la carte, commande un potage, puis la passe à Hippolyte, en lui disant :

— J'ai demandé pour moi... demandez pour vous.

Mais Hippolyte repousse la carte qu'il lui présente, en disant :

— Je prendrai ce que vous voudrez, mon cher ami, je n'aime pas à commander mon dîner... je m'en rapporte à vous, à votre goût, vous n'êtes pas un novice, comme en arrivant à Paris! Vous devez maintenant connaître ce qui est bon... je suis certain d'avance que vous nous ferez fort bien dîner !

— Vraiment ! vous croyez que j'aurai assez d'esprit pour cela !...

— Oh! je n'ai jamais douté de votre esprit... c'est l'expérience seule qui vous manquait!...

— Vous avez raison, mais l'expérience arrive à la fin !... Ainsi vous me donnez carte blanche pour commander...

— Entièrement.

— Pour le vin aussi?

— Pour tout !

— En ce cas, garçon, donnez-moi du papier, je vais écrire notre menu, sans vous consulter.

Anatole écrit la carte du dîner et la donne au garçon, qui bientôt leur apporte du madère, du champagne frappé et du chambertin.

— Bravo!... bravo!... s'écrie Hippolyte, en voyant arriver les trois vins différents, voilà qui promet!... Quand je disais que vous sauriez commander !... Je n'aurais certes pas mieux fait pour les vins... et peut-être n'aurais-je pas été aussi hardiment que vous!... Oh ! un potage aux crevettes!... bravo encore!... cela commence parfaitement bien !...

— Soyez sûr que cela finira de même.

Tout en savourant le potage, le bel Hippolyte ne tarde pas à entamer le chapitre de la causerie.

— A propos, mon cher Anatole, je ne vous ai pas revu depuis que je vous ai présenté votre cousine, cette bonne Herminie... Quand donc voulez-vous qu'elle retourne vous voir?

— Quelle cousine? j'en ai tant vu depuis quelque temps, qu'en vérité cela m'embrouille !...

— De qui voulez-vous que je vous parle, si ce n'est de la personne que je vous ai présentée... mademoiselle Herminie Desforgeray...

— Ah ! cette grande demoiselle qui boit si bien du rhum, qui me demandait de la douille et qui disait zut! pour l'eau sucrée?...

— Mon cher, tout cela vous a suffoqué, parce que vous n'êtes pas encore habitué au langage des jeunes femmes de Paris...

— Non, j'avoue que je ne suis nullement habitué à ce langage-là... Vous me permettrez de croire que ce n'est pas celui des demoiselles bien élevées!...

— Mon Dieu! je n'ai pas prétendu vous amener une duchesse!... Après tout, si votre cousine n'a pas reçu d'éducation, ce n'est pas sa faute, mais celle des circonstances qui l'ont privée de ses parents, de sa famille, lorsqu'elle était encore enfant!... enfin c'est une simple brodeuse!... et vous ne pouvez pas exiger qu'une brodeuse s'exprime comme un académicien.

— Moi, je vous assure que je n'exige rien de cette demoiselle...

— Oh! voilà un filet aux truffes qui a fort bonne mine... et ce chambertin est excellent...

— Cela vous va, tant mieux... entamons le filet!...

— Pour en revenir à votre cousine, je conviens que sa tenue est un peu... sans façon... et qu'elle aime trop le rhum... mais après tout, qu'est-ce que cela vous fait? ce n'est pas vous qui l'avez élevée... vous la trouvez comme cela, il faut bien que vous la preniez comme elle est !...

— Ah! vous pensez que je dois la prendre comme cela?

— Dame... vous ne pouvez pas la changer... Il est délicieux, ce filet... Vous avez un héritage à rendre... l'héritière est ce qu'elle est; que ce soit une vestale ou une biche... un modèle de vertus, ou une bambocheuse, cela n'empêche pas l'héritage de lui appartenir...

— C'est juste, ce que vous dites là est extrêmement juste...

— Oh! diable!... qu'est-ce que c'est que ceci? des brochettes de foie de volaille.

— Oui, et aux truffes.

— Parfait! parfait!... je croyais pourtant que la saison des truffes était passée...

— Comment! vous, habitant de Paris, ne savez-vous pas que toute l'année on y mange ce qu'on aime, ce qui fait plaisir... qu'il n'y a point de saison, point d'époque où l'on ne puisse contenter ses goûts, satisfaire ses moindres caprices?

— C'est vrai... Oh! j'avais tort; à Paris, avec de l'argent, on a, en effet, tout ce qu'on désire... Alors, cette pauvre Herminie... elle attend de vos nouvelles avec impatience... Voulez-vous aller chez elle... ou que je la mène chez vous ces jours-ci?

— Ne vous donnez pas cette peine... je l'ai revue...

— Vous l'avez revue... votre cousine?

— Non; mais la grande fille que vous m'aviez présentée comme telle... mademoiselle Pelotte Potard...

Hippolyte se trouble; mais il avale un verre de madère pour se redonner de l'assurance et balbutie :

— Pelotte... Pott... Potard... Qu'est-ce que c'est que ça?

— Ça; c'est la soi-disant cousine que vous m'avez amenée.

— Je ne comprends pas...

— Bah! vous comprenez fort bien, au contraire!... Mon cher ami, comme vous le disiez tout à l'heure, c'est l'expérience qui me manquait... mais elle commence à me venir...

— Je vous assure que je n'y suis pas du tout. Nous parlions de votre cousine...

— Vous savez bien que la personne que vous m'avez présentée comme telle n'est pas ma cousine, qu'elle se nomme Pelotte Potard... que c'est une ancienne actrice de province, dont la mère est encore maintenant ouvreuse de loges aux Funambules...

Hippolyte feint un grand étonnement, en s'écriant : — Il serait possible! quoi, cette jeune femme que je croyais être votre cousine... qui m'avait dit se nommer Herminie Desforgeray... fille d'Angélina, votre parente... et tout cela était un mensonge!... Ah! comme elle m'a trompé!... vous m'en voyez stupéfait et confus!

Et pour se remettre, le beau garçon avale du chambertin et du champagne. Puis il reprend : — Mais comment diable savez-vous tous ces détails sur cette jeune femme?...

— Je les tiens d'elle-même; je l'ai rencontrée dans un café chantant, je lui ai payé du punch, alors vous devez croire que je n'ai pas eu la moindre difficulté à la faire jaser. Elle m'a dit que vous lui aviez proposé de remplir le rôle de ma cousine... que vous le lui aviez appris...

— Elle a menti! elle a effrontément menti... Ah! que je la rencontre jamais, la drôlesse, et je lui ferai payer cher ses mensonges.

— En attendant, vous lui aviez fait vous payer à dîner avec les soixante francs que je lui avais donnés...

— La malheureuse... quel tissu de fourberies! c'est-à-dire que c'est elle qui ne m'a pas lâché que je n'aie consenti à dîner avec elle!... Oh! les femmes! les femmes!... Oh! voilà un plat qui embaume...

— Ce sont des escalopes de saumon aux truffes...

— Toujours aux truffes! décidément vous en avez fait mettre dans tout?

— Vous l'avez dit; j'ai tenu à vous prouver que je n'ai pas oublié notre association... Ne sommes-nous pas Compagnons de la Truffe? il faut nous montrer dignes de ce beau titre...

— Je suis de votre avis... ce dîner est exquis. Ah! comme je me félicite de vous avoir laissé commander... Mais je voudrais, mon cher ami, que vous n'ajoutassiez pas foi à tout ce que vous a dit cette bambocheuse de Pelotte... et que vous ne pensiez pas que j'ai voulu vous jouer...

— Comme un jeune jobard... n'est-ce pas?... Eh! mon Dieu, qu'y aurait-il là d'étonnant?

— Par exemple!... vous, un jobard!... est-ce que j'ai jamais pu penser cela!

— Pourquoi pas?... En arrivant à Paris j'étais en effet bien candide et surtout bien ignorant sur l'usage, sur le beau langage des jeunes gens à la mode... Quel mal quand vous auriez voulu me jouer une scène plaisante et vous amuser un peu à mes dépens, avec cette histoire de ma cousine... que j'ai eu la sottise de vous confier... car je conviens que j'ai eu grand tort de vous dire cela... c'était un secret de famille... ma bonne grand'mère l'avait toujours religieusement gardé... Je devais faire de même... mais un provincial, qui se trouve tout à coup entre quatre jeunes gens spirituels... qui, à la fin d'un bon dîner, le mettent dans la confrérie de la Truffe... cela entraîne, cela pousse à la confiance... Je n'agirais plus de même aujourd'hui... Je vous le répète, vous avez voulu me berner un peu... voilà tout... Je suis bien persuadé que vous n'auriez pas poussé la chose plus loin et que vous n'aviez nullement l'intention de vous faire donner l'héritage de ma cousine... car alors c'eût été autre chose qu'une plaisanterie... je n'ose pas dire ce que c'eût été!... Mais vous avez voulu rire un peu, me

donner une leçon, afin qu'une autre fois je ne conte pas à tout le monde mes secrets de famille... Cela n'a pas réussi aussi complétement que vous le pensiez... mais je n'en suis pas moins reconnaissant pour la leçon...

Hippolyte ne sait plus que répondre ; il balbutie quelques phrases sans suite; mais le garçon apporte un macaroni aux truffes, alors il s'écrie : — Tenez, mon cher Anatole, devant un si excellent dîner, il serait fâcheux d'avoir des discussions désagréables... J'ai peut-être eu tort... c'est possible! J'ai cru trop facilement à toutes les histoires que m'a débitées cette grande Pelotte... j'aurais dû y regarder à deux fois... me méfier d'elle... mais enfin c'est fini! Si vous voulez, nous ne parlerons plus de cette affaire!...

— Oh! très-volontiers; maintenant, je ne vois pas la nécessité de revenir sur ce chapitre...

— Et nous finirons gaiement cette bouteille de champagne frappé.. Quel dîner!... Quel repas truffé! Parole d'honneur, je n'en ai jamais fait d'aussi bien commandé!

— Vous êtes content de moi, j'en suis enchanté.

Après un dessert qui répond au dîner, Anatole demande l'addition, et quand le garçon l'apporte, Hippolyte a soin de détourner la tête et de paraître fort occupé à regarder des personnes qui viennent d'entrer dans le restaurant. Mais après avoir jeté un coup d'œil sur l'addition. Anatole dit : Cinquante-deux francs... pour un dîner tout aux truffes, ce n'est pas trop cher...

Puis il pousse du bras son vis-à-vis, et lui tend la carte, en ajoutant : — Tenez, mon cher... cinquante-deux francs... c'est chacun vingt-six francs... Voilà ma part, j'y ajoute vingt sous pour le garçon... vous lui donnerez ce que vous voudrez...

En disant cela, Anatole, qui a jeté vingt-sept francs sur la table, se lève et prend son chapeau.

Cependant le bel Hippolyte est devenu écarlate, il regarde l'addition, puis Anatole, et murmure :

— Comment...vingt-six francs... pour le dîner!...mais pourquoi me demander cela?...

— Parce qu'il me semble que la moitié de cinquante-deux à toujours été vingt-six...

— Sans doute... mais vous avez commandé le dîner... et alors... je croyais...

— Que je payerais seul la carte... comme c'était mon habitude... mais vous vous trompiez... Je ne vous ai pas invité à dîner, moi, oh! je n'ai jamais eu cette intention... C'est vous qui avez voulu dîner avec moi, en me priant de commander, que vous j'ai fait pour vous être agréable; mais, moi! vouloir vous régaler... Oh! Dieu m'en garde! le petit Anatole n'est pas encore aussi bête que vous le pensiez.

En disant cela, Anatole sort de chez le traiteur, laissant le bel Hippolyte, qui paraît fort embarrassé, devant le garçon qui attend son argent.

XXXVIII. — AU SAUT DU LIT.

Depuis que Mitonneau a vu madame Alfieri au café chantant, il n'ose plus se promener dans Paris de crainte de la rencontrer encore; comme il a également peur de se trouver avec son ami Canardière, et comme il redoute aussi les femmes en fichu sur la tête et en tablier, parce qu'il a aperçu son Éléonore dans cette tenue, lorsqu'il sort, il ne pense qu'à se sauver de personnes qui, de loin, ont quelque ressemblance avec celles qu'il veut éviter ; ce qui est cause que sa marche, à chaque instant interrompue, s'effectue en zigzag. Cela lui donne l'air d'un homme gris.

Mais comme on ne voit pas en même temps de tous les côtés, un jour, en se sauvant d'une dame, qui ressemble à la tour de Nesle, il se jette dans le nez de son ami Canardière, qui s'écrie : — Prends donc garde, Mitonneau, que diable! pour me dire bonjour tu n'as pas besoin de me casser le nez... Tu te jettes sur moi sans crier gare... Tu avais donc bien peur que je t'échappasse...

— Moi... pas du tout! répond Mitonneau fort contrarié de sa bévue. Je ne t'avais pas vu...

— Tu ne m'avais pas vu, pourquoi te jeter ainsi sur moi?...

— Je voulais me garer d'un omnibus...

— D'un omnibus... et nous sommes sur le boulevard...

— Alors, c'était d'une charrette...

— Mon cher ami, je crois que tu as quelque chose qui te préoccupe...

— Moi, non, rien du tout, je t'assure!

— Ah! si tu avais comme moi un polisson à punir, je te comprendrais...

— Tu es chargé de punir un polisson?

— Eh! sacrebleu j'ai cherche l'amant de ma femme... tu as donc oublié cela!...

— Ah! oui... en effet, je n'y pensais plus...

— Oh! j'y pense toujours, moi!... mais j'ai quelques notions plus certaines, grâce au ciel; j'ai été trouver l'ami qui a vu Éléonore à l'Opéra, et je lui ai demandé le portrait de l'homme qui était avec elle...

— Ah! tu lui as demandé... le portrait?...

— Qu'est-ce que tu as donc?... Est-ce que tu boites?...

— Non... c'est mon genou qui a fléchi...

— Et mon ami m'a positivement dit : C'est un jeune homme... très

jeune, joli garçon, brun, de belles couleurs, tournure à la mode...
Voilà ce qui doit me guider dans mes recherches.

Mitonneau est enchanté, parce que, malgré son amour-propre, il est bien obligé de reconnaître que ce portrait ne lui ressemble pas du tout ; alors ses terreurs se dissipent et il se met à sautiller.

— Eh bien ! voilà que tu danses maintenant ! lui dit Canardière.

— Moi... non... c'est une mouche qui m'a piqué...

— Dis donc, Mitonneau, connais-tu des jeunes gens qui aient été au bal de l'Opéra... et qui ressemblent au signalement qu'on m'a donné ? .

— J'en connais... un seul... ça lui ressemble... si on veut...

— N'est-ce pas ce jeune homme avec qui tu déjeunais l'autre jour... au Palais-Royal ?

— Oui... c'est celui-là...

— Il était au bal ?

— Oui... en pierrot....

— En pierrot... mais celui qu'on a vu avec Éléonore était en bourgeois ?...

— Aussi je ne dis pas que ce soit lui.

Cependant, en ce moment, Mitonneau se rappelait ce qu'Anatole lui avait dit au sujet d'Éléonore, l'assurance avec laquelle il lui avait affirmé que cette dame avait été dans la nuit du bal avec un autre homme, et il commençait à se demander si en effet le jeune Desforgeray n'était pas son rival.

Les deux amis continuaient de marcher, chacun réfléchissant de son côté, lorsque le bel Hippolyte d'Ingrande passe devant eux. Canardière l'aborde, en lui disant : — Venez donc un peu causer avec nous, mon cher ami... vous pourriez peut-être me guider dans mes recherches.

Hippolyte répond d'un air aimable : — Je suis tout à votre disposition, monsieur ; en quoi pourrais-je vous être agréable ?

— Mon cher... vous voyez un mari qui a grand'peur d'être de la confrérie des maris cornards et qui cherche le drôle qui lui a joué ce tour-là.

En disant cela, M. Canardière passe son bras sous celui d'Hippolyte, sans pour cela lâcher quelqu'il tient de l'autre côté. Le jeune homme s'est troublé, mais il s'efforce de rire en répondant : — Comment, monsieur Canardière, vous avez de ces idées-là ?... Qui diable vous a mis cela dans la tête !...

— Mon cher ami, j'ai mes motifs pour avoir des craintes... On a vu ma femme au bal de l'Opéra...

— En vérité ?

— Elle était déguisée... mais c'est dans un moment que son masque venait de se détacher... elle causait avec un jeune homme qui n'était pas costumé...

— Ah ! on vous a dit cela... moi, j'avais un charmant costume de polichinelle.

— Je le sais... je le sais... et d'ailleurs, mon cher, vous pensez bien que ce n'est pas sur vous que tombent mes soupçons... si cela était, je ne vous conterais pas tout cela...

— C'est juste, mais je n'ai pas aperçu madame votre épouse au bal.

— Vous pensez bien qu'elle gardait toujours son masque... il a fallu un hasard... il a fallu que le cordon du masque se dénouât pour qu'on vit un instant son visage... mais je vais vous dire comment elle était costumée : un domino orange dont le capuchon était orné de rubans ponceaux... ce n'est pas commun... ça se remarque cela...

Hippolyte semble réfléchir, puis il répond : — En effet, je me rappelle maintenant avoir vu ce domino orange... et je l'ai d'autant plus remarqué qu'il était au bras d'un jeune homme de ma connaissance...

— Quel jeune homme ?... qui est-ce ?... son nom ? Cher ami, je ne vous lâche pas que vous ne m'ayez dit son nom... Oh ! je ne vous lâche pas...

— Ma foi... c'est un de ceux que vous avez vus avec moi, en pierrot, mais au bout de quelque temps, trouvant que son déguisement lui allait mal, il a quitté le bal et y est revenu en costume de ville...

— Quelque chose me dit que je sais qui c'est... Mitonneau, ton jeune ami a-t-il quitté son habit de pierrot ?

— Je n'en sais rien... c'est possible... il ne me l'a pas dit... mais il m'a dit...

— Quoi ?

— Rien, je me trompais...

— Mitonneau, tu sais quelque chose... et tu ne veux pas parler... tu veux ménager ton jeune homme... Hippolyte, au nom des bonnes mœurs ! je vous somme de me dire le nom de l'individu en question...

— Pardieu ! c'est Anatole Desforgeray...

— Le polisson ! c'était lui ! s'écrie Mitonneau.

— Tu le savais, toi ! dit M. Canardière, et tu ne le nommais pas... mais grâce à ce cher Hippolyte, je n'ai plus de doutes, je sais à qui j'ai affaire !...

— Au moins, ne dites pas que c'est moi qui vous ai appris cela ! reprend Hippolyte. Je n'ai pu me refuser à vos instances... Anatole nous avait dit en effet qu'il adorait une femme mariée... mais j'étais si loin de penser... Du reste, il n'avait pas triomphé de cette dame... elle se moquait de lui probablement...

— Merci, Hippolyte, vous voulez blanchir mon épouse, je sais qu'en penser...

— Ensuite, je ne vous dis pas que je l'ai vu avec madame Canardière.

— Vous l'avez vu avec le domino orange... c'est la même chose, je sais à quoi m'en tenir... Mitonneau, ton petit ami aura de mes nouvelles ; il demeure dans ton hôtel... cela me suffit. J'avais depuis longtemps des soupçons sur lui... on a comme des pressentiments, et puis ce petit monsieur me regardait toujours d'une singulière façon... Adieu, messieurs, vous apprendrez bientôt comment Canardière venge son honneur.

En disant ces mots, le petit homme sec lâche les deux bras qu'il tenait, et s'éloigne comme un furibond. Le bel Hippolyte, enchanté du moyen qu'il vient d'employer pour détourner les soupçons, se frotte les mains et laisse là Mitonneau, en disant : — Ah ! vous me faites payer la moitié d'un dîner de cinquante-deux francs, mon jeune ami ; je suis bien aise de vous traiter de la bonne façon.

Quant à Mitonneau, il continue sa promenade, en se disant : — C'est Anatole qui courtisait aussi Éléonore... je ne m'étonne plus s'il me proposait de me faire trouver avec mon rival... mais ce qui me confond toujours, c'est qu'Éléonore ait eu le temps de souper deux fois dans la nuit.

En rentrant le soir à son hôtel, Anatole est appelé par le concierge, qui lui dit : — Monsieur, il est venu quelqu'un pour vous voir... un petit monsieur pas jeune... et qui avait l'air fort en colère parce que vous n'y étiez pas... il est revenu trois fois ; enfin, la dernière, il a laissé sa carte, en disant : Dites bien à M. Desforgeray que je reviendrai demain matin, et que je lui défends de sortir avant de m'avoir vu.

— Comment... il me défend !... voilà qui est un peu fort !... murmure Anatole en prenant la carte ; mais après avoir lu le nom de Canardière, il sourit et dit au concierge : — Vous vous trompez, le gage... ce n'est pas moi, ce doit être M. Mitonneau que ce monsieur est venu demander...

— Non, monsieur, je vous assure que c'est bien vous qu'il a nommé.

— Mais je connais à peine ce M. Canardière, tandis que je sais qu'il est intimement lié avec mon voisin du carré ?

— Ce n'est pas M. Mitonneau qu'il a demandé, c'est vous, bien sûr.

— Enfin, tout cela s'éclaircira demain, car je suis très-curieux de savoir si c'est vraiment moi à qui ce monsieur défend de sortir.

Le lendemain, à sept heures du matin, on cognait très-fortement à la porte d'Anatole, qui dormait profondément. Réveillé par le bruit, et ne se rappelant plus la visite de la veille que l'image de mademoiselle de Barvillier avait facilement effacée de sa mémoire, il se frotte les yeux en criant : — Qui diable fait, si matin, du bruit à ma porte ?

— Moi ! Canardière ! répond une voix forte et nasillarde.

Ce nom rappelle au jeune homme la carte que son concierge lui a remise la veille, il saute à bas de son lit en répondant : — Diable !... vous venez de bien bonne heure, vous m'avez réveillé.

— C'est bien ce que je voulais... ouvrez...

— Mais je suis en chemise...

— Quand même vous seriez sans chemise, ouvrez !

— Ah ça ! ce n'est pas à moi, j'espère, que vous en voulez ?... dites vite, je vous prie, car vous m'avez réveillé, et j'ai encore envie de dormir...

— Ah ça ! vous trompez-vous pas, monsieur ? c'est la porte à côté qui est celle de M. Mitonneau...

— Ce n'est pas à lui que j'ai affaire, c'est à vous, Anatole Desforgeray, de Montpellier !... Je vous somme d'ouvrir.

— Allons, il paraît que le concierge avait raison, se dit Anatole en courant ouvrir sa porte, puis il court se refourrer dans son lit en criant : — Pardon, monsieur, mais puisque vous êtes si pressé, je vous recevrai au lit.

Canardière est entré : par-dessus son costume ordinaire, il porte un grand manteau de drap bleu qu'il tient soigneusement fermé sur lui, ce qui semble assez singulier, parce que le temps est beau et chaud. Mais dans cette toilette, qui lui donne presque un air espagnol, le petit monsieur conserve un air rébarbatif, et son chapeau, posé tout à fait en tapageur, achève de lui donner un cachet original.

Le petit homme entre sans saluer ; après avoir regardé dans la chambre et s'assurer que le lit, pour s'assurer que celui qu'il vient voir est bien seul, il va refermer avec soin la porte du carré, puis vient se planter devant le lit en disant : — Enfin... je ne vous ai pas trouvé hier, mais je savais bien que je ne vous manquerais pas aujourd'hui... du reste, si vous aviez défendu de sortir sans me voir... je vois que vous m'avez obéi... vous fîtes bien...

— Ah ça ! monsieur, ce n'est donc pas une plaisanterie ou une erreur ? dit Anatole en se mettant sur son séant. C'est bien à moi que vous avez défendu cela ?... Je vous trouve plaisant de me faire cette défense !... et de quel droit, s'il vous plaît ?... Je ne vous connais que pour vous avoir vu parler à M. Mitonneau...

— Ah ! vous me trouvez plaisant, petit jeune homme !... c'est bon... vous allez savoir tout à l'heure quelle est ma manière de plaisanter !

— Au fait, monsieur, que me voulez-vous ?... dites vite, je vous prie, car vous m'avez réveillé, et j'ai encore envie de dormir...

— Ce que je vous veux ?... Est-ce que vous ne vous en doutez pas un peu... jeune gandin !... car voilà comme on vous nomme à présent, messieurs les séducteurs !

— Ma foi, non, monsieur, je ne me doute nullement de ce que vous me voulez ; c'est pourquoi j'étais persuadé que vous n'aviez affaire qu'à M. Mitonneau...

— Ne mêlez donc point ce vertueux, cet honnête Mitonneau à vos intrigues, à vos turpitudes... vous voudriez me donner le change, mais cela ne prendra pas... Ah! je sais maintenant pourquoi vous vous permettiez de me rire au nez toutes les fois que vous me rencontriez!... ce n'est point assez de séduire la femme, on veut encore se moquer du pauvre mari! Mais vous ne rirez plus à mes dépens, jeune freluquet, car je ne suis pas, moi, de ces maris complaisants qui prennent ces choses-là comme une bavaroise au lait!... Non, monsieur, je ne suis point de cette pâte-là!

— Mon Dieu, monsieur, soyez de la pâte que vous voudrez, mais je vous en prie, expliquez-vous plus clairement... car je ne comprends pas encore ce que vous pouvez me vouloir.

— Vous ne comprenez pas! dit Canardière en se rapprochant de lui d'un air menaçant. Je suis le mari d'Éléonore!

— Ah! ça je le sais bien!... répond Anatole, qui ne peut s'empêcher de sourire en entendant ce nom.

— Vous le savez bien!... ah! vous vous trahissez, mon gaillard; vous avouez donc que vous la connaissez, ma femme?

— Non, monsieur, non, je ne la connais pas... mais j'en ai entendu parler...

— Par qui?

— Par votre ami Mitonneau.

— Mitonneau ne la connaît pas, il ne l'a pas encore vue... il n'a donc pu vous parler d'elle. Subterfuge que tout cela! Je sais tout, monsieur... je sais que ma femme me trompe... et qu'elle a été au bal de l'Opéra avec un amant!

— Ma foi, monsieur, si vous le savez, c'est un malheur! mais qu'est-ce que vous voulez que j'y fasse?

— Ah! son sang-froid est trop fort... déjà si rompu dans le vice, à cet âge!... Vous croyez donc, jeune imberbe, que j'ignore encore que c'est vous qui êtes l'amant de ma femme?

— Moi?...

— Oui, vous!

— Moi! l'amant de votre femme!

— Oui, vous... on vous a vu avec elle au bal de l'Opéra...

— Qui est-ce qui vous a dit cela?

— Un de vos amis...

— Ce n'est pas possible.

— Vous avez beau nier... le fait est patent!... vous vous êtes trahi vous-même, tout à l'heure, en avouant que vous connaissiez Éléonore...

— Ah! décidément, vous rêvez, monsieur; de grâce, laissez-moi dormir et allez-vous-en!

— Vous croyez donc que je suis venu vous trouver ce matin pour vous voir dormir... non pas, vraiment! vous m'avez outragé dans mon honneur, je viens vous en demander raison!

En disant cela, M. Canardière laisse tomber son manteau, et l'on peut voir une paire de fleurets qu'il tenait cachée contre sa poitrine, et qu'il fait briller aux yeux d'Anatole.

— Vous voyez, dit-il, que j'ai pensé à tout et que je ne veux pas que la chose traîne en longueur... j'ai apporté ces fleurets que j'ai démouchetés moi-même, et avec soin... j'ai préféré cela à des pistolets, parce que les pistolets font du bruit, tandis qu'avec ceci nous pouvons nous embrocher ici, entre nous, tout à notre aise et sans que personne vienne nous déranger.

Anatole, toujours assis dans son lit, regardait le petit homme sec, se fendant déjà dans la chambre avec ses fleurets en main, le chapeau toujours posé sur l'oreille et menaçant du regard comme s'il pourfendait quelqu'un. Ce tableau était si grotesque, qu'il ne put s'empêcher de rire aux éclats. Mais sa gaieté redouble la colère de Canardière, qui s'écrie :

— Ventre-saint-gris! jeune homme, il ne s'agit pas de rire ici! Allons, debout! debout! et l'épée à la main...

— Ah! monsieur, vous jurez comme Henri IV!... Dites-moi donc pourquoi?...

— Vive Dieu! je jure comme cela me plaît... debout donc! Tenez, voici une arme pour vous défendre... vous vous battrez en chemise, vous serez plus à votre aise.

Et Canardière jette un de ses fleurets au nez d'Anatole, que cela commence à mettre de mauvaise humeur et qui s'écrie : — Prenez donc garde, vous m'avez attrapé le nez...

— Je vous attraperai bien autre chose tout à l'heure!... Levez-vous donc, mille tonnerres! vous voyez bien que je vous attends...

— Tout ceci est donc sérieux, monsieur...

— Il me semble que vous devriez le comprendre!

— Vous voulez vous battre avec moi?

— Oui, mon petit, pour vous apprendre à vouloir m'en faire porter... Je ne sais pas encore si Éléonore vous a cédé... plus tard, j'éclaircirai l'affaire de son côté... quand je vous aurai occis!

— Mais si je ne voulais pas me battre, moi !...

— Alors vous seriez un petit lâche, mais je vous flagellerais la figure avec cette arme, et je vous arrangerais de façon à ce que vous ne fassiez plus de conquêtes !...

Joignant l'action à la menace, M. Canardière brandit son fleuret sur la tête du jeune homme. A cette vue celui-ci, transporté de colère, saute à bas de son lit, et, saisissant le fleuret, fond sur le petit monsieur en criant : — Ah! vous allez voir si je me laisserai abîmer le visage... vieil imbécile! .. ah! vous voulez que je me batte! eh bien, tenez... à vous... à vous... parez celle-ci... parez celle-là!... ah! je vous apprendrai à venir me menacer...

Tout en disant cela, Anatole attaquait son adversaire avec une vivacité, une ténacité qui donnait à peine à celui-ci le temps de se reconnaître. Canardière était bon tireur, mais l'attaque du jeune homme avait été si prompte, les bottes qu'il portait étaient tellement en dehors des règles, des habitudes d'un homme qui sait se battre, qu'il était tout dérouté et, au lieu d'attaquer, il se voyait toujours obligé de se tenir sur la défensive.

Cependant Mitonneau avait, de sa chambre, entendu frapper avec violence chez Anatole, puis il avait fort bien reconnu la voix de son terrible ami Canardière, qui criait à Anatole de lui ouvrir. Lorsque le mari jaloux était entré, Mitonneau avait passé vivement une robe de chambre, puis, persuadé qu'il allait se passer quelque chose de tragique chez son jeune voisin, il était descendu quatre à quatre chez le concierge pour chercher du secours, et tâcher de prévenir un combat, car Mitonneau n'était point un méchant homme, et tout en croyant maintenant que c'était Anatole qui avait aussi soupé avec la perfide Éléonore, il aurait été désolé qu'il lui arrivât malheur.

Le maître de l'hôtel venait justement de descendre donner des ordres à son concierge, lorsque Mitonneau arrive tout éperdu, en s'écriant : — Messieurs, je vous en prie... venez... venez vite au secours du jeune Anatole Desforgeray, mon voisin...

— Serait-il malade?

— C'est bien pis... un furieux... un jaloux... Canardière enfin vient d'entrer chez lui pour l'assassiner...

— L'assassiner!

— Ou à peu près... c'est un homme que la jalousie rend capable des actions les plus sauvages... Vous avez dû le voir monter, concierge?

— En effet, monsieur, j'ai vu un monsieur que j'ai reconnu pour être celui qui est venu jusqu'à trois fois, hier, demander M. Desforgeray... j'ai même remarqué qu'il était enveloppé dans un vaste manteau sous lequel il paraissait cacher quelque chose...

— C'est cela! des armes, sans doute! Ah! mon Dieu! en ce moment il est peut-être occupé à couper Anatole en quatre!... Venez vite, messieurs... prenez aussi des armes...

Le concierge prend son balai, Mitonneau s'empare d'une pincette, le maître de l'hôtel se contente d'aller chercher le passe-partout avec lequel il peut ouvrir toutes les chambres de ses locataires. Ces messieurs montent l'escalier. Mitonneau ne manque pas de monter le dernier. En approchant du carré sur lequel donne la chambre d'Anatole, on entend le cliquetis des fleurets, auquel se mêlent quelques jurons énergiques qui échappent aux combattants.

— Entendez-vous! on se tue! on s'égorge là-dedans! crie Mitonneau, qui, au lieu de continuer de monter, redescend quelques marches. Mais le maître d'hôtel a sa clef, il court ouvrir la porte, il se précipite dans la chambre avec le concierge, qui balaie l'espace; mais Canardière, en attaquant à son tour son adversaire, reçoit dans l'œil droit la pointe de son fleuret.

On se jette sur les combattants, que l'on n'a pas de peine à séparer, car, en se sentant blessé à l'œil, Canardière y a aussitôt porté la main, tandis qu'Anatole a couru se refourrer dans son lit, après avoir jeté le côté son fleuret.

— Eh! messieurs, quelle fureur vous anime? dit le maître de l'hôtel. Eh quoi! se battre ici... en chemise... ne pas même vous donner le temps de vous habiller?

— C'est monsieur qui l'a voulu! répond Anatole en s'entortillant dans sa couverture; moi je pensais qu'à dormir, mais il m'a provoqué, il prétend que je suis l'amant de sa femme, ce qui n'est pas vrai; mais il m'a insulté et mis en colère... nous nous sommes battus, s'il est blessé, tant pis... j'en suis fâché, mais c'est sa faute!

— Vous êtes un maladroit! s'écrie Canardière, qui tient toujours sa main sur son œil. Est-ce qu'on tire aux yeux... fi donc! ça ne se fait jamais!

— Oh! je vous assure que je ne savais pas où je tirais...

— Vous ne savez pas vous battre, ça se voit bien!... mais j'aurai ma revanche, jeune homme, j'aurai ma revanche!

— Laissez-moi donc tranquille, monsieur, et tâchez de trouver le véritable amant de votre femme, cela vaudra beaucoup mieux que de vous battre avec moi.

Cependant Canardière, qui souffre beaucoup de sa blessure, a laissé le maître de l'hôtel lui bander l'œil avec son mouchoir qu'il a préalablement trempé dans de l'eau fraîche; cette opération faite, on l'emmène hors de la chambre et le concierge court lui chercher une voiture.

Dans l'escalier, Canardière aperçoit Mitonneau, qui s'y tenait prudemment, attendant l'issue de la bataille. En voyant arriver son ami avec un bandeau sur un œil, Mitonneau s'écrie : — Ah! mon Dieu!... tu as donc reçu quelque chose, Canardière, te voilà coiffé comme les Romains!

— Je ne sais pas si les Romains étaient coiffés comme moi... mais je sais que j'ai un coup de maladroit... et je crains bien de rester borgne...

— Borgne! il serait possible... avoir perdu un œil pour si peu de chose...

— Ah! tu appelles cela peu de chose, toi! merci... on voit bien que tu es garçon...

Entendez-vous? on se tue, on s'égorge là-dedans. (Page 79.)

— Monsieur, la voiture est devant la porte et vous attend...
— C'est bien, je descends; au revoir, Mitonneau; ton gringalet n'en est pas quitte!... et quand je serai guéri... nous nous reverrons... oui... nous nous reverrons.

Canardière est parti, et Mitonneau remonte l'escalier en murmurant : — Nous nous reverrons!... il ne le reverra jamais si bien, puisqu'il sera borgne... Oh! les femmes! comme c'est dangereux pourtant! je crois que je finirai par m'en priver tout à fait!

XXXIX. — CONSCIENCE LARGE ET CONSCIENCE NETTE.

En passant devant la chambre d'Anatole, Mitonneau voit que la porte n'est pas fermée et il entre chez son jeune voisin, qui s'est remis dans son lit.

— Eh bien, mon cher ami, en voilà des évènements!... vous ne vous attendiez pas à ce qui vient de vous arriver!... ni moi non plus!... Quand je vous faisais confidence de mes amours avec Éléonore, je ne me doutais guère que vous étiez aussi l'amant de cette dame.

— Monsieur Mitonneau, est-ce que vous allez me dire les mêmes bêtises que ce vieil entêté qui sort d'ici?... est-ce que vous avez envie que nous nous battions aussi tous les deux? répond Anatole en fixant sur son voisin des regards qui ne sont pas doux.

Mitonneau devient blème et s'écrie : — Moi, avoir envie de me battre avec vous! par exemple! avec un jeune homme qu'on m'a confié... Cette bonne madame Desforgeray, votre grand'maman... que je respecte tant... et vous que j'aime comme un frère... me battre avec vous... jamais! Vous pouvez me faire et me dire ce que vous voudrez, je ne me battrai jamais avec vous.

— Alors, mon cher monsieur Mitonneau, ayez la bonté de croire que je ne mens pas, quand je vous certifie que je ne connais pas madame Canardière, que je ne l'ai jamais vue... si j'avais été aussi l'amant de cette séduisante Éléonore, pourquoi ne vous l'aurais-je pas avoué, à vous, qui me confiez votre bonne fortune... j'aurais été aussi confiant que vous, confidence pour confidence!

— Mais alors, comment savez-vous que cette dame a un autre amoureux avec qui elle a soupé en face de l'Opéra... avant ou plutôt après y avoir soupé avec m..?

— Parbleu! je le sais parce que cet amant-là me l'a dit.

— Vous le connaissez donc?

— Assurément.

— En ce cas, pourquoi ne l'avez-vous pas fait connaître à Canardière?... cela vous disculpait entièrement ...

— Parce que je ne sais pas me justifier aux dépens d'un autre... parce que j'aurais trouvé lâche de trahir le secret qu'on m'avait confié.

— Je vous crois, mon cher ami, puisque vous me l'affirmez... oh! je vous crois!...

— Mais maintenant je voudrais bien savoir, moi, qui est-ce qui a pu faire accroire à M. Canardière que j'étais l'amant de sa femme?

— C'est un de vos amis...

— Un de mes amis?

— Oui, que j'ai vu encore il y a peu de temps venir ici, un matin, avec une grande femme qui semblait fort délurée... Canardière le connaît aussi, il l'a nommé Hippolyte...

— Hippolyte!... c'est lui qui a fait cela!... ah! c'est indigne!

Et Anatole a fait un tel bond dans son lit, que Mitonneau, effrayé, se hâte de gagner la porte en disant :

— Oui, mon voisin... c'est lui... il a dit vous avoir vu à l'Opéra avec le domino orange... Mais pardon, je ne suis pas habillé complétement... et je n'ai pas déjeuné... Au revoir... je rentre chez moi.

Le jeune Desforgeray, resté seul, demeure pensif, et à l'expression de ses traits on peut deviner que ses réflexions sont fort sérieuses. C'est qu'il se sent attristé, en rencontrant toujours de la perfidie, presque de la haine dans les gens qu'il a obligés et qu'il avait cru être vraiment ses amis, et il se dit encore : — Que leur ai-je donc fait pour qu'ils soient méchants avec moi?... Il n'y a que Boudinet, qui ne m'a pas présenté de fausses cousines, et qui me témoigne toujours autant d'amitié... mais la fin du mois est arrivée... je ne sais pas où en est notre opération, car il n'a pas voulu me dire ce qu'il faisait... je désirerais pourtant bien savoir s'il m'a enrichi comme il semblait en être sûr... c'est la dernière fois que je jouerai à la Bourse... les autres ont été heureuses, pourquoi celle-ci ne le serait-elle pas?... Il me tarde de voir Boudinet... mais il est si difficile de le rencontrer... Il me semble que si je me rendais chez notre agent de change, on me dirait tout de suite quel a été le résultat de notre opération. Oui, c'est une bonne idée; habillons-nous et allons-y sur-le-champ.

Anatole achevait de s'habiller, lorsque le concierge lui monte une lettre que le facteur venait d'apporter. Le jeune homme n'en avait encore reçu que de sa grand'mère, mais il regarde l'adresse, celle-ci n'est pas de son écriture et d'ailleurs elle vient de Paris. Fort curieux de savoir qui peut lui écrire, il se hâte de briser le cachet et voit en tête de la lettre le nom et l'adresse imprimée de son agent de change. Il se dit : — Parbleu, voilà qui arrive à propos et va m'éviter une course... Oh! voyons! voyons! si je suis devenu bien riche...

Il lit, puis pâlit, ses jambes se dérobent sous lui, il relit de nouveau

Il s'élance alors sur le grand jeune homme. (Page 83.)

car il espère s'être trompé, mais il avait bien lu : l'agent de change le prie de venir payer à sa caisse la somme de soixante-dix mille francs résultant de la baisse de la rente et des actions de chemin de fer qu'il avait donné ordre d'acheter le 15 pour fin courant.

— Soixante-dix mille francs! murmure Anatole, les yeux toujours fixés sur la lettre fatale, mais c'est une somme énorme... c'est plus de la moitié de ma fortune... Et moi qui espérais m'enrichir... Ah! si j'avais écouté les conseils de ma bonne vieille mère... je n'aurais pas joué à la Bourse. Ce n'est pas de cette façon que je pourrai devenir le mari d'Adeline, et il a bien raison, M. de Barvillier, de détester le jeu... Soixante-dix mille francs! Mais j'y songe, Boudinet est associé avec moi... naturellement il doit l'être dans les pertes comme dans les bénéfices... et les bénéfices, je n'en ai pas encore vu un sou... Mais cette fois il faudra bien qu'il me rende ce qu'il a touché pour moi... Voyons... La moitié de soixante-dix mille francs... c'est trente-cinq... il m'en doit deux mille huit cents, ce n'est donc plus que trente-deux mille deux cents francs que j'ai à payer... C'est encore une bien grosse somme que je vais être obligé de demander à ma grand'mère... Que va-t-elle penser, mon Dieu!... mais je lui jurerai d'être plus sage à l'avenir... D'ailleurs, c'est sur ce qui m'appartient que je la prierai de prendre cette somme... elle vendra de mes terres... de mes prairies... oh! cela lui fera bien du chagrin... Pauvre femme! elle pensera que je ne fais que des sottises à Paris... et elle aura un peu raison... Enfin, puisqu'il le faut... écrivons bien vite à Montpellier... dès que j'aurai reçu l'argent, je le porterai à l'agent de change et je lui dirai : c'est Boudinet qui vous doit le reste. Boudinet!... quand le trouvera-t-on, celui-là?... Ma foi, cela ne me regarde pas... il est probable que notre agent de change le voit tous les jours à la Bourse.

Anatole se place à son secrétaire et se dispose à écrire, mais on entre brusquement chez lui, et le gros Boudinet vient, toujours avec son air riant, lui frapper sur l'épaule, en lui disant : — Bonjour, cher ami!...

— Ah! c'est vous, Boudinet... justement je pensais à vous, car je viens de recevoir une lettre de notre agent de change, et vous me voyez encore tout bouleversé de ce qu'elle m'apprend!...

Boudinet s'étale dans un fauteuil, en répondant d'un air fort calme : — Ah! oui... c'est vrai... nous n'avons pas été heureux cette fois... Dame, mon petit, que voulez-vous... la fortune est femme... c'est-à-dire qu'elle est volage... qu'elle a des caprices... Jusqu'à ce moment elle nous avait bien traités... aujourd'hui elle nous coule à fond... dans la vie, il faut s'attendre à tout!...

— Mais on réclame de nous une somme énorme... soixante-dix mille francs!... comment pouvons-nous devoir tant que cela?

— Ah! nous avions joué gros jeu... j'avais voulu faire tout de suite un beau bénéfice... j'avais fait acheter de la rente et des actions de plusieurs lignes qui devaient monter... car elles devaient monter, et nous aurions gagné bien plus que nous ne perdons... mais il y a eu une baisse énorme... une panique! de ces revirements qui déjouent toutes les prévisions... C'est un malheur!... mais il faut s'en consoler.

— Vous êtes heureux de prendre les choses avec tant de tranquillité!...

— Je suis philosophe, mon cher, soyez-le comme moi.

— En attendant, je vais écrire à Montpellier pour qu'on m'envoie trente-deux mille francs, avec ce que vous avez à payer pour votre part, et ce que vous me redevez... sur les bénéfices faits sur les autres opérations... et dont vous avez gardé ce qui me revenait, cela complétera la somme que l'agent de change nous demande.

Boudinet fronce le sourcil, fait un peu la grimace, puis se remet à rire, en s'écriant : — Qu'est-ce qu'il dit là!... Ah! ah! ah! comme il arrange tout cela... ce cher petit... Mais nous ne devons rien du tout, enfant que vous êtes, ou du moins, nous ne le payerons pas, ce qui revient absolument au même! Beaumarchais ne le dit-il pas par la bouche de Figaro : Quand on doit et qu'on ne paye pas, c'est comme si on ne devait pas?

Anatole regarde le gros jeune homme, en ouvrant de grands yeux, et balbutie : — Je ne comprends pas du tout ce que vous dites, Boudinet. Comment!... nous ne devons pas les soixante-dix mille francs que l'agent de change nous réclame?

— Je ne vous dis pas que cette somme ne lui soit pas réellement due, mais je vous répète que nous ne sommes pas forcés de la payer... Écoutez-moi bien, mon cher, la loi ne reconnaît pas le marché à terme... l'affaire a été jugée!... ceci est un marché à terme ; par conséquent, si nous ne voulons pas payer, on ne peut rien nous faire... ni condamnation, ni prison... rien! On dira à l'agent de change qui se plaindra : Tant pis pour vous! pourquoi ne vous êtes-vous pas fait donner des couvertures?

— Qu'est-ce que c'est que des couvertures?

— Pardieu! ce sont de bonnes valeurs qui représentent à peu près ce qu'on lui a dit d'acheter et avec lesquelles il peut se rembourser s'il y a perte ; mais, du moment qu'il n'a pas de couvertures, à quoi ou à qui voulez-vous qu'il s'en prenne?

Anatole réfléchit quelques instants et dit : — Votre explication ne

6

me semble pas bonne... Si nous avions gagné, nous aurions reçu l'argent.

— C'était notre droit.

— Et, parce que nous perdons, nous avions le droit de ne pas payer ?

— Parfaitement !

— Et la loi tolère cela ?

— Je vous répète qu'elle ne reconnaît pas le marché à terme et dit à l'agent de change : Pourquoi ne vous faites-vous pas donner des valeurs qui vous mettent à couvert ?

— Mais s'il ne s'en fait pas donner, c'est donc qu'il a confiance dans ceux pour qui il opère ?

— Apparemment !

— Alors, en ne le payant pas, on abuse de sa confiance... mais c'est de la friponnerie, cela !

— Oh ! oh ! mon petit, n'abusons pas des grands mots... ce que je vous propose là, beaucoup de personnes l'ont fait, et au bout de quelque temps, lorsque ce... déboire est oublié, elles recommencent les affaires comme si de rien n'était, et sont reçues dans les meilleures sociétés... surtout si elles reparaissent avec une nouvelle apparence de fortune.

— Je ne croirai jamais cela... je ne croirai pas qu'un homme qui a profité de la confiance qu'on avait en lui pour ne point payer ce qu'il doit ose reparaître dans le monde !...

— Parce que vous êtes entièrement ignorant de ce qui s'y passe, des moyens que l'on emploie pour devenir riche... Vous êtes encore un écolier... vous vous formerez ! et ce qui vous épouvante aujourd'hui, vous semblera une misère dans quelque temps !

— Non, non, jamais je ne changerai... jamais je ne transigerai avec ce qui touche à l'honneur !...

— Ma foi ! après tout, faites comme vous voudrez... si cela vous amuse de payer, payez !... Moi, tout cela ne me regarde pas !

— Comment, cela ne vous regarde pas !... mais il me semble que vous êtes débiteur comme moi... Puisque nous étions associés... vous devez la moitié de la somme...

Boudinet se balance sur sa chaise et joue avec sa badine, en répondant : — Mais non... pas dans cette affaire-là... l'ordre est au nom de vous seul... par conséquent, je ne suis pour rien dans les soixante-dix mille francs qu'on vous réclame...

— Qu'est-ce que cela signifie ?... nous étions associés pour les autres opérations... et nous ne le sommes pas pour celle-ci ? pourquoi n'avez-vous pas aussi signé le dernier ordre d'achat ?

— Je m'en serais bien gardé... l'agent de change n'aurait pas fait l'opération, il n'avait pas confiance en moi... tandis qu'il en avait beaucoup en vous... parce qu'il a fait prendre des informations sur votre famille... par un de ses confrères de Montpellier...

— Mais, c'est affreux, cela... si nous avions gagné cependant, vous auriez pris la moitié du bénéfice ?

— Sans doute... car enfin c'est toujours moi qui vous aurais fait avoir ce gain...

— Ah ! vous voulez être de moitié dans les bénéfices et point dans les pertes ?

— Mais oui... c'est comme ça que j'entends les associations...

— Monsieur Boudinet, je vous connais maintenant ; vous êtes un fripon !...

Boudinet se lève et prend son chapeau, en disant : — Ah ! mon cher, voilà que vous recommencez à employer des mots dont on ne se sert pas dans le beau monde... J'ai la bonté de me déranger, de venir exprès, pour vous dire de ne point vous inquiéter du résultat de l'opération, pour vous apprendre que vous n'êtes nullement obligé de payer... et, au lieu de me remercier, vous vous fâchez... vous m'injuriez...

— Vous venez me proposer une chose honteuse !... et, si j'étais assez faible pour vous écouter, vous feriez de moi un homme sans honneur, sans délicatesse... un homme comme vous enfin !...

— Ah ! merci, j'en ai assez... nous ne nous entendons plus ; bonjour, mon cher...

— Un moment, monsieur, vous me devez de l'argent, à moi... deux mille cinq cents francs d'une part... trois cents francs d'une autre... nierez-vous cela aussi ?

— Par exemple, pour qui me prenez-vous ?... nier ce qu'on doit à un ami... fi donc !...

— En ce cas, payez-moi, car j'ai grand besoin d'argent...

— Il me serait bien difficile de vous payer, jo n'ai pas le sou... si vous voulez je vous ferai un billet... mais, entre nous, cela ne vous avancerait pas à grand'chose !... Je pars pour Bruxelles, je cesse d'avoir ici mon domicile politique... mais je reviendrai à Paris, oh ! j'y reviendrai plus brillant que jamais... peut-être millionnaire !... on ne sait pas !... et alors, mon bon, soyez assuré que je m'empresserai de régler notre petit compte... en attendant, recevez mes compliments bien sincères... et je vous enverrai des biscottes de Bruxelles, il n'y a que là qu'on les fait bonnes.

Boudinet est parti. Anatole étourdi, suffoqué par tout ce qu'il vient d'entendre, reste quelques instants accablé, abattu ; enfin il pousse un gros soupir et se dit : — Ce Boudinet est un vil intrigant, un homme sans foi... sans honneur... et je l'appelais mon ami... et je le croyais

le mien... ah ! je me connais bien peu en amitié... mais je ne suivrai pas ses conseils, je n'oublierai pas que je suis un Desforgeray, que mon père m'a laissé un nom sans tache et que je dois le conserver tel que je l'ai reçu... Courons chez l'agent de change... puisque c'est moi seul qui suis son débiteur, hâtons-nous d'aller le rassurer.

En fort peu de temps Anatole est arrivé chez l'agent de change, il se présente à lui tout haletant, tout ému, et balbutie : — Monsieur... vous m'avez écrit... je vous dois donc soixante-dix mille francs... je vous les payerai... oh ! soyez tranquille, monsieur, je vous les payerai ; je vous demande seulement dix jours de délai, afin que j'aie le temps d'écrire à Montpellier et que l'on puisse réaliser cette somme...

— Prenez le temps qu'il vous faudra, monsieur, j'étais fort tranquille en opérant pour un Desforgeray... car je ne vous cacherai pas que j'ai pris des informations à Montpellier... et c'est pour cela que j'ai exécuté votre ordre sans me faire donner des garanties... ce que nous ne devons pas faire...

— Car je pourrais ne pas vous payer... et vous n'auriez aucun recours contre moi... Voilà ce que Boudinet est venu me dire... est-ce vrai, monsieur ?...

— Oui, monsieur, c'est la vérité... seulement vous seriez exécuté à la Bourse...

— Qu'entend-on par là, monsieur ?

— C'est-à-dire que votre nom et votre refus de payer seraient mis à l'ordre du jour, comme on dit en style parlementaire.

— Oh ! soyez tranquille, monsieur, jamais mon nom ne sera cité comme celui d'un homme manquant à ses engagements.

— J'en suis persuadé, mais vous aviez joué gros jeu dans cette opération !...

— Eh ! mon Dieu, monsieur, ce n'est pas moi, c'est ce Boudinet qui m'a trompé... mais j'ai toujours eu le tort d'avoir confiance en lui, et surtout d'avoir signé cet ordre sans en prendre connaissance... j'en suis puni... c'est une grande leçon... qui me coûte un peu cher. Adieu, monsieur, avant peu vous recevrez la somme que je vous dois.

De retour chez lui, le jeune Desforgeray se remet à son bureau pour écrire à sa grand'mère, et c'était peut-être le plus pénible de ses tourments, car il songeait au chagrin qu'il allait causer à sa vieille mère, qui avait toujours été si bonne pour lui. Enfin il rassemble son courage et trace à la hâte ce billet :

« Ma bonne mère, pardonnez à votre fils qui a été imprudent et joueur, parce qu'il lui était venu l'envie de faire une grande fortune ; pardonnez-lui, car il vous jure qu'il est bien corrigé, qu'il ne recommencera pas, et ce serment, il vous le fait sur la mémoire de son père. Je dois soixante-dix mille francs à un agent de change... c'est une dette d'honneur, c'est vous dire que j'ai hâte de m'acquitter. Réalisez vite cette somme sur ce qui m'appartient... A tel prix que ce soit, il me la faut d'ici à dix jours... votre notaire, qui est votre ami, vous aidera à trouver cet argent. Je vous cause beaucoup de chagrin, sans doute, soyez persuadée que c'est là ma plus grande punition. »

Après avoir signé et cacheté sa lettre, Anatole va lui-même la porter à la poste, afin d'être certain qu'elle arrivera sans retard. Ces soins terminés, il va se promener dans les environs de l'hôtel de M. de Barvillier, mais il n'ose plus y entrer, car il se dit : Quand on saura ce qui m'est arrivé... et tout se sait dans le monde !... son père ne voudra plus me voir, et elle... elle croira que j'ai manqué à ma promesse... elle me méprisera, elle n'aura plus la moindre affection pour moi... Ah ! c'est bien à présent que je dois perdre tout espoir d'être jamais son mari.

XL. — LE TROISIÈME AMI.

Huit jours ont suivi cet événement. Il est onze heures du matin, Anatole est encore chez lui ; depuis le fâcheux résultat de son opération de Bourse, ou plutôt de celle que le gros Boudinet lui a fait faire, il est sans cesse triste, rêveur et ne songe plus à s'amuser ; sa seule consolation est de penser à mademoiselle de Barvillier ; encore ce plaisir est-il mêlé de peine, puisqu'il n'ose pas se présenter devant celle dont il est amoureux que jamais.

C'est dans ces dispositions que le trouve le grand Victor Hermelange, qui entre chez lui en chantonnant le sire de Framboisy, et s'écrie en le voyant : — Me voilà, moi ; vous avez dû me croire mort, cher ami, car vous ne m'avez pas revu depuis que je vous ai amené la petite Herminie !... mais vous saurez, mon ami, que je suis allé faire un tour en Angleterre... histoire de suivre une charmante lady, héritière d'un grand nom et d'une immense fortune, qui était folle de moi tant qu'elle était à Paris ; et qui, de retour dans son pays de brouillard, est devenue infiniment moins aimable à prétendu refaire mon éducation et m'empêcher de jouer du cornet à pistons le dimanche. Vous saurez aussi que je deviendrai très-fort sur le cornet à pistons... je ne le suis appris tout seul, ça pourra me servir sur mes vieux jours... on ne sait pas ce qui peut arriver... Alors, comme tout cela ne me convenait pas, j'ai quitté mon Anglaise et je suis revenu dans notre beau pays... où nous pouvons jouer du cornet à pistons tant que cela nous fait plaisir... Décidément il n'y a que Paris... je ne veux plus voyager. Pourquoi faire ? quand on est loin de Paris, le plus grand bonheur que l'on goûte, c'est de penser qu'on y retournera!... êtes-vous de mon avis?... Ah ça! mais je n'avais pas remarqué d'abord... comme vous avez l'air sérieux... soucieux... Que diable vous est-il survenu depuis que je ne vous ai vu?... Je ne reconnais plus mon jeune Compagnon de la Truffe! que j'ai laissé si gai, si bon vivant... Voyons, mon cher, que vous est-il arrivé?... Olympia vous serait-elle infidèle?

Anatole hausse les épaules en répondant : — Grâce au ciel, il y a longtemps que je ne vois plus mademoiselle Olympia ! et je vous prie de croire que ce n'est pas son souvenir qui m'occupe !

— Ah! c'est différent... c'est pourtant une belle femme, bien taillée, bien tournée! de ces femmes faites pour l'amour. Mais naturellement on ne peut pas s'en tenir toujours à la même ; l'inconstance, le changement! voilà le bonheur... Vous ne dites rien?... Seriez-vous sérieusement amoureux, par hasard?

— Mais peut-être... je n'ai pas sur l'amour les mêmes idées que vous...

— Vraiment! Tiens, vous avez l'air d'un chevalier d'autrefois... de ceux qui combattaient pour soutenir en champ clos que leur princesse était la plus sage... Ah! ah!... on était si arriéré jadis... Voyez-vous la chasteté de ces dames, qui dépendait d'un coup de lance plus ou moins bien donné!... Ah! ah!... Eh bien, vous ne riez pas avec moi?... Alors, puisque vous ne voulez pas rire, parlons d'affaires... Avez-vous revu la petite Herminie, votre cousine?

Anatole, qui n'est pas du tout en train de rire, répond en fronçant le sourcil : — De quelle Herminie me parlez-vous, d'abord?

— Comment? de quelle Herminie!... Pardieu! de celle que je vous ai amenée, je n'en connais pas d'autres... cette jeune fille est votre cousine, cela ne me semble pas douteux!... vous lui avez fait des questions qui l'ont intimidée... elle vous a répondu de travers, elle ne savait que qu'elle disait; vous lui avez parlé d'un portrait, de lettres... Un enfant de quatre ans peut bien avoir perdu et oublié tout cela!... Elle-même, en sortant d'ici, m'a dit : « Le ne sais pas ce que j'ai répondu à ce monsieur, il avait l'air de me prendre pour une menteuse, et cela m'a fait beaucoup de peine!... » J'ai rassurée, en lui faisant comprendre que vous n'aviez nullement l'intention de l'offenser et que vous ne pouviez manquer de lui rendre bientôt cet héritage qui lui appartient, et dont vous n'êtes que dépositaire.

Anatole a laissé le grand Victor parler sans l'interrompre, il se borne à le regarder fixement. Lorsque celui-ci a terminé son discours, surpris du silence que garde le jeune Desforgeray, il s'écrie :

— Eh bien, mon cher, vous me répondez pas?... à quoi pensez-vous donc?

— Je pense que, si cette demoiselle a pu craindre que je ne la prisse pour une menteuse, vous n'avez probablement pas cette crainte-là, vous?

Victor se pince les lèvres et dit : — Qu'est-ce que vous entendez par là?

— Je vous ai écouté sans vous interrompre... j'ai voulu voir jusqu'où vous portiez le talent d'inventer des histoires et de soutenir des faussetés; en vérité vous avez passé mon attente, il est difficile de s'en acquitter mieux que vous.

— Qu'est-ce que c'est?... Que signifie...

— J'ai eu la patience de vous écouter... faites-en donc autant à votre tour : cette jeune fille, que vous avez amenée ici, n'est pas ma cousine, et vous le savez bien, vous avez forgé toute cette intrigue, elle ne s'est jamais appelée Herminie... Elle se nomme Titine Blainchaud, elle ne me connaissait pas et ne songeait guère à venir chez moi! c'est vous qui avez été la trouver, qui lui avez promis monts et merveilles si elle consentait à jouer le rôle de ma cousine... vous lui avez dit que rien ne serait plus facile que de me tromper, parce que je croyais tout ce qu'on me disait, que je n'y voyais pas plus loin que mon nez et que j'étais une huître enfin... Je vous remercie beaucoup de l'opinion que vous avez de moi... Et en effet, lorsque je vous ai cru mon ami, vous et vos chers compagnons!... ah! je méritais bien le nom que vous m'avez donné.

Victor, qui n'a pas écouté Anatole sans laisser échapper de fréquents mouvements d'impatience, s'écrie alors : — Assez! assez!... est-ce que j'ai besoin de toutes vos explications?... Il me paraît que vous avez causé avec Titine!... Eh bien, c'est bon... la farce est jouée! c'est fini par là!

— Non, monsieur, ce n'est pas fini; j'aurais pu oublier tout cela si vous n'étiez pas revenu aujourd'hui sur ce sujet, si vous n'aviez pas eu l'air d'en faire une chose sérieuse, si vous n'aviez pas de nouveau entassé mensonges sur mensonges, pour essayer de me persuader que cette Titine était vraiment ma cousine... Quel était votre but en agissant ainsi!

— Ça ne vous regarde pas!... Savez-vous, mon petit, que vous prenez un ton qui me déplaît fort et que je ne souffre jamais chez personne... Tâchez donc de ne point avoir cet air insolent... sinon je pourrais vous donner une leçon d'un autre genre!... et dont vous vous souviendriez longtemps.

— Ah! monsieur me menace! Furieux de ce que je n'ai pas été sa dupe, il essaye à présent de me faire peur... J'en suis fâché pour vous, mais vous ne réussirez pas mieux dans cette entreprise que dans l'autre!...

— Taisez-vous, petit drôle! ou je vous claque!...

En disant cela, Victor s'était levé et avancé sur Anatole, en faisant un geste menaçant. Celui-ci, aussi prompt que la foudre, s'élance alors sur le grand jeune homme, et, d'un revers de main, lui applique le plus beau soufflet qu'une joue ait jamais reçu.

Le blagueur est demeuré comme stupéfait, tant il s'attendait peu à cette action de la part d'Anatole, qu'il croyait toujours pouvoir berner impunément. Enfin il balbutie d'une voix enrouée par la colère : — Ah! c'est comme cela!... c'est différent! Je pourrais vous rendre votre soufflet... mais je n'aime pas la boxe, c'est encore une mode anglaise qui ne me va pas... d'ailleurs je préfère vous tuer... et puisque vous savez maintenant tant de choses, je présume que vous savez que vous me devez une réparation... enfin qu'il faut vous battre avec moi?

— Soit, monsieur, oh! je ne demande pas mieux!... Voulez-vous nous battre tout de suite?... je vais tâcher d'avoir des armes...

— Non, non, quand j'ai un duel, je veux que tout se passe suivant les règles établies pour ce genre de combat. Par conséquent, comme je suis l'offensé et que j'ai le choix des armes, je vous préviens que je choisis le pistolet... je fixe le combat à demain, huit heures du matin... vous entendez?

— Oui, monsieur... l'heure que vous voudrez : je suis toujours libre.

— Reste à trouver l'endroit de notre rencontre... ça devient très-difficile! On ne peut plus se battre au bois de Boulogne... c'est un jardin où il y a maintenant autant de monde que sur les boulevards... au bois de Vincennes cela prend la même tournure... cependant à la porte de Saint-Mandé on peut encore trouver quelques endroits peu fréquentés... c'est donc là qu'il faut prendre rendez-vous... vous entendez, à la porte Saint-Mandé, demain à huit heures du matin. Si vous ne savez pas où c'est, le cocher le saura.

— Oh! je trouverai, ne vous inquiétez pas de cela, et je ne me ferai pas attendre.

— Je l'espère... Ah! songez à amener deux témoins!

— Des témoins?... à quoi bon?

— D'abord c'est l'usage, on ne se bat pas sans témoins, ensuite c'est indispensable... il faut bien, quand je vous aurai tué, que quelqu'un vous reporte à votre domicile...

— Si nous nous étions battus ici, tout de suite, nous n'aurions pas eu besoin de témoins...

— Encore une fois, vous n'entendez rien à un duel... mais moi, qui me suis déjà battu fort souvent, je sais comment tout doit être réglé, et me même d'ordinaire mes témoins auraient dû d'abord venir trouver les vôtres... mais ces préliminaires sont inutiles... vous m'avez frappé, est si demain vous ne venez pas au rendez-vous, j'aurai le droit de vous cracher au visage partout où je vous rencontrerai!...

— Vous devez voir, monsieur, que je ne suis pas d'humeur à me laisser outrager... n'ayez donc pas peur que je manque au rendez-vous!

— C'est bien. A demain alors.

Le grand Victor est parti. Anatole pousse un profond soupir, en se disant : — Un duel pour demain!... je n'ai pas peur! non, le ciel m'est témoin que je n'ai pas peur... mais ma pauvre vieille mère, après la lettre qu'elle va recevoir de moi... si on lui en écrit une autre pour lui apprendre que je suis tué ou blessé... mon Dieu! elle ne pourra supporter tant de chagrins à la fois... je l'aurai tuée aussi... Ah! c'est affreux à penser... et tout cela parce qu'en arrivant à Paris je me suis lié trop légèrement avec des jeunes gens qui m'offraient leur amitié, d'un air si si bonne foi que je leur ai sur-le-champ donné la mienne... Pouvais-je deviner qu'il faut se méfier de ces mains que l'on vous tend, de ces services que l'on vous offre, de ces bonnes paroles que l'on vous adresse?... Ah! quel triste apprentissage du monde! et que l'expérience coûte cher... Demain il faut me battre avec un de ces jeunes gens, qui se disaient mes amis, que j'ai obligé quand il a eu recours à ma bourse... que j'aurais volontiers appelé mon frère... Mais il m'insultait, il levait la main sur moi pour me frapper... Ah! j'ai bien fait de punir son insolence... ma bonne grand'-mère elle-même m'approuverait, j'en suis certain... je ne me repens pas de ce que j'ai fait. Maintenant, puisque, pour un duel, il me faut des témoins, occupons-nous d'en trouver... Mais à qui m'adresser pour cela?... de mes quatre amis il ne me reste que Bouquinard fils... et encore... puis-je regarder Armand comme mon ami?... C'est bien douteux... il me fait la mine depuis que je vais chez M. de Barvillier... depuis que je lui ai laissé voir que j'aimais la charmante Adeline ! Non je ne dois pas compter sur lui... Ah! Mitonneau... il est impossible qu'il me refuse et peut-être pourra-t-il m'en trouver un second. Allons vite chez Mitonneau.

XLI. — UN NOUVEL AMI.

Mitonneau ne sortait pas depuis quelques jours, parce qu'il s'était trouvé face à face avec madame Alfieri au moment d'entrer dans le passage des Panoramas. Il avait voulu se jeter de côté en feignant de ne point voir cette dame, mais il n'y avait pas eu moyen, car elle lui avait saisi le bras en lui disant : — Ah! je vous rencontre donc enfin, monsieur; il y a longtemps que je désirais vous revoir, pour vous demander ce qui vous était arrivé à Montpellier, ce qui tout à coup vous avait fait cesser de venir me faire votre cour et quitter la ville sans venir me dire adieu... Franchement, monsieur, je ne m'attendais point à de tels procédés de votre part, et j'espère que vous m'en donnerez l'explication.

A tout cela, Mitonneau avait répondu par des faux-fuyants, des phrases dans lesquelles il s'était embrouillé, perdu, et la belle veuve, ayant pitié de son embarras, lui avait dit : — Tenez, vous avez tant de peine à vous disculper, que je veux bien vous laisser le temps de chercher une excuse admissible. Voici mon adresse, venez me voir, et si vous trouvez quelque raison un peu vraisemblable à me donner, je serai peut-être encore assez bonne pour vous pardonner.

Mitonneau avait pris l'adresse en promettant à la piquante veuve d'avoir le plaisir d'aller la voir, puis il l'avait quittée, en se disant : — Elle est toujours fort bien, cette femme-là... des yeux pleins de feu... des cheveux d'un fort beau noir... une bouche bien garnie et de ces sourires qui vous donnent tout de suite des idées folichonnes... Irai-je chez elle ? à Paris il n'y aurait peut-être pas de danger.

Et il avait jeté les yeux sur l'adresse : madame Alfieri demeurait sur le boulevard du Temple : le quartier n'était ni solitaire, ni dangereux. Mitonneau ne savait à quoi se déterminer, lorsqu'en levant la tête, il aperçut à deux pas le grand Italien Spalatro, dont les regards étaient attachés sur lui, avec une expression qu'il trouva extrêmement perfide. Alors la résolution de Mitonneau fut arrêtée : au lieu d'aller revoir madame Alfieri, il rentra à son hôtel en se promettant de n'en pas sortir de longtemps de peur de rencontrer encore cette dame ou son bravo.

En entendant quelqu'un entrer chez lui, il crie d'abord : — Je n'y suis pas ! Mais enfin il reconnaît son jeune voisin et reprend :

— Ah ! pardon, mon cher ami... mais vous êtes entré chez moi si brusquement...

— La clef était sur la porte... j'ai présumé qu'on pouvait entrer.

— C'est vrai... j'avais commis l'imprudence de laisser la clef en dehors... ce qui ne m'arrive jamais d'ordinaire.

— Pardon, je vous dérange alors... vous étiez occupé...

— En effet... c'est-à-dire non... Je rêvais à ce que je pourrai manger tantôt à mon dîner.

— Si ce n'est que cela qui vous occupe, vous pourrez bien m'écouter : monsieur Mitonneau, je viens réclamer de vous un service...

— Ah bah ! vous avez encore besoin d'argent ?

— Non, ce n'est pas cela... mais j'ai un duel !

— Un duel ! Quoi ! encore un duel ? mais il n'y a pas plus de neuf jours que vous en avez eu un avec Canardière... Vous ne faites donc plus que vous battre ? C'est une très-vilaine habitude que vous prenez là !...

— Si je me suis battu avec M. Canardière, vous savez bien que c'est malgré moi, et que c'est lui qui m'y a forcé...

— Et vous alliez recommencer ! vous lui avez crevé un œil, est-ce que vous voulez lui percer l'autre à présent ?

— Il n'est pas question de M. Canardière !... Je me bats demain contre un jeune homme que j'ai cru un moment mon ami... mais il m'insultait, je lui ai donné un soufflet, c'est vous dire que l'affaire ne saurait s'arranger et qu'il faut que nous nous battions.

— Ah ! vous donnez des soufflets... c'est gentil ! Vous allez bien à Paris, je vous en fais mon compliment !

— J'ai fait ce que je devais faire, et je viens vous prier de vouloir bien me servir de témoin, et même de m'en trouver un second, si c'est possible, puisque l'usage veut que l'on ait deux témoins.

Mitonneau prend un air de précepteur et répond : — Non, jeune homme, non, mon cher ami, je ne vous servirai point de témoin, Dieu m'en garde ! parce que je n'approuve pas le duel... je suis l'ennemi juré des duels... Aller, de gaieté de cœur, chercher ou donner la mort !... eh ! mon Dieu ! comme si vous ne pouviez pas attendre qu'elle vînt vous trouver, ce qu'elle ne manque jamais de faire tôt ou tard !... et si j'étais votre témoin, moi, qu'on vous a donné pour mentor, emploi dont je me suis assez mal acquitté, je n'en conviens !... on dirait : M. Mitonneau l'a aidé à se battre au lieu de l'en empêcher... Je ne veux pas que l'on dise cela de moi... et si vous avez quelque respect pour mes avis, vous ne vous battrez pas !

— Mais vous n'avez donc pas entendu ce que je vous ai dit, monsieur ? Ce duel ne peut point s'arranger à l'amiable !... c'est impossible !... j'ai donné un soufflet à mon adversaire...

— Cela vaut mieux que si vous en aviez reçu un... qu'il garde son soufflet et qu'il n'en soit plus question !...

— Ah ! monsieur, quel conseil me donnez-vous là ! Celui qui après avoir donné un soufflet refuse de se battre est aussi lâche que s'il l'avait reçu sans en demander raison...

— Mon cher ami, du moment que vous tenez à vous battre, battez-vous ! mais ne comptez pas sur moi pour être votre témoin.

— C'est votre dernier mot, monsieur ?

— C'est mon dernier comme mon douzième ou mon centième, je vous répondrai toujours la même chose.

— Il suffit, monsieur, je m'adresserai au maître de cet hôtel, il me connaît maintenant... j'espère qu'il me tirera d'embarras.

— J'en doute ! un maître d'hôtel garni qui servirait de témoin pour un duel aux jeunes gens qui logent chez lui, cela ferait beaucoup de tort à sa maison !...

— Nous verrons... mais à présent, monsieur, je vais réclamer de vous un autre service... et celui-là vous ne pouvez me le refuser...

— Si c'est un autre duel pour la semaine prochaine, c'est inutile !... je refuse derechef !

— Eh ! non, monsieur, il n'est plus question de duel...

— Alors parlez, je vous prête mes oreilles.

— Monsieur Mitonneau... je dois vous avouer, qu'écoutant les conseils d'un faux ami...

— Il paraît qu'en général vos amis sont faux !

— Hélas ! oui... eh bien ! je me suis laissé entraîner à jouer à la Bourse...

— Ah ! diable...

— Et en ce moment je dois à mon agent de change soixante-dix mille francs...

Mitonneau fait un soubresaut si violent qu'il renverse le lavabo qui se trouvait derrière lui en s'écriant : — Soixante-dix mille francs ! est-ce bien possible !...

— C'est comme cela.

— Et vous venez m'emprunter cette somme... et vous pensez que je vous la prêterai... Jamais... D'abord je ne la possède pas ! mais je l'aurais que je ne vous la prêterais pas davantage ; je n'encourage pas plus les joueurs que les duellistes... voilà mes principes à moi, jeune homme, et je m'y cramponne.

— Calmez-vous, monsieur ! je ne veux pas vous emprunter d'argent : j'ai écrit à bonne maman, et je suis tranquille !... d'ici à dix jours elle m'enverra cette somme...

— Pauvre madame Desforgeray ! comme elle doit se repentir de vous avoir envoyé à Paris !... Franchement, jeune homme, vous vous y êtes bien mal conduit.

— Non, monsieur, j'y ai été mal entouré, voilà tout. Enfin, ma bonne mère m'enverra cette somme... c'est une dette d'honneur, je tiens à m'acquitter promptement !... mais... demain je vais me battre... on ne sait jamais quelle sera l'issue d'un combat... je puis être tué...

— Ne me dites pas cela ! mon cher ami !... ne me dites pas cela... vous me donnez mal au ventre...

— Il faut cependant tout prévoir... Si cela arrivait... alors, monsieur Mitonneau, je vous prie de vouloir bien recevoir et décacheter les lettres qui m'arriveront... je donnerai l'ordre pour qu'on vous les remette... vous y trouverez la somme que j'attends, et vous irez la porter, en mon nom, à l'agent de change dont voici l'adresse... Vous ferez cela... Vous me le promettez, n'est-ce pas, monsieur ?... afin que si je meurs, je ne laisse après moi nulle tache sur mon nom ?...

Mitonneau, qui pleure réellement tire son mouchoir en balbutiant :

— Oui, mon ami... oui, mon cher Anatole !... Tenez... je suis un misérable... un malheureux !... J'aurais dû... oui, je le sens bien à présent, j'aurais dû veiller sur vous, dans cette ville où vous ne connaissiez personne... j'aurais dû être toujours là, près de vous, pour vous empêcher de faire des sottises... C'est la mission que cette bonne dame Desforgeray m'avait donnée... je l'avais acceptée... et je n'ai rien fait de tout cela... je suis donc la cause de ce qui arrive aujourd'hui... hi ! hi ! je ne me le pardonnerai jamais, hi ! hi ! hi !...

Anatole est obligé de consoler Mitonneau, qui sanglote ; il lui serre la main avec affection en lui disant : — Je ne vous en veux pas, mon cher monsieur : si quelqu'un est coupable, c'est moi seul. Ne vous faites donc pas de chagrin... et d'ailleurs ce qui est fait est fait, il s'agit de montrer en tout qu'on est un homme d'honneur... Oh ! je n'ai pas peur de me battre, moi !...

— Vous êtes bien brave !...

— Et vous me promettez encore qu'en cas de malheur, vous vous empresserez d'acquitter ma dette avec l'argent que bonne maman m'enverra ?

— Je vous le jure... sur ma vie... c'est ce que j'ai de plus précieux !

— Alors je suis tranquille et je vais m'occuper de...

Des coups que l'on frappe à la porte d'Anatole interrompent cette conversation.

— Il me semble avoir entendu frapper chez moi ? dit Anatole.

— Je ne crois pas... je n'ai pas entendu...

— Tenez... on marche sur le carré... Ah ! entendez-vous ? on frappe chez vous à présent.

Mitonneau, qui a contracté l'habitude de trembler toutes les fois que l'on frappe à sa porte, pâlit et murmure : — Oui... oui... c'est chez moi cette fois... n'ouvrons pas.

— Pourquoi donc cela ? c'est probablement moi que l'on demande...

— Vous croyez ?... Puisque vous le voulez... je vais ouvrir.

Mitonneau s'est enfin décidé à ouvrir. Il demeure tout interdit en voyant à sa porte son ami Canardière, qui porte maintenant sur sa tête un bandeau de taffetas noir qui lui cache entièrement l'œil droit, et par-dessus tout cela a toujours son chapeau posé en tapageur.

— C'est moi ! dit le petit homme sec. Bonjour, Mitonneau, je venais voir ton jeune voisin, mais il paraît qu'il est sorti, car j'ai inutilement cogné à sa porte.

— Me voici, monsieur, dit Anatole en s'avançant, que désirez-vous de moi aujourd'hui ?

— Est-ce que tu veux encore te battre avec lui? s'écrie Mitonneau d'un air désolé. Mais c'est donc une fureur, une maladie, maintenant, dont tu es possédé? Comment on t'a crevé un œil l'autre jour et tu n'es pas content! tu viens pour qu'on te rende aveugle tout à fait!...

— Tais-toi, Mitonneau, répond M. Canardière en se posant sur la hanche. Tu ne sais ce que tu dis!... si je viens aujourd'hui voir ce brave garçon, c'est au contraire pour faire ma paix avec lui, pour lui tendre la main et lui dire : Jeune homme, je sais que vous n'êtes pas coupable... que vous n'avez eu aucune connivence avec mon épouse... tout s'est expliqué... j'ai découvert l'histoire du domino orange.— C'est Bricolette, la bonne de ma femme, une petite friponne assez gentille, ma foi, qui mettait un domino orange; c'est elle qui, sous ce déguisement, se permettait d'aller au bal de l'Opéra et de prendre le nom de sa maîtresse, avec qui elle a paraissait quelque ressemblance... voilà ce qui a occasionné la méprise, le quiproquo... Mon épouse n'a rien à se reprocher, elle est pure comme du lait d'ânesse. J'ai flanqué mademoiselle Bricolette à la porte, et je viens vous demander votre amitié, jeune homme, en vous priant d'oublier ce qui s'est passé. Vous m'avez rendu borgne, mais peu m'importe, il me reste un œil, c'est bien assez, et puisque vous n'étiez pas coupable, je suis enchanté de ne point vous avoir blessé... Touchez là et croyez-moi désormais votre tout dévoué.

Anatole donne volontiers sa main à Canardière, qui la lui serre cordialement, tandis que Mitonneau murmure : — Ah! la femme n'était point la bonne... je veux dire... ta bonne n'était point ta femme...

— Je te répète qu'Éléonore m'a prouvé, comme deux et deux font quatre, qu'il est impossible que je sois...

— Du moment que c'est impossible... Enfin, Dieu merci, tu ne viens pas te battre avec mon jeune ami... il a un autre duel pour demain matin, ça lui en ferait trop!

— Vous avez un duel pour demain, jeune homme! est-ce la vérité?...

— Oui, monsieur, et j'étais même bien en peine... je n'ai pas de témoins...

— Vous n'avez pas de témoins... corbleu! mais me voilà, moi, je suis votre homme, si vous voulez!

— Oh! monsieur, j'accepte avec reconnaissance... c'est un grand service que vous me rendez...

— C'est une chose toute simple entre gens d'honneur!

— Mais il me faut deux témoins...

— Eh bien! voilà Mitonneau qui sera l'autre...

— Non... non! je ne puis pas, moi!... s'écrie Mitonneau. J'ai déjà expliqué mes raisons à Anatole.

— En ce cas j'en trouverai un autre... ne vous inquiétez pas, jeune homme, je prendrai avec moi Bonnardin... c'est un gaillard solide, il ne demandera pas mieux que de m'accompagner, et au besoin, s'il faut que les témoins se battent aussi, je vous promets que nous ne reculerons pas...

— Tu as donc le diable au corps, Canardière? tu veux que tout le monde se batte?...

— Je sais ce que je dis... laisse-nous tranquille, poule mouillée...

— Monsieur, je vous remercie de vos braves intentions, mais je me flatte que les témoins n'auront pas besoin de se battre aussi!

— N'importe. En tous cas, Bonnardin et moi, nous serons là... A quelle heure avez-vous rendez-vous pour demain?

— A huit heures, à la porte Saint-Mandé.

— Fort bien, en ce cas, à sept heures moins un quart, nous serons ici, Bonnardin et moi, avec des armes et une voiture...

— Je me bats au pistolet, monsieur; c'est l'arme que mon adversaire a choisie.

— En avait-il le droit?

— Oh! oui... monsieur... il est l'offensé.

— N'importe, nous aurons des pistolets et des épées : on peut changer d'avis!

— Pourquoi pas des fusils et des sabres aussi? murmure Mitonneau.

— Adieu, mon jeune ami... à demain.

— A demain, monsieur, et merci mille fois, pour le service que vous me rendez...

— Laissez donc! c'est une partie de plaisir que vous me procurez!... Mitonneau, tu vas venir avec moi...

— Pourquoi faire?

— Pour que je te présente à ma femme, corne du diable! tu ne l'as pas encore vue... tu vas venir ou je me brouille avec toi!...

— J'y vais, mon cher ami... je te suis... je t'accompagne.

Cette fois, Mitonneau se fait moins tirer l'oreille, parce qu'il veut savoir à quoi s'en tenir sur madame Canardière; c'est donc avec son ami, tandis que le jeune Desforgeray rentre chez lui en se disant : — Me voilà un nouvel ami sur lequel je ne comptais guère! Notre connaissance s'est faite d'une façon singulière... à celui-là : loin de lui rendre service, je lui ai crevé un œil... et il me donne déjà des preuves du plus sincère dévouement... La drôle de chose que les hommes?!... est-ce qu'il faut leur faire du mal pour qu'ils vous fassent du bien?... Mais Adeline!... Adeline!... voilà quatre jours que je ne l'ai vue... Que ce temps me semble long!... Et si je devais ne la revoir jamais!... Ah! ah! je ne puis résister au désir de contempler encore ses traits si char-

mants, si doux... de fixer ses beaux yeux dans lesquels je lisais toujours une expression si tendre... Quelquefois il me semblait que c'était son cœur qui entendait le mien... Allons lui rendre visite... je saurai dissimuler mon trouble, mes ennuis... je lui cacherai mes tourments et si elle sait la perte que j'ai faite à la Bourse, je pourrai lui affirmer au moins que c'était avant ma promesse de ne pas y jouer, que j'avais fait cette opération.

Anatole s'empresse de se rendre rue de Penthièvre. Mais au moment d'entrer à l'hôtel de M. de Barvillier, il en voit sortir M. de Longchamp, qui vient en souriant lui dire : — Ah! je gage que monsieur Desforgeray venait pour voir notre ami Barvillier et sa charmante fille?

— En effet, monsieur.

— Eh bien, jeune homme, vous aurez comme moi le nez cassé...

— Comment, monsieur! que voulez-vous dire?

— Mais c'est tout simple! que nos amis sont absents. Le concierge vient de m'apprendre que depuis deux jours ils sont à la campagne... à Pierrefitte... Ah! pardieu... je sais chez qui ils sont!... à Pierrefitte! Madame Dubert a une propriété par-là... c'est cela!... ils sont chez madame Dubert... Vous rappelez-vous une grosse blonde, de cinquante à soixante, qui éternue à chaque instant en vous parlant... ce qui est même assez désagréable pour ses auditeurs?... Je suis toujours tenté de lui dire : Mais, madame, retournez-vous, au moins!... Je n'ai pas encore osé, mais je le lui dirai!...

— Ils sont absents! murmure tristement Anatole.

— Oui, mais consolez-vous, jeune homme, ils reviendront demain soir... Ainsi vous verrez bientôt cette charmante demoiselle, qui chante si bien... Eh! eh!... je crois que cette voix-là vous a été au cœur!... Franchement, je le conçois... Ah! mon Dieu, j'ai promis d'aller chez madame Latour, dont le chat a la goutte... Oui, monsieur, la goutte comme un vieux militaire... et j'ai un remède à lui donner... j'y cours. Au plaisir de vous revoir, monsieur Desforgeray.

M. Longchamp s'est éloigné, depuis quelques instants Anatole ne l'écoutait plus; ces mots : *Ils reviendront demain!* retentissaient douloureusement jusqu'à son cœur. Car il se disait que, pour lui, le lendemain était bien loin, qu'il pouvait ne plus être là quand ils reviendraient. C'est une si cruelle chose qu'un duel à vingt ans, alors que la vie a tant de charmes, tant d'avenir, tant d'illusions devant elle. On a beau être brave, on ne peut repousser cette triste pensée, qui revient sans cesse mêler la mort à tous vos projets de bonheur.

Après avoir trouvé la journée d'une longueur mortelle, Anatole rentre chez lui de bonne heure et court à son secrétaire en se disant : — Écrivons-lui. Qu'elle sache au moins combien je l'aimais... qu'elle sache que ma dernière pensée a été pour elle... Elle me plaindra, j'en suis sûr, et peut-être conservera-t-elle mon souvenir!... Cette lettre... je prierai Mitonneau de la lui faire parvenir.

Le jeune amoureux commence une lettre, il n'en est pas satisfait, il la déchire et en commence une autre, puis dix autres. La nuit est avancée, et il écrit encore... Mais le sommeil a une puissance à laquelle les amoureux eux-mêmes doivent céder, et Anatole s'endort en cherchant une phrase qui exprime mieux ce qu'il ressent.

XLII. — BORGNE ET BOITEUX.

A sept heures moins vingt minutes on carillonnait à la porte d'Anatole, qui avait oublié de se coucher parce qu'il s'était endormi devant son secrétaire. Il s'éveille en sursaut, se demande pourquoi il n'est pas dans son lit, puis, se rappelant son duel et craignant d'être en retard, se frotte les yeux, repousse vivement ses papiers au fond de son secrétaire et court ouvrir.

M. Canardière se présente avec un monsieur à peu près de son âge, mais qui est grand, jaune, chauve, très-camus et boite d'une manière tellement prononcée, qu'à chaque pas qu'il fait on croit qu'il veut ramasser quelque chose à terre. Du reste, une figure impassible, ne sourcillant jamais.

— Nous voici! dit Canardière; nous ne sommes pas en retard, mais pour une affaire d'honneur il ne faut jamais se faire attendre... Monsieur Desforgeray, je vous présente mon ami Bonnardin, un gaillard qui n'a pas froid aux yeux; je l'ai vu dans l'occasion, il boite, c'est vrai... il a attrapé cela en se battant au sabre avec un dragon; mais depuis ce temps-là, il est très-redoutable à l'épée, parce qu'il ne touche jamais où il vise... n'est-ce pas, Bonnardin?

— Oui, oui, je me fends et je me défends!...

— Eh! eh! c'est un farceur sans que cela paraisse.

Il n'y paraissait pas, en effet, car ce monsieur avait une voix de contre-basse et conservait, en parlant, son immobilité de physionomie.

— Et puis, reprend Canardière, Bonnardin est un peu chirurgien, et il sait panser une blessure, appliquer un appareil, et cela peut être utile. Vous êtes prêt, jeune homme, c'est bien... La voiture est en bas et les armes sont dedans...

— Je suis à vous, messieurs, je suis à vous dans un instant... je n'ai qu'un mot à dire à M. Mitonneau.

— Faites, faites... nous vous attendons.

Anatole court frapper chez Mitonneau, qui vient lui ouvrir en chemise, et lui dit d'un air radieux : — Ce n'est pas elle... mon cher ami... concevez-vous cela... ce n'était point Éléonore... c'est-à-dire

Éléonore n'est pas le domino orange avec qui j'ai soupé... ah! j'en suis enchanté... je n'ai point trahi mon ami... je n'ai plus peur qu'il me coupe en quatre... sa femme ne m'est de rien!

— Monsieur Mitonneau, j'en suis charmé, puisque cela vous rend si heureux... mais voulez-vous m'écouter?...

— Oui, mon cher Anatole, assurément... Ah! je suis content de n'avoir pas fait cette vilaine chose à mon ami... bien que sa femme en vaille la peine, mais c'est trop dangereux!...

— Monsieur Mitonneau, j'ai écrit une lettre pour une personne qui m'est bien chère...

— Quand j'ai aperçu madame Canardière, je suis resté tellement saisi, que je devais avoir l'air d'un imbécile, si bien que cette dame n'a pu s'empêcher de rire...

— Monsieur, cette lettre que je n'ai pas eu le temps de fermer...

— Il paraît que j'ai donné dans la Bricolette... la domestique... Je ne m'étonne plus si je l'ai vue avec des maquereaux au sautoir!

— Mon Dieu... vous ne voulez donc pas m'écouter?...

— Si fait vraiment! Elle est très-bien, cette Bricolette, ils l'ont renvoyée... c'est-à-dire madame Canardière voulait la garder... il ne l'a pas voulu, lui...

— Monsieur Desforgeray, l'heure se passe, vous n'arriverez pas à temps à Saint-Mandé... dépêchons, dépêchons.

— Me voilà, messieurs...

Anatole, désespéré, mais ne voulant pas manquer au rendez-vous de l'honneur, se décide à quitter Mitonneau, qui lui crie : — Vous me direz tout cela en revenant.

Les deux témoins sont déjà sur l'escalier. On est bientôt en voiture et l'on part.

— A propos, dit Canardière, vous ne m'avez pas encore appris le sujet, le motif de votre duel... Il est cependant nécessaire que nous le sachions.

— Messieurs, le sujet est un soufflet que j'ai donné à un de mes amis.

— Fort bien; mais pourquoi lui avez-vous donné ce soufflet?

— Parce qu'après avoir voulu me tromper dans une affaire fort délicate, trouvant mauvais que je lui en fisse des reproches, il se permettait de m'insulter et levait déjà la main sur moi comme pour me frapper!

— Alors vous l'avez prévenu en le souffletant... Très-bien, jeune homme, vous avez fait votre devoir... Il y a eu soufflet reçu, l'affaire ne peut pas s'arranger, n'est-ce pas, Bonnardin?

— Pas plus que le nerf de mon genou ne peut se raccommoder.

— Et comment se nomme votre adversaire?

— Victor Hermelange.

— Et il a choisi le pistolet?

— Oui, monsieur.

— Tirez-vous bien?

— Non, monsieur, fort mal au contraire.

— Diable! est-ce qu'il sait cela?

— Non, monsieur, je n'ai jamais été au tir avec lui.

— J'aurais préféré vous voir battre à l'épée; vous ne savez pas l'escrime non plus, mais vous y allez avec tant de feu et sans vous arrêter, que vous étourdissez votre monde... j'en suis quelque chose! Enfin... Dieu pour tous!

On arrive au lieu du rendez-vous. En descendant de voiture, on aperçoit à une centaine de pas trois jeunes gens qui se promènent.

— Ils sont arrivés avant nous, dit Anatole, je reconnais Victor là-bas!

— C'est votre faute, jeune homme, et non pas de la nôtre; vous n'en finissiez pas de causer avec ce poltron de Mitonneau; mais enfin nous voilà, il n'y a pas encore grand mal.

Le grand Victor avait avec lui deux jeunes gandins qui fumaient des cigares monstres, en discutant sur le mérite d'une nouvelle danseuse du boulevard. En voyant arriver Anatole et ses deux témoins, les trois jeunes gens se regardent et partent d'un fou rire.

— Ah! c'est trop drôle! dit Victor. Où diable Anatole a-t-il été chercher s s deux témoins... aux Invalides apparemment... En vérité, c'est trop amusant!

Cependant Anatole approchait, accompagné de son borgne et de son boiteux, et les trois jeunes gens continuaient de rire, ce qui offusque déjà Canardière, qui murmure : — Qu'est-ce qu'ils ont donc à rire comme cela, ces trois blancs-becs?... Serait-ce de nous, par hasard?... Vive Dieu! si je le savais, je commencerais par tomber dessus!...

Anatole va à son adversaire en lui disant : — Je suis fâché de vous avoir fait attendre...

— Parbleu! cela n'est pas étonnant! répond Victor; comment voulez-vous aller vite avec ces deux infirmes qui vous accompagnent... Ah! ah! ah!... où diable avez-vous pêché vos témoins?

— Qu'est-ce qui fait donc rire monsieur? demande Canardière en s'approchant à son tour de Victor, qui lui rit au nez en répondant : — Ma foi! il me semble que vous pourriez le deviner...

— Comment, le deviner! et pourquoi le devinerais-je?... Est-ce que vous ne pourriez pas, vous, me répondre mieux que cela?...

— Ah! laissez-moi donc tranquille, vieil amour... votre bandeau va tomber.

— Monsieur, vous m'insultez!... Corbleu! vous m'en rendrez raison...

— Ah! de grâce, monsieur Canardière! s'écrie Anatole, calmez-vous et laissez-moi terminer mon affaire avec monsieur!...

— Soit... mais je le retrouverai, ce beau rieur!

— Comment! c'est M. Canardière... c'est le mari d'Éléonore! murmure Victor à l'oreille d'Anatole; ma foi! avec ce bandeau qui lui cache une moitié de la figure, je ne l'aurais pas reconnu!

— Qu'est-ce qu'il dit?... Il me semble qu'il a prononcé le nom de ma femme, ce monsieur?

— Mais non... vous vous trompez! Encore une fois, finissons-en, messieurs, reprend Anatole, ne sommes-nous pas bien ici?

— Non, non. Trop en vue! dit Bonnardin. Suivez-moi... par là-bas... je connais le pays.

Et le témoin boiteux se remet à marcher, ce qui fait de nouveau rire Victor et ses deux amis et grommeler Canardière, qui dit entre ses dents : — Hum!... je vous retrouverai, mes gaillards... je vous apprendrai à rire à mes dépens.

On arrive dans un endroit écarté. Bonnardin s'arrête en disant : — On sera très-bien ici.

— Soit, répond Victor, j'ai apporté des pistolets.

— Et nous aussi, nous en avons apporté, et comme il n'est pas d'usage de se battre avec ses propres armes, je les mêler dans un chapeau que je recouvrirai de mon mouchoir... puis vous prendrez au hasard; cela vous va-t-il, messieurs?

— Comment?... de quoi? qu'est-ce que c'est? répondent les deux témoins de Victor. Mais celui-ci s'empresse de répondre :

— Oui! oui... c'est convenu... et je tire le premier, c'est mon droit... Allons, dépêchons, je déjeune à midi avec une femme charmante!...

— Je t'en donnerai, moi, des femmes charmantes! murmure Canardière, tandis que M. Bonnardin charge les armes, puis met deux pistolets au fond de son chapeau et les couvre de son mouchoir.

— Combien de pas? demande un des dandys.

— Quinze, dit Canardière, ce n'est pas trop quand on sait tirer.

— Va pour quinze, dit Victor, je me place ici... qui est-ce qui mesure les pas?

— Moi, dit Bonnardin.

— Ah! par exemple! c'est une mauvaise plaisanterie, cela!... est-ce qu'on reconnaît quelque chose à vos pas?...

— Monsieur, si je boite, apprenez que cela ne m'empêche point de faire des pas comme tout le monde!

— Oh! non!... pas comme tout le monde!... Ah! ah! ah!...Ernest, mesure les pas.

— Est-ce que tu ne vois pas que ces mirmidons se moquent de nous? dit Canardière à son ami, pendant qu'un des jeunes gens mesure les pas.

— Si fait, je le vois...

— Est-ce que tu prendras cela doux comme miel?

— Ce n'est pas mon habitude...

— A la bonne heure... nous aurons notre tour.

Cependant les pas sont comptés, les deux adversaires placés, ils ont choisi chacun un des pistolets dans le chapeau, leurs témoins se rangent de côté. Anatole attend sans trembler que son ancien ami ait tiré sur lui; Victor lève le bras, vise quelques secondes... le coup part et Anatole tombe! il a reçu la balle dans le côté.

Canardière et son ami volent au jeune Desforgeray, qui est tombé sans pousser un cri, et murmure encore en souriant : — Il paraît que je n'aurai pas besoin de tirer!...

Bonnardin s'empresse d'écarter le vêtement pour voir la blessure, Victor s'avance aussi et regarde en disant : — Dans le côté... ce ne sera pas dangereux! Ma foi tant pis pour lui... mais je le devais cela!... et, faisant signe à ses amis de le suivre, le grand Victor s'éloigne vivement avec eux, sans répondre à Canardière, qui lui crie : — Nous nous reverrons, monsieur... ce n'est pas fini entre nous.

Cependant le malade, qui perd beaucoup de sang, ferme les yeux et semble évanoui.

— Pas dangereux!... pas dangereux! murmure M. Bonnardin en appliquant sur la blessure son mouchoir, qu'il assujettit avec un bandage; ce n'est pas bien sûr cela... et la balle est encore dedans... Canardière, fais avancer la voiture pendant que je soutiens la tête de notre blessé.

Canardière s'élance comme s'il n'avait que vingt ans; bientôt la voiture est auprès du blessé, que l'on y transporte sans qu'il ait repris connaissance. Le borgne et le boiteux s'y placent avec lui, en ayant soin de le soutenir de façon à lui éviter la moindre secousse, et l'on arrive comme cela à sa demeure.

En voyant rapporter Anatole par ses deux témoins, Mitonneau pousse un cri et se trouve mal.

— Imbécile! dit Canardière, c'est comme cela que tu secours les blessés, toi; heureusement que nous sommes là!... Cet animal-là n'est pas seulement en état d'aller chercher un chirurgien!

— On y est allé, monsieur, dit le maître de l'hôtel, et soyez bien persuadé que M. Desforgeray sera soigné ici comme dans sa famille.

— Je n'en doute pas, monsieur, je n'en doute pas... C'est un brave

...une homme, et je serais désolé s'il mourait de cette blessure...
Bonnardin, tu hoches la tête, tu n'es pas tranquille... hein?... Voyons,
parle donc?

Le boiteux secoue la tête, disant : — Qui vivra verra!...

XLIII. — BAVARDAGE ET CURIOSITÉ.

Le chirurgien qui est amené près du blessé est parvenu à extraire
la balle restée dans le côté; mais cette opération a été très-doulou-
reuse, et Anatole, qui avait repris connaissance, l'a perdue de nouveau, après avoir essayé de sourire à ses deux témoins, qui sont encore
près de lui. Cependant le chirurgien ne croit pas la blessure mortelle,
mais l'état du malade demande de grands soins; sa grande perte de
sang l'a réduit à une extrême faiblesse; il lui faut une garde qui ne
le quitte pas, qui l'empêche de parler, il faut enfin lui éviter toute
espèce d'émotion.

Mitonneau, qui est revenu à lui, tout seul, parce que personne n'a
pensé à le secourir, se glisse dans la chambre d'Anatole, et voyant
celui-ci étendu sur son lit et d'une pâleur mortelle, se met à gémir et
à pousser des sanglots si bruyants que Canardière le met à la porte,
en lui disant : — Si c'est là ce que tu viens faire chez le blessé, tu
feras beaucoup mieux de rester chez toi.

Enfin, ce n'est que lorsqu'il voit une garde établie au chevet du
malade, que M. Canardière se décide à s'éloigner avec son ami Bonnardin, en disant : — Nous viendrons tous les jours, moi le matin,
et Bonnardin le soir, tant que ce jeune homme sera en danger; et
surtout qu'on mette cet imbécile de Mitonneau à la porte, s'il se permet
encore de venir beugler ici !...

Six jours s'écoulent, pendant lesquels Anatole a une fièvre violente
accompagnée de délire, alors il parle sans cesse de la somme qu'il
a perdue à la Bourse, de l'argent qu'il attend, de mademoiselle de
Barvillier, de son amour et de son duel; car sa blessure n'occasionne
pas seule son mal, et tous les événements qui l'ont précédée ne con-
tribuent pas peu à redoubler sa fièvre, mais le septième jour la fièvre
tombe, le calme renaît et le chirurgien répond de sa vie.

Alors Canardière et Bonnardin, qui n'ont presque pas quitté Anatole, laissent échapper un cri de joie, qui fait ouvrir les yeux au
blessé; il reconnaît ses deux témoins, il leur sourit et voudrait leur
parler, mais Canardière s'approche de son lit en disant : — Il ne faut
pas encore parler, le médecin le défend. Vous avez été mal, mais il
n'y a plus de danger... On répond de vous, mais du repos, un repos
complet pendant quelques jours encore et vous pourrez rire avec vos
amis. Une poignée de main à moi et à Bonnardin... c'est cela... et
vous, madame la garde, empêchez-le de parler.

Cependant, depuis que le malade est hors de danger, on permet à
Mitonneau d'entrer dans sa chambre; en le voyant, Anatole lui fait
signe d'approcher de son lit, et murmure bien bas : — Et la lettre...
et l'argent?

— Rien n'est encore arrivé! répond Mitonneau.
— Et depuis combien de jours suis-je au lit?
— C'est aujourd'hui le huitième, mais vous êtes sauvé... entièrement sauvé... à moins d'une rechute. Fichtre! vous avez été très-
mal... cela me faisait tant de peine, qu'on me défendait de venir vous
voir.

Anatole ferme les yeux en poussant un gros soupir, car il est tour-
menté de ne point recevoir de réponse de sa grand'mère. Alors Mitonneau quitte la chambre en se disant : — Puisqu'on ne veut pas
qu'il parle, allons-nous-en, car je vois bien qu'il a encore envie de
parler.

Sur le carré, Mitonneau se trouve vis-à-vis d'Armand, qui se dispose à entrer chez Anatole. Mais Mitonneau l'arrête, en lui disant :
— Monsieur va chez le jeune Desforgeray, mon voisin?

— Oui, monsieur... est-ce qu'il est absent? Je suis monté sans
parler au concierge.

— Non, il n'est pas absent, il est chez lui... mais c'est comme s'il
n'y était pas !...

— Je ne vous comprends pas, monsieur.
— Je veux dire que le médecin lui ordonne le repos le plus complet... surtout défense formelle de causer, sans quoi on ne répond pas
de sa guérison...

— Il a donc été malade?
— Bigre! je crois bien... très-mal même... en grave danger!
— Quelle maladie avait-il donc?
— Un coup de pistolet dans le côté!
— Comment!... Anatole était malade d'un coup de pistolet?...
— Sans doute... sa blessure, la suite de son duel...
— Ah! il s'est battu en duel?
— Vous ne le saviez pas?
— Nullement.
— Ce pauvre garçon, ça lui a occasionné le délire... et puis tous les
événements malheureux qu'il a éprouvés depuis quelque temps se sont
mêlés à cela...

— Il a éprouvé des malheurs depuis peu?
— Pardieu! cette perte au jeu... à la Bourse... soixante-dix mille
francs... c'est une somme cela !...

— Que m'apprenez-vous? Anatole jouait à la Bourse?

— Parfaitement... c'est-à-dire, non, pas parfaitement puisqu'il y
perdait!

— Je n'en reviens pas!
— Et il doit soixante-dix mille francs...
— En êtes-vous bien sûr?
— Puisque c'est moi qu'il a chargé d'aller les payer à l'agent de
change aussitôt que sa grand'mère les lui enverra... mais les fonds
n'arrivent pas vite !... Écoutez donc, c'est une grosse somme... on ne
réunit pas cela facilement...

— Diable! mais cela diminuera beaucoup le revenu d'Anatole.
— Mais oui... de moitié environ... c'est très-fâcheux, d'autant plus
qu'il est, à ce qu'il paraît, très-amoureux d'une demoiselle du grand
monde...

— Il vous l'a dit?
— Il ne me l'a pas positivement dit; mais, dans son délire, il pro-
nonçait à chaque instant le nom de mademoiselle de Baur.. de Bar...

— De Barvillier?
— Oui, justement... Vous la connaissez?
— Beaucoup.
— Alors si vous pouviez lui dire quelques mots en faveur de mon
pauvre Anatole, cela pourrait lui servir...

— C'est bien aussi ce que je ferai, soyez-en persuadé!
— C'est qu'il en est amoureux comme un fou!... Dans son délire,
il ne cessait de répéter : Adeline! chère Adeline!... Il paraît que la
demoiselle s'appelle Adeline?

— Oui, en effet... Mais continuez donc, il disait?
— Adeline!... je vous jure que je n'ai plus joué... c'était avant...
je payerai... mais votre père... ne lui dites pas... amour pour la vie...
encore un regard de vos beaux yeux... C'est soixante-dix mille
francs... Ah! que vous êtes belle... et une foule de choses dans ce
genre-là...

— Je comprends ce qu'il voulait dire!
— Moi, je pense que le père de la demoiselle serait sans doute peu
disposé en sa faveur, s'il savait qu'il a joué et perdu à la Bourse...

— Ne trouvez-vous pas que ce père aurait raison?
— Mais à la rigueur... oui... et sans rigueur, non; car le jeune
Desforgeray est un garçon plein d'honneur! il payera... oh! il paye
intégralement ce qu'il doit... Ce qui lui cause un tourment qui retarde sa guérison, c'est de ne pas voir arriver l'argent qu'il doit; est à
son âge combien de jeunes gens s'occupent peu de payer leurs dettes!...
il y en a même de plus âgés qui ne les payent pas du tout.

— Adieu, monsieur; je reviendrai dans quelques jours voir ce
pauvre Anatole... Vous pensez qu'il pourra causer alors?

— Oh! dans trois ou quatre jours, je suis persuadé qu'il sera tout
à fait bien et qu'on ne lui défendra plus de parler... Je vous en prie,
monsieur, n'oubliez pas de servir Anatole de votre mieux auprès de cette
demoiselle dont il est si passionnément amoureux... Vous savez,
quelques mots en sa faveur peuvent beaucoup... et puis sa situation est vraiment si intéressante... ruiné, blessé, un duel... deux
même! car il en a eu un autre huit jours auparavant avec un de
mes amis qu'il a éborgné!

— Vraiment! Ah ça! mais il devient donc ferrailleur aussi?
— Oh! il ne voulait pas se battre, mais on l'y a obligé.
— Soyez tranquille, monsieur, je n'oublierai rien de tout ce que
vous m'avez dit touchant Anatole... et je ferai en sorte de voir mademoiselle de Barvillier.

— Fort bien, je lui dirai que vous êtes venu. Ah !... pardon... votre
nom?

— Armand Bouquinard.
— Je m'en souviendrai.
— Je vous salue, monsieur.

Armand est parti, et Mitonneau rentre chez lui en se frottant les
mains, persuadé que tout ce qu'il vient de dire peut être utile à son
jeune ami.

Le lendemain, une lettre arrive de Montpellier, elle est de la bonne
maman Desforgeray et contient un bon de soixante-dix mille francs
sur le Trésor. C'est à Mitonneau qu'on a remis la lettre; après l'avoir
décachetée, il s'empresse d'aller près d'Anatole, qui est déjà beaucoup
mieux que la veille, il lui montre le bon sur le Trésor en s'écriant :
— Vivat! mon cher ami, voici des nouvelles! et de bonnes, car on
vous envoie l'argent que vous avez demandé.

Une expression de joie brille dans les yeux du blessé, qui murmure :
— Bonne grand'mère! j'étais bien certain qu'elle ne me laisserait pas
dans la peine! mais que m'écrit-elle?

— Ma foi, je n'ai pas lu la lettre, j'ai trouvé le bon, c'était le principal et je suis accouru vous le dire...

— Merci, mon cher monsieur Mitonneau, mais à présent, ayez la
complaisance de me lire la lettre de ma vieille mère...

— Êtes-vous en état d'entendre cette lecture?... On vous gronde
bien fort sans doute...

— Ne craignez rien, je suis beaucoup mieux aujourd'hui, et la nouvelle que vous venez de m'apporter hâtera encore ma guérison; lisez,
je vous en prie.

— Vous le savez... m'y voilà..

« Mon pauvre ami, mon cher Anatole... (Ah! ce début n'annonce
pas une grande colère.)

Le coup part et Anatole tombe. (Page 92.)

— Continuez, je vous en prie.

  « Mon cher Anatole,

  « Ta lettre m'a fait beaucoup de chagrin, non pas tant à cause de la perte d'argent que tu as faite que par toute la peine que tu parais en éprouver. Console-toi, mon ami, si tu as commis une faute, puisque tu t'en repens et que tu jures de ne plus jouer, tu dois bien penser que je te pardonne bien vite et que je n'ai nullement l'intention de gronder... Cette perte ne diminuera pas beaucoup ton revenu ; j'avais amassé, moi, une cinquantaine de mille francs, je te les donne, ce n'est donc plus que vingt mille que le notaire te prête. »

  — Bonne grand'mère !... Voyez-vous, monsieur Mitonneau, c'est comme cela qu'elle me gronde !...

  — J'avoue que voilà une femme comme on en voit peu... je continue :

  « Que le notaire te prête... Je t'envoie la somme que tu demandes, paye vite ta dette et ne pense plus à cette perte. Mais sois sage, et si dans un mois tu n'as pas retrouvé ta cousine, reviens près de moi, mon cher Anatole, car il y a déjà longtemps que tu es à Paris, et j'ai besoin de t'embrasser. »

  — Excellente femme! je le répète!... voilà comme je voudrais en rencontrer une... mais plus jeune seulement. Quelle est cette cousine dont elle vous parle?

  — C'est une personne... que nous voudrions bien retrouver, et que nous pensions être à Paris,... Mais maintenant que cet argent est arrivé, vous savez, monsieur Mitonneau, ce que vous m'avez promis de faire...

  — Je vous entends... je cours chez l'agent de change dont j'ai l'adresse et j'acquitte votre dette...

  — Ah! merci mille fois...

  — A propos, un de vos amis est venu hier pour vous voir...

  — Un de mes amis?

  — Oui, un jeune homme...

  — Je ne connais plus d'amis parmi les jeunes gens!...

  — Je crois que celui-là se nomme Armand Bouquinard... oui, c'est bien cela.

  — Ah! c'est le quatrième Compagnon de la Truffe.

  — Vous avez des amis dans les truffes?

  — Je vous conterai cela... mais de grâce...

  — Je vous comprends, je cours faire votre commission.

Beaucoup plus tranquille depuis qu'il a reçu la somme qu'il devait,

Anatole se sent mieux, et dans l'après-midi c'est avec joie qu'il reçoit la visite de ses deux témoins, qui sont eux-mêmes enchantés des progrès que fait sa guérison.

  — Maintenant que je puis vous entendre, dit Anatole à Canardière, contez-moi donc un peu comment mon duel s'est passé; car, pour moi, je n'en ai aucune souvenance; je sais que je suis tombé, et voilà tout.

  — Cela s'est très-bien passé, mon cher ami, vous avez attendu avec beaucoup de sang-froid le feu de votre adversaire, qui malheureusement vous a atteint du premier coup.

  — Alors je n'ai donc pas tiré, moi ?

  — Non, puisque vous êtes tombé.

  — Et Victor, qu'a-t-il dit? en voyant qu'il m'avait blessé n'a-t-il au moins témoigné quelque repentir...

  — Lui?... pas du tout... Il a dit... attendez donc... il a dit qu'il vous devait bien cela!

  — Ah! mais il se trompe, il me doit encore cinq cents francs!...

  — Vraiment! Apparemment que c'est sa manière de payer ses dettes, à ce monsieur. Au reste, la conduite de votre adversaire et de ses témoins a été fort inconvenante; ces messieurs, loin d'avoir la tenue que l'on doit toujours conserver dans ces sortes d'affaires, ne faisaient que ricaner entre eux, en nous regardant Bonnardin et moi, n'est-ce pas, Bonnardin?

  — Pardien! il y en a même un qui s'est mis à boiter comme moi !

  — Et votre M. Victor ne m'a-t-il pas appelé « vieil amour!... » Mais sois tranquille, Bonnardin, nous les retrouverons, ces beaux Adonis, et nous leur prouverons que si nous sommes borgne et boiteux, du moins nous ne sommes pas manchots.

  — Quant à moi, dit Anatole, je ne saurai vous exprimer toute ma reconnaissance; on m'a conté les soins que vous m'avez prodigués, l'intérêt que vous avez pris à mon état... vos visites de chaque jour, tant que j'étais en danger. Ah! messieurs, je n'oublierai jamais ce que je vous dois...

  — Eh bien, jeune homme, vous acquitterez cette dette-là en amitié, car je crois que vous ne payez pas vos dettes de la même façon que ce M. Victor.

Trois jours s'écoulent : Anatole est entièrement quitte avec l'agent de change, dont Mitonneau lui a rapporté le reçu. Tranquille de ce côté, il ne songe plus qu'à celle qu'il aime ; il se demande ce que la charmante Adeline doit penser de ne plus le voir ; il voudrait bien savoir si elle s'occupe de lui, si elle éprouve de l'ennui, de l'inquiétude de ne plus recevoir sa visite; car il n'a pu envoyer la lettre qu'il avait

Vous en avez menti, monsieur! (Page 93.)

écrite pour elle ; mais à présent qu'il est certain de guérir, il se dit qu'il vaut peut-être mieux que l'on ignore qu'il s'est battu en duel ; il craint que cela ne lui fasse encore du tort près de M. de Barvillier.

Le jeune amoureux hâte de tous ses vœux le moment où il pourra retourner voir Adeline ; mais quoique sa blessure soit en bonne voie de guérison, il ne peut pas espérer être de quelque temps en état de sortir, car sa faiblesse est extrême, et il ne peut pas encore songer à quitter son lit. Anatole rêvait donc à ses amours, lorsqu'il voit le jeune romancier Armand entrer dans sa chambre.

— Eh bien ! comment allez-vous ? dit Armand en se jetant nonchalamment dans un fauteuil. Ah ça ! vous vous battez donc, vous ? vous êtes donc un duelliste, un ferrailleur ? Ah ! ma foi, j'en ai été surpris, je ne vous croyais pas de cette trempe !...

— Je ne suis point un duelliste, répond le blessé, qui se sent déjà froissé du ton avec lequel le jeune Bouquinard vient de lui parler. Mais les caractères les plus doux s'irritent à la fin, lorsqu'on abuse de leur patience... d'ailleurs Victor m'avait insulté, il avait levé la main sur moi... je devais me battre avec lui.

— Comment ! c'est avec Victor que vous vous êtes battu ?

— Sans doute, vous l'ignoriez ? Vous ne le voyez donc plus ?

— Non, fort peu, depuis quelque temps ; mais vous avez eu encore un autre duel, m'a dit votre ami M. Mitonneau ?

— Ah ! il vous a dit cela... En effet, et celui-là, c'est à votre ami Hippolyte d'Ingrande que je le dois !

— Quoi ? vous vous êtes battu aussi avec Hippolyte ?

— Non... Oh ! il s'est tenu à l'écart, mais ce sont ses mensonges, ses lâches accusations qui m'ont obligé de tirer l'épée contre un brave homme !...

— Auquel vous avez crevé un œil.

— Ah ! on vous a encore dit cela !

— Et il paraît que vous jouez à la Bourse... que vous y avez fait une perte énorme... soixante-dix mille francs !

— Mon Dieu, que ce Mitonneau est bavard !... Qu'avait-il besoin de vous dire tout cela ?...

— Oh ! ces choses-là se savent toujours... c'est une vilaine et dangereuse passion que celle du jeu !

— Je ne suis point joueur... c'est Boudinet qui m'a entraîné... qui m'a assuré qu'il me tenait ça à moi de devenir immensément riche... Je n'aurais pas dû l'écouter, j'en conviens... mais je paye cher cette faute, et Boudinet est un garçon sans délicatesse !...

— Vous devriez vous battre aussi avec lui !... Mais laissons cela.

J'étais venu pour vous entretenir de mademoiselle Herminie Clémandon, votre cousine... Elle est surprise de ne point avoir encore reçu votre visite...

— D'abord vous voyez bien que je ne puis pas sortir...

— Oui, maintenant, mais avant votre duel vous aviez eu tout le temps d'aller chez votre parente et vous ne l'avez pas fait. D'où vient donc cette négligence ? Vous disiez que vous seriez enchanté de trouver votre cousine, je la découvre, moi, et cette fois vous ne devez point douter de son identité... Elle se nomme bien Herminie Clémandon ; ce qu'elle vous a dit, au sujet des lettres et du portrait, a dû achever de vous convaincre ; qu'attendez-vous donc à présent pour lui rendre son héritage ?

— J'attends... des preuves plus précises encore... Il y a des personnes qui se sont chargées de prendre des informations...

— Quelles personnes ?

— Il est inutile que je vous les nomme !

— Oh ! tenez, mon cher, je ne me paye point de vaines paroles, moi, et je devine ce qui vous fait chercher des motifs pour ne point terminer cette affaire... quand on perd à la Bourse des soixante-dix mille francs d'un coup, je comprends que l'on n'est plus pressé de restituer un héritage, et qu'on préfère le garder pour soi !...

— Monsieur, votre supposition est indigne ! s'écrie Anatole, qui sent que la colère fait rougir son front. C'est mon honneur que vous attaquez en ce moment... et si je n'étais pas retenu sur ce lit...

— Vous vous battriez, avec moi, n'est-ce pas ?... Oh ! il paraît que vous ne connaissez plus que cela... Mais, moi, monsieur, je ne me bats pas... je trouve que le duel est immoral, qu'il n'a pas le sens commun..., et que, très-souvent, c'est celui qui avait raison qui est vaincu ! ce serait très-commode de tuer les gens pour ne point avoir de comptes à leur rendre.

— Mon Dieu, monsieur, vous qui me supposez capable de retenir un héritage, lorsque j'en ai trouvé la légitime propriétaire, acquittez donc aussi vos dettes avant d'attaquer la probité des autres !...

Armand rougit et se mord les lèvres, puis répond : — Ah ! je comprends... vous voulez parler d'une misérable somme de cinq cents francs... que je vous dois, je crois...

— Vous n'en êtes pas sûr ?

— Si... si... je me le rappelle... Soyez tranquille, je vous payerai...

— Je suis très-tranquille, monsieur, mais je ne croyais pas, quand je vous ai rendu un service, que vous oseriez, en revanche, douter de mon honneur !...

— Monsieur, *un bienfait reproché tint toujours lieu d'offense !*

— Monsieur, voilà une pensée qui doit mettre les ingrats bien à leur aise...

— Enfin, monsieur, je prends les intérêts de mademoiselle Herminie Clémandon parce qu'elle est malheureuse... Je fais mon devoir... j'espère que vous ferez le vôtre.

— Soyez tranquille, dès que je serai sur pied, vous aurez de mes nouvelles.

Armand Bouquinard est parti et Anatole se renfonce dans son lit en disant : — C'était mon quatrième ami!... Dieu merci! il n'y en a pas d'autres.

XLIV. — LA LETTRE.

Adeline de Barvillier se promenait avec agitation dans son appartement; de temps à autre elle regardait aux fenêtres qui donnaient sur la rue, puis elle se mettait à son piano, qu'elle quittait bientôt pour prendre sa broderie, qu'elle abandonnait au bout d'un moment pour essayer de lire; mais elle ne pouvait pas continuer sa lecture, son esprit était ailleurs et elle soupirait en se disant : — Qu'est-il donc arrivé à Anatole?... Jamais il n'avait été si longtemps sans venir nous voir... Ah! sans doute il aura fait de nouvelles connaissances... et il est entraîné dans des parties de plaisir... tandis que près de moi... causer ou faire de la musique, cela lui aura semblé monotone. Et pourtant il avait l'air si heureux lorsqu'il était assis, là, près de moi!... Il n'osait pas m'avouer qu'il m'aimait... mais ses yeux me le disaient si bien, que je ne pouvais pas m'y tromper... Et d'ailleurs Anatole ne sait pas feindre, mentir comme tous ces jeunes gens que je vois dans le monde... pour qu'il soit si longtemps sans venir, il faut assurément qu'il lui soit survenu quelque chose!...

L'arrivée de M. de Barvillier met un terme aux préoccupations d'Adeline; elle court embrasser son père en lui disant : — Te voilà... Eh bien, m'apportes-tu des nouvelles?

— Des nouvelles... de qui?

— De qui! Ah! tu le sais bien; mais tu te plais à me tourmenter...

— Tu penses donc toujours à Anatole!

— Si j'y pense! assurément!... Tu sais bien que j'ai le droit d'y penser.

— Le droit!... de t'intéresser à lui, soit; mais de l'aimer, je n'ai pas dit cela!

— Oh! si... si l... tu veux bien... sans quoi est-ce que tu m'aurais permis de le recevoir en ton absence... de le traiter comme un ancien ami?... Ce pauvre Anatole! il est loin de se douter d'où vient l'intérêt que j'ai sur-le-champ éprouvé pour lui... de la joie qui a fait battre mon cœur, lorsque chez madame Belleval on m'a dit : Ce jeune homme que vous voyez ici pour la première fois se nomme Anatole Desforgeray... Desforgeray!... Ah! comme je me suis sentie émue, troublée en entendant prononcer ce nom, qui était toujours gravé au fond de mon âme... et comme je regardais Anatole, qui était loin de se douter du bonheur que j'éprouvais à le voir! Et puis, quand j'ai été te dire tout bas : Ce jeune homme qui a l'air si doux... c'est Anatole Desforgeray!... tu t'engageras à venir chez nous, n'est-ce pas, mon père? tu me l'as promis, et tu as tenu parole... De son côté, il a paru bien heureux quand tu l'as engagé à venir ici; il a bien vite profité de la permission... Il avait d'abord l'air un peu embarrassé auprès de moi, mais comme je lui ai témoigné de l'amitié, il est devenu moins gauche... et puis...

— Et puis il t'a dit qu'il t'aimait?

— Oh! non, mon père, il ne me l'a jamais dit positivement; mais je l'ai bien deviné... Et alors tu vois bien que je ne pouvais pas faire autrement que de l'aimer aussi!...

— Ah! tu ne pouvais pas faire autrement?

— Non, mon père! c'était impossible!...

— Ma chère amie, j'ai trouvé tout naturel l'intérêt que t'inspirait ce jeune homme... mais cependant, quoique ce soit un Desforgeray, s'il avait quelque vice, quelque défaut grave, crois-tu que je lui donnerais mon Adeline?...

— Oh! mon père, Anatole n'a point de vices, point de défauts!... j'en suis sûre, moi!...

— Tu me permettras de vouloir en être certain aussi... Enfin, s'il t'aime comme je le crois, pourquoi, depuis plus de quinze jours, a-t-il cessé de venir ici?

— C'est justement pour cela que je suis inquiète... il peut être malade... Et dire que nous ne savons pas son adresse... Il l'a dite devant moi... je n'y ai pas fait attention... Je m'en repens bien, car tu aurais envoyé savoir de ses nouvelles...

— Sans doute... mais je passerai chez madame Belleval, elle sait peut-être où demeure Desforgeray...

— Ah! il y a encore M. Armand Bouquinard qui doit la savoir... mais nous ignorons aussi son adresse à lui!...

— N'est-ce pas ce monsieur-là qui lui a présenté aussi une cousine?...

— Oui, tous ses amis lui en ont amené une.

— Ils s'étaient donné le mot, apparemment...

— Enfin, mon bon père, je t'en supplie, tâche d'avoir des nouvelles d'Anatole!...

— Je te le promets; et d'ailleurs, peut-être aujourd'hui même viendra-t-il calmer tes inquiétudes.

— Je ne le crois pas... Quelque chose me dit qu'il lui est arrivé un malheur!

Le lendemain de cette conversation, M. de Barvillier vient dans la journée trouver sa fille; mais cette fois il a l'air sérieux, triste même, et la jeune fille, qui s'aperçoit de ce changement dans la physionomie habituelle de son père, court à lui en s'écriant : — Ah! tu sais quelque chose!... tu as appris ce qui empêche Anatole de venir... Il est malade, n'est-ce pas?

— J'ai en effet appris des nouvelles du jeune Desforgeray, répond M. de Barvillier en secouant la tête d'un air mécontent, et je t'avoue, ma chère Adeline, qu'elles ne sont nullement satisfaisantes, et que ton M. Anatole a beaucoup perdu dans mon estime... ce qui naturellement m'afflige aussi pour toi... car, si tout ce qu'on m'a dit est vrai, ce jeune homme ne mérite pas l'affection que tu lui portes...

— De qui tenez-vous ces nouvelles, mon père?

— De M. Armand Bouquinard...

— Alors ce sont des mensonges! Cet Armand est un fat, un orgueilleux; il n'a pas pardonné à Anatole l'intérêt que je lui ai témoigné!...

— Il sera facile, au reste, de savoir si tout ce qu'il m'a conté est vrai...

— Mais où l'avez-vous vu... d'où sait-il tout cela?... comment vous l'a-t-il rapporté?

— Ah! si tu voulais me laisser parler, tu serais déjà aussi instruite que moi!...

— Parlez, mon petit père, parlez, je vous écoute, je me tais!...

— Je revenais de chez madame Belleval, où l'on n'avait rien pu me dire sur Anatole, que l'on n'avait pas vu depuis fort longtemps; je passais, en me promenant, sur les Tuileries; là j'aperçois un jeune homme dont la figure ne m'est pas inconnue; de son côté, il me regardait aussi; il s'empresse de me saluer et vient à moi, c'était le jeune Armand Bouquinard. Après m'avoir demandé de mes nouvelles, il vient lui-même au-devant de mes questions, en me disant :

— Je présume que depuis quelque temps vous n'avez pas vu ce jeune provincial que j'ai présenté chez madame Belleval, et auquel vous avez, m'a-t-on dit, ouvert votre maison.

— Est-ce de M. Anatole Desforgeray que vous parlez? lui dis-je. En effet, il y a longtemps qu'il n'est venu nous voir; mais qui vous le faisait présumer?

— C'est que j'en sais le motif, dis-je; vous l'ignorez donc? vous ne connaissez donc pas toutes les prouesses de notre provincial?

— Non... et vous m'obligeriez de me les faire connaître?

— Au fait, répond-il, je pense que c'est un service à vous rendre que de vous édifier sur une personne que vous recevez chez vous, et à laquelle vous avez, un peu légèrement peut-être, montré une grande bienveillance. Moi aussi, je l'avoue, j'avais été séduit par l'air de candeur, de franchise d'Anatole, mais depuis quelque temps je le commençais à le mieux connaître, et je ne le voyais presque plus!...

— Enfin, lui dis-je, monsieur, que reprochez-vous donc à M. Desforgeray?

— Oh! presque rien... d'être un fort mauvais sujet... un duelliste, un ferrailleur, de plus un joueur, et, pour se couvrir de ses pertes, trouvant tout naturel de s'approprier le bien d'autrui...

— Voilà de terribles accusations, lui dis-je, sur quoi les appuyez-vous?

— C'est n'est plus un secret, monsieur, Anatole a perdu une centaine de mille francs à la Bourse... C'est son ami Mitonneau lui-même qui me l'a appris... et on attendait en vain des fonds pour payer ce déficit; enfin Anatole est ce moment dans son lit, blessé d'un coup de pistolet reçu en duel... et c'est le deuxième qu'il a en huit jours de temps; dans le premier, il a crevé l'œil à son adversaire... un bon père de famille... dont il a séduit la femme.

— Ah! mon père, quelle horreur!... Mais tout cela doit être faux.

— Ces accusations me semblèrent si graves que j'eus, je l'avoue, de la peine à y croire, ce que voyant, M. Armand me dit :

— Si vous doutez de ce que j'avance, monsieur, vous pouvez vous en assurer en allant chez Anatole; il est encore dans son lit... sa blessure se guérit, mais il ne se lève pas encore.

— Pouvez-vous me donner son adresse? lui dis-je.

— Très-volontiers, monsieur. Et aussitôt prenant son calepin et son crayon, il écrivit l'adresse que je lui demandais, et y joignit la sienne, en me disant : Je vous mets aussi ma demeure, monsieur, parce que, si vous désirez avoir d'autres renseignements sur la moralité d'Anatole, je pourrais vous les donner, et serais trop heureux de pouvoir ainsi vous être de quelque utilité.

— Je pris les adresses, remerciai ce monsieur... et me voici.

— Oh! mon Dieu! dire qu'il a joué... perdu cent mille francs... éborgné un homme dont il a séduit la femme... Non, non, Anatole n'a pas fait tout cela... Mais vous avez son adresse, avez-vous été le voir, mon père?

— Pas encore... J'ai voulu d'abord t'apprendre tout cela...

— Allez le voir... allez-y bien vite. Ce pauvre garçon, il est blessé, bien souffrant peut-être... Voulez-vous que j'aille avec vous, mon père?

— Non, ma chère amie, non, ce ne serait pas convenable... j'irai seul; mais sois tranquille, je saurai bien découvrir ce qu'il y a de vrai dans tout ce qu'on m'a conté...

— Oh! cet Armand!... je ne l'aimais pas... à présent, je le déteste!...

— Calme-toi, je vais chez Desforgeray; j'espère au moins qu'il me dira franchement la vérité, car à son âge on ne sait pas mentir comme un homme fait.

Depuis que le jeune blessé allait mieux, il avait congédié sa garde, dont la présence l'ennuyait, et en général c'est assez l'effet que ces dames produisent. Un garçon de l'hôtel montait chez lui plusieurs fois dans la journée, s'informait s'il avait besoin de quelque chose, et, de son côté, Mitonneau allait aussi voir souvent comment se trouvait son voisin.

M. de Barvillier s'est rendu à la demeure d'Anatole, il monte à l'étage qu'on lui indique, voit la clef sur la porte du blessé et trouve celui-ci profondément endormi. En ce moment, personne n'était près de lui; Mitonneau l'avait vu le matin, et le garçon qui le servait habituellement venait de le quitter.

M. de Barvillier considère quelques instants le jeune malade, qui est encore d'une pâleur extrême, et que les souffrances physiques et morales ont en peu de temps extrêmement changé.

— Pauvre garçon! se dit M. de Barvillier, il paraît que la blessure était grave... Quel changement dans cette physionomie, encore si fraîche et si riante il y a quelques jours... Il dort profondément... je n'aurai pas la cruauté de le réveiller, car le sommeil est un baume pour les malades... j'attendrai son réveil; il faut absolument que je lui parle... que je le questionne, que je tâche d'obtenir de lui la vérité...

Tout en se disant cela, le père d'Adeline regardait autour de lui pour savoir où il pourrait attendre à son aise et sans être trop près du blessé. Un fauteuil était devant le secrétaire resté tout ouvert, qui servait aussi de bureau. Il s'y place, puis cherche des yeux sur le meuble, espérant y trouver un livre ou quelque brochure qu'il lira pour passer le temps. En portant ses regards sur les papiers qui sont pêle-mêle à l'entrée du secrétaire, il aperçoit comme un brouillon de lettre et va le pousser au fond avec les autres papiers, lorsque ses yeux, qu'il a jetés involontairement sur l'écriture, aperçoivent le nom de sa fille plusieurs fois répété. C'était la dernière lettre écrite par Anatole la veille de son duel, et que le sommeil l'avait empêché de terminer, n'avait pas eu le temps de la finir le lendemain matin, parce que Canardière était arrivé avec Bonnardin, et que ces messieurs l'avaient pressé pour partir.

M. de Barvillier ne peut résister au désir de savoir ce que contient cet écrit, que le hasard vient de mettre sous ses yeux; celui qui l'avait tracé n'ayant pas eu le temps de le serrer en partant, ni la possibilité de le faire en revenant chez lui; et puis il y avait en tête de la feuille : *A mademoiselle Adeline de Barvillier*, et un père peut bien s'arroger le droit de lire ce qu'on écrit à sa fille... quand celle-ci n'est pas émancipée! Celui-ci lit donc avec beaucoup d'attention ce qui suit :

« Mademoiselle, pardonnez-moi d'oser vous écrire, mais demain il se peut que je n'existe plus; car je me bats en duel, et je ne voudrais cependant pas mourir sans vous sachiez tout ce que mon cœur renfermait d'amour pour vous. Cet amour, mes regards, mon trouble, vous l'avaient peut-être fait deviner, mais je n'aurais pas osé vous le déclarer tout à fait; car je me disais que je n'aurais jamais le bonheur d'obtenir la main de mademoiselle Adeline, et cependant je sentais bien que, sans vous, la vie n'aurait eu aucun charme pour moi. C'est la pensée que vous étiez trop riche pour moi qui me donna un moment le désir de lire ce qu'on écrit à sa fille... Un de mes seuls amis m'assura qu'à la Bourse on s'enrichissait très-vite, j'écoutai ses conseils : il me dit que vous étions associés : les deux premières opérations réussirent, mais mon associé gardait l'argent pour lui. Ces gains étaient minimes, il est vrai; enfin il me dit : Nous allons faire une grande opération, fiez-vous à moi. Je m'y fiai trop, je signai, sans la lire, la lettre qu'il adressait à l'agent de change; mais tout cela, je vous le jure, involontairement, était fait avant la parole que je vous ai donnée de ne plus jamais jouer. A la fin du mois, une lettre de l'agent de change m'apprit que nous avions perdu soixante-dix mille francs; je crus que mon associé devait payer la moitié de cette perte, puisqu'il avait touché les bénéfices; au lieu de cela, il vint me dire de ne point m'inquiéter, que les marchés à terme n'étaient point reconnus en justice, et qu'il ne fallait pas payer. Ce raisonnement me fit voir celui d'un homme de mauvaise foi; je le dis à ce soi-disant ami, qui voulait faire de moi un fripon, en lui déclarant que je payerais. Ce monsieur s'éloigna en se moquant de moi. Et moi, j'écrivis sur-le-champ à ma bonne grand'mère qu'il me fallait sous peu de jours soixante-dix mille francs, parce que le nom des Desforgeray devait toujours être celui d'honnêtes gens, incapables de faillir à l'honneur... »

Ici, M. de Barvillier s'interrompt pour jeter un regard attendri sur Anatole, en murmurant :

— Brave garçon!...

Puis il reprend sa lecture :

« Je suis bien tranquille sur ma dette, ma bonne mère m'enverra cette somme, et mon voisin, M. Mitonneau, s'empressera d'aller la payer, s'il m'est impossible de le faire. Maintenant je veux que vous sachiez bien tout ce qui m'est arrivé, car on pourrait vous le conter autrement. Je me suis aperçu que le monde est plus méchant que bon, et ceux que nous croyons nos amis... sont bien plus souvent nos ennemis. J'en ai fait à Paris le triste apprentissage; c'est un de ceux-là qui a fait croire à un mari jaloux que j'avais été au bal de l'Opéra avec sa femme, rejetant ainsi sur moi la faute qu'il avait commise; ce mari est venu me trouver un matin tout furieux; j'étais encore dans mon lit, il m'a forcé, sans vouloir m'entendre, à me battre à l'épée avec lui, et moi, qui ne sais pas bien tirer l'épée, j'ai eu le malheur de lui crever un œil!... mais quelques jours après, ce monsieur, qui avait reconnu son erreur, est venu de lui-même m'offrir son amitié, va me servir de témoin dans le duel que j'ai demain avec mon troisième ami... Celui-ci m'insultait parce que je n'avais pas voulu reconnaître pour ma cousine la petite piqueuse de bottines qu'il m'avait amenée. Il levait la main sur moi, en me menaçant... A cette vue, mademoiselle, j'ai senti mon sang bouillir dans mes veines et je lui ai donné un vigoureux soufflet... »

M. de Barvillier interrompt encore sa lecture pour murmurer :

— Très-bien!... très-bien!... Oh! il a fort bien fait... Achevons, il n'y a plus que quelques lignes...

« Voilà pourquoi je me bats demain matin. Trouvez-vous que j'ai eu tort? Ces combats, vous voyez bien que je ne les ai pas cherchés. Je n'ai pas peur, mais je suis triste, en pensant que peut-être je ne vous verrai plus, et que je ne saurai pas... »

La lettre n'allait pas plus loin, mais M. de Barvillier en savait assez. Il plie le papier qu'il a lu et le met dans sa poche, en se disant :

— Cette lettre peut aller à son adresse.

Puis, se levant sans faire de bruit et marchant avec précaution, M. de Barvillier sort de la chambre sans réveiller le dormeur. Mais sur le carré il rencontre Mitonneau, qui avait entendu ouvrir la porte et venait voir quelle personne sortait de chez son voisin. C'était la première fois qu'il apercevait M. de Barvillier, dont l'air comme il faut inspirait le respect; il le salue profondément, en lui disant :

— Monsieur vient de voir notre jeune blessé?

— Oui, monsieur, en effet, je sors de chez M. Anatole Desforgeray.

— Et comment l'avez-vous trouvé, monsieur?

— Mais je l'ai trouvé dormant profondément, et, ma foi, je n'ai pas voulu le réveiller.

— Voulez-vous que j'aille le réveiller, moi? je ne me gêne pas avec lui...

— Non vraiment! il faut respecter le sommeil d'un malade!

— Mais alors vous ne lui avez pas parlé?

— Naturellement, puisqu'il dormait.

— Si pourtant vous aviez quelque chose d'intéressant à lui dire...

— Je le lui dirai plus tard...

— Enfin, monsieur, si je savais votre nom...

— Eh bien, monsieur, puisque vous êtes si complaisant, veuillez dire à M. Desforgeray que nous avons été fort surpris, ma fille et moi, d'être si longtemps sans le voir; et maintenant que j'en sais la raison, dites-lui qu'aussitôt qu'il sera en état de sortir, on l'attend à l'hôtel de Barvillier, où l'on sera charmé de le recevoir.

— A l'hôtel de Barvillier... Est-ce que monsieur serait...

— M. de Barvillier, oui, monsieur, et vous êtes probablement, vous, ce monsieur Mitonneau, l'ami d'Anatole, et avec qui il est venu à Paris?

— Oui, monsieur. Oh! je suis très-attaché au jeune Desforgeray; il a en moi toute confiance, car dernièrement j'ai reçu pour lui soixante-dix mille francs que j'ai été payer à son agent de change... Mais ceci est un détail...

— Bien charmé, monsieur, d'avoir eu l'avantage de vous rencontrer, et je vous remercie beaucoup de la peine que vous voulez bien prendre.

Ces mots sont accompagnés d'un gracieux salut, auquel Mitonneau répond en se baissant jusqu'à terre. Puis, le visiteur éloigné, il se dit : — M. de Barvillier! mais c'est le père de la demoiselle dont Anatole est amoureux! Ah! courons vite l'éveiller! il sera enchanté d'apprendre que le monsieur qui l'a vu dormir!...

Mitonneau court près du lit du jeune malade et se met à crier :

— Éveillez-vous, mon cher ami, éveillez-vous et sachez qu'on est venu vous voir... le père de celle que vous adorez... dont vous parliez sans cesse pendant votre délire... M. de Barvillier, enfin!

Anatole se frotte les yeux, se met sur son séant et regarde Mitonneau en balbutiant :

— Qu'est-ce que vous me dites?... vous avez prononcé le nom de M. de Barvillier?

— Sans doute, puisqu'il est venu ici.

— Il serait venu me voir?

— Justement, et il vous a vu endormi, et il a dit : Quel charmant garçon quand il dort!...

— Il a dit cela?

— Ou quelque chose dans ce genre-là... Sa fille et lui étaient inquiets de vous; à présent il est enchanté de savoir que vous avez été blessé...

— Cela lui fait plaisir?

— Parce qu'il sait pourquoi vous n'alliez plus chez lui...

— Avait-il l'air bien en colère contre moi?

— En colère! mais pas du tout! il a, au contraire... attendez... oui, voilà ses propres paroles : « Veuillez dire à M. Desforgeray que, sitôt qu'il pourra sortir, on l'attend à l'hôtel de Barvillier, où l'on est toujours charmé de recevoir du monde... » C'est un homme qui a l'air bien distingué!

Anatole est ravi d'apprendre que M. de Barvillier est venu pour le voir et qu'il l'attend chez lui aussitôt qu'il sera convalescent, et il ne cesse de questionner Mitonneau, qui, à force de chercher dans sa mémoire, finit par rapporter exactement ce qu'on lui a dit.

Et comme le contentement intérieur est le meilleur des médicaments, huit jours plus tard, Anatole montait en voiture et se faisait conduire chez M. de Barvillier.

XLV. — LA VRAIE COUSINE.

Lorsqu'elle entend annoncer Anatole, Adeline pousse un cri de joie, tandis que son père, qui est auprès d'elle, dit : — Puisque notre jeune blessé est guéri, finissons-en tout de suite avec son quatrième ami, M. Armand Bouquinard; je vais lui envoyer dire que je désire lui parler; je ne doute pas qu'il ne se rende sur-le-champ à mon invitation.

Anatole se présente timidement et presque comme un coupable devant Adeline et son père, mais la jeune fille lui sourit tendrement en lui disant :
— Enfin! vous voilà, monsieur! C'est bien heureux que l'on vous revoie!

Et M. de Barvillier lui presse affectueusement la main, et lui dit :
— Vous êtes encore un peu pâle, mais je vois avec plaisir que vous aurez bientôt entièrement recouvré la santé.

Touché jusqu'aux larmes par cet accueil, Anatole balbutie : — Ah! monsieur... mademoiselle! si vous saviez combien je suis sensible à l'intérêt que vous me témoignez... Vous avez eu l'extrême bonté de venir chez moi, monsieur.
— Sans doute... n'est-il pas naturel d'aller s'informer de ce qui est arrivé à ses amis, quand on cesse tout à coup de les voir...
— On a dû nous dire que j'avais été blessé dans un duel... Ah! je vous jure, monsieur, que je n'avais pas cherché ce combat... et que c'est bien malgré moi...
— Ne vous justifiez pas, mon cher ami, c'est inutile; nous sommes au fait de tout ce qui vous est arrivé : la cause de votre duel... celui que vous avez eu auparavant et dans lequel vous avez éborgné votre adversaire, votre perte de soixante-dix mille francs à la Bourse, somme que vous avez intégralement payée, quoique l'on vous conseillât de ne pas le faire... nous savons tout cela!

Anatole ne revient pas de sa surprise, il s'écrie : — Mais c'est donc M. Mitonneau qui vous a dit tout cela, monsieur?
— Non, ce n'est pas lui... seulement j'ai su par lui que vous aviez reçu la somme dont vous aviez besoin pour solder votre agent de change, sans cela je me serais empressé de vous l'offrir...
— Ah! monsieur, tant de bonté!... et vous n'êtes pas fâché contre moi...
— Vous voyez bien que je n'écris pas à Adeline, mais on nous avait dit aussi que vous aviez séduit la femme du monsieur avec qui vous vous êtes battu la première fois... Ce n'est pas vrai, n'est-ce pas?
— Cela est si peu vrai, que M. Canardière, bien que blessé par moi, est venu lui-même me demander excuse de ses soupçons... qu'il m'a servi de témoin dans mon second duel, et ne m'a pas quitté tant que j'étais en danger.
— Mon cher Anatole, reprend M. de Barvillier, dans votre conduite il y a eu trop de légèreté, mais je vous excuse, parce que, loin de manquer à l'honneur, vous avez prouvé que vous aviez à la fois celui du cœur et celui de la conscience. Vous n'avez pas été heureux dans le choix de vos amis... C'est une leçon qui vous servira... vous en aviez trouvé quatre, je crois!
— Oui, monsieur; j'étais depuis peu de jours à Paris, quatre jeunes gens, dont les manières et le langage annonçaient de l'éducation, l'habitude du monde, m'offrirent leur amitié, et, pour la cimenter, me firent entrer dans leur société...
— Ah! ils étaient membres d'une société.
— C'est-à-dire, monsieur, qu'ils me l'ont fait croire d'abord, mais j'ai bien compris depuis que c'était pour se moquer de moi...
— Et quel nom avait cette société?
— Ils se disaient : Compagnons de la Truffe.

M. de Barvillier et sa fille ne peuvent s'empêcher de rire, en entendant le nom de l'association dont Anatole faisait partie.
— Une telle société ne doit s'occuper que de dîners et de festins! dit M. de Barvillier, et je ne verrais aucun mal à sa formation, si ceux qui en sont membres se bornaient à professer leur amour pour les truffes!
— Vous avez raison, monsieur, et je ne me plaindrais pas de ces messieurs s'ils s'étaient bornés à me faire payer la carte des dîners qu'ils savaient si bien commander; mais ils se sont par trop moqués de mon inexpérience : Hippolyte a été la cause de mon premier duel, en dirigeant sur moi les soupçons d'un mari jaloux, afin de mieux le tromper. Boudinet, abusant de mon ignorance dans les opérations de bourse, m'a entraîné à jouer... s'est dit mon associé quand il y avait des bénéfices, a prétendu ne plus l'être lorsqu'il y avait perte, et me conseillait honteusement de ne point payer!... Enfin Victor, furieux de ce que j'avais découvert qu'il m'avait fabriqué une fausse cousine,

m'a insulté et a levé la main sur moi, supposant sans doute que j'avais aussi peu de courage que d'expérience... je lui ai prouvé le contraire. Il n'en reste plus qu'un, Armand Bouquinard... Celui-là m'en veut depuis quelque temps... mais je lui pardonne! C'est lui qui m'a présenté chez madame Belleval, où j'ai eu l'honneur de faire votre connaissance... Cependant il m'a présenté aussi une personne qu'il assure être cette jeune parente que je cherche. Dernièrement il est venu me voir, j'étais encore au lit, il m'a reproché de ne point en finir avec ma cousine, et ayant appris que j'avais perdu une assez forte somme à la Bourse, n'a pas craint de me dire que probablement il me serait agréable de garder l'héritage qui revient à une autre pour réparer mes pertes de jeu... Je l'avoue, cette accusation m'a révolté... j'étais sur le point de le provoquer... mais depuis j'ai réfléchi. C'est fort mal à Armand de me supposer capable de manquer à la probité, mais enfin, si cette Herminie Clémandon était réellement ma cousine, n'aurait-il pas quelque droit de se plaindre de mon peu d'empressement à lui rendre son héritage?... Monsieur, mademoiselle votre fille m'avait dit que vous auriez la bonté de vous informer... de prendre des renseignements sur cette maîtresse de piano...
— Tout cela est fait, jeune homme; rassurez-vous, vous n'avez aucun reproche à vous adresser, et pour que vous connaissiez aussi ce que vaut votre quatrième ami, je l'ai fait prier de passer chez moi : il va venir...
— Armand va venir ici?...
— Oui, et je serais bien aise que vous entendissiez ce qu'il dira de vous...

En ce moment un valet vient annoncer que M. Armand Bouquinard est là.
— Fort bien! dit M. de Barvillier en poussant une porte d'une pièce voisine. Entrez là, mon cher ami, laissez la porte entr'ouverte... vous entendrez tout ce qu'on dira dans ce salon : faites-en votre profit. Allez vite, et toi, Adeline, reste avec moi.

Anatole fait ce que lui dit M. de Barvillier, et bientôt Armand est introduit dans le salon, où il ne trouve qu'Adeline et son père.

Le jeune homme de lettres, très-flatté d'avoir reçu un message qui l'engage à se rendre à l'hôtel de Barvillier, se présente avec cet air aimable, empressé, de quelqu'un qui est trop heureux que l'on ait pensé à lui; il salue humblement le maître de la maison, puis il fait un second salut, dans lequel il tâche de mettre beaucoup de grâce, à la jolie demoiselle, et dit : — Vous m'avez fait prier de passer chez vous, monsieur; je me hâte d'accourir, trop heureux si je puis vous être bon à quelque chose... disposez entièrement de moi.
— Je vous remercie de votre empressement, monsieur, répond M. de Barvillier en faisant signe au jeune homme de s'asseoir; ce que celui-ci fait aussitôt.
— Oui, je vous ai fait prier de venir, parce que vous m'avez assuré pouvoir me renseigner sur le jeune Anatole Desforgeray... sur ses mœurs, sa moralité... enfin je vous serai fort obligé de me dire franchement ce que vous pensez de lui : ce sera un véritable service que vous me rendrez.

Armand est enchanté : il va pouvoir abîmer son rival, et cela devant Adeline; c'est un double plaisir. Cependant il est assez adroit pour cacher sa joie, et feint même une certaine hésitation en répondant :
— Monsieur... assurément je dois vous obéir... pourtant je ne vous cacherai pas qu'il m'en coûte... car Anatole a été quelque temps mon ami...
— Oui, mais il ne l'est plus!...
— Je mentirais si je disais le contraire... je ne puis plus, moi, être l'ami de quelqu'un qui se conduit aussi mal!...
— Je me suis très-bien aperçu, la dernière fois que nous avons causé, que vous n'étiez plus l'ami d'Anatole. Continuez, monsieur...
— Je conçois qu'au premier abord on soit séduit par son air naïf et candide; mais, dès qu'on le fréquente un peu, on reconnaît bien vite qu'il n'a pas de moyens, ni esprit, ni bon sens, ni jugement... c'est un garçon nul, complètement nul!..... Depuis qu'il est à Paris, il n'a fait que des bêtises et des sottises... devenant amoureux de toutes les femmes!... se croyant adoré; rempli d'amour-propre, il s'est attiré de mauvaises affaires dont deux duels ont été la suite... Vous savez tout cela!
— Parfaitement!
— Enfin il est devenu joueur, il a perdu une somme considérable à la Bourse... ce serait peut-être encore excusable, si les conséquences de cette perte ne le rendaient coupable d'un stellionat...

Ici, on entend un bruit assez violent dans la pièce où est Anatole. Armand s'arrête surpris, mais M. de Barvillier lui dit : — Ce n'est rien... c'est le chat qui aura renversé quelque chose... continuez donc...
— Monsieur, pour que vous compreniez bien ceci, il faut que vous sachiez que le jeune Desforgeray est chargé de trouver à Paris un jeune cousine à laquelle revient un héritage de cent soixante-dix mille francs... Mais on n'était pas bien sûr de l'existence de cette cousine, et, dans le cas où on ne la trouverait pas, cet héritage reviendrait à Anatole; or, moi, d'après ce qu'il m'avait conté sur l'histoire de cette parente, je me suis mis en courses... j'ai cherché... et j'ai trouvé cette cousine!
— Ah! vous l'avez trouvée... vous en êtes sûr?
— Très-sûr... je l'ai menée chez Anatole, je lui ai dit : Voilà la per-

sonne que vous étiez chargé de découvrir... interrogez-la... informez-vous... vous serez certain que c'est bien cette Herminie votre parente ; elle est dans un état précaire, hâtez-vous de lui faire toucher son héritage!... Oh! mais cela ne me faisait plus le compte de notre joueur, il n'a rien fait de tout cela, et il refuse de reconnaître cette jeune fille pour sa cousine, parce qu'il veut garder pour lui l'héritage auquel elle a droit.

Anatole ne se contient plus, il sort brusquement de la pièce où il est et vient se placer devant Armand en lui disant à haute voix : — Vous en avez menti, monsieur!...

Armand demeure saisi, interdit, il balbutie : — Qu'est-ce que cela signifie, monsieur?

— Cela signifie que j'étais là... que j'ai entendu tout ce que vous disiez de moi... Oh! je vous pardonne de me traiter de sot, d'imbécile, je l'ai été, en effet, en vous croyant mon ami! Mais vous attaquez mon honneur, ma probité!... voilà ce que je ne supporterai pas!

Armand regarde M. de Barvillier en murmurant : — Comment, monsieur, c'était donc une mystification que vous me prépariez?

— Non, monsieur, ce n'est point une mystification... c'est une explication... Écoutez-moi bien... la personne que vous avez présentée à Anatole comme sa cousine ne l'est pas...

— Monsieur... cependant...

— Laissez-moi parler... j'ai eu la patience de vous écouter tout à l'heure... et pourtant je savais fort bien que vous mentiez...

— Monsieur!...

— Oui, que vous mentiez! car la vraie cousine d'Anatole, nous la connaissons, nous!... et nous la lui ferons aussi connaître. La vôtre se nomme en effet Herminie, c'est son nom de baptême, mais son nom de famille est Clémandeau et non pas Clémandon!... C'est vous, monsieur, qui, séduit par ce rapprochement de nom, avez conseillé à mademoiselle Herminie de changer de logement et, dans sa nouvelle demeure, de se faire appeler Clémandon. Vous avez laissé écouler du temps, afin qu'on s'habituât à ne la connaître que sous le nom de Clémandon, et vous lui avez ensuite appris ce qu'elle aurait à dire...

— Monsieur! tout cela n'est pas... j'ai pu me tromper... mais cette demoiselle elle-même m'avait dit...

— Encore une fois vous en imposez, monsieur, et voilà un papier qui va vous confondre... ce sont quelques lignes que j'ai fait écrire à votre Herminie, en lui faisant sentir tout ce qu'il y avait de coupable dans le rôle qu'elle jouait... Tenez, Anatole, lisez cela...

Anatole prend le papier et lit :

« — Je déclare que mon nom est véritablement Clémandeau, et que c'est M. Armand Bouquinard qui m'avait conseillé d'en changer la dernière syllabe, en m'annonçant que je pourrais alors me dire la cousine de M. Anatole Desforgeray ; que cela ne ferait de tort à personne, puisque la véritable Herminie Clémandon n'existait plus, et que je toucherais une somme assez considérable. J'ai eu la faiblesse de céder aux obsessions de ce monsieur, mais je m'en repens et m'empresse de déclarer que je ne suis nullement parente de M. Desforgeray.

« Signé : HERMINIE CLÉMANDEAU. »

Armand a perdu toute contenance en entendant la lecture de cette déclaration. Il se lève en balbutiant quelques mots sans suite et cherche de tous côtés son chapeau, tandis que les jeunes amoureux, auxquels il fait pitié, détournent les yeux de dessus lui, et que M. de Barvillier lui dit : — Croyez-moi, monsieur, reprenez vos travaux littéraires et ne vous lancez plus dans le champ de l'intrigue... vos succès n'y seraient point honorables. On peut faire de mauvais romans et être encore un fort honnête homme, mais on ne prend jamais sa revanche d'une mauvaise action.

Armand est parti sans répondre un seul mot; M. de Barvillier va frapper sur l'épaule d'Anatole et lui dit en riant : — Mon cher, vous avez perdu votre quatrième ami !... mais je crois que vous ne le regretterez pas, et qu'à l'avenir vous aurez peu de confiance dans les Compagnons de la Truffe.

— Oh! oui, monsieur, ceci est une leçon dont je me souviendrai. Mais, de grâce, tout à l'heure en parlant de cette fausse cousine... vous avez dit que vous connaissiez la véritable... Serait-il possible! vous sauriez qu'elle existe... où elle habite?... Ah! je vous en prie, faites-la-moi connaître... car nous serons bien heureux, ma grand'mère et moi, de lui rendre cet héritage qui lui appartient...

Adeline tire un médaillon de son sein et le présente à Anatole en lui disant : — Tenez, mon cousin, voilà le portrait de votre bonne maman... dites-moi s'il est encore ressemblant?

Anatole n'ose en croire ce qu'il entend, ce qu'il voit... il balbutie : — Comment... cette cousine... il se pourrait... Mais non... j'entends mal sans doute...

— Non, mon cousin, et tenez, voici aussi les lettres que madame Desforgeray écrivait à ma pauvre mère... Oh! je ne les ai pas perdues, moi! elles y sont bien toutes!

— Il serait vrai!... vous êtes ma cousine?

— Est-ce que vous en êtes fâché?

— J'en suis enchanté au contraire! mais je ne comprends pas comment il peut se faire...

— Je vais en peu de mots vous faire comprendre ce mystère, dit M. de Barvillier. Le hasard me fit connaître à Paris la mère d'Adeline, la charmante Angélina Desforgeray ; j'en devins éperdument amoureux, je lui déclarai mes sentiments et lui offris ma main. Aussi franche que belle, Angélina me répondit à ma demande qu'en me faisant l'aveu sincère de sa faute, de l'abandon de son séducteur, de la colère de son père, qui avait répandu le bruit de sa mort. Cet aveu ne changea rien à ma résolution. Eh bien! lui dis-je, devenez ma femme, votre fille sera la mienne; dès ce moment, je lui donne mon nom, ma fortune deviendra la sienne... Je ne vous demande qu'une seule chose, c'est de ne plus donner de vos nouvelles à votre père qui vous a chassée... et pas même à cette bonne parente qui vous écrit... Je ne veux pas que l'on puisse un jour venir me réclamer cet enfant auquel je vais donner mon nom... je veux qu'on la croie ma fille. Angélina résista quelque temps, mais enfin, touchée par mon amour, par les caresses que je prodiguais à sa petite Herminie, elle consentit à devenir ma femme, et dès ce moment cessa toute relation avec sa famille, tandis que sa chère Herminie prenait le nom d'Adeline... Pendant cinq ans, je jouis du bonheur le plus constant, mais le ciel nous enleva, à moi une épouse chérie, à Adeline une tendre mère, qui lui avait avoué qu'elle avait de par le monde un petit cousin qui s'appelait Desforgeray, et moi, plus tard, je confiai à Adeline l'histoire des malheurs de sa mère... Elle apprit que je n'étais pas son père, mais elle ne m'en aima pas moins, car elle sait bien que je la regarde comme ma fille.

En terminant ce récit, M. de Barvillier presse Adeline contre son cœur, puis il sourit à Anatole en reprenant : — Voilà tout le mystère, mon ami ; en entendant prononcer votre nom chez madame de Belleval, Adeline est accourue me dire à l'oreille : « Mon petit cousin est là... il est bien gentil... Oh! tu l'engageras à venir nous voir. » Je le lui promis, à condition qu'elle ne vous dirait pas qu'elle était votre cousine... Et voilà pourquoi on vous a si bien accueilli, pourquoi l'on s'intéressait à vous; pourquoi, ayant été vous voir pendant que vous dormiez, on s'est permis de lire certaine lettre non achevée que vous écriviez à ma fille... et dans laquelle vous lui déclariez que vous l'aimeriez toute votre vie...

— Ah! monsieur... vous savez... Pardonnez-moi si j'ai osé...

— Vous pardonner... non vraiment... je ne vous pardonne pas d'aimer Adeline, elle ne vous la pardonne pas non plus... et, pour vous punir, vous allez écrire dès aujourd'hui à la bonne maman Desforgeray que vous avez retrouvé votre cousine, qu'elle n'a pas besoin de son héritage, parce qu'elle a cinq mille francs de dot, et enfin qu'on vous la donnera pour femme, à condition que vous la laisserez toujours m'appeler son père... et que vous ne fréquenterez plus les Compagnons de la Truffe.

Anatole est si heureux qu'il ne trouve pas de paroles pour exprimer son bonheur, il se jette au cou de M. de Barvillier, et celui-ci lui permet d'embrasser Adeline, parce qu'un cousin a bien le droit d'embrasser sa cousine.

Pendant que tout ceci se passait à l'hôtel de Barvillier, Mitonneau, fort content de savoir son jeune voisin entièrement guéri, est sorti pour jouir d'une belle journée et se promenade vers le boulevard du Temple; il se rappelait l'adresse que madame Alfieri lui avait donnée, il avait retenu le numéro de la maison, et, en passant devant, s'était arrêté en se disant : — Si je n'avais pas rencontré ce Spalatro, je serais allé chez cette séduisante brune... C'est bien dommage qu'elle n'aime plus... car ce serait une bien vilaine façon de se débarrasser des gens qu'elle n'aime plus... car ce serait une bien vilaine façon... maîtresse charmante!...

Pendant qu'il fait cette réflexion, une femme sort de la maison, et il reconnaît Ursule, la femme de chambre de madame Alfieri. De son côté, celle-ci, en apercevant Mitonneau, s'écrie : — Tiens! c'est vous, monsieur, qui veniez voir ma maîtresse à Montpellier, et puis vous avez cessé tout d'un coup de venir... si bien que madame disait : Mais il faut qu'il soit arrivé quelque chose à M. Mitonneau!... Bref, on vous croyait fondu!

— Non, Ursule, je ne suis pas fondu... mais vous-même, est-ce que vous êtes encore au service de madame Alfieri?... je croyais que vous vouliez la quitter?

— C'est vrai, monsieur, mais après tout madame n'est pas méchante... elle est capricieuse... Chacun a ses défauts.

— Pas méchante! une femme qui fait noyer ses amants!... Bigre! vous trouvez cela tout simple à présent!

— Noyer ses amants... Qu'est-ce que vous nous contez là, monsieur?

— Je dis qu'un soir, en me rendant chez madame Alfieri, j'ai, dans un bosquet du jardin, entendu la conversation que vous teniez avec la cuisinière; en parlant de votre maîtresse... vous avez dit... oh! je m'en souviens comme si c'était hier! vous avez dit : Ce sera de sa bientôt fini... Spalatro met la victime sur son dos, il l'emporte et va la jeter à l'eau.

La femme de chambre part d'un fou rire que Mitonneau trouve très-intempestif; puis elle lui dit enfin : — Comment! monsieur, vous avez cru qu'il s'agissait d'amants, d'amoureux?

— Il me semble que c'était assez clair! et la nouvelle passion, c'était moi...

— Ah! ar! la bonne farce!... sa nouvelle passion c'était son singe les autres c'étaient des chiens, des chats qu'elle avait adorés et ensuite pris en grippe.

Mitonneau est stupéfait ; il murmure d'un air consterné : — C'étaient des chats !... mais ce Spalatro... cet Italien farouche...

— C'est un très-bon enfant, monsieur ; il s'est adonné à la cuisine, il fait les *ravioli* comme un ange... et je l'épouserai incessamment.

Mitonneau court vers la porte de la maison en disant : — Je monte chez votre maîtresse, je vais faire ma paix avec elle !...

La femme de chambre l'arrête, en lui disant d'un air moqueur : — Je crois que vous arrivez trop tard, monsieur ; madame est sortie avec un beau blond frisé, qui lui fait la cour depuis peu de temps et avec qui elle va se marier et se fixer à Paris... Mais tenez, les v'là qui reviennent bras dessus bras dessous.

Mitonneau se retourne et voit en effet la piquante veuve au bras d'un homme fort bien. Il va saluer cette dame, en faisant son sourire le plus gracieux, et commence un compliment que madame Alfieri ne lui laisse pas achever, en lui disant d'un ton fort sec : — Pardon, monsieur, mais nous n'avons pas le temps de nous arrêter.

Puis elle rentre chez elle avec son cavalier.

Mitonneau s'éloigne, désespéré d'avoir manqué une si charmante conquête ; et pour augmenter son humeur, dans la rue de Richelieu il est arrêté par une bonne qui porte un panier, un tablier et un bonnet rond très-fané. C'est mademoiselle Bricolette qui lui dit : — Ah ! je vous retrouve donc enfin, monsieur de l'Opéra ; je vous ai aperçu un jour, en revenant du marché, je vous ai appelé et vous ne m'avez pas répondu... Voulez-vous me payer quelque chose ?

— *Retro*, cuisinière ! s'écrie Mitonneau en se reculant. Je ne suis plus votre dupe ! je sais maintenant que vous n'êtes pas Eléonore, l'épouse de Canardière.

— Dame, je ne vous ai jamais dit que je l'étais, c'est vous qui vous l'étiez fourré dans la tête, moi, je vous l'ai laissé croire ! Dites donc, voulez-vous me prendre à votre service ? je suis dans une *cassine* où je ne me plais pas !

Mitonneau s'éloigne en s'écriant :

— Non, mademoiselle, non, vous m'avez fait éprouver trop de tourments, je ne veux plus avoir le plus petit rapport avec vous. Je n'ai pas été bien heureux à Paris dans mes aventures galantes, je crois que je ferai aussi bien de retourner à Montpellier... Là, je ne rencontrerai plus la belle Alfieri... et c'est ce que je désire... sa vue me cause trop de regrets... Ah ! qu'on est malheureux d'être poltron !... car je puis me l'avouer à moi-même... Je crois que je suis trop prudent.

Deux jours plus tard, Mitonneau repartait pour Montpellier, chargé par Anatole d'annoncer à sa vieille mère qu'il avait retrouvé sa cousine et que bientôt il irait la lui présenter.

En effet, peu de temps après, le jeune Desforgeray montait dans un wagon de première classe, cette fois, avec Adeline et M. de Barvillier, qui voulait que la grand'maman assistât au mariage de son petit-fils avec celle qu'il était heureux, lui, de pouvoir toujours appeler sa fille.

Et maintenant voulez-vous savoir ce qu'il advint aux Compagnons de la Truffe ?

Six mois après le mariage d'Anatole, M. Canardière se promenait sur les boulevards avec son ami Bonnardin, lorsqu'ils rencontrèrent le grand Victor Hermelange qui donnait le bras à une gentille actrice du théâtre des Folies-Dramatiques.

En apercevant le borgne et le boiteux, le jeune homme partit d'un éclat de rire et se mit à les désigner à sa compagne, qui rit beaucoup aussi.

Mais Canardière avait reconnu Victor, il le montra à son ami Bonnardin en lui disant : — Reconnais-tu cet élégant qui passe là ?

— Oui, c'est celui qui s'est battu en duel avec le jeune Desforgeray.

— Justement, et qui nous riait constamment au nez.

— Il en fait encore autant en ce moment.

— Je trouve que c'est assez, et qu'il ne faut plus qu'il recommence... Viens, retournons sur nos pas... et rejoignons ce monsieur.

Le borgne et le boiteux en disant cela, une vigoureuse chiquenaude, sur le nez du grand jeune homme. Victor était brave, il prit sur-le-champ rendez-vous pour le lendemain avec Canardière, et le lendemain celui-ci lui envoyait une balle en pleine poitrine... il tomba, en balbutiant : — Vous m'avez tué... mais cela ne vous empêchera pas... d'être... votre femme... Hippolyte...

Il ne put en dire davantage, mais ces mots avaient rendu Canardière fort soucieux ; il surveilla davantage son Eléonore, et un soir il surprit madame en conversation criminelle avec Hippolyte d'Ingrande. Il voulut faire mettre l'épée à la main au séducteur, mais celui-ci ne se battait pas, il se sauva par une fenêtre, et dans sa chute s'aplatit le nez, ce qui dans la suite nuisit infiniment à ses succès auprès des dames.

Boudinot était allé en Belgique ; il y avait essayé de nouvelles spéculations : à force de poufs, de blagues, de mensonges, d'affiches sur les murailles et de réclames pour son entreprise. Mais les plus belles friponneries trouvent tôt ou tard leur fosse ; après une nouvelle culbute, se voyant serré de trop près par ses clients, Boudinet s'embarqua sur un bâtiment qui faisait voile pour l'Amérique ; mais en voulant conjurer le mal de mer, il mangea trop, et mourut d'une indigestion pendant la traversée.

Enfin, Armand Bouquinard, le dernier des Compagnons de la Truffe, fit un roman qu'il avait consciencieusement soigné et qui eut de nombreux lecteurs, seulement, au moment de l'imprimer, il se trouva qu'il l'avait vendu à trois personnes ; d'abord à son père, ensuite au libraire Bidot, et enfin à son confrère Gratin, qui a, dit-on, l'habitude de coucher avec son chapeau. Mais ceci est un détail : on peut coucher avec son chapeau et être un parfait négociant.

En apprenant que son fils avait vendu son roman à deux autres personnes et à lui, M. Bouquinard s'écria : — Sapristi !... mettre son père dedans ! c'est trop fort ! Encore s'il n'avait vendu son livre qu'aux deux autres... cela aurait pu passer pour une distraction !...

FIN

PARIS. — TYP. WALDER, RUE BONAPARTE, 44.

www.ingramcontent.com/pod-product-compliance
Lightning Source LLC
LaVergne TN
LVHW050629090426
835512LV00007B/741